KB248402

예수 그리스도 1

예수 그리스도 1

2010년 10월 12일 초판 1쇄 발행
2015년 3월 4일 초판 4쇄 발행

지은이 허호익
펴낸이 김영호
펴낸곳 도서출판 동연
편 집 조영균   디자인 이선희   관리 이영주
등 록 제1-1383호(1992. 6. 12)
주 소 서울시 마포구 월드컵로 163-3 2층
전 화 (02)335-2630
전 송 (02)335-2640
이메일 yh4321@gmail.com

ISBN 978-89-6447-125-8 93200
ISBN 978-89-6447-124-1 93200(전2권 세트)

예수 그리스도 1

역사적 예수와
신앙의 그리스도
바로 보기

허호익 지음

동연

최근에는 '예수 거꾸로 보기', '예수 뒤집어 보기', 그리고 '예수 새로 보기' 같은 "예수 삐딱하게 보기"가 유행인 것 같다.

예수가 살던 시대에도 예외는 아니었다. 예수의 실생활을 목격할 수 있었던 유대인들도 예수를 '먹보요 술꾼'(마 11:19), '거짓말쟁이'(마 27:63), '바알세불[귀신의 왕]에 사로잡힌 사람'(막 3:22, 요 8:48), '신성모독자'(막 14:64)로 여겼다.

인터넷의 등장으로 우리나라에서도 반기독교적인 사이트들이 무수히 생겨나 '예수 삐딱하게 보기'를 무슨 경쟁하듯 하고 있는 실정이다. 저자가 운영하고 있는 홈페이지(www.theologia.kr)의 '신학상담 마당'에 스스로 기독교인이라 밝힌 어떤 분이 한꺼번에 다음과 같은 6가지 삐딱한 질문을 올린 적이 있다.

1. 예수는 로마 군인의 사생아가 아닌가?
2. 예수는 결혼했으며 창녀 막달라 마리아는 예수의 아내가 아닌가?
3. 예수는 십자가에서 죽지 않고 가사상태에서 소생한 것이 아닌가?
4. 예수는 십자가에서 죽지 않고 살아나서 프랑스로 간 것이 아닌가?
5. 예수의 십자가 처형은 빌라도의 사기극이며, 다른 사람이 대신 처형된 것이 아닌가?
6. 12살 이후 예수는 인도로 가서 부처의 제자가 된 것이 아닌가?

이 질문에 대하여 하나하나 반박하는 자세한 답변을 올렸더니, 며칠 후 질문자가 자신의 6가지 질문을 모두 삭제한 적이 있다. 예수에 대해서 바로 알지 못하기 때문에 이런 반기독교적인 주장에 흔들리는 기독교인들이 없지 않은 것 같다.

그래서 이 땅의 신학도로서 사명감을 가지고 이 왜곡된 주장에 변증하려는 의도에서 예수 그리스도 교훈과 생애에 관련된 모든 주제들을 망라하되 성경을 한 번도 읽지 않은 독자라도 예수와 관련된 성서 기록의 기본 내용과 그 깊고도 앞선 의미를 쉽게 밝혀 '예수 그리스도 바로 보기'에 작은 도움이 되기를 희망하며 이 책을 서술하였다.

무엇보다도 한국교회언론회의 청탁으로 "오강남 교수의 『예수는 없다』를 반박한다"는 글과 "디모시 프리크의 『예수는 신화다』를 반박한다", 그리고 "루벤슈타인의 『예수는 어떻게 하나님이 되셨는가』의 예수 신성 부정론 반박한다"는 글을 쓰면서 본서와 같은 책을 저술할 필요성을 더욱 절감하게 되었다.

예수에 관한 왜곡된 정보가 그럴듯하게 포장되고 상업성에 편승하여 무분별하게 유통되는 시대이므로, 예수를 어떻게 볼 것인가 하는 문제가 새롭게 제기된다. 거꾸로 보고, 뒤집어 보고, 새로 보는 것보다 중요한 것은 "바로 보기"인 것이다. 디모시 프리크와 피터 갠디가 쓴 『예수는 신화다』는 예수의 인성을 부정하고 예수를 신화적인 인물로 묘사한다.

그 반대 리차드 루벤슈타인이 쓴 『예수는 어떻게 하나님이 되셨는가』는 "인간 예수가 4세기 가톨릭교회에 의해 신성을 지닌 그리스도로 변형되었다."는 논지를 펴고 있다. 전자는 현대판 가현설이고 후자는 현대판 양자론이라 할 수 있다.

　성서의 가르침과 기독교의 정통적인 교리에 의하면 예수는 그리스도로 고백되었다. 그러므로 예수에 관한 무수한 칭호(title) 가운데 '그리스도'라는 칭호가 대표적인 것으로 수용되어 예수를 따르는 자들이 '그리스도인'(행 6:5)으로 불렸으며, 그리스도교라는 명칭이 여기서 유래한 것이다. 그리고 성서는 이미 "예수가 그리스도이심을 부인하는 자"(요일 2:22)는 거짓말하는 자라고 규정하였다는 사실을 상기할 필요가 있다. 그리스도는 기름 부음을 받은 자라는 뜻의 히브리어 '메시아'를 희랍어로 번역한 말이지만 '구세주'라는 의미로 통용된다. 베드로의 저 유명한 고백에 따르면 예수는 그리스도이며 동시에 하나님의 아들(마 16:16)로 고백되었다. 그러므로 예수가 그리스도라는 명제 속에는 세 가지 의미가 함축되어 있다. 첫째는 역사적 예수로서 그리스도이다. 둘째는 구세주로서 그리스도이다. 셋째는 하나님의 아들로서 그리스도이다. 그래서 역사적 예수가 어떤 의미에서 구세주이고 하나님의 아들인가 하는 주제를 여러 측면에서 다루었다.

　이 책의 제목을 『예수 그리스도 - 역사적 예수와 신앙의 그리스도 바로 보기』라고 정한 이유이다. 현대에 와서 역사적 예수에 관한 관심이 증폭되고 많은 연구들이 쏟아졌다. 따라서 우선은 역사적 예수에 대한 여러 주제와 쟁점에 대한 현대의 여러 신학적 연구들을 종합하여 목회자들이나 신학생들이 쉽게 읽을 수 있는 책이 필요하다고 생각하였다. 그리고 역사적 예수에 관한 연구를 통해 역사적 예수가 어떤 의미에서 그리스도인가 하는 질문에 대답할 과제도 중요하게 여겨진다. 몰트만이 잘 지적한 것처럼 '역사적 예수 연구'가 단지 예수론(Jesulogia)로 끝나면 역사적 예수가 곧 그리스도라는 성서적 가르침과 기독교적 교리의 근간이 훼손된다. 예수론은 그리스도론으로 이어져야 하기 때문이다.

그리고 현대에 와서 동정녀 탄생과 부활에 대해서도 회의와 의심의 시선을 보내는 이들이 많아졌기 때문에 지난 2000년 동안 동정녀 탄생과 부활에 대해 제기된 여러 비판들을 조목조목 반박하고 동정녀 탄생과 부활에 대한 성서적, 신학적 의미를 새롭게 밝히려고 시도하였다.

무엇보다도 역점을 둔 것은 역사적 예수의 가르침과 삶의 행태(Life Style)이다. 역사적 예수가 세례와 시험을 받은 후, 하나님의 나라의 복음을 선포하고 제자들을 모아 양육하고 파송한 일, 병자를 치유하고 귀신을 쫓아낸 일, 죄인들과 더불어 먹고 마신 일, 성전의 멸망을 예언한 일, 그리고 십자가에서 정치범으로 처형된 일 등이 당시 식민지 유대 사회에서는 어떤 의미가 있었고 지금 우리에게는 무엇을 의미하는지에 대하여 자세히 서술함으로써 오늘날 우리가 예수를 따르는 구체적 삶의 자세를 어떻게 정립할 것인지 그 지침을 제시하려고 하였다.

그러므로 이 책을 저술함에 있어 세 가지 방법론을 적용하였다.

첫째, 2000년 전 팔레스타인에 살았던 목수의 아들인 나사렛 예수라는 한 인간의 역사적인 면모만을 가지고는 예수를 바로 이해할 수 없다는 전제이다. 기독교 신앙의 핵심은 "한 역사적 인물인 나사렛 예수, 십자가에 달려 죽은 예수가 바로 우리의 구세주인 그리스도라고 믿는 것"이기 때문이다. 역사적 예수를 신앙의 그리스도로 바로 보기 전에는 예수를 바로 볼 수 없다는 것이 이 책의 기본 논지이다.

둘째, 해석학적 방법론이다. 성서신학은 여타의 학문보다 해석학이 발달했다. 해석은 크게 두 가지 차원에서 이루어진다. 먼저, "본문은 기록될 당시에 독자들에게 무엇을 의미하였는가?"(What it meant?)를 이해하는 것이고, 다음으로 "그 본문이 지금 우리에게는 무엇을 의미하는가?"(What it means?)를 이해하는 것이다.

따라서 이러한 해석의 두 차원을 예수 그리스도 바로 보기의 방법론으로 적용하려고 한다. 예수의 역사성에 대한 여러 비판적인 학자들의 주장을 진지하게 받아들여 그 반박을 제시하고 예수의 역사적 언행을 가능한 한 역사적으로 재구성하려고 한다. 그러한 예수의 언행이 당시의 종교적인 상황뿐 아니라 정치·경제적인 상황에 비추어 보았을 때 무엇을 의미한 것이며 그리고 지금 우리에게 무엇을 의미하는지 그 의미를 캐묻고 밝히려고 시도하였다.

셋째, 예수는 유대교의 유산 속에서 등장하였음에도 불구하고 기독교는 유대교의 모태에서 벗어나 그 공통점보다 차이점을 강조하여 새로운 종교의 창시를 선언하였다. 따라서 기독교와 유대교의 연속성과 불연속성의 문제가 제기된다.

이 문제를 해결할 수 있는 논리적 방법으로서 켄 윌버(Ken Wilber)가 인간의 의식을 시간의 축으로 나누어 제시한 평균적 의식(average consciousness)과 전향적 의식(advanced consciousness)이라는 개념[1]과 칼 마르크스가 제시한 상부구조의 부정적 이데올로기로서의 전도된 허위의식(distorted consciousness)을 종합하여 인간 의식의 세 가지 차원으로 설명하려고 한다.

프로이드는 인간의 의식을 공간의 축으로 구분하여 현재의식, 잠재의식, 무의식으로 나누었으나, 윌버는 인간의 의식을 시간의 축으로 나누어 시대에 앞선 생각으로서의 전향적 의식과 시대에 편승하는 평균적 의식으로 나누었다. 그러나 나는 여기에 하나를 더 첨가하여 시대에 뒤진 전도된 의식을 포함하려고 한다. 전도된 의식이라는 개념은 마르크스에 의해 제시된 것으로서 지배의식, 적대의식, 허위의식으로 규정되는 부정적 의미의 이데올로기로서의 상부구조를 지칭하는 말이다. 따라서 시간을 축으로 삼아 인간의 의식을 셋으로 나누고 이를 방법론으로 하여 예수의 율법 이해에 적용하면 다음과 같은 설명이 가능할 것이다.

1) 구약성서의 가르침과 초기 이스라엘 계약공동체의 이상은 그 당시의 고대 근동 종교의 '평균적인 의식'(보통 생각)과 비교해 볼 때 '전향적인 의식'(앞선 생각)이었다.

2) 그러나 예수 시대의 후기 유대교에 와서는 이러한 전향적인 의식이 지배적이고 적대적이며 허위적인 율법주의라는 이데올로기로서 본말이 뒤바뀐 '전도된 의식'(거짓 생각)으로 전락한 것이다.

3) 따라서 예수는 구약성서의 앞선 생각을 회복하여 그 본래적인 의미의 전향적 의식을 재발견하고 후기 유대교에 의해 전도된 의식을 재해석하여 그 본래의 전향적 의식(앞선 생각)으로 재진술한 것이다.

분명히 예수는 그의 언행을 통해 종교적으로나 정치적으로나 경제적으로 갈등이 극에 달한 당시의 상황에서 전향적인 의식을 새로운 대안으로 제시한 것이다.

그러므로 예수의 언행은 당시의 유대 종교의 배경에서 보아도 가장 앞선 생각이었으며, 2000년이 지난 지금 우리에게도 여전히 앞선 생각임을 펼쳐 보임으로써 "예수의 그리스도 되심의 지금 우리에게 의미하는 전향적 면모"를 밝히려고 하였다.

마지막으로 성경을 한 번도 읽어 본 적이 없는 독자라도 성경 본문을 확인하지 않고 그 내용과 줄거리를 파악할 수 있도록, 다루는 주제에 대해 가능한 한 성경 본문 전체나 이를 요약하여 간략하게 제시하였음을 밝혀둔다.

이 책은 이전에 저술한 바 있는 『예수 그리스도 바로 보기』를 바탕으로 출판하지만 많은 부분을 개정 증보했다. 분량도 배 가까이 많아져서 편의상 두 권으로 나누어 『예수 그리스도 - 역사적 예수와 신앙의 그리스도 바로 보기 1, 2』라는 제목으로 출판하게 되었다.

아무쪼록 예수를 바로 알고자 하는 진지한 사람들에게 예수를 바로 보게 하는 이정표가 되었으면 하는 바람이 간절하다.

이 책을 품위 있게 편집하고 꼼꼼히 교정을 보고 아름답게 디자인하여 이렇게 보기 좋은 책으로 출판해 준 동연의 김영호 사장님과 직원 여러분께 깊이 감사드린다.

2010년 10월

허호익

『예수 그리스도 2』 차례

제1장

예수 연구의 역사적 자료

복음서의
역사적 신뢰성의 문제

복음서의 역사성에 관한 문제

예수에 관한 1차 자료는 서기 70년 전후에 기록된 마태, 마가, 누가, 요한 복음서이다. 19세기 이전까지만 하여도 예수에 관한 복음서의 기록은 역사적 사실로 여겨졌다. 그러나 역사비평학의 등장으로 복음서의 역사성에 대한 회의와 비판이 제기되었다.

가블러(J. P. Gabler, 1753-1826)는 성서신학과 교의신학을 방법론적으로 구분하여 성서신학은 귀납적, 역사적, 기술적 접근방법을 가지는 반면, 교의신학은 연역적, 철학적, 교훈적 접근방법을 가져야 한다고 주장하였다. 이러한 신학방법의 구분이 그리스도론 연구에 그대로 적용되어 소위 교리적 예수에 대립되는 역사적 예수에 관한 관심을 고조시켰다. 그리하여 삼위일체 교리에 입각하여 제2위이신 성자 로고스가 어떻게 인성을 취하였는가에 대한 선재론, 성육신론, 그리고 양성론과 같은 정통적 교리의 사변적 그리스도론은 연역적인 방법의 산물이라는 비판과 더불어 역사적, 귀납적 방법을 통해 역사적 예수를 재구성하려는 '예수전 운동'이 전개된 것이다.[1]

구약에 근거한 역사적 전설이 아닌가?

라이마루스로부터 시작된 '예수전 운동'의 역사적 예수에 대한 비판
적 논의는 스트라우스에 이르러 그 절정에 이른다. 스트라우스(F. Strauss)
는『예수의 생애』(1835)에서 마태가 예수의 동정녀 탄생, 별의 출현과
동방박사의 방문, 베들레헴 영아들의 학살, 이집트 피난, 그리고 나사
렛에서의 성장을 구약성서의 성취로 기록한 것[2]을 비판하였다. 마태
의 기록은 구약성서의 성취가 아니라, 구약성서에 근거하여 역사적
전설이라고 하였다. 스트라우스는 신앙의 그리스도와 역사의 예수를
구분하고 마태복음 2장의 이 구절들은 제자들이 예수의 생애를 전설
로 꾸며내기 위해 구약에서 그 근거를 찾아낸 역사적 신화의 사례들이
라고 보았다. 19세기 예수전 연구가들도 대체로 이러한 견해에서 크게
벗어나지 않았다.[3] 오강남 교수도『예수는 없다』는 책에서 스트라우스
의 주장을 전적으로 받아들인다.[4]

그러나 최근에 와서 대부분의 학자들은 그 반대로 생각한다. 타이쎈
과 메르츠도 이 점을 분명히 지적하고 있다. "최초의 그리스도인들은
구약에 비추어 예수에 대한 기억을 해석했을 뿐만 아니라 경전을 근거
로 그 기억을 만든 것"[5]이라는 19세기 이래의 주장을 다음과 같이 반박
한다.

최초의 그리스도인들은 구약성서를 창조적으로 활용했다. 그렇게 함으
로써 기존의 (불유쾌한) 사실들—예수의 처형, 제자의 도주, 성전 정화 사
건, 예수의 갈릴리 출신—에 어떤 의미를 부여할 수 있었기 때문이다.
이때 구약성서적 해석은 그 해석의 대상이 될 만한 사건을 전제로 한다.[6]

초기 그리스도인들이 구약성서를 해석할 때는 그 해석의 대상이

될 만한 사건이 전제되었으며, 임의로 사건을 만들 만큼 기만적이지 않았다는 사실이다. 무엇보다도 복음서 기자들은 상상력이 풍부한 소설가들이 아니라, 복음에 사로잡힌 증인들이었다. 그들은 유대인들이 법정(法廷)에서 자신에게 불리한 사실일지라도 진실만을 증언하듯, 복음서를 통해 그들이 보고 들은바 진실을 증언한 것이다.

복음서 자체를 분석하여 보아도 복음서 기자들이 자신들의 증언에 얼마나 진실하였는가를 살펴볼 수 있다. 왜냐하면 꾸며낸 전설의 경우에는 과장과 미화가 따르고, 불리하고 불유쾌하며 상호 모순되는 내용을 의도적으로 배제하는 것이 통례이다. 많은 성서학자들의 주장처럼 이 점에서 성서는 예외에 속한다. 예수가 처녀 잉태하여 베들레헴에서 탄생했고, 나사렛에서 자랐으며, 그의 출생으로 인해 베들레헴 동년배 아이들이 무참히 죽었다. 그런데 복음서 기자들은 이처럼 비상식적이고 불유쾌하며 모순적인 사건을 독자들로서는 다 이해하기 어렵다고 여겼기에 구약성서를 인용하고 구약성서에 기록된 약속의 성취라고 주장함으로써 역사적 검증을 확보하려고 했던 것이다.

이처럼 오늘날 역사적 사건을 검증하는 방법과 2000년 전 복음서 기자가 역사적 사건을 검증하는 방식이 달랐다는 것을, 비판적인 서양 역사학자나 성서학자들이 이해하는 데에도 거의 200년이라는 시간이 필요했던 것을 상기할 필요가 있다.

역사적 예수에 대한 회의를 넘어서

스트라우스 이래로 복음서가 '객관적으로 역사적 예수를 재구성할 수 있는 역사적 사료(historical fact)인가?' 아니면, '예수 그리스도에 대한 초대교회의 신앙고백의 내용이 아닌가?' 하는 문제는 그리스도론의 중심 과제로 등장하였다.[7] 불트만을 비롯한 양식비평가들은 복음서의 전승을 역사학적으로 거슬러 올라갈 수 있는 가장 오래된 단위는 설교라고 하였다. 그러므로 초대교회의 설교 배후를 거슬러 가서 역사적 사실을 소급하여 질문하더라도 예수에 관한 과거의 역사적 사실을 재구성할 수 없다고 단언한다.

이런 관점에서 불트만은 예수의 부활 사건도 회의적으로 보았다. 부활절 아침에 "무엇이 일어난 것"은 사실이지만 그것은 제자들의 신앙 안에서 일어난 사건으로 해석하였던 것이다. 제자들이 한결같이 십자가의 의미를 부활신앙으로 새롭게 이해했다는 것이다. 그러므로 예수의 부활은 역사적 사건이라기보다는 제자들의 주관적인 신앙체험으로서의 신앙고백이라고 보았다. "1세기 어느 때쯤 팔레스타인에서 예수라는 한 유대인이 살다가 죽었다는 단순한 사실"만이 예수에 관해 역사적으로 확실히 검증할 수 있는 유일한 것이라고 보았다.

그리고 예수에 관한 역사적 사실을 모두 재구성할 수 있다 해도 기독교 신앙을 역사학적 지식에 근거할 수 없다고 하였다. 예수에 대한 역사적인 지식이 예수를 "그리스도요 하나님의 아들"로 고백하도록 인도하는 것이 아니다. 이처럼 기독교 신앙의 근거를 '역사적 사실'에 정초하려는 시도는 종교 개혁자들이 그토록 반대한 '올바른 행위'에 신앙을 정초하려는 것, 말하자면 행함을 통해 의로움을 주장하는 것에 상응한다고 비판하였다.[8] 행함을 통해 의롭게 되는 것이 아니듯이, 예수에 대한 역사적 지식의 여부로 예수에 대한 신앙에 이를 수 없다는 것이다.

그러나 불트만의 역사적 예수에 대한 과격한 회의론은 그의 제자들에 의해 철저하게 비판받았다. 신앙을 역사적 사실에 정초할 수 없다는 '역사적 예수에 대한 회의론'은 결과적으로 신앙을 역사적 사실이 아닌 것으로 근거 설정하는 것이 되고 만다. 이런 의미에서 케제만은

"역사적 예수를 묻지 않으면 그리스도론은 영지주의자들의 가현설에 빠지고 만다."[9]고 논박하였다. 그리고 지상의 생애에 대한 역사적 인격적 감화 없이는 부활신앙 자체가 불가능하다는 전제에서 부활 사건과 부활신앙의 연속성을 강조하고, 역사적 예수에 대한 보다 새로운 문제를 제기하였다.

케제만은 예수 생애 중에 애매한 것 가운데 몇 가지 역사적 사실과 원시 기독교의 메시지가 연결되어 있다고 하였다. 그리고 다음과 같은 내용은 역사적 사실이라고 주장하였다.[10]

- 모세 율법을 능가하는 권위 주장(마 5:17-18)
- 안식일과 거룩한 의식에 관한 규정으로부터의 자유(막 2:23)
- 치병과 악령 들린 자의 치유(막 5:1-20)
- 성령을 받아 하나님의 뜻을 알게 되었다는 확신(마 12:28)
- 세례 요한과 달리 복음에 의한 하나님의 나라 도래 선포
- 세리와 죄인들과 공동식사를 하는 하나님의 은혜로운 행동
- 기도 끝에 '아멘'을 사용과 하나님의 행위에 전적으로 관여

보른캄(G. Bornkamm)도 복음서가 연대기의 역사 기술과 다른 방법이지만 예수의 역사적 모습을 제시한다고 주장하고, 역사 속의 케리그마와 케리그마 속 역사의 연속성을 추구하였다.[11] 그 결과 예수 사역의 몇몇 역사적 회상물과 상당수 보존되어 있는 예수의 실제적인 말들을 알게 되었다.[12] 역사적 예수에 대한 새로운 사실들이 밝혀짐으로써 아래로부터의 그리스도론의 가능성이 더욱 확고해졌다고 할 수 있다.

여러 학자들이 역사적 예수에 대한 새로운 질문들을 제기했고, 신약

성서의 예수의 언행 가운데서 역사적 진정성을 검증할 수 있는 새로운 표준과 방법들이 탐구되었다. 복음서의 기록들을 통해 예수에 대한 역사적인 사실을 규명할 수 있는 방법도 정교하게 다듬어졌다.

풀러(R. H. Fuller)와 페린(N. Perrin)은 역사적 예수의 진정성을 확인할 수 있는 4가지 방법론을 동시에 제시하였는데, 각각 용어는 다르지만 그 내용은 일치하는 것으로 평가된다.[13]

- 독특성(Distinctiveness), 비유사성(Dissimilarity): 유대교와 초대 교회의 특징과 결정적으로 상이한 자료
- 횡단면 방법(The cross-section method), 다수의 증거(Multiple at-testation): 여러 양식에서 동일하게 나타나는 주제들
- 지속성(Consistency), 일관성(coherence): 다른 기준에 의해 진정한 것으로 인정된 자료와 일치된 자료
- 언어와 정황적 검토(Linguistic and environmental tests)

이러한 방법론들이 최근에는 더욱 정교하게 가다듬어져서 19세기 이래로 역사적 진정성을 부인해 온 예수의 초기 생애와 관련된 많은 부분들이 역사적 사실로 복권되었다.[14] 고고학적 증거들이 발굴되면서 복음서의 역사적 진정성이 더욱 확보되었다. 그래서 최근 샌더스(E. P. Sanders)는 예수의 생애 중 비판의 여지가 없이 확실한 역사적 사실을 다음과 같이 제시하였다.

- 예수는 세례자 요한에 의해 세례를 받았다.
- 예수는 설교하고 치유를 한 갈릴리인이었다.
- 예수는 제자들을 부르고 그 가운데서 열두 명을 택하였다.
- 예수는 그의 활동을 이스라엘에 한정하였다.
- 예수는 성전 논쟁에 참여하였다.
- 예수는 로마 권력에 의해 예루살렘 외곽에서 십자가에 달렸다.
- 그의 죽음 이후 예수의 제자들은 동일한 운동을 계속하였다.[15]

그러므로 불트만을 비롯한 역사비평가들은 예수의 역사성에 대해 터무니없이 회의적이었다는 것이 더욱 분명하게 드러난 것이다.

최근에는 예수에 관한 최초의 어록 문서인 Q문서(40년 전후)에 관한 광범위한 연구를 토대로 초대교회의 여러 공동체가 예수를 다양하게 이해했음을 더 확실히 밝혀주고 있다. 예수를 지혜의 스승으로 이해하는 공동체가 있었는가 하면, 사회에 대해 비판적인 입장을 취하는 '묵시적 예언자'로, 병 고치는 일을 전문으로 하는 '치유자'로, 귀신을 추방하는 '축귀자'로, 헬라적인 문화의 배경에서 '신적 인간'(divine man)으로, 그리고 갈릴리의 가난한 민중들의 동반자로도 이해하였다.[16] 그리고 "Q의 예수는 가정, 고향, 소유의 끈에 매이지 않은 출가자(出家者)의 삶을 살았다. 출가자 예수는 무주(無住), 부상(無相), 무아(無我)의 삶을 일관했다. 그는 어떤 상(相)에도 머물지 아니한 떠돌이 영적 예언자(Wandercharismatiker)였다."[17]는 것이다. 그리고 바울의 케리그마에서는 예수가 인류의 구원이라는 거대 지평에서 하나님의 아들 그리스도로 선포되지만, Q 케리그마에는 예수는 사회적 소수자의 일상적인 고통을 덜어 주는 삶의 동반자로 선포된다. 바울 복음이 예수에 대한

'거대 담론'이라면, Q 복음은 작은 이야기(small story)라 할 수 있다.[18]

예수 세미나의 회의주의를 넘어서

물론 최근에는 펑크(Robert W. Funk)와 크로산(John Dominic Crossan)이 중심이 되어 '예수 세미나'를 주도해 온 일부 신학자들이 복음서의 역사적 진정성의 범위를 과도하게 축소하였다.

이들은 『다섯 복음서』(*The Five Gospels*)라는 저서를 통해 마태, 마가, 누가, 요한 그리고 도마복음서 중에서 예수의 말씀의 역사적 진정성을 네 가지로 구분하여 다수결로 결정하였다.[19]

- **빨간색**: 예수가 그것을 말했다. 또는 그것에 아주 가까운 것이다.
- **분홍색**: 예수가 아마도 그와 비슷한 것을 말했을 것이다. 하지만 그의 말은 변화의 과정을 거쳤다.
- **회　색**: 예수가 직접 한 말은 아니다. 하지만 그의 고유한 사상에 가깝다.
- **검은색**: 예수가 그것을 말하지 않았다. 이 말씀은 기독교 공동체 또는 이후의 관점을 보여 준다.[20]

이들은 복음서에서 예수가 직접 한 말은 20% 정도에 불과한 것으로 주장한다. 그러나 이들은 미국 동부의 신학자 74명으로 구성되었으며, 북미나 유럽의 학자들은 포함되지 않았다. 심지어 하버드, 예일, 듀크, 시카고, 반더빌트 남감리교대, 프린스턴, 뉴욕 유니온, 치치몬드 유니온 대학의 교수진은 한 사람도 참여하지 않았다고 한다. 특별히 예수 연구에 큰 업적을 남긴 샌더스(E. P. Sanders)와 마이어(J. P. Meier) 등도 빠져 있다고 한다.[21] 따라서 이들은 북미의 일부 과격한 신학자들의 입장을 대변할 뿐이라는 지적을 받고 있다.

펑크는『예수에게 솔직히』라는 책을 통해 자신들의 비판적인 주장을 강변한다. 그는 '역사적 예수를 사로잡았던 진리'에 관심을 집중한다고 주장한다.[22] 따라서 복음서 가운데서 확실하게 역사적 예수에게 귀속되는 내용은 20% 정도밖에 되지 않는다는 '새로운 회의론'에 도달하였다. 예수 세미나는 예수 전승의 기초가 되는 33개의 비유를 평가하였는데, 빨간색이 5개, 분홍색이 16개, 회색이 6개, 검은색이 6개라고 하였다.[23] 그러나 가장 회의적이고 비판적인 학자들조차도 인정한 복음서 가운데서의 20%의 역사적 사실만 가지고도 기독교 신앙의 기초가 되는 예수에 대한 기본적인 역사적 사실은 모두 확인할 수 있다는 새로운 사실이 드러났다.

'예수 세미나'에서 예수의 역사적 가르침으로 그 진정성을 인정하는 내용만으로도 예수에 관한 기독교 신앙의 역사적 근거는 충분히 확보할 수 있다는 사실이 더욱 확고해진 것이다. 따라서 역설적이게도 19세기 이후 제시된 역사적 예수에 대한 근본적인 회의는 이들의 '새로운 회의론'에 의해 종결된 것으로 판명되었다.

복음서의 내용은 상호 모순된 것이 아닌가?

예수의 생애를 기록한 마태, 마가, 누가, 요한의 네 복음서의 기록이 세부에서 서로 일치하지 않는 부분이 있는 것이 사실이다. 그래서 18세기 이후로 복음서의 상호 불일치한 내용을 근거로 복음서의 비역사성을 주장하기도 하였다. 그 일례로 마르크센(W. Marxsen)까지도 복음서의 부활이야기의 경우, 서로 모순되고 조화될 수 없으므로 역사적일 수 없다고 하였다.[24] 언뜻 보기에는 네 복음서 간에는 많은 불일치가 있는 것이 분명하다. 예수에 관한 여러 전승들이 다양하게 편집되었기 때문이다.

그래서 18세기 이후로 복음서 내의 상이성을 역사적 비진정성의 근거로 주장하였지만, 최근에는 오히려 복음서의 경우처럼 그 세부적인 상이성이야말로 그 사건 자체를 여러 사람이 서로 다른 관점에서 기술한 것이므로 그 역사적 진정성이 더욱 확실한 근거로 해석되었다. 날조된 역사일수록 그 내용이 일사불란하다는 문서비평의 결과인 것이다.

『복음서의 역사적 신뢰성』을 저술한 블럼버그(C. Blumberg)는 복음서가 너무나 일관적이었다면 그 자체가 독립적인 증거로서는 무효화될 수도 있다고 보았다. 그런 경우에 사람들은 앵무새처럼 기계적으로 모방하는 하나의 증언만 존재한다고 비판할 것이다.

독일의 학자 한스 스티어는 고전 역사가의 관점에서, 기본적 자료가 일치하고 세부사항에서 차이를 보이는 점은 오히려 신빙성을 가지고 있다는 뜻이라는 데 동의했다. 왜냐하면 거짓으로 꾸며낸 이야기는 완전한 일관성과 조화를 갖추려는 경향이 있기 때문이다. 꾸며낸 전설의 경우에는 과장과 미화가 따르고, 불리하고 불유쾌하며 상호 모순이 되는 내용은 의도적으로 배제하는 것이 통례이다. 그래서 그는 "모든 역사가들이 의심을 하는 순간은 바로 특별한 사건이 어떤 모순점도 없는 이야기의 형태로 보고될 때"[25]라고 하였다. 많은 성서역사학자들의 주장처럼 이 점에서 성서는 예외에 속한다는 것이다.

무엇보다도 근대의 사료비판학을 통해 어떤 역사적 사건에 대한 여러 기록 사이에 주변적인 세부 내용이 일치하지 않는다 하더라도, 그 사건의 핵심적인 내용이 일치할 경우 그 사건 자체를 의심하거나 부정할 수 없다는 것이 역사 해석의 일반적인 원칙으로 여겨지고 있다. 예를 들어 그리스의 폴리비우스의 역사서와 로마의 리비의 역사서[26]에는 제2차 포에니 전쟁 동안 알프스를 넘어 이태리로 진격한 한니발

(Hannibal) 장군의 행군 노정(路程)에 관한 세부적인 묘사가 일치하지 않는다는 것은 역사학도들에게 잘 알려진 사실이다. 역사가 케이프스 (W. W. Capes)는 이 둘을 분석하여 전자는 성 버나드(St. Bernard) 성을 넘어간 것으로 기록하였고, 후자는 쥬니에브르 산(Mont Genevre)을 넘어간 것이라 하였다. 이렇듯 양자의 불일치를 조화시키는 것이 불가능하다. 그러나 "한니발이 군사를 이끌고 알프스를 넘어갔다는 사실을 의심하는 현대의 역사가는 없다."[27]고 한다.

이처럼 일반 역사서도 같은 사건에 대한 상호 모순되고 불일치하는 나양한 기록들이 전혜 내려오고 있다. 그러나 부차적이고 세부적인 내용이 일치하지 않거나 모순이 된다고 해서 핵심적인 사건 자체가 부정되는 것은 아니다. 마찬가지로 예수의 생애, 특히 예수의 동정녀 탄생과 부활 등에 대한 복음서의 기록이 세부적으로 일치하지 않는 것은 사실이다.[28] 그러나 핵심적인 내용이 일치하므로 그 사건 자체의 역사성을 부정할 수는 없다.

복음서의 정확성과 변증성

복음서의 저자들은 예수를 따르고 사랑하고 신뢰하였기 때문에 예수에 대한 편견을 가지고 예수를 왜곡하였을 것이라는 주장이 제기되기도 한다.

그러나 누군가를 매우 존경한다면 그의 일생을 굉장히 충실하게 기록하게 된다. 그런 방법이 그를 존경하고 사랑하는 표시가 될 것이기 때문이다. 복음서 저자들도 동일하게 그런 경우에 해당된다.

복음서의 기자들은 고대 문서의 어떠한 저자들보다 정직과 진실성 그리고 성실성과 도덕성을 지니고 있었다. 게다가 복음서 기자들이 예수의 생애를 왜곡하여 얻을 수 있는 이익이 전혀 없었다.

만약에 조금이라도 이득이 있었다면, 입을 다물고 예수를 부인하거나 아니면 그를 경시하고 심지어 그를 만난 사실조차 잊어버렸을 것입니다. 그러나 그들은 충실하였기 때문에 고난과 죽음을 무릅쓰고서라도 자신들이 본 것을 선포했습니다.[29]

특히 누가는 역사가로서 "처음부터 말씀의 목격자 되고 일꾼 된 자들이 전하여 준 그대로 내력을 저술하였고 붓을 든 사람이 많은지라 그 모든 일을 근원부터 자세히 미루어 살핀"(눅 1:1) 후에 누가복음을 기록한 것임을 분명히 밝히고 있다.

누가는 신약성서의 4분에 1의 분량에 해당하는 누가복음과 사도행전을 기록하였다. 누가가 언급한 32개 나라, 54개 도시, 9개 섬을 면밀히 조사한 고고학자들의 연구 결과 이 모두가 역사적으로 실재한 것임이 밝혀졌다.[30] 반면에 몰몬경의 경우 그 책에 나오는 어떤 인명, 국가명, 지명도 실재한 것으로 밝혀지지 않았다.[31] 따라서 이러한 누가 기록의 역사적 사실성에 비추어 볼 때 누가의 또 다른 기록인 성령 잉태와 동정녀 탄생 역시 역사적 사실성을 담보할 수 있는 것으로 보인다. 누가는 당대의 의사요 지성인이요 객관적인 시각의 역사가였으므로 그 진술의 사실성과 정확성에 따른 신뢰도를 더욱 높이 평가할 수 있게 된 것이다.

반면에 조셉 스미스의 『몰몬경』의 경우 그 책에 나오는 어떤 인명, 국가명, 지명도 실재한 것으로 밝혀지지 않았다.[32] 따라서 누가복음을 통해 확인된 지리적 기록의 보편적인 진실성에 비추어 볼 때 누가복음의 성령의 잉태와 동정녀 탄생, 그리고 예수의 죽음과 부활에 관한 기록 역시 그 진실성을 담보할 수 있다는 사실을 논증할 수 있다.

그뿐만 아니라 누가복음은 데오빌로라는 로마의 고위 관리에게 발송된 것이다.[33] 데오빌로를 각하(kratistos)라고 호칭하였는데, 이는 빌라도(눅 3:1 등), 벨릭스(행 23:24 등), 베스도(행 26:25 등) 총독(hegemonon)에게 붙인 칭호로서 로마 고위 공직자를 지칭한다. 따라서 누가복음은 기독교를 변증하고 옹호하기 위한 목적으로 쓰인 공적 문서로 보아야 할 것이다. 예수 운동에 적대적인 로마의 고위 공직자에게 날조된 사실을 진술하기 위하여 누가가 복음서를 서술하였다고 상상하기는 어렵다. 상소문이나 진정서 같은 성격의 변증서가 위증과 날조를 통해 자신들의 진실성을 변호하였다는 것은 있을 수 없는 일이다. 예수 운동의 역사적 내력을 서술함으로써 기독교를 변증하려고 기록한 것이 복음서이기 때문에 누가는 그가 알고 있는 사실을 가감 없이 서술한 것이 분명하다. 누가의 이런 점은 마태와 마가도 공유하고 있기 때문에 복음서 특히 공관복음서의 역사적 진실성이 더욱 확보될 수 있게 된 것이다.

복음서의 속보성

예수의 초기 생애는 예수가 죽은 직후에 기록되었다. 복음서 중 최초에 기록된 마가복음서는 서기 70년 전후에 쓰였다. 마태복음과 누가복음은 80년대 그리고 요한복음은 90년대의 기록이라는 것이 일반적인 견해이다.

예수 사후 40년이 못 되어 예수에 관한 구전(口傳)이 복음서로 기록된 것이므로 당시로서는 아주 빠른 기록이다. 기원전 323년에 죽은 알렉산더 대왕의 전기의 경우, 그가 죽은 지 400년 이상이 지나서 플루타크에 의해 기록되었다. 부처의 경우 출생 연도조차 기원전 563-483년경 사이의 여러 설이 존재할 정도로 그 역사적 정확성이 떨어지며, 그에 관한 최초의 전기는 700년이 지난 기원후 1세기에 기록된 것이

다. 따라서 역사적 속보성이 떨어지는 그만큼 역사적 진정성도 낮아지게 된다.[34]

그러나 예수에 관한 최초의 전기는 그가 죽은 지 40년이 채 못 되어서 마가복음으로 기록되었다. 예수의 성령 잉태에 관해서는 예수가 죽은 지 50년을 전후하여 마태와 누가에 의해 공개적인 공식 문서로 기록되었다. 그것보다 더 논쟁이 된 예수의 부활에 대한 최초의 기록인 고린도전서 15장은 예수가 죽은 지 25년 만에 기록된 것이다. 바울이 전도 여행 중 두 번째로 에베소에 체류하던 시기에 고린도전서를 기록했다고 보면 그 저작 시기는 기원후 54년 혹은 55년이라고 추정할 수 있다.

바울이 부활신앙에 관해 "내가 전해 받은 것을 너희에게 전한다."(고전 15:3)라고 하였다. 그러므로 바울이 부활신앙을 전해 받은 것은 고린도전서가 기록된 기원후 54년 혹은 55년보다 훨씬 앞선다. 예수가 29/30년에 죽고 바울의 회심이 32년경이며, 그리고 3년 후 바울이 예루살렘에 가서 사도들을 처음 만났다고 했으니, 그 시기는 기원후 35년쯤 된다. 부활 사건에 대한 전승은 이미 이때에 바울에게 전승되었다는 것을 알 수 있다. 예수의 생애가 구전단계를 거쳐 최초로 고린도전서에 기록된 것이 예수가 죽은 지 24년 이후부터이니 그 속보성은 다른 고대 문서와 비견할 수 없다는 것이다.

그리고 이 시기는 예수의 일생을 지켜본 목격자들이 살아 있었던 시기이다. "심지어 예수에 관한 잘못된 가르침이 유포되었다면 즉시 고쳤을지도 모르는 적대적인 목격자들도 생존했던 시기"[35]였다는 것도 주목하여야 한다. 만약 제자들이 예수의 행적을 과장하거나 왜곡시켰다는 사실을 예수의 동시대인들이 알았다고 가정해 보면, 기독교 운동이 예수가 많은 사역을 했고 십자가에 못 박혔고 매장되었고 부활

한 장소 즉 예루살렘에 뿌리를 내렸을 가능성은 희박하다.[36]

복음서의 역사적 검증과 정경화政經化 과정

복음서는 기독교 공동체에 의해 그 역사적 진정성이 일단 검증되었다는 점도 지적되어야 할 것이다. 히포의 교회회의(393년)와 카르타고 제3차 교회회의(397년)를 거쳐 예수에 관해 기록한 많은 문서 가운데 예수의 가르침에서 유래하고(거룩성), 사도(使徒)들이 전승한 것(사도성), 많은 교회에서 예배에 사용한 것(일치성), 그리고 고대의 교부들이 인용한 것(보편성)을 기준 원리로 하여 신약성서의 정경(正經)으로 채택하기까지 여러 차례의 검증을 거친 것을 알 수 있다.[37] 그리하여 15권의 외경(Apocrypha)과 그 밖의 무수한 위경(Pseud-epigrapha)은 배제되고 순수한 역사적 기록으로 검증된 27권만을 신약성서의 정경(cannon)으로 채택한 것이다.

예를 들면 위경 「도마의 유년기 복음서」에는 예수가 "시냇가에서 찰흙을 가지고 열두 마리의 새를 만들어 안식일을 더럽혔다."고 어떤 유대인이 예수의 아버지 요셉에게 알리자 요셉이 예수를 꾸짖었다. 그러자 "예수가 손뼉을 치면서 그 참새에게 외쳐 말씀하시기를 '날아가거라' 하니 참새는 날개를 치며 날아갔다."고 한다.[38] 외경 「베드로행전」에는 "예수가 마른 정어리를 연못에 집어 던지고 '여기 있는 모든 사람의 면전에서 물고기와 같이 살아나 헤엄치라'[39] 하니 살아나서 헤엄치기 시작하였다."고 한다. 또 다른 외경 「도마행전」에는 예수에게 도마라는 노예가 있었는데, 예수가 그를 은 3리트라에 인도 상인 아바네스에게 팔았다고 한다.[40] 그래서 그가 인도로 팔려가서 복음을 전했다고 한다. 이런 책에는 황당하게 꾸며진 소설 같은 이야기들이 포함되어 있기 때문에 일단 그 역사성이 의심되었으므로 정경에서 배제된 것이다.

1945년 이집트의 나그 함마디(Nag Hammadi)에서 발굴된 4세기의 사본으로 확인된 영지주의자들의 문서 총 52권 중에서도 예수에 대해 언급한 것이 적지 않다. 그러나 예수의 생애를 역사 비판적으로 접근하는 '예수 세미나'의 대표적인 신학자 펑크조차도 나그 함마디 문서 중 「도마복음서」만이 복음서에 기록된 예수의 말씀과 병행하며 그도 40% 정도에 지나지 않는다고 한다. 「구세주와의 대화」는 요한복음에 나오는 대화와 병행을 이루고 있지만 예수의 말씀은 실제로 단지 한 구절(11:4)뿐이다. 그 외에도 「야고보의 비밀복음」, 「진리복음」, 「빌립보복음」, 「이집트인들의 복음」에는 예수가 한 말씀과 유사한 것은 있지만 예수의 말씀으로 역사적 진정성이 있는 것은 하나도 없다고 분석하였다.[41]

영지주의자들은 "육체에 의존하는 영혼은 비참하다."(「도마복음서」 87)고 한 것처럼 철저한 영육이원론에 입각하여 육체를 영혼의 감옥으로 여겼다. 그리고 "나무를 쪼개어 보아라 내가 거기에 있다. 돌을 들어 올려 보아라. 거기에서도 나를 찾을 수 있다."(「도마복음서」 77)고 했으니 범신론적 주장도 나타난다. 또한 여자들은 남자처럼 되거나 남자들처럼 살아 있는 영이 될 것이며, "남자로 되는 모든 여자마다 하나님 나라에 들어갈 수 있다."(「도마복음서」 114)고 가르쳤다. 이처럼 주요 영지주의 문서인 「도마복음서」는 영육이원론과 범신론과 가부장적인 남성우월론적인 내용이 들어 있기 때문에 정경에서 배제된 것이다.[42]

고대 문서치고 성경처럼 여러 단계를 거쳐 그 역사성과 진실성이 검증된 문서는 없다. 불교의 경우는 경(經), 론(論), 율(律) 삼장(三藏)을 다 모은 것을 대장경(大藏經)이라 하며 그 판수가 하도 많아서 팔만대장경이 된 것이다. 따라서 불교 경전에는 이치에 닿지 않는 황당한 전설이 걸러지거나 검증되지 않고 포함되어 있다. 유대교의 방대한 탈무드도 이러한 범주에 속한다. 이러한 방대한 경전은 정경화의 과정을 거치지 않았기 때문에 그 내용 중 어떤 부분은 상당한 문제가 되는 것이다.

이런 점에서 성서의 정경화(正經化)는 특이성과 예외성을 지닌다. 따라서 '예수 세미나'의 비판적인 학자들조차 무수한 외경과 위경의 복음서 중에서 정경의 네 복음서 외에는 「도마복음서」만을 역사적 연구의 대상으로 삼았다는 사실도 복음서의 정경화 의미를 확인할 수 있는 사례로 주목할 필요가 있다.

복음서의 풍부한 사본들의 역사성

인류가 소유하고 있는 고대 문서 중에서 성서만큼 많은 사본이 남아 있는 책이 없다. 서기 116년경 타키투스가 기록한 『로마 제국의 역사』의 경우 가장 오래된 사본이 850년경의 것이며, 97년에 기록된 요세푸스의 『유대전쟁사』는 희랍어 사본 9개가 있지만 모두 10세기 이후의 것이다.

그러나 성서의 경우 가장 오래된 단편적인 사본은 서기 100-150년경의 요한복음 18장의 단편적인 파피루스 사본이며, 신약성서 전체를 포함하는 시내산 사본과 일부만 담고 있는 바티칸 사본도 서기 350년경에 기록된 것이다. 그 외에 5,664개의 희랍어 사본과 라틴어 사본 10,000여 개, 그리고 에티오피아어, 슬라브어, 아르메니아어 사본이 8,000개가 있어 거의 24,000개의 사본이 현존하고 있다.[43] 이처럼 사본이 많다는 것은 고대의 다른 어떤 문서보다 신약성경의 자료들이 충실하게 전해져 내려왔다는 것을 증거하는 것이다.

_02

예수에 관한
유대인의 역사적 기록

예수에 대한 비기독교적 역사 자료가 많은 것은 아니다.[44] 그러나 예수에 대해 종교적으로나 정치적으로 적대적인 외부인의 역사적 기록이 남아 있다는 것은 예수의 역사성에 대한 아주 중요한 증거가 된다. 타이쎈과 메르츠는 이 자료들이 복음서와는 독립된 것으로서 독자적인 증거라는 점, 이 자료들은 우호적인 것과 적대적인 것이 공존한다는 점, 그리고 1-2세기의 사람들이 예수의 존재를 굳이 의심하지 않은 결정적인 증거라는 데 그 중요성이 있다고 하였다.[45]

1) 요세푸스의 『유대고대사』: 92년

유대 역사가 플라비우스 요세푸스(Flavius Yosephus, AD. 37/38-100년 경)는 유복한 가문 출신으로 제사장의 아들이고 바리새인이었다. 유대-로마전쟁(67-70년)이 발발하였을 때 갈릴리의 반란군 사령관이었으나 곧 포로가 되었다가 베스파시안이 황제가 될 것이라고 예언하였다. 그 예언이 실현되자 베스파시안은 요세푸스를 석방하였고, 그는 플라비우스 가문의 비호를 받으며 로마에서 『유대전쟁사』(AD. 77년)와 『유대고대사』(AD. 93년)를 저술하였다. 『유대고대사』에서 예수에 관해 두 번 언급하였고(18.3:3, 20.9:1), 세례 요한에 대해서도 자세히 언급하였다(18.5:2).

요세푸스의 첫 번째 진술(『유대고대사』 18.3:3)은 기독교인들에 의해 일부 가필되었다는 비판이 제기되어 '플라비우스 증언'으로 알려져 있다. 마이어(J. P. Meier) 교수는 최소한 아래 본문 중에 세 부분(고딕체로 표기한 부분)은 가필된 것으로 추정하고 가필가설을 주장한다.[46]

이에 대해 브랜든(S. G. F. Brandon)을 비롯한 몇몇 학자들은 '플라비우스의 증언' 중 세 문장이 가필되었을 뿐만 아니라, 2개의 문장이 개정되었다는 '개정가설'을 주장하기도 한다.[47] 1971년 스클로모 파인즈(S. Pines)는 최근에 양 가설을 종합하여 중립적 재구성을 시도하였다. 타이쎈과 메르츠는 아래의 개정 가설을 지지한다.

어쨌든 저명한 이스라엘 학자인 파인즈(S. Pines)는 요세푸스가 예수를 믿지 않았지만 "기독교를 가장 극렬하게 반대한 자들조차도 예수가 실제로 살았다는 사실에 대해서는 어떤 의심도 표한 적이 없다."[48]고 단언하였다.

(1) 예수에 관한 기록(『유대고대사』 18.3:3.)

이즈음에, 굳이 그를 사람으로 부른다면, 예수라고 하는 **현자**(wise man) **한 사람이 살았다.** 예수는 놀라운 일을 행하였으며, 그의 진리를 기쁘게 받아들이는 사람들의 선생이 되었다. 그는 많은 유대인과 헬라인들 사이에 명성이 높았다. 사람들은 **그를 그리스도라고 불렀다**(그는 바로 Messiah였다).

빌라도는 우리 유대인 중 고위층 사람들이 예수를 비난하는 소리를 들고 그를 십자가에 처형하도록 명령했으나, 처음부터 그를 따르던 사람들은 예수에 대한 애정을 버리지 않았다. 예수가 죽은 지 사흘 째 되는 날, 그는 다시 살아나 그들 앞에 나타났다. 이것은 하나님의 예언자들이 이미 예언했던바, 예수에 대한 많은 불가사의한 일들 중의 하나였다. 오늘날에도 그를 따라 이름을 붙인 족속, 즉 그리스도인이라는 족속이 사라지지 않고 여전히 남아 있다.[49]

(2) 예수의 형제 야고보 처형에 관한 기록(『유대고대사』 20.9:1.)

베스도가 이제 죽었고 알비누스는 부임 중에 있었다. 따라서 아나누스는 산헤드린 공의회를 소집하여 그리스도라고 불리는 예수의 형제 야고보와 다른 형제들[혹은 그의 동료들]을 산헤드린 앞에 세우고 율법 위반자로 그들을 고소하여 돌로 쳐 죽이도록 보내었다. 예루살렘 시민들 중 공평하고 율법 위반을 불쾌하게 생각했던 사람들은 아나누스가 행한 일을 혐오스럽게 생각하였다. 따라서 그들은 아그립바 왕에게 사신을 보내어 아나누스가 이전에 행한 일이 의롭지 않기 때문에 더 이상 그렇게 행하지 않도록 아나누스에게 전할 것을 아그립바 왕에게 요청하였다.[50]

2) 바벨론 탈무드: 220년경

220년경 타나 시대의 문서로 추정되는 바벨론 탈무드(bSANH 43a)에 예수와 다섯 제자의 처형에 관한 기록이 유대 문서로서는 처음으로 등장한다.

유월절 축제 전날 밤 사람들은 예수(Yeshu)를 매달았다. 사십일 전 전령이 이렇게 외쳤다. '그 사람은 마술을 행하고 이스라엘을 그릇된 길로 인도하여 불충한 자들로 만들었으니, 끌려가서 돌팔매질을 당할 것이다. 그를 변호할 자는 나와서 말해 보라.' 그러나 아무도 그를 변호하는 말을 하지 않았기 때문에 사람들은 그를 유월절 축제 전날 밤 매달았다.

랍비들은 이렇게 가르쳤다. 예수에게는 마타이(Matai), 나카이(Nakkai), 네제르(Netzer), 부니(Buni), 토다(Todah) 이렇게 다섯 명의 제자가 있었다. 사람들이 마타이를 끌고 갔을 때 예수는 그들(재판관)에게 이렇게 말했다. "마타이를 처형해야 하는가? '언제 내가[마타이] 나아가서 하나님을 뵈올 수 있을까'[시편 42:5]라고 기록되지 않았는가?" 그들은 예수의 말에 이렇게 응수했다: "물론이지, 마타이는 처형될 것이야. '저 자가 언제 죽어서 그 이름이 없어질까?'[시편 41:5]라는 말씀이 있으니까?"(이와 비슷한 말-놀이들이 예수의 다른 네 제자의 경우에도 이어진다.)

이 다섯 제자는 아마도 마태, 니고데모, 익명의 나사렛인, 요한, 다대오일 것으로 추정된다.

3) 마라 바르 사라피온의 『서신』: 73년 직후

사모사타 출신 시리아인 스토아 철학자 마라 바르 사라피온(Mara bar Sarapion)이 로마의 감옥에서 서기 73년 직후 아들에게 쓴 편지에는 다음과 같은 내용이 포함되어 있다. 여기에 언급된 '지혜로운 왕'(the wise King)에 대한 언급이 두 번 나타나는데, 이는 예수의 죄명(막 15:26 병행)으로도 사용된 것이어서 예수를 지칭하는 용어로 인정되고 있다.[51]

아테네 사람들이 소크라테스를 죽이고서 얻은 유익이 무엇이냐? 그들이 범한 죄악의 심판으로서 기근과 역병이 그들에게 덮쳤느니라. 사모스(Samos) 사람들이 피타고라스(Pythagoras)를 불태워 죽이고 얻은 유익이 또한 무엇이냐? 순식간에 그들의 땅은 모래로 덮였느니라. 유대인들이 그들의 지혜로운 왕을 처형하고 얻은 유익은 과연 무엇이었느냐? 그 일이 있은 직후 그들의 왕국은 무너져 버렸느니라. 신은 이 세 현자의 죽음에 대한 정당한 복수를 했으니, 아테네 사람들은 굶주려 죽었고, 사모스 사람들은 바닷물이 덮쳐 죽었으며, 유대인들은 파멸당하고 자기들의 땅에서 쫓겨나 뿔뿔이 흩어져 살게 되었느니라. 그러나 소크라테스는 영원히 죽지 않고 살아서 플라톤의 가르침 속에 엄연히 존재하고 있느니라. 피타고라스도 영원히 죽지 않고 헤라(Hera)의 조상 속에 살아 있느니라. 또한 그 지혜로운 왕도 결코 영원히 죽지 않고 그가 전파한 가르침 속에 살아 있느니라.[52]

예수에 관한
로마인의 역사적 기록

1) 소 플리니우스의 『서간문』: 111년경

플리니우스(Caius Plinus Caecilius Secundus, 61-113년경)는 로마의 귀족 출신 변호사였으며 다양한 관직을 수행하였다.[53] 111년경 트라얀 황제(재임 98-117년)의 특사로서 비두니아와 폰투수 지역에 파견되었을 때 황제에게 보낸 서간문이 전해 오고 있다. 서간문 제10권(Letters, 10.96)에서 트라얀 황제에게 기독교인들에 대한 재판을 질문하는 내용에 예수라는 명칭은 없지만 크레스투스(Chrestus)에 대한 진술이 포함되어 있다.

소신(小臣)은 이제까지 그리스도인들의 재판에 참여한 적이 없기 때문에 심리(審理)와 처벌의 방법이나 한계에 관한 전례를 모르고 있습니다. … 이제까지는 그리스도인이라는 죄목으로 체포당해 제 앞에 끌려온 자들을 다음과 같은 절차를 밟아 처벌하였습니다. …

그들은 규칙적으로 어떤 특정한 날을 정하여 해가 뜨기 전에 모여서 그리스도(Chrestus)를 하나님으로 찬미하는 교송(交頌) 성가를 부르고 함께 거룩한 서약을 맺었다고 합니다. 그 서약은 어떤 죄도 범하지 않고, 모든 절도나 약탈, 간음, 약속의 파기, 부탁을 받고 신의를 지키지 않는 행위를 범하지 않겠다는 약속이라고 합니다.[54]

2) 타키투스의 『연대기』: 116-117년경

타키투스(P. Conelius Tacitus, 55/56-120년경)는 로마의 원로원 귀족 출신으로 112-113년경에는 아시아 지역 총독을 역임하기도 했다. 그는 로마의 황제권을 비판한 두 권의 역사서 즉, 『역사』(*Historie*, 105-100년경)와 『연대기』(*Annals*, 116-117년경)를 저술하였다. 『연대기』(15.44)에서는 네로의 전기를 서술하면서 본디오 빌라도에 의해 그리스도가 처형된 것을 언급하였다.

그러나 인간적인 도움도, 제국의 관대함도, 혹은 신들을 달래려는 모든 수단도 네로에 의해 화재가 발생했다는 소문을 가라앉히거나 없앨 수 없었다. 따라서 네로는 그 소문을 누그러뜨리기 위해서 그 악습으로 인하여 혐오의 대상이 되던 사람들인 그리스도인들이라는 무리들을 범인들로 몰아붙여 가장 잔인한 방법으로 그들을 처형하였다.

그리스도인이라는 이름(christiani)의 기초자인 크리스투스는 티베리우스 황제 치하의 행정관 본디오 빌라도의 선고로 처형당한 자이다. 이로 인해 이 유해한 사교는 한동안 주춤했으나, 다시 새롭게 일어나 그 발상지 유대에서뿐만 아니라 이 세상에서 가장 끔찍하고도 잡스러운 것들이 모여 있는 로마에서도 번성하게 되었다. 그 후, 맨 먼저 그 분파의 신앙을 고백한 자들이 유죄 판결을 받았는데 이는 방화 혐의 때문이라기보다는

인류에 대한 증오를 갖고 있다는 죄목 때문이었다.[55]

3) 수에토니우스의 『클라디우스의 생애』: 117-122년경

수에토니우스(C. Suetonius, 70-140년경)는 기사계급 출신으로 고위 행정직에 올라 모든 문서 보관소를 출입할 수 있었고, 시저에서 도미티안까지 12황제의 생애를 다룬 『황제의 전기』 여덟 권을 저술하였는데, 그중 『클라디우스의 생애』(25.4)에서 49년 클라우디우스 칙령에 의해 유대인들이 로마에서 추방된 깃을 기록하면서 그리스도를 언급했다.

> 그[Claudius]는 크레스투스(Chrestus)에 의해 미혹되어, 끊임없이 소요를 일으키는 유대인들을 로마에서 추방했다.[56]

4) 그라니아누스의 『편지』: 117-138년경

하드리안(117-138) 치세 하에서, 아시아의 지방 총독이었던 세레니우스 그라니아누스(Serenius Granianus)는 황제에게 그리스도인들에 대한 고소 사건들을 해결하는 일에 그의 충고를 구하는 편지를 썼다.

> 나는 무죄한 사람들이 핍박을 받고 흉악한 고소자들에 의해 피해를 입는 일이 발생하지 않도록 이 문제를 그냥 덮어둘 수는 없다고 생각합니다. 그러므로 만약에 그 지방 주민들이 확실한 범죄 혐의를 들어 기독교인들을 고소하고자 한다면, 법정을 통해 그렇게 할 것이지, 단지 비난과 탄원만을 일삼지 못하도록 조치하십시오. 더욱이 누군가가 상대방을 고소한

다면, 이들이 주장하는 혐의가 확실한지 세밀히 조사하십시오.[57]

5) 루시안의 『페레그리네의 죽음』: 170년

170년경에 저술 활동을 했던 헬라인 풍자작가 사모사타의 루시안(Lucian)은 『페레그리네의 죽음』(*The Death of Peregrine*)이라는 책에서 초기 그리스도인들과 "그들의 율법 수여자"에 대해 기록하였다. 그의 증언의 적대적인 성격은 그 가치를 더 높여 주고 있다.

여러분이 알다시피, 그리스도인들은 오늘날에 이르기까지 한 사람을 숭배하고 있습니다. 그 사람은 그들의 새로운 의식들(novel rites)을 도입시킨 사람이었으며 그로 인하여 십자가에 달려 죽었습니다.

이렇게 미혹된 자들은 자신들이 영원히 불멸하는 존재라는 일반적인 확신과 더불어 시작하고 있습니다. 그리고 그것은 그들 중에서 너무나도 보편적으로 찾아볼 수 있는 죽음에 대한 경멸과 자발적인 헌신을 설명해 줍니다. 그들은 그들의 최초의 율법 수여자로 인하여 자기들이 회심한 순간부터 모두가 형제들이라는 생각을 갖고 있습니다. 또한 그들은 그리스의 신들을 거부하고, 십자가에 달려 죽은 현자(賢者)를 숭배하며, 그의 율법을 따라 살면서, 모든 세상적인 물건들을 경멸하는 결과를 초래한 그들의 신앙을 설명해 주고 있습니다.[58]

6) 아프리카누스의 『연대기』에 인용된 탈루스의 『역사』(62년 이후): 170-240년경

탈루스(Thallus)는 로마인 혹은 사마리아인 역사가이다. 52년 이후에 세 권의 역사책을 썼으나 거의 소실되었다는 것밖에는 그에 대해 알려진 것이 없다. 연대기 저자인 율리우스 아프리카누스(Julius Africanus, 170-240년경)는 예수가 십자가 처형을 당할 때 유대와 온 세계에 들이닥친 어둠을 탈루스를 인용하면서 해석하였다.

탈루스는 그의『역사』제3권에서 이 어둠을 일식이라고 부른다. 나는 그것이 이치에 닿지 않는다고 생각한다. 왜냐하면 히브리인들은 음력 14일에 유월절을 지키며, 우리 구주의 수난은 유월절 전 말에 있었기 때문이다. 그런데 일식은 태양을 가릴 때만 일어난다.[59]

7)『사산 궁정의 종교대화』: 5-6세기경

페르시아 궁정에서 그리스인, 유대인, 그리스도인 사이의 논쟁을 다른 소위 "사산 궁정의 종교대화"에 관한 기록에는 요세푸스가 그리스도에 대해 언급한 것을 인용하고 있다. 이 문서는 5-6세기경의 것으로 추정된다.

당신네들의 역사가인 요세푸스는 그리스도를 가리켜 의롭고 선한 사람으로서 하나님의 은총에 의해 많은 표적과 기적을 알게 되었으며, 선한 일을 많이 행한 사람이라고 말했소.[60]

8) 요세푸스의『유대전쟁사』옛 슬라브어 번역본: 11세기경

요세푸스의『유대전쟁사』가 11세기에 슬라브어로 번역되었는데 여기에는 그리스어 본문에는 없는 문구들이 등장하여 논쟁이 되고 있다. 이를 학자들은 "슬라비아의 증언"(Testmonium Slavianum)이라 한다.

그 때 어떤 사람—그를 사람이라고 부르는 것이 합당하다면—이 나타났다. 그의 본성(physis)과 형상(eidos)은 인간이지만, 그의 나타남은 인간 이상이었다. 그런데 그의 행적은 신적인 것이었으며, 그는 놀랍고 힘 있는 일들, 기적들을 일으켰다. 따라서 나는 그를 사람이라고 부를 수가 없다. 만일 인간들에게 공통적인 본성(koine physis)을 보면 나는 (그를) 천사라고 부를 수도 없다. 무슨 일을 하건 그는 어떤 보이지 않는 능력, 말씀과 명령을 통해서 했다. 어떤 이들은 그에 관해 말하기를, 우리의 최초의 입법자가 죽은 자 가운데서 부활하여 많은 치유와 기이한 일을 행하셨다고 했다. 또 어떤 이들은 하나님께서 그를 보냈다고 했다.

그러나 그는 여러 가지 면에서 율법과 마찰을 빚었으며, 조상 대대로 내려온 안식일을 지키지도 않았다. 그러나 그가 수치스러운 일이나 범죄를 자행한 것은 아니었다. 도리어 그는 오직 말씀을 통해 모든 일을 이루었다. 백성 가운데 많은 사람들이 그를 따랐고 그의 가르침을 받아들였다. 그리고 많은 영혼들이 감동하여 말하기를, 이로써 유대 지파들은 로마의 손아귀에서 해방될 것이라고 하였다. 그는 습관처럼 예루살렘 성읍 앞에 있는 올리브 산에서 머물렀다. 거기서 그는 사람들을 치유해 주었다. 그래서 그의 주변에는 150명의 제자들이 있었고, 많은 사람들이 모여들었다. 사람들은 그가 말씀으로 원하는 모든 일을 이루어내는 그 권능을 보고 그에게 강권하기를, 그 성읍으로 들어가 로마 군대와 빌라도를 무찌르고 자기네를 다스려 달라고 하였다. 그러나 그는 그 요청을 뿌리쳤다.

후일, 이 소식이 유대의 지도자들에게 전해지자, 그들은 대제사장을 찾아가 이렇게 말했다. "우리는 로마인에게 대적하기에는 힘도 없고 약합니다. 그런데 활시위가 이렇게 팽팽하게 당겨져 있으니 가서 빌라도에게 우리가 들은 것을 알려줍시다. 그러면 우리는 유감스러운 일을 피할 수 있을 겁니다. 만일 빌라도가 다른 사람으로부터 이 소식을 듣는다면 우리는 힘을 잃게 될 뿐만 아니라, 우리 자신도 죽고 아이들도 여기저기 흩어지게 될 게 아닙니까? 우리는 그런 일을 막아야 합니다." 그래서 그들은 가서 빌라도에게 이 일을 고했다. 그리고 빌라도는 병사들을 보내 많은 백성들을 도륙하고, 기적을 행하는 그 사람을 붙잡아 오게 했다.

그러나 빌라도는 그를 취조하면서, 그가 악행자가 아니라 선을 행하는 사람이며, 사람들을 미혹하는 사람이 아니라 (왕의) 나라를 열망하는 사람임을 알게 되었다. 그리고 그가 죽어 가던 빌라도의 아내를 고쳐주었으므로 빌라도는 그를 석방했다. 그래서 그는 원래의 자리로 돌아가 원래 하던 일을 계속했다. 그러자 더 많은 사람들이 주변에 모여들었고, 그는 자신의 행적을 통해 어느 누구보다 더 영광을 얻었다. 질투심에 넋이 나간 율법학자들은 30달란트를 빌라도에게 주면서 그를 죽여 달라고 했다. 빌라도는 그 돈을 받고서 그들에게 원하는 대로 할 수 있는 권리를 주었다. 그들은 그를 잡아, 선조들의 율법까지 어기면서 그를 십자가에 못 박아 죽였다. 그 두 사람(통치자)의 시대에 많은 이들이, 위에서 언급한 기적 행위자의 종인 것이 밝혀졌고, 그들이 다른 사람들에게 자기네 스승이 죽었으나 살아 있고, 그가 사람들을 종살이에서 해방시켜 줄 것이라고 말했다. 그러자 백성 가운데 많은 사람들이 위에서 거명된 사람들의 말을 듣고 그들의 계명을 받아들였는데, 이것은 그들의 명성 때문이 아니었다. 왜냐하면 그들은 비천한 신분으로, 실제로 어떤 사람은 구두장이였고, 어떤 사람은 샌들 만드는 자였고, 또 어떤 사람은 수공업자였다. 그런데 그들은 놀라운 표징들을 보여 주었으니, 이는 진실로 그들이 원하는 그대로였다.

그러나 그 고상한 지주들은 사람들이 미혹되는 것을 보고는 율법학자들과 상의하여 그들을 잡아 죽이기로 했다. 그 작은 움직임이 크게 번지는 것을 원치 않았기 때문이다. 그러나 그들은 그 표징들을 보고서 놀라고 부끄러워하면서 이렇게 말했다: 이러한 기적은 예사로운 일이 아니다. 만일 이것들이 하나님의 결정에 의해서 온 것이 아니라면, 이것들은 금방 밝혀질 것이다. 그래서 그들은 이 사람들에게 자기네 뜻대로 행할 수 있는 힘을 주었다. 그러나 그들로 인해 괴로워하던 나머지 그들을 내보내어 어떤 사람들은 황제에게로, 어떤 사람들은 안디옥으로, 또 어떤 사람들은 더 먼 땅으로 보내어 그 문제를 검증하도록 했다.

이집트의 거짓 예언자는 유대인들에게 더 큰 상처를 안겨주었다. 자칭 예언자라고 하는 사기꾼 기적 행위자가 그 나라에 나타나 거짓말로 3만 명이나 되는 사람들을 끌어 모았다. 그는 사람들을 이끌고 사막을 우회하여 올리브 산에 올라갔다. 거기서 그는 무장한 추종자들의 도움을 받아 무력으로 예루살렘에 진입하여 로마 주둔군을 기습해서 몰아내고 자신이 백성의 지배자가 되려고 했다. 그러나 펠릭스 총독은 그의 공격을 눈치 채고는 로마 병사들과 함께 맞섰다. 그리고 온 백성이 이 방어전에 참여했다. 결국 그 이집트인은 몇 명의 심복과 함께 도주했으나 대다수의 추종자들은 죽임을 당하거나 체포당했다. 그 밖의 사람들은 흩어져서 각기 집에 숨어버렸다.[61]

예수 시대의
역사적 지리적 배경

예수 시대의
역사적 배경

1) 희랍 지배 시대와 헤스모니아 왕조

예수 시대 전후의 역사

예수는 역사적 인물이다. 따라서 그의 가르침과 삶의 방식은 역사적 배경에 비추어 보아야 바로 이해할 수 있다.[1] 예수는 자신의 조국이 로마의 식민지 지배의 하수인이었던 유대왕 헤롯 말년(기원전 4년)에 태어나서 로마의 총독 빌라도가 재임하던 서기 29년에 십자가에 처형되었다. 예수 전후 시대의 대략적인 역사는 다음과 같다.

■ 예수 시대 전후의 역사

BC. 539-333	페르시아 지배 시대
BC. 333-63	희랍 지배 시대
BC. 166-143	마카비 독립항쟁 시대
BC. 143-39	하스모니안 왕조 시대
BC. 63-	로마 지배 시대

BC. 39-AD. 6	헤롯 왕조 시대
BC. 4-AD. 29	예수의 생애
AD. 6-70	로마 총독통치 시대

　예수의 등장을 전후해서 예수의 조국 팔레스타인 지역은 차례로 페르시아, 희랍, 로마의 식민지 지배하에 놓여 있었다. 잠시 동안 유대 왕조를 재건하고 명맥을 유지했으나 실제로는 식민통치를 완전히 청산하지 못하였다. 그러므로 이 시기는 종교적으로 로마 황제와 제신(諸神)에 대한 우상숭배의 강요와 정치적 억압과 경제적 착취로 점철된 살육의 시대였다.

　70년 동안의 바벨론 포로에서 풀려난 후 기원전 515년 유대인들이 성전을 재건하였으나, 이스라엘 왕정을 재건하지 못한 채 사독계열의 대제사장의 지도하에 있었다. 이처럼 이스라엘은 외세의 소용돌이에 휩쓸려 역사적 기록에서 사라지는 미미한 존재가 되었다.

희랍 지배 시대(BC. 333-63)

　기원전 539년부터 페르시아의 지배를 받던 유대 지역은 333년 이후로 페르시아를 멸망시킨 희랍의 알렉산더의 통치하에 편입되었다. 알렉산더 사후 제국은 분할되어 톨레미(Ptolemy) 왕가가 323-200년 동안 유대 팔레스타인을 지배할 때에는 유대교에 대하여 관용적이어서 히브리어 성서를 희랍어로 번역(70인역)하도록 명하기도 하였다.

　그러나 셀루쿠스(Seleucus) 왕가가 지배하던 200-167년 사이에는 유대교에 대한 탄압이 극심하였다. 특히 셀루쿠스 IV세의 뒤를 이어 왕위에 오른 안티오쿠스 에피파네스 IV세(Antiochus Epiphanes IV)는 자신을 에피파네스 즉 신의 현현이라고 부르고 자신을 올림피아의 제우스로 숭배하도록 하였다.

그는 예루살렘 성전에 '멸망케 할 미운 물건'(단 11:31, 12:11) 즉 '파괴자의 우상'(공동번역)인 제우스의 신상을 세우고, 기원전 174년 사독가문의 종신 대제사장인 오니아스 3세를 몰아내고 평범한 가문 출신의 친헬라주의자 야손을 대제사장으로 임명하였다. 그는 자신의 이름을 헬라어로 개명하고 예루살렘성 안에 원형 경기장(Gymnasion)과 청년 훈련소(Ephebeion)를 건축하여 헬라화 정책을 적극 실천하였으며, 170년에는 폐위시킨 오니아스 3세를 살해함으로써 경건한 유대인들의 원성을 샀다.

167년 안티오쿠스 에피파네스 4세는 식민지 유대의 정치적 · 문화적 통합을 위하여 다음과 같은 칙령을 내렸다.[2]

- 유대인들은 이교도들의 관습을 따를 것.
- 성소 안에서는 제사 행위를 하지 말 것.
- 안식일과 기타 축제일을 지키지 말 것.
- 성소와 성직자들을 모독할 것.
- 이교의 제단과 신전과 신당을 세울 것.
- 돼지와 부정한 짐승을 희생 제물로 바칠 것.
- 사내아이에게 할례를 주지 말 것.
- 율법서를 버리고 모든 규칙을 바꿀 것.
- 이상과 같은 명령을 따르지 않는 자는 사형에 처한다.

— 마카베오상 1:44-50 공동번역

이 칙령은 경건한 유대인들에게 엄청난 충격을 주었다. 대제사장 야손은 예루살렘 성전에서 제우스 신을 위한 제사를 지냈다. 모딘(Modin)이라는 지방의 제사장 가문의 맛디아(Mathias)는 어떤 유대인이 조상들의 신을 버리고 희랍의 신상(神像)에 제사를 드리는 것에 격분하여 그를 죽인 후 다섯 아들을 데리고 광야로 도피한 후 의병을 조직하여 헬라주의자들에게 항거하였다. 희랍의 식민지 통치와 유대교 탄압에 못 이겨 광야로 은둔하였던 하시딤(Hasidim)이라 불리는 경건한 유대인들이 이에 가담하였다.

마카비 독립항쟁(BC. 166-143)

마따디아스의 유언에 따라 셋째 아들 유다 마카비(Maccabee)가 중심이 된 의병들은 '하나님을 배반한 자들'을 찾아서 진멸하기 위한 무력독립항쟁을 전개하였다. 마침내 165년 희랍 군대를 몰아내고 3년 만에 성전을 탈환하여 "신성모독에 쓰인 재단을 새로 만드는" 등 대대적인 성전 정화와 수리를 마치고 하누카(Hanukha)라 불리는 성전 재봉헌을 기념하는 수전절(修殿節, 164년 12월 15일경)을 지켰다.[3]

유다가 백성의 지도자가 되어 백성을 다스리다가 160년 베뢰아 전투에서 전사하자 그의 막내 동생 요나단(Jonathan, 160-142)이 후계자로서 비상한 외교술을 발휘하며 유대인들의 지도자로 등장하였다. 그는 152년에 스스로 대제사장이 되어 사제복을 입고 150년에는 왕의 자색 옷을 입고 왕이라 자처하였다. 사독가문이 아닌 그가 대제사장이 된 것은 사독가문뿐 아니라 경건한 유대인들에게는 충격적인 일이 아닐 수 없었다.

기원전 165년 수전절 이후부터 대제사장이었을 알키모스(Alkimos)가 159년에 죽은 후에는 그 후임 대제사장에 대한 기록이 전무하다.

요세푸스도 야키모스(Jacimos=Alkimos)가 죽은 후 7년 동안 대제사장의 후계자가 없었고, 152년 요나단이 정권을 장악하자 대제사장으로 임명되었다고 한다.[4]

슈테게만(H. Stegemann)은 164년 수전절 이후 매년 대속죄일(Yom Kipper) 절기를 지켰을 터인데 대제사장이 없이 이 가장 큰 절기를 지킬 수 없기 때문에 이스라엘 백성들이 7년 동안 대제사장 없이 지냈을 리가 없다고 주장한다.[5] 따라서 이 시기의 대제사장이 바로 요나단에 의해 축출된 대제사장이고 그가 추종자들을 이끌고 광야로 피하여 에센공동체를 결성했을 것으로 주장한다.[6]

헤스모니아 왕조 시대(BC. 143-63)

요나단의 뒤를 이어 즉위한 그의 형 **시몬**(Simon, 142-135)도 대제사장, 군사령관, 통치자로 불리게 되었다.[7] 그는 희랍의 셀루쿠스 왕조에 대한 조세를 면제받았고, 141년에는 독립적인 화폐를 주조하여 경제적 독립을 쟁취하였다. 그리하여 독립 항쟁 25년 만에 그리고 586년 예루살렘이 멸망한 지 444년 만에 새로운 유대 왕국의 독립을 쟁취한 것이다. 시몬은 그의 아들 요한 히르카누스 I세(John Hyrcanus I)에게 왕위를 계승함으로써 마카비 가문의 선조의 이름을 따라 헤스모니안 왕조(Hasmonian Dynasty)를 세워 로마가 유대를 점령할 때까지 지속하였다.[8]

시몬의 뒤를 이어 유대의 최고지도자가 된 요한 히르카누스(BC. 134-105)는 유대의 통치 영역을 급속히 확대해 나갔다. 요세푸스는 그가 "하나님의 세 가지 특권 즉, 통치권과 대제사장권과 예언의 특권"[9]을 지니게 되었다고 하였다. 그는 유대 지역을 재탈환하려는 셀루쿠스 왕조의 마지막 시도를 물리치고, 이미 희랍의 지배하에 들어가 있던

사마리아와 이두메 지역을 정복하였다. 그는 새로운 화폐를 발행하고
자신의 이름을 새겨 넣은 최초의 유대 군주가 되었다. 이처럼 유대는
참으로 오랜만에 종교적 자치와 정치적 자유와 경제적 번영을 누릴
수 있게 되었다.[10]

하지만 이러한 히르카누스의 통치는 경건한 유대인들의 불만을 초
래하였다. 그 역시 고대의 군주처럼 부국강병을 앞세워 많은 용병을
고용했고, 그 대금 3,000달란트를 마련하기 위해 다윗의 묘실을 강탈
하기도 하였다.[11] 그리고 사마리아의 그리심 산의 성전을 파괴하여 유
대인과 사마리아인 사이의 갈등을 증폭시켰다. 친헬레니즘적인 노선
을 취하였으며 종교적인 문제에는 무관심하였다. 무엇보다도 그는 정
치적·경제적 권력과 더불어 종교적인 권력까지 장악하고 있었다. 왕
으로 행세하면서 계속하여 대제사장직을 겸하였기 때문이다. 상류층
제사장 귀족 계급인 사두개파 사람들은 히르카누스의 제정일치(祭政一
致)의 통치방식을 지지했지만, 중산층의 경건한 바리새파 사람들은 왕
이 대제사장직까지 겸하는 것은 유대의 전통에 어긋난다며 이를 반대
하는 분위기가 고조하였다. 바리새파는 히르카누스의 모친이 희랍 군
대의 포로로 잡혀 간 적이 있다는 이유를 들어 그가 제사장직을 포기하
도록 요청하였다.[12]

기원전 104년 히르카누스가 31년간 통치한 후 5명의 아들을 두고
죽자 그의 장남 **아리스토불루스 I세**가 대제사장으로 임명되었다. 그러
나 그는 그의 권력에 도전하는 한 동생을 살해한 후 죄책감에 시달리다
가 1년 만에 죽고 만다. 그리하여 그의 또 다른 동생 **알렉산더 얀네우스**
(Alexander Jannaeus)가 대제사장직을 계승(BC. 103-76)하였다. 그 역시
권력을 노리는 다른 동생 하나는 죽이고 권력에 관심이 없는 다른 동생
을 살려 둠으로써 자신의 권력이 위협받는 것을 차단하였다. 그는 유

대의 통치 방식을 대제사장으로서의 신정 통치에서 왕권 통치로 바꾸려고 시도하고 스스로 왕관을 쓰기 시작하였다. 그는 대제사장권과 왕권을 장악하여 폭정을 일삼았고 외세에 의존하였기 때문에 바리새파의 항거에 부딪쳤다. 기원전 90년경 장막절 제사를 지내면서 얀네우스는 제단에 뿌려야 할 거룩한 물을 고의적으로 땅에 부음으로써 제사장의 규례를 위반하였고 분노한 백성들이 얀네우스가 대제사장으로서 제사를 지내는 것이 부적절하다고 항의하였다. 이에 격분한 얀네우스는 주민 6,000명을 처형하였다.[13]

기원전 88년에는 얀네우스의 이러한 폭정에 반기를 든 바리새파 사람들과 하시딤의 후예들을 제거하기 위해 반란자 800명을 예루살렘에서 십자가형에 처하였고, 이에 위협을 느낀 8,000명의 반란자들이 해외로 도피하였다.[14] 요세푸스는 얀네우스가 6년 동안 50,000명의 동족을 살해하였다고 전한다. 얀네우스는 다윗 왕국의 부활을 위해 영토를 크게 확장하는 정치적 수완을 발휘했으나, 유대교의 신앙을 계승하는 데에는 별 관심이 없었다.

기원전 76년 27년간 통치한 얀네우스가 죽자 그의 아내 **알렉산드라**(BC. 76-67)가 여왕으로 왕위를 계승하고, 맏아들인 17세의 히르카누스 II세에게 대제사장직을 임명하였다. 알렉산드라는 얀네우스의 형 히르카누스의 아내였지만 남편이 죽자 시동생과 결혼한 바 있다.

9년 간 통치한 후 그녀가 죽자 그의 아들 **히르카누스** II세가 기원선 67년 왕권을 물려받았다. 그러나 1년도 채 못 되어 그의 동생 **아리스토불루스** II세(BC. 67-63)는 즉각 반기를 들어 왕권과 제사장직을 찬탈하였다.

형제간의 왕권 쟁탈전이 벌어지자 그의 부친 얀네우스 치하에 이두메 총독으로 있던 안티파테르(Antipater)라는 정치적 야심가가 히르카누스 II세의 복위를 위하여 이 내란에 가담하였다. 때마침 로마의 폼페이 장군이 다메섹을 점령하였고(BC. 65), 아리스토불루스 II세와 히르카누스 II세 형제는 각각 폼페이 장군에게 사절단을 보내 자신의 왕권을 인정받고자 하였다. 외세를 빌려 왕권을 장악하기 위해 엄청난 뇌물공세 경쟁이 벌어졌고, 아리스토불루스 II세는 500달란트 가치의 황금 포도나무를 제공하였다.[15] 형제간의 분쟁이 계속되자 안티파테르는 로마의 야전군 사령관 폼페이 장군을 개입시켰고. 기원전 63년 폼페이 장군이 예루살렘에 진격함으로써 헤스모니아 왕조는 로마의 지배에 편입되고 말았다.

■ **헤스모니아 왕조의 계보**[16]

BC. 142-135	시몬
134-105	요한 히르카누스 I세
104	아리스토불루스 I세
103-76	알렉산더 얀네우스
76-67	알렉산드라 여왕
67	요한 히르카누스 II세
66-63	아리스토불루스 II세

헤스모니아 왕조는 다윗과 솔로몬 시대의 유대의 옛 영토를 모두 회복하고, 법령을 공포하여 모든 젊은이들을 위한 광범위한 초등교육 제도를 설립하고 의무교육을 시행하는 등 큰 업적을 남겼다. 그러나 마카비의 독립정신을 상실한 채 외세에 의존하여 권력을 유지하거나 탈취하려는 정쟁(政爭)이 계속되어 백성들의 열망을 저버렸다. 그래서

이 시대에 기록된 「희년서」, 「솔로몬의 시편」, 「12족장의 유언서」에 는 불의한 통치를 종식시키고 경건한 신앙을 회복시킬 이상적인 정치 적·종교적 지도자로서의 메시아 도래에 대한 기대가 여러 방식으로 표현되어 있음을 살펴볼 수 있다.[17]

2) 로마 지배 시대와 헤롯 왕조

폼페이 장군의 예루살렘 입성(BC. 63)

로마의 폼페이 장군이 63년 예루살렘에 입성하여 유대인 약 12,000 명을 학살함으로써 유대와 팔레스타인 지역의 10개 도시 연합체 (Decapolis)를 비롯한 주요 도시는 로마의 시리아 속주로 편입되었다.[18] 예루살렘과 유다는 로마에 세금을 바쳐야 했다. 희랍의 식민지 지배에 서 독립한 지 1세기 만에 또다시 로마의 식민지 지배 아래 들어가고 만 것이다.

폼페이 장군은 히르카누스 II세(BC. 63-40)를 대제사장으로 임명하 였으나 실제로는 이두메 출신 안티파테르(Antipater)가 기원전 63부터 43년까지 예루살렘 전체를 다스리는 권한을 행사하였다. 기원전 57년 에는 왕위를 빼앗긴 아리스토불루스 II세와 그의 장남 알렉산더가 반 란을 일으켰으나 로마의 개입으로 체포되어 처형되었다.

안티파테르는 폼페이 장군을 원조하는 등의 친로마 행각을 통해 유대 통치의 막후 실권을 행사하였다. 기원전 48년 폼페이가 죽자 안 티파테르는 옥타비아누스(후의 아우구스투스Augustus 황제)과 안토니우스 (후의 율리우스 카이사르Julius Caisar 황제)의 권력 암투 사이에서 옥타비안의 편을 들었다. 마침내 옥타비안이 황제가 되자 이를 계기로 그는 로마 의 시민권을 받고, 유대의 행정장관(procurator)으로 임명받았다.[19] 그리고 그의 장남 파사엘(Pasael)을 예루살렘 총독으로, 차남인 헤롯(Herod)을 갈릴리 총독으로 임명하였는데, 이 일로 인해 안티파테르는 기원전 43년 유대 민족주의자 말리쿠스(Malichus)에 의해 독살되었다.

헤롯 왕조의 시작(BC. 37-AD. 6)

안티파테르는 죽었으나 그의 두 아들 파사엘과 헤롯이 통치권을 계승하였다. 그러나 3년이 못 되어(BC. 40) 히르카누스 II세의 아들 안티고누스가 파사엘과 헤롯을 몰아내고 기원전 37년까지 3년 동안 유다의 왕으로 통치권을 장악하였다. 포로로 잡힌 파사엘은 자살하였고 헤롯은 로마로 도망쳤다. 헤롯은 옥타비안의 후원으로 원로원에서 유대의 통치를 위임받은 로마의 봉신왕으로 임명받아 귀국한다. 그래서 지지자들을 모아 자신의 왕국을 건설하기 위해 안티고누스를 대항하여 3년간의 전쟁을 치른다.

헤롯은 마침내 안티고누스를 참수형에 처하고 기원전 37년부터 실제로 유다의 왕으로 그의 지위를 공고히 한다. 그러나 헤롯은 로마의 봉신왕이므로 후계자 결정권, 조약체결권, 전쟁 수행의 권한이 허용되지 않았다. 화폐를 주조하거나 소규모의 군대를 소유하거나 세금을 인상하는 등 제한적인 권한만 행사할 수 있었다.[20]

헤롯 왕의 통치(BC. 37-4)

새로 등장한 헤롯 왕은 여러 면에서 다윗을 이상적인 왕으로 여겨온 이스라엘 왕정의 이상(理想)과는 거리가 먼 왕이었다.

(1) 헤롯은 이두메(에돔) 출신으로 비유대인이었으므로 유대 왕으로서의 정통성이 부족한 인물이었다. 더군다나 헤스모니아 왕조의 마지막 왕으로서 정통성을 지닌 안티고누스를 살해한 로마의 앞잡이로

인식되어 유대인의 지지를 얻지 못하였다. 헤롯은 구 왕조와의 관계를 통해 정통성을 확립하려고 시도하였다. 헤스모니안 왕가의 히르카누스 II세의 손자 아리스토불루스를 제사장으로 임명하고, 알렉산드라 여왕의 여동생 미리암네와 정략결혼을 하였다.

(2) 헤롯은 정적을 제거하는 일에 앞장섰다. 기원전 37년 예루살렘을 장악하면서 헤롯에 의해 살해당한 자들의 어머니들이 헤롯을 산헤드린에 고소하자, 헤롯을 변호한 사마이아스(Samaias)를 제외한 산헤드린 회원 전원과 그 배후로 지목된 히르카누스를 반역자로 규정하였다.[21] 헤롯은 히르카누스 II세를 비롯한 구 왕가의 왕족과 그 추종자 등 반대파 색출을 위해 비밀수사기관을 설치하였다. 기원전 35년에는 백성의 인기가 높다는 이유로 제사장 아리스토불루스를 처형하고, 기원전 29년과 30년에는 아내 미리암네와 장모 알렉산드라를 모반의 혐의로 처형하였다. 헤롯은 한 사람의 대제사장이 평생 대제사장으로 섬기는 특권을 폐지하고 제사를 주관할 수는 있지만 정치적 실권이 없는 무력한 자를 대제사장에 임명하여 대제사장들의 권력을 견제하였다.

(3) 기원전 19/20년부터 헤롯은 자신의 영광을 드러내고 백성들의 환심을 사기 위해 성전을 배로 확장하여 개축하는 공사를 시작하였다. '마차 1000대와 건축 숙련공 10,000명'을 동원하고 수많은 석공과 목공을 훈련시키고 많은 재정을 투입하여 대대적인 건축 사업을 전개하였다.[22] 예루살렘의 4분의 1에 해당하는 거대한 자신의 왕궁을 건축하고, 극장(Theatre)과 경마장도 건립하였다. 성전 주위에는 회랑을 만들고 '헤롯이 아랍에서 가져온 것과 다른 야만국 등에서 빼앗거나 헌납받은 약탈물을 전시'[23]하였다. 이 개축 사업은 예수가 활동하던 때에도 계속되어(요 2:2), 기원후 62/4년 완성되었으나 기원후 70년 유대전쟁

으로 파괴되고 말았다.

(4) 성전은 헬라식으로 개축한 것이었다. 무엇보다도 경건한 유대인들을 자극한 것은 성전 회랑 정문에 로마의 태양신을 상징하는 거대한 독수리 상을 막대한 비용의 금으로 만들어 세운 것이었다. 이는 종교적으로는 우상숭배를 금지한 제2계명을 어긴 신성모독인 동시에 로마의 식민지 지배를 상징하는 국가적 모욕이었다.

헤롯 말년에 그의 건강이 악화되자 이 "멸망의 가증한 것이 서지 못할 곳에 선 것"(막 13:14)을 보고 기회를 노려 온 당시의 유명한 율법 교사였던 사리파의 아들 유다(Judas ben Saripha)와 마르갈라의 아들 맛디아(Mattias ben Margala)는 '모욕당한 하나님의 영광을 복수'하기 위해 죽음을 각오하고 젊은이들을 이끌고 독수리 상을 끌어내려 산산이 부수어 버렸다. 결국 그들은 모두 체포되어 헤롯의 명에 따라 화형에 처해졌다.[24]

(5) 헤롯은 친로마 정책을 강화하고 헬라 문명을 옹호하는 데 힘을 기울였다. 헤롯은 헬라 문화의 후견자로서 시리아의 안디옥과 다메섹뿐 아니라 그리스의 아테네와 스파르타와 같은 헬라 도시의 문화 사업을 위해 많은 재정을 후원하였다. 그리고 5년마다 열리는 고대 올림픽에 검투사로 직접 참가하였으며 많은 재정을 지원하였다.[25] 그는 헬라 시대의 군주들처럼 공개적인 자선을 베풂으로써 자선가로 알려지는 것을 대단히 중히 여겼다.[26] 이처럼 무수한 건축 사업과 무리한 재정 후원을 위해 많은 세금을 거두고 부역을 동원할 수밖에 없었다.

(6) 헤롯은 헬라 문명을 모방하는 일에도 앞장섰다. 세바스테와 가이사랴에서 고대 올림픽을 모방하여 5년마다 로마 황제를 기리는 '가이사 경기'를 많은 비용을 들여 개최하였다.[27] 전차경기장과 경기장을 세우고 투사를 양성하고 나체 경기를 하게 하였다. 심지어는 산 사람

을 맹수들에게 던져 "하나님에 대한 정면 도전"이라는 백성의 원성을 듣게 되었다.[28]

그 외에도 로마 황제를 위해 사마리아를 재건하여 아우구스투스* 황제를 기념하는 뜻으로 세바스테(Sebaste)라 명했으며, 새로운 항구를 건립하여 가이사랴(Cesarea)라고 명하고 그곳에 가이사의 거대한 신상을 세웠다.[29] 그리고 많은 요새들을 보수하거나 신축하였다. 헤롯은 트리폴리(Tripolli), 다메섹(Damascus), 베리투스(Berytus), 두로(Tyre)에 집회소(agoras)를, 시돈과 다메섹에도 원형극장을 건립하였다.

(7) 헤롯은 부인을 열 명이나 두었으며, 통치 말기에는 왕권을 넘보는 아들들을 견제하여 그들을 처형하기 시작했다. 기원전 7년에는 아내 미리암네에게서 태어난 두 아들 알렉산더와 아리스토불루스를 대역죄로 몰아 처형하고, 기원전 4년에는 첫 번째 부인의 아들인 안티파테르를 후계자로 세워 놓고는 그가 왕으로 행세하는 것으로 의심하여 자신이 죽기 5일 전에 처형하였다.[30] 베들레헴의 영아 살해에 관한 마태복음의 기록은 헤롯의 이러한 잔인한 성격에 비추어 볼 때 역사적 사실로 인정된다(마 2:16).

(8) 헤롯이 다윗 이후 가장 강력한 유대 왕국의 통치자였음은 확실하다. 많은 건축물을 세우고 상업을 발달시키고 유대 왕국의 위상을 대외적으로 높인 공이 없지 않다. 그러나 그는 유대인이 아니었고, 왕권을 찬탈했으며, 세 아들을 포함한 정적(政敵)들을 잔인하게 처형하였고, 그리고 백성들에게 무거운 세금과 많은 부역을 부과하였다. 무엇보다도 친로마 정책을 펴고 헬라 문화를 후원함으로써 유대교의 율법과 전통을 무시했으며 대제사장을 자기 마음대로 임면(任免)하였다는

---

* 아우구스투스(Caesar Augustus, BC. 63-AD. 14), 성경에서는 아구스도라 표현된다. 이하에서는 성경 표현을 따른다. ― 편집자.

비판을 받았다. 그래서 헤롯 자신도 자신의 악행으로 인해 자신의 죽음을 기뻐할 사람들이 많을 것을 예상하고 병이 악화되어 죽을 즈음에는 "각 가정마다 한 사람씩 처형하라고 명령하여 온 백성이 사랑하는 가족을 잃고 울부짖도록 만들어 자기 자신의 장례식에 애곡하는 분위기를 조성하도록 하였다."[31]고 한다. 따라서 헤롯의 학정에 시달린 많은 유대인들은 새로운 정치 질서를 간절히 고대할 수밖에 없었다. 이 헤롯이 죽기 직전에 예수가 태어난 것이다.

■ **헤롯 왕조 시대 계보**

BC. 63-43	안티파테르
43-40	파사엘(유다), 헤롯(갈릴리)
40-37	안티고누스
37-4	대 헤롯
BC. 4-AD. 6	아켈라오(Archelaus): 유대와 시리아와 이두메 지역
BC. 4-AD. 34	안티파스(Antipas): 갈릴리와 베뢰아 지역
BC. 4-AD. 34	빌립(Philip): 가울로와 갈릴리 동북 쪽

헤롯의 세 아들

헤롯이 기원전 4년에 죽자 그의 유언을 로마 황제가 승인함에 따라 왕국을 넷으로 분할하고 장남에게는 갑절의 상속을 주는 유대 관습에 따라 둘은 장남에게 주고 나머지는 두 아들이 나누어 가졌다. 아켈라오(Archelaus, BC. 4-AD. 6?)는 유대와 시리아와 이두메 지역을, 안디바(Antipas, BC. 4-AD. 34)는 갈릴리와 베뢰아 지역을, 그리고 빌립(Philip, BC. 4 -AD. 34)은 가울로와 갈릴리 동북쪽을 관할하였다. 이 시기를 사분봉왕(四分封王) 시대(Tetrarch Era)라고 한다.

가장 중요한 지역을 물려받은 아켈라오는 백성의 신임을 얻지 못하였다(마 2:22). 헤롯의 장례식이 끝나자 백성들은 '조세 감면과 일부 세금의 폐지와 죄수 석방 그리고 헤롯과 결탁한 사람들의 처벌'을 강력하게 요구하였다.[32] 그리고 헤롯 말년에 예루살렘 성전의 황금 독수리 상을 훼손하여 처형된 유다와 맛디아의 순교를 애도하며 도시가 울음바다가 되었다.[33] 그러나 헤롯의 아들 아켈라오는 군중을 무마할 수 없어 군대를 동원하여 유월절과 무교절 기간에 '유대 백성들이 각종 제사에 열심인 틈을 타' 불시에 습격하여 3,000명을 학살히였다. 그리고 유대인들에게 모든 절기 행사를 포기하고 고향으로 돌아갈 것을 명령하였다.[34]

그러나 반란의 불길을 수그러들지 않았다. 혼란의 시기였으므로 도처에서 "스스로 왕위에 올라 자칭 왕으로 행사하는 자가 적지 않았다."고 한다.[35] 갈릴리 세포리스에서는 므나헴 벤 유다가 민중 봉기를 일으켰으며, 베뢰아에서는 왕의 시종이었던 시몬(Simon)이 반란을 일으켰고, 그리고 유다에서는 아스롱게스(Athrongeus)가 스스로 왕관을 쓰고 네 명의 형제를 대동한 채 도처에서 로마군과 그 협력자를 무차별 살해하였다.[36]

시리아 주재 로마 총독 바루스는 다시 한번 군대를 동원하여 이 지역 곳곳에서 약 2,000명가량의 유대인을 십자가 처형하였다.[37] 그 지역 전체가 불바다와 피바다가 되었다. 엠마오의 경우 주민이 모두 다 도망갔고, 마을은 완전히 불타 없어졌다.[38] 예수가 태어난 직후에 일어난 일이다.

헤롯의 차남 헤롯 안디바(Antipas)는 기원전 4년부터 서기 39년까지 통치하였다. 그는 아구스도(Augustus)를 이어 로마의 황제가 된 디베료

(Diberius)에게 자신의 충성심을 입증하기 위해 갈릴리 호수 서편에 디베랴(Diberias)라는 신도시를 건설하기도 하였다. 그리고 그의 이복형제였던 헤롯 빌립(분봉왕 빌립과 구별하기 위해 빌립 I세라고 부름)의 아내였던 헤로디아와 재혼함으로써 세례 요한을 비롯한 경건한 유대인들의 반발을 불러 일으켰다. 결국 이 결혼을 비난하는 여론을 잠재우기 위해 세례 요한을 참수하였다(막 6:17-29).

3) 로마 총독 시대와 빌라도의 통치

총독 정치의 시작(AD. 6-70)

기원전 4년 헤롯의 장례식이 끝나자 사두개파와 재산가들은 50명의 대표단을 로마에 보내어 로마 황제에게 유대 지역을 시리아와 합병하여 시리아 주재 로마 총독이 직접 통치하는 관할에 편입하여 줄 것을 청원하였다. 이들은 로마 황제에게 헤롯 왕의 범죄를 열거하며 고발하였다.

저희가 참아왔던 사람은 왕이 아니라, 세상에서 가장 잔인한 폭군입니다. 수많은 이들이 그의 희생자가 되었고, 생존자들은 너무 많이 고생해서 죽은 사람의 운명을 부러워하고 있는 실정입니다—그 폭군의 아들인 이 아켈라오를 그의 아버지가 죽었을 때 저희들은 재빨리 왕으로 받아들였습니다. 저희들은 헤롯의 죽음을 그와 함께 애도했습니다. 그의 시대에는 번영을 기원하면서 말입니다. 그러나 그는 통치 기간에 3,000명의 시민을 대학살하였습니다—유대의 유산을 야만스럽게 파괴하는 자들에게 맡기지 마시고 저희 국가를 수리아로 통합시켜서 로마의 총독들이 관리하게 해주시기를 간청합니다.[39]

이방인 헤롯 가문의 잔인한 통치와 시리아 총독의 간섭을 이중적으로 받기보다는, 차라리 "왕권 통치를 해체"[40]하고 로마의 식민지 통치에 편입되어 헤롯의 지배에서 벗어나는 것이 나을 것으로 판단한 것이다. 로마에 거주하던 8,000여 명의 유대인들도 이에 합세하였다.[41] 로마는 이러한 요청을 즉시 수용하지는 않았지만, 헤롯의 정권을 물려받은 장남 아켈라오의 실정이 계속되자 서기 6년 마침내 로마의 황제 아구스도(Augustus)는 아켈라오를 로마로 소환하고 코푸니우스를 유대 주재 초대 로마 총독으로 파견하였다.[42]

유대는 로마 총독의 직접 통치하에 들어서게 되어 조공을 바쳐야 하였다. 총독(hegemonon)은 황제의 대리인으로 제국 관할지역의 재정 수입을 관장하는 재정관이었다. 총독은 관할지역에서 세금을 효율적으로 징수하기 위해 세리제도를 활용하였다. 총독이 정식으로 임명한 세무관리(publicanen)와 세금을 자발적으로 대납한 후 자기 몫을 나중에 거두어들이거나 특정 지역의 징세권을 일정 비율 지급한 후 임차하는 세금대납업자(conductores)와 이들에 의해 고용되어 세금을 징수하는 청부세금징수원(telones)이 있었다.[43]

서기 6년 코푸니우스가 사형집행권을 포함한 모든 권리를 부여받고 초대 총독으로 부임하자 갈릴리 출신의 유다(행 5:37)[44]가 백성들을 선동하여 "로마에 대한 세금을 바치는 것과 주권자이신 하나님 외에 한낱 피조물에 지나지 않는 인간을 지배자로 용인하는 것은 섭생이와 같이 비겁한 짓이다."[45]고 하였다. 갈릴리 출신 유다와 바리새파에 속한 사독(Saddoc)은 저항 세력을 조직하였다. 이들도 오직 하나님만을 주님으로 섬겨야 하며 가이사에게 세금을 바치는 것은 가이사를 주님으로 인정하는 것이므로 "세금을 내는 것은 노예나 마찬가지이며 독립을 얻기 위해서는 과감히 맞서 싸워야 한다."[46]고 주민들을 선동하였다.

그들은 동조자를 모아 로마 군대가 공격하기 어려운 유다 광야에 은신처를 정하고 산발적으로 로마 점령군에 대항하였다. 로마 점령군에게 그들은 도적이나 노상강도로 보였을 것이다. 그러나 서민층 유대인들은 점점 그들을 지지하였다. 그들이 체계적인 저항 조직을 결성한 것은 아니지만 이후에 일어난 많은 저항 집단의 역사적 전례와 이데올로기적 토대를 제공하였다.[47] 그러나 유다와 그의 형제는 체포되고 모두 십자가 처형을 당하였다.[48] 예수가 열 살쯤 되어서 일어난 일이다.

총독은 관할지역의 치안을 관장하는 지역 사령관이기도 하였다. 총독은 예비역 장교로서 5개 보병대대로 구성된 1개 연대 약 3,000명을 지휘하였다. 보병대대는 귀족 출신의 천부장(Chiliachos, 요 18:12)이 지휘하였고, 그 휘하에는 평민 출신의 하사관인 백부장(hekatontarchos, 행 10:1)을 두었다. 총독은 가이사랴에 주둔하면서 유월절과 같은 축제 때에만 예루살렘에 입성하여 치안을 통제하였다. 예루살렘에는 항상 1개 대대가 주둔하고 있었다.[49]

1세기 로마의 통치자들은 "약탈, 살육, 강탈을 제국(imperium)이라고 불렀고, 폐허를 만드는 것을 평화"라 부른다는 비난을 받았다. 로마와 아구스도의 평화는 모든 사람들의 평화와는 거리가 멀었다. "끝없는 전쟁에 시달리는 주변부에 대한 중심부의 평화였다."[50]

■ 유대 주재 로마 총독 명단[51]

AD. 6-9	코포니우스
9-12	암비불루스
12-15	루푸스
15-26	발레리우스 그라투스

26-36	본디오 빌라도
36	마르셀루스
37-41	마룰루스
41-44	아그립바 I
44-46	파두스
46-48	T. J. 알렉산더
48-52	쿠마누스
52-59/60	벨릭스
59/60-62	베스도
62-64	알비누스
66-70	플로루스

빌라도의 통치(AD. 26-36)

서기 26년부터 36년까지 유대의 총독이었던 빌라도는 특별히 감각이 둔한 사람이었다. 알렉산드리아의 필로(Philo)는 자신의 직무수행은 "뇌물, 폭력, 약탈, 불법, 무례, 재판 없는 사형집행, 계속적이고 견디기 어려운 잔학"으로 이루어졌다고 기록한 바 있다.[52]

빌라도는 예루살렘 내의 로마군 주둔지인 안토니아 요새에 로마 황제 초상화가 그려진 군기를 걸어 둠으로써 민중의 봉기를 자초하였다. 다수의 유대인들은 총독이 주둔하는 가이사랴를 공격하였고, 빌라도는 할 수 없이 황제의 상징물을 제거하였다.

그는 솔로몬 연못에서 예루살렘까지 수로 공사를 한다는 명분으로 성전 금고를 요구하였고, 유대인의 반대가 거세지자 무장한 로마 군인들을 민간인 복장으로 변장시켜 민중들을 제압함으로써 자신의 요구를 관철시켰다.[53]

한 사마리아 예언자가 모세 시대에 그리심 산에 거룩한 기물들을 묻어두었을 것이라고 선언하자, 수많은 사람들이 그곳에 몰려들었다. 빌라도는 군대를 동원하여 그들을 해산시켰다. 이때 많은 사람들이 체포되고 살해되었다.

한 번은 예루살렘에서 희생물을 드리려는 갈릴리 순례자들을 학살 하였고(눅 13:1), 혁명 활동의 의심이 가는 사람들을 체포하여 '민란을 꾸미고 살인한 자들'이라 하여 예수와 함께 처형하였다(막 15:7 병행). 이처럼 빌라도가 총독으로 재임하던 동안에 예수는 빌라도의 재판을 받고 십자가에 처형된 것이다.

4) 예수 사후 초대교회의 역사

예수는 죽은 지 사흘 만에 부활한 뒤에 여러 사람에게 나타나 보였 다. 그리고 40일 동안 사도들에게 자주 나타나 여러 가지 확실한 증거 로 당신이 여전히 살아 있다는 것을 보여 주었다고 한다(행 1:3). 그리고 예수는 "너희는 예루살렘을 떠나지 말고 내가 전에 일러준 아버지의 약속을 기다려라."(행 1:4 공동번역)고 하고 사도들이 보는 앞에서 승천하 였다. 다시 열흘이 지나 오순절을 기하여 사도 일행은 모두 예루살렘 의 한 다락방에 모였다. 성령의 임재를 통해 새로운 교회공동체를 형 성하게 되었다.

예수 사후의 교회공동체 주요 역사에 관한 자세한 기술은 생략하고 여기서는 간략한 연대표만 제시하도록 하겠다.[54]

■ **예수 사후 초대교회의 역사**

30년	오순절에 예루살렘 교회공동체가 시작됨
	스데반의 순교와 예루살렘 교회의 박해
35(32)년	바울의 회심(행 9:1-9)
37/38(34/35)년	바울의 예루살렘 방문
43/44년	예루살렘 교회의 핍박과 야고보의 죽음
47년	바울의 제1차 선교여행
48(50)년	예루살렘 사도회의(행 15:1-21)
48/49-51/52년	바울의 제2차 선교여행
51/52-55/56년	바울의 제3차 선교여행
60/61년	바울의 로마 이송

5) 유대전쟁과 예루살렘의 멸망

유대전쟁(AD. 67-70)

로마의 폼페이 장군이 기원전 63년 예루살렘에 입성한 이후 로마에 의한 식민지 통치는 100년간 계속되었고 유대인의 저항도 역시 계속되었다. 요세푸스의 기록을 살펴보면 예수가 출생한 이후 유대전쟁이 발발하기 전까지 즉 기원전 4년에서 기원후 65년 사이에도 이미 일곱 번에 걸친 농민 반란이 있었다고 한다.

예수 출생 직전에 갈릴리 유다가 반로마 항쟁을 시작한 이후, 44년 아그립바 1세가 죽자 갈릴리 유다의 두 아들 야고보와 시몬이 아버지의 뒤를 이어 세금징수 반대 운동에 앞장섰다가 십자가 처형을 당하였다.[55]

52년부터 60년 사이 펠릭스 총독 시절에 시카리(Sicarii)파라고 부른 집단이 등장하였다. 그들은 옷 속에 짧은 단도를 품고 군중들 속에 섞여서 적대자를 살해하는 자객(행 21:38)들이었는데, 폭력과 테러를 일삼는 과격한 무장 독립투사라고 볼 수 있다. 요세푸스는 그 숫자가 4000명에 이르며, 그들이 살해한 첫 번째 인물은 대제사장 요나단이었다고 기록했다.[56] 60년경에 접어들면서 유대인들과 헬라인들이 어울려 사는 로마가 건설한 신도시 가이사랴에서 두 집단 사이이의 갈등이 증폭되기 시작하였다.

66년에는 시가전으로 발전하였다. 때마침 총독 플로루스(Florus)가 성전 금고에서 17달란트를 빼내어 오도록 명령한 것이 촉발되어 유대와 갈릴리와 사마리아 주민들이 로마에 대한 시위에 참여하였다. 여기에 과격파 열심당인 시카리파들이 합세하였다. 므나헴(Menahem)의 주도하에 열심당은 마사다(Masada)를 포함한 여러 요새를 탈환하여 마침내 예루살렘 성전을 점령하는 성과를 올리기도 하였다.

열심당은 먼저 부유하고 권력이 있는 저명한 유대인들과 제사장 계급 및 왕족을 공격했다. 그들은 대제사장 아나니아스의 관저와 헤롯 아그립바 왕의 베르니케의 왕궁으로 몰려가 불을 질렀다. 다음으로 공공문서 기록보관소(archives)로 달려가 '채권자들의 계약서'를 불태워 채무를 회수하지 못하도록 하려고 했다.[57] 그리고 나중에는 제비뽑기 방식으로 평민 출신인 사무엘의 아들 판니(Phanni)라는 자를 대제사장으로 선출했다.[58]

로마 정권에 대한 납세용으로 사용된 데나리온에는 티베리우스 황제의 상이 새겨져 있었고, 이는 종교적 신성모독과 정치적 압제와 경제적 착취의 상징이었으므로 열심당은 그들만의 주화를 새로 발행하였다.[59] 요세푸스에 의하면 이들은 제비뽑기를 통해 새로운 대제사장을 선출하고 이를 통해 상징적인 의미에서 대안 정부(alternative government)를 조직하였다고 한다.[60]

유대인과 이방인이 섞여 사는 여러 도시에서도 격렬한 전투가 계속되었다. 로마의 시리아 총독 세스티우스 갈루스가 66년 가을 팔레스타인 원정을 감행하여 예루살렘까지 진격하였으나 시몬 바르기오라가 지도하는 유대인들의 반격으로 퇴각하다가 전멸을 당하고 만다.

로마 황제 네로는 베스파시안(Vespasian) 장군에게 3개 군단을 이끌고 예루살렘을 탈환하도록 명한다. 67년 6-7월경 베스파시안은 먼저 갈릴리로 진격하였고, 유대 군내는 요다퍼티(Yotapata) 요새로 퇴각하였다. 47일 동안의 포위를 견디다 못한 주민들은 모두 죽임을 당하거나 노예로 잡혀갔다.

요세푸스에 의하면 10,000명 이상이 살해되고 1000명 이상이 포로로 잡혀갔다고 한다.[61] 갈릴리 전역이 로마의 수중에 들어가게 되고, 사마리아도 패배하게 되었다.

예루살렘의 멸망

68년 6월 네로가 죽자 전쟁은 소강상태에 들어갔고, 베스파시안이 로마 황제로 임명되자 70년 그의 아들 티투스(Titus)가 4개 군단을 이끌고 유월절 기간에 예루살렘을 포위하였다.

티투스의 군대에 의해 포위된 예루살렘 내부의 유대인들은 3개의 분파로 분열되어 내분을 겪게 된다. 열심당의 지도자인 엘르아살파, 로마 군대가 철수하자 예루살렘에 모여든 강도떼의 두목인 기스칼라의 요한파, 그리고 두 반란파에 대항한 거라사 출신 시기오라의 아들의 시몬파가 그것이다.[62] 이들은 식량을 구하기 위하여 예루살렘 성내의 선량한 주민들을 약탈하여 백성들의 원성을 사게 되었다. 그리고 이들은 성전에서의 주도권을 장악하기 위해 유혈사태를 일으켜 수천 명의 동족을 살해하였다. 요세푸스는 로마인들조차 종교적인 이유로 출입을 극도로 자제하였던 예루살렘 성전의 성소를 유대인들이 피로 물들였다고 개탄하였다.[63]

그해 8월 30일 예루살렘은 완전히 점령되어 모두 불타고 철저히 파괴되었다.[64] 예수가 예언한 것처럼 예루살렘은 "돌 하나도 돌 위에 남지 않고"(막 13:2) 모두 파괴된 것이다. 티투스는 유대 청년 700명을 승리의 전리품으로 로마로 끌고 가고 나머지 주민들은 살해하거나 이집트의 광산 노동에 동원하거나 노예로 팔았다. 5년 동안 계속된 이 전쟁으로 130만 명 이상이 죽은 것으로 집계되었다.[65] 요세푸스는 "거기서 죽은 사람의 숫자는 인간이나 하나님이 이제까지 이 세상에 가져온 모든 파괴를 능가한다."[66]고 기록하였다. 이로써 옛 성전체제는 무너져 버렸고 유대인들은 전 세계로 추방되어 뿔뿔이 흩어지고 만 것이다.

끝까지 저항하던 유대인들의 대부분은 시카리파이었다. 그들은 예루살렘을 빠져나와 유다 광야에 있는 마사다 요새로 피신하였다.[67] 엘리아살 벤 야일(Eleazar ben Yair)의 지도하에 3년간 로마의 포위 공격에 대항하였으나 주후 73년 5월 로마 군대가 마사다 요새 안으로 진격했을 때, 960명의 유대인들은 모두 자결하였다. 요세푸스에 따르면 로마 군대가 마사다를 함락시켰을 때, 동굴 속에 숨어 있던 2명의 여자와 5명의 어린이만이 발견되었다고 한다.[68]

■ 유대전쟁 전후의 역사

66년	플로루스 총독의 성전 기물 약탈로 유대인 봉기
66-68년	시몬 바르 기오라가 예루살렘에서 왕으로 추대됨
66년 8월	유대 반란군 안토니아 점령
	시리아 총독 세스티우스가 예루살렘 공격 후 퇴각
67년 봄-가을	로마의 베스파시안 장군이 갈릴리 정복
67-68년	열심당이 예루살렘 장악
69년	예루살렘을 점령한 유대인이 3파로 분열됨
70년 봄-가을	로마의 티투스 장군이 예루살렘 정복 파괴
74년	마사다 유대인 반란군 집단 자결
132-135년	바르 코크바가 로마에 항거 제2차 유대전쟁 일으킴

예수의 생애와 관련된 연대의 문제

예수의 짧은 생애

한 인간으로서 예수는 33년의 짧은 생애를 살았다.[69] 성서에 따르면 예수는 서른 살쯤(눅 3:23)에 공생애를 시작하고 한 번(막 14:1-2) 또는 세 번의 유월절(요 2:13, 6:4, 11:55)을 지냈으므로 그의 공적 활동 기간은 길게 잡아도 고작 3년에 불과하다.[70] 어느 경우이든 매우 짧은 기간이었다.

예수의 역사적 중요성에 감안해 볼 때 그의 공적 활동 기간이 그렇게 짧았다는 것은 주목할 만하다. 부처는 깨달음에 들고 나서 40년을 가르쳤고, 공자도 뜻을 세우고 40년을 주유(周遊)하며 가르쳤다. 마호메트도 계시를 받은 후 20년 동안 가르쳤다. 하지만 예수의 사역은 아주 짧았다. 마치 순간적으로 빤짝이는 불꽃같았다. 그러나 밤하늘의 유성처럼 찬란한 불꽃이었다.[71]

예수는 당시 세계를 지배하던 로마 제국에 의해 십자가에 처형되었다. 그러나 그의 이야기는 그것으로 끝나지 않았다. 역사상 가장 두드러진 역전 가운데 하나로서, 예수는 300년 내에 자신을 처형했던 로마 제국의 주인이 되었다. 그는 서양 문화를 지배한 기독교라는 종교의 핵심 인물이 되었으며, 또한 서양 역사의 한 중심인물이 되었다.[72]

1) 예수의 탄생 연도

예수 그리스도의 탄생은 인류 역사의 신기원을 이룬 중요한 사건이지만, 우리는 그 정확한 연도와 일자를 알지 못한다. 신약성서의 몇 안 되는 역사적 자료를 통해 대략 추산할 수 있을 뿐이다. 예수의 출생 연도를 가늠할 수 있는 가장 중요한 단서와 자료는 다음과 같다.

- 예수는 헤롯이 왕으로 있을 때(기원전 37년-기원후 4년)에 태어났다.(마 2:1, 눅 1:5, 26)
- 로마 황제 아구스도의 명에 따라 시리아의 총독 구레뇨가 인구조사를 시행한 때에 예수가 태어났다.(눅 2:1)
- 예수가 태어난 후 어느 때쯤 동방박사들이 별을 보고 아기 예수를 방문하였다.(마 2:2)
- 예수가 30세쯤 되어서 가르치기를 시작하면서 세례 요한에게서 세례를 받았는데(눅 3:23), 로마 황제 디베료가 즉위한 지 15년 되는 해이다.(눅 3:1)
- 예수가 30세가 지나서 어느 유월절에 예루살렘 성전을 방문했을 때 유대인들이 예수에게 "이 성전은 46년 동안 지었다."(요 2:20)고 하였다.
- 예수는 공생애를 시작한 후 세 번 유월절 순례를 하였다.(요 2:13, 6:4, 11:55)

복음서에 기록된 이 여섯 가지 단서를 통해 예수의 탄생에 관한 역사적 문제를 살펴보려고 한다.

헤롯의 사망 연도(BC. 4)

마태는 예수가 헤롯 대왕의 치하에 예루살렘의 베들레헴이라는 작은 마을에서 태어났다고 한다(마 2:1). 누가복음도 유대 왕 헤롯 치하에서 세례 요한이 태어났고 6개월 이후 예수가 태어났다고 한다(눅 1:26). 예수가 태어난 것은 헤롯 대왕이 아직 살아 있을 때라는 것이 마태와 누가의 일치된 증언이다. 요세푸스의 기록에 의하면 헤롯 왕은 기원전 37년 왕으로 즉위한 후 34년간 통치[73]하다가 기원전 4년 유월절(4월 11일) 직전인 봄에 죽었다고 한다.[74] 헤롯이 죽기 직전 월식이 있었는데 이날이 바로 야메스와 시몬이 화형당한 날이다. 천문학적 계산에 따르면 이날은 로마력으로 3월 12일/13일이라고 한다.[75] 따라서 헤롯의 죽음은 기원전 4년 3월 12일부터 4월 11일 사이라고 비교적 정확하게 추정할 수 있다.

기원전 4년을 로마력으로 환산하면 750년이 된다. 예수의 탄생 연도를 기산(起算)하여 서기 1년이라고 하였지만, 이러한 착오가 생긴 것은 로마의 한 수도원의 원장이었던 엑시귀스(Dionysius Exiguus)가 서기 525년에 로마력을 기준으로 예수의 탄생 년도를 정하면서 754년을 예수 탄생의 해로 착오하여 서력의 원년 즉 서기 1년으로 삼았기 때문이다.[76]

헤롯이 두 살 아래의 어린아이를 모두 살해했다는 마태의 보도를 미루어 보면, 예수는 아무리 늦어도 기원전 6년에는 태어났어야 한다는 주장이 제기된다.[77] 그러나 동방박사들은 이미 아기 예수가 태어난 것으로 알고 있었고(마 2:2), 그 태어난 장소를 헤롯에게 문의한 것이다.

동방박사들이 아기 예수를 방문하고 나서 헤롯에게 예수가 태어난 곳을 통보하지 않은 것에 분개하여 헤롯이 2세 이하 영아의 살해를 명령한 것이다. 그러므로 헤롯은 예수가 태어난 시기를 정확히 알지 못했기 때문에 최대한 그 기간을 확대하여 동방박사 방문 2년 이내로 추정한 것으로 볼 수 있다. 따라서 헤롯이 죽기 2년 전에 예수가 태어난 것을 확정할 수는 없지만, 기원전 4년 3월 죽은 헤롯의 말년에 예수가 태어난 것은 확실한 것으로 추정된다.

구레뇨의 인구조사는 기원전 4년인가?

누가복음은 예수가 헤롯의 생전(BC. 4년 이전)에 태어난 시기(눅 1:5)와 아구스도 황제(Augustus, BC. 44-AD. 14)의 명령에 따라 시리아(수리아) 총독 구레뇨(Sulpicius Qurinius)가 호적등록(눅 2:1 이하)을 시행하도록 한 시기가 시간적으로 일치하는 것처럼 전하고 있다.

그러나 로마의 역사서에는 구레뇨가 시리아 총독이 된 것은 서기 6/7년으로 기록되어 있다고 한다.[78] 요세푸스도 6년경 로마의 원로원이었던 시리아 총독 키레니우스(Cyrenius)가 로마 황제의 명을 받아 새로 병합된 유대의 재산 상태를 살피고 세금 부과를 위해 유대를 방문하였다고 한다. 그리고 이때에 가말라의 유다가 로마의 세금 부과에 반대하여 반란을 일으켰다고 한다.[79]

따라서 헤롯 치세 동안(BC. 4년 이전)에 예수가 태어났고, 그때가 구레뇨 총독(AD. 6/7년 이후)이 인구조사를 시행한 직후라면 연대적으로 10년의 오차가 생긴다는 곤란한 문제가 제기되었다. 그러나 이 문제를 다음과 같이 해결하려는 여러 가지 주장이 제시되었다.

(1) 브루스(F. F. Bruce)는 "이 호적은 구레뇨가 수리아 총독으로 있을 때 처음(prote)으로 한 것이다."는 구절을 "이 호적등록은 구레뇨가

수리아 총독으로 있을 때 이전(prote)의 일이었다."[80]라고도 번역할 수 있다고 하였다. 그렇다면 구레뇨가 기원후 6년에 총독이 되었다 해도 예수는 그 이전에 탄생한 것이기 때문에 연도 문제는 자연히 해결된다는 것이다.

(2) 고고학자 르제리 바르다만은 가는 글자(micrographic)로 구레뇨라는 이름이 적힌 동전을 발굴하고, 이를 근거로 "그가 기원전 11년부터 헤롯 왕이 죽은 후까지 수리아와 길리기아의 총독으로 지냈다는 사실을 보여 준다."[81]고 주장하였다. 이런 주장을 받아들여 로마의 역사서에는 구레뇨가 기원후 6/7년에 시리아 총독이었다고 했으므로 두 사람의 구레뇨가 있었다는 주장도 제기되었다.

(3) 옥스퍼드와 캠브리지 대학의 고고학 교수였던 고(故) 윌리엄 람세이(W. Ramsay)는 그가 발굴한 비문을 분석한 결과 구레뇨라는 사람은 단 한 사람밖에 없었는데, 시차를 두고 두 번에 걸쳐 시리아를 통치했다고 한다.[82] 스타인(R. Stein)도 구레뇨는 기원전 12년에서 6년 사이에 시리아 동남부의 반란을 진압하도록 특사로 파견되었고, 서기 6/7년에 시리아의 총독이 되었다고 하였다.[83]

(4) 이집트의 파피루스에는 기원전 10/9년에 인구조사가 시행된 것으로 기록되어 있다. 브루스는 유대의 경우 특별한 사정으로 인구조사가 몇 년 늦어졌을 것이라고 한다.[84] 로버트슨도 첫 번째 인구조사가 늦어진 것은 유대 왕 헤롯과 로마 황제 아구스도가 좋은 관계에 있지 않아서 헤롯의 동의가 늦어졌기 때문이라고 추측한다.[85] 그러므로 이집트에서는 기원전 10/9년에 인구조사가 시행되었지만, 유대에서 인구조사가 시행된 것은 이보다 늦은 시기인 헤롯이 죽기 직전이며 따라서 서기 4년경이라고 한다.

5) 헤롯 왕 때 유대에 인구조사가 있었다면 그것은 로마의 인구조사

가 아니고 헤롯에 의한 유대 지역의 인구조사일 것이며, 기원후 6-7년
의 로마의 인구조사 시 갈릴리 유다의 반란이 있었으므로, 누가가 나
중에 실시된 구레뇨의 인구조사를 헤롯의 인구조사와 혼돈했을 것이
라는 주장도 제기되었다.

(6) 기원전 9-6년 사이에 사투르니우스(Saturnius) 하에서 유대 지
역에 대한 인구조사가 시행되었다는 상당한 증거가 있으므로 구레뇨
총독 시절 한 번 이상의 인구조사가 있었을 것이다.[86]

어쨌든 구레뇨의 인구조사가 기원전 4년쯤에도 있었을 가능성은
이상의 여러 주장을 통해 지지되고 있다.

디베료 즉위 15년은 언제인가?

예수가 대략 30세쯤 되었을 때 공생애를 시작하면서 세례 요한에게
세례를 받았다(요 3:23)고 한다. 세례 요한이 세례운동을 시작한 때는
로마 황제 디베료(Tiberius)가 즉위한 지 15년이 되었을 때라고 기록되
어 있다(눅 3:1). 그렇다면 예수는 디베료가 즉위하기 15년 전에 태어
난 것이 된다. 그런데 디베료의 즉위 연대가 또 다른 쟁점이 되었다.

디베료가 그의 의부요 장인인 아구스도와 공동으로 로마 통치를
시작한 연도는 로마력 765년(AD. 12) 10월부터이고, 2년간의 공동통
치 후 아구스도가 로마력 767년(AD. 14) 8월 29일에 죽자 그 왕위를
계승하였다.[87] 그러므로 "그가 다스린 지 15년"을 어떻게 계산하느냐
에 따라 기원후 26년 1월에서 30년 4월까지 편차가 생기게 된다고
한다.[88]

누가가 아구스도와 공동 지배 기간을 생각했을 것이라는 것이 가장
우세한 주장이다. 그렇다면 디베료가 아구스도와 공동 통치한 해가
로마력 765년이므로 이를 계산으로 15년 전에 예수가 태어났다면 로

마력으로 750년이고 기원전 4년에 해당한다고 볼 수 있다.

성전 개축 46년이 지난 해는 언제인가?

공생애를 시작한 후 예수가 유월절에 예루살렘 성전을 방문했을 때 유대인들이 예수에게 "이 성전은 46년 동안 지었다"(요 2:20)고 하였다. 이때 예수는 30세쯤(눅 3:23) 되었으므로 성전 개축을 시작한 지 16년에 예수가 태어난 것이 된다.

유대 역사가 요세푸스에 따르면 헤롯 대왕 재위 18년인 기원전 20/19년부터 성전 재건을 착수하였으므로,[89] 이를 기점으로 46년이 지나 예수가 성전을 방문한 때를 계산하면 기원후 27/28년에 해당한다. 그렇다면 이 해에 예수의 나이는 30/31세쯤 되었을 때로 추산할 수 있으므로 그의 탄생 연도를 기원전 4년으로 삼을 수 있다. 이는 마태가 헤롯치하에 예수가 탄생했고 헤롯이 기원전 4년에 죽은 것으로 기록한 것과 일치함을 알 수 있다.

별의 출현 연대는 언제인가?

마태는 예수가 태어난 후 어느 때쯤 동방박사들이 별을 보고 아기 예수를 방문하였다(마 2:2)고 한다. 18세기 이후로 별의 출현을 전설로 여기는 비판적인 학자들이 없지 않았다. 그러나 천문학적 지식을 통해 베들레헴의 별이 출현한 연대를 알 수 있다면 예수의 출생 연대를 추산할 수 있다는 적극적인 주장이 여러 형태로 제시되었다.[90]

동방박사가 발견한 별이 꾸며낸 전설적인 이야기가 아니라는 천문학적 증거들이 제시되기도 하였다. 1606년 천문학자 요하네스 케플러는 토성과 목성이 기원전 7년의 5-6월, 9-10월, 그리고 12월에 일직선상에 놓였다는 사실을 들어 이를 베들레헴의 별이라고 주장하였다.[91] 피네건(J. Finegan)은 기원전 5년 3월과 기원전 4년 4월 육안으로 식별 가능한 초신성 혹은 혜성 하나가 꽤 오랜 시간 동안 관측되었다는 중국인 천문학자의 기록이 남아 있다고 한다.[92] 1925년 동양학자 폴 쉐나벨(P. Schnabel)은 유프라테스 강 부근 시퍼(Sipper)에 있는 천문관 측소에서 발견된 설형문자가 새겨진 점토판을 해독한 결과, 기원전 7년 목성과 토성이 물고기자리에서 웅장한 결합이 이뤄진 것이 기록 된 것을 확인하였다.[93]

최근의 천문학적 연구 결과 예수 탄생을 전후하여 특이한 별의 출현 이 있었다는 사실이 확인되었다.

(1) 기원전 7년 물고기자리에서 목성과 토성이 세 번이나 대대적으 로 결합했음이 관측되었다.

(2) 기원전 5년 3월과 기원전 4년 4월 육안으로 식별 가능한 혜성 하나가 꽤 오랜 시간 동안 관측되었다는 중국인 천문학자의 기록이 남아 있기 때문이다.[94] 이에 관한 기록은 한국의 『삼국사기(三國史記)』 의 신라 박혁거세 편에도 기록되어 있다는 것이 1979년 영국의 천문 학자들에 의해 확인되었다.

(3) 기원전 4년에 해당하는 박혁거세 54년(BC. 4년) 2월 하고(河鼓, 견우성)에 우성(牛星, 혜성)이 나타났다는 기록이 중국 측의 자료 '한서충 제기'(漢書衷帝記)와 일치한다는 것이다.[95]

예수 당시에는 점성술과 천문학적 사유가 널리 퍼져 있있음이 분명 하고, 불가사의한 별의 징조 뒤에는 실제적인 관찰이 있다고 가정할 수 있기 때문에 역사적인 회상의 가능성을 배제할 수 없다. 마태복음 2장은 어떤 천문학적 현상이 있었고 이를 예수의 탄생과 관련하여 해 석한 것일 가능성이 크다는 것이 대체로 인정되고 있다. 이에 관한 보다 자세한 내용은 이 책 3장 2절에서 다시 다루려고 한다.

예수의 탄생 연도 최종 결론

복음서에 기록된 예수의 탄생 연도의 역사적 단서가 될 만한 것은 여섯 가지 사건이다. 앞에서 살펴본 것처럼 헤롯 치하 말년(BC. 4년), 구레뇨의 첫 번째 인구조사 연도(BC. 4년), 요한의 성전 재건 착수 후 16년이 되는 해(BC. 4년), 디베료의 즉위 15년(BC. 4년), 그리고 혜성 출현한 해(BC. 4년 4월)를 종합하여 볼 때 예수의 탄생 연도를 기원전 4년으로 추산할 수 있다. 대부분의 학자들은 이러한 최종 결론을 수용하고 있다.[96]

2) 예수의 탄생일과 성탄절 논쟁

크리스마스 왜 12월 25일가?

예수 그리스도가 태어난 날인 크리스마스(Christmas)를 해마다 12월 25일로 지키지만, 이는 역사적 근거가 충분한 것은 아니다.

예수의 탄생일을 12월 25일로 정한 최초의 인물은 3세기 초 로마 교회의 주교였던 히폴리투스(Hippolytus)이다. 그는 예수가 십자가에 처형된 해를 기원후 29년으로 보고 처형된 날짜를 만월(滿月)인 3월 25일이라고 추정하였다. 그리고 예수가 성령으로 잉태되어 십자가형을 받기까지의 생애는 정확하게 33년이며, 두 사건은 모두 3월 25일에 발생하였다고 추정하였다. 그리하여 수태일인 3월 25일에서 아홉 달이 지난 12월 25일을 예수의 탄생일이라는 결론에 도달하였다.

313년 콘스탄틴 황제에 의해 기독교가 공인되고 몇 년이 지난 321년에는 예수가 부활하신 날인 '안식 후 첫 날'(막 16:2 등)을 주의 날(主日)이라 하여 공휴일로 삼았고, 그리스도의 탄생일을 12월 25일로 공식화하였다고 한다. 그래서 336년 12월 25일에 성탄절을 지켰다는 것이 기록상으로는 처음 나타난다.

크리스마스는 1월 6일인가?

예루살렘 교회에서는 4세기 중엽부터 1월 6일을 성탄절로 지켰으므로, 예루살렘의 주교 키릴(Cyril)은 로마의 주교 율리우스에게 그리스도의 실제의 출생 일자를 확정하여 줄 것을 요청하였다.

율리우스는 예수 탄생 6개월 전에 세례 요한이 출생하였으며 그때(눅 1:26)가 바로 그의 부친 스가랴가 제사장직을 수행하던 장막절로 추정하고 이에 기초하여 12월 25일을 성탄절로 지키도록 하였고, 12월 25일이 예수의 탄생일로 널리 경축되었다.

이에 반해 4세기 초엽부터 동방교회에서는 1월 6일을 예수의 육체적인 생일뿐만 아니라 영적인 생일 즉 수세일로 지켜 왔다. 지금도 일부 동방교회에서는 1월 6일을, 아르메니아 교회에서는 1월 17일을 성탄절로 지킨다. 클레멘트에 따르면 이집트에는 5월 20일을 성탄절로 지킨다는 기록(*Stromata* I, 145.6)이 남아 있기도 하다.

예수의 탄생 연도에 대해서는 복음서의 기록으로 유추하여 기원전 4년으로 추산하지만, 예수의 탄생일에 관해 유추할 내용은 성서에 기록되어 있지 않다. 단지 목자들이 밤에 들판에서 자기 양떼를 지키다가 예수의 탄생 소식을 들은(눅 2:8-9) 상황을 보아 한 겨울이 아닐 것이라는 반론 정도가 제기되었을 뿐이다.

성탄절을 지키는 이유

일부 기독교 교단에서는 성탄절을 12월 25일로 지키기도 하고, 1월 6일로 지키기도 한다. 일부는 역사적 근거가 없다고 하여 성탄절을 지키지 않기도 한다. 심지어 한국 교회가 이단으로 규정한 하나님의 교회(안상홍 증인회)는 성탄절을 지키면 이단이라고 주장하기도 한다.

예수라는 인물을 구세주로 믿는 초기 기독교인들은 예수가 인류를 구원하기 위해 이 땅에 오신 날을 기리기 위해 일 년 중 하루를 임의로라도 정하여야 할 신앙적인 필요가 절실하였다. 그래서 12월 25일을 성탄절로 지켜온 것이다. 이북에 계신 부모님이 돌아가셨다는데 정확한 날짜를 모를 경우 후손들이 적당한 날짜를 임의로 정하여 제사를 지내는 것과 같이, 예수의 탄생일을 정확히 알지 못하기 때문에 교회가 그나마 가장 가능성이 있고 의미가 있는 날을 정하여 1500년 이상 성탄절로 지켜온 것이다.

성탄절은 교회 신앙의 전통이므로 예수의 탄생일을 지키는 것 자체를 너무 문제 삼는 것은 지나치다고 여겨진다. 성탄절의 의미가 세속화된 것이 문제이지 경건하게 성탄절을 지키는 것은 신앙적으로 의미 있는 일이기 때문이다.

3) 예수의 십자가 처형일과 신학적 의미

예수의 처형일은 언제인가?

앞에서 살펴본 것처럼 예수는 33세쯤 되어서 죽었다. 성서의 증거에 의하면 빌라도가 총독으로 다스리는 동안(AD. 26-36년), 한 유월절을 앞두고 빌라도의 재판을 받고 십자가에 처형되었다. 예수가 기원전 4년경에 태어났고 30세쯤에 공생애를 시작하였고 3번을 유월절에 참석하였으므로 33세쯤에 죽은 것으로 추정한다. 따라서 예수가 처형된 연도는 서기 29/30년에 해당한다. 그러나 예수가 처형된 날이 유월절 준비일(니산월 14일)인지 아니면, 유월절 축제 첫날(니산월 15일)인지는 아직도 논란이 되고 있다.[97]

유대인들은 하루의 시작과 끝에 대한 창세기의 가르침에 따라 하루를 저녁에 시작하여 이튿날 저녁에 끝나는 것으로 보았다. 따라서 유월절과 겹치는 안식일도 금요일 저녁 즉 "예루살렘 성전 문이 어두워 갈 때"(느 13:19) 시작하여 토요일 일몰로 끝난다. 현재 이스라엘에선 금요일 오후 6시 해질 무렵이면 어김없이 사이렌이 울려 퍼진다. 안식일이 시작됨을 알리는 사이렌이다.

누가와 요한은 예수가 유월절의 전날인 준비일 즉 니산월 14일에 빌라도의 재판을 받고 제6시(낮 12시)쯤 십자가에 처형하였다고 한다. 누가는 예수가 십자가에 처형된 "이 날이 예비일이요 안식일이 거의 된"(눅 23:54) 시간이라고 한다. 요한이 말하는 '새벽'(요 18:28)은 유월절이 시작하기 전인 유월절 예비일(요 19:14)의 오전을 의미한다. 유월절 전날(금요일) 날이 어두워지기 시작할 때 유월절 양을 잡았고, 날이 어두워지면서 유월절 축제의 첫날이 시작되었다(요 18:28, 19:31). 따라서 날이 저물면 안식일과 유월절이 겹치는 날이 시작되므로 시체를 그대로 십자가상에 두지 않으려고 병사들이 십자가에 달린 사람들의 다리를 차례로 꺾었으나, 예수는 이미 숨을 거둔 것으로 확인하고 창으로 옆구리를 찔렀다고 한다(요 19:32-34). 그래서 유월절과 안식일이 아직 시작되기 전에 예수가 운명한 것으로 기록하였다.

반면에 마태와 마가는 '무교절 첫날 양 잡는 날'인 유월절 준비일(막 14:12-26 병행) 저녁 즉 니산월 14일에서 15일로 넘어가는 밤 시간에 유월절 만찬으로 최후 만찬을 끝내고 겟세마네로 가서 기도하던 중 예수가 체포되었다고 한다. 그리고 그 이튿날인 '명절'(막 15:6) 즉 유월절 첫날인 니산월 15일 오전에 관례에 따라 백성의 요구대로 바라바를 놓이고 예수는 제6시(오전 12시)에 십자가에 처형되었고 3시간이 지난 제9시(오후 3시)에 운명한 것으로 기록하고 있다(마 27:45).

예수의 처형일의 신학적 의미

이처럼 예수의 처형일이 다른 것에 대한 신학적인 이유를 설명할 수 있다. 요한은 예수가 유월절의 참된 희생양이라는 것을 신학적으로 강조하기 위해 유월절 준비일 즉 양 잡는 날에 "세상 죄를 지고 가는 하나님의 어린 양"(요 3:29)께서 우리 죄를 지시고 십자가에 달려 죽으신 것이라 하였다.[98] 바울도 예수의 죽음이 유월절 준비일인 것으로 본 것 같다. 예수의 죽음을 "우리의 유월절 양이신 그리스도께서 희생되셨습니다."(고전 5:7 공동번역)라고 하였으며, 그 마지막 만찬의 시점도 유월절 밤이라고 표현하지 않고 "예수께서 잡히시던 밤"이라고 한 것이다.[99]

반면에 마가는 출애굽을 기념하는 옛 계약의 유월절 저녁 식사를 예수의 죽음을 의미하는 최후 만찬의 '새 계약을 기념하는 식사'로 합법적으로 대치한 것으로 보았기[100] 때문에, 유월절 저녁 만찬 이후 그 이튿날인 유월절 명절에 예수가 십자가에 처형된 것으로 기록하고 있다. 그래서 요한은 예수가 '유월절 전날 저녁'에 제자들과 일상적인 식사를 나눈 것이라 하였고, 마가는 '유월절 첫날 저녁'에 유월절 만찬을 대체하여 새 계약의 만찬을 베푼 것으로 기록하였다.

양자의 공통점은 예수가 밤에 체포되어 이튿날 처형되었다는 것이다. 어쨌든 예수는 서기 29/30년 니산월 14일 혹은 15일에 처형된 것이다.

4) 예수의 부활일과 부활절 논쟁

안식일에서 주일로

예수가 부활한 날은 "안식 후 첫날 매우 일찍이 해 돋을 때"(막 16:2

병행)라고 한다. 초대교회는 이날을 주의 날로 지켰다. 안식일은 금요일 저녁에서 토요일 저녁까지이므로 안식 후 첫날은 일요일에 해당된다. 초대 기독교인들은 이 일요일을 부활의 날이요 주일날로 지켰다. 기독교인들이 유대교의 안식일을 주일로 대체한 것은 율법 중심의 유대교의 체계가 부활 중심의 기독교 신앙 체계로 전환되었기 때문이다.

예수가 부활했고 또한 부활 이후 여러 차례 현현하였는데 그중 여섯 번이 '안식 후 첫날'이었다.[101] 그러므로 초대교회는 이 날을, 새로운 창조와 새로운 구원의 날로 기념하였다. 55년경 고린도교회는 이미 '매 주일(週日) 첫날'(고전 16:2)에 함께 모여 예배를 드리고 아울러 헌금을 하였다. 그리고 바울은 드로아에서 무교절이 끝난 '안식 후 첫날' 함께 모여서 떡을 떼었다(행 20:7). 밧모 섬의 요한이 첫 환상을 본 것도 안식 후 첫날 '주의 날'이었다(계 1:10).

로마력으로 매 주일의 첫날인 일요일은 태양신을 지칭하는 날이므로 로마의 영향이라는 주장이 제기되기도 하였다. 그러나 기독교가 이러한 이방 종교의 전통을 쉽게 수용했다고 볼 수 없다. 구약성서에도 "나를 경외하는 너희에게 의로운 해가 떠오르리라."(말 4:2)는 말씀이 등장한다. 마리아가 성령으로 잉태하여 세례 요한을 임신한 엘리사벳을 방문하였을 때, 엘리사벳의 남편 사가랴가 마리아가 잉태한 아이를 두고 예언한 말씀 가운데도 우리 하나님의 긍휼로써 "돋는 해가 위로부터 우리에게 임하여 어두움과 죽음의 그늘에 앉은 자에게 비칠 것"(눅 1:79 공동번역)이라고 하였다. 이처럼 초대교회는 로마의 태양신이 아니라 말라기와 누가복음의 전통에 따라 예수를 해에 비유하였고, 로마력의 일요일을 '주의 날'로 정하는 데에 주저하지 않은 것이다.

이그나티우스, 저스틴, 이레네우스와 같은 2세기 초의 교부들도 주일을 지켜야 한다고 가르쳤다. 기독교가 공인된 지 십 년쯤 되는 321년에 콘스탄티누스 황제는 칙령을 통해 일요일을 예배의 날로 선언하고 공휴일로 선포하였다. 시골에서 농사에 종사하는 사람 외의 모든 공직자나 사업가들은 이 존귀한 일요일에는 일을 하지 말아야 한다고 명령한 것이다. 그리하여 역사상 처음으로 일주일 중 하루를 모든 노동에서 면제되도록 정하여 기독교의 결정적인 공헌을 하였다.

안식교의 주장에 의하면 토요일 안식일을 지키지 않고 일요일에 예배하는 것은 하나님의 계명이 아닌 인간의 계명을 따르는 것으로 '거짓 예배'이기 때문에 하나님이 받는 예배가 될 수 없고, '짐승의 표'를 받으며, 가장 참혹한 심판을 초래한다고 주장한다. 안식일에서 주일로 바뀐 것이 날짜 하루의 차이가 아니라, 하나님을 섬기느냐 사탄을 섬기느냐는 것이므로 그들은 '신자의 구원과 관련한 신앙의 본질적인 문제'라고 주장한다. 비본질적인 '안식일 준수'는 그들에게 본질적인 구원의 조건이 되는 것이다.[102] 안식일 준수는 절대시하는 반면에 주일을 지키는 무수한 '거룩한 공교회'를 부정하고 배타적인 구원관을 주장하기 때문에 이단으로 규정되는 것이다.

기독교인들은 안식일 대신 주일(主日)을 지키면서, 동시에 유월절 대신 부활절을 지키기 시작했다. 어떤 학자들은 주의 부활을 기념하는 이 연례의식이 사도 시대에도 지켜졌다고 주장한다. "사악과 음행이라는 묵은 누룩을 가지고 과월절을 지내지 말고 순결과 진실이라는 새로운 누룩 없는 빵을 가지고 과월절을 지키자."(고전 5:7-8)는 말씀을 부활절의 암시로 해석하지만, 이 명절이 곧 부활절과 일치한다고 보기에는 무리가 따른다.

부활절 날짜 논쟁

유세비우스는 그의 『교회사』에서 아시아 교회의 감독 폴리크라테스(Polycrates)가 서신을 통해 정월 14일을 주님의 유월절로 지킬 것을 주장했다고 한다. 로마 교회 감독 빅토르(Victor)가 그를 파문하고 모든 교회에 편지를 보내 "주님이 부활하신 비밀을 기리는 의무는 주의 날에만 행해야 한다."[103]고 하였다는 것이다. 비로소 부활절 축제가 기독교회 전체에 걸쳐 일반적으로 지켜지게 되었고, 그 정확한 날짜에 대한 논쟁이 시작되었음을 알 수 있다.

동방교회에서는 유대인들이 유월절이 있는 달을 계산하는 방법에 따라 부활절을 음력으로 결정하였다. 그러나 서방교회(로마 교구를 중심으로 한 서쪽에 위치한 교회들)에서 부활절은 성서의 기록처럼 언제나 주일(일요일)에 지켜져야 하며 십자가 처형은 언제나 금요일에 기념되어야 한다고 여겼다. 이것은 서방 크리스천들에게는 성서에 부활일로 기록된 '주일'이 중요하였고, 동방교회(알렉산드리아, 예루살렘, 안디옥, 콘스탄틴 교구를 포함한 로마 동쪽에 위치한 교회들)의 기독교인들에게는 유월절이 있는 달(月)이 중요하였기 때문이다.

니케야 회의(325년)에서 이러한 쟁점을 조정하려고 하였으나, 결국 성서의 기록처럼 안식 후 첫날인 주일이 부활절이어야 한다는 원칙에 따라 '춘분 다음 첫 만월 후 첫째 주일'을 부활절로 확정하였다. 그리하여 부활절은 주일 날로 확정된 것이다. 현재 대부분의 교회는 이 기간에 해당하는 주일을 부활절로 지키기 때문에 '만월이 지난 후 첫 주일'(Ecclesiastical Full Moon)이 연도에 따라 3월 22일부터 4월 25일에 사이에서 해마다 변동이 있게 된 것이다. 그러나 성탄절은 날짜와 요일에 대한 기록이 없기 때문에 주일과 무관하게 해마다 평일인 12월 25일로 지켜지고 있다.

예수의
활동 무대

1) 나사렛

　예수 시대의 이스라엘은 크게 북부의 갈릴리 지역과 중부의 사마리아 지역과 남부의 유대 지역으로 나뉜다. 예수가 북부 갈릴리 지역의 한 마을인 나사렛 출신이다. 나사렛은 예수가 자라난 곳(막 1:9, 눅 4:16)이다. 또 예수의 양친 요셉과 마리아의 거주지이기도 하다.[104] 예수는 고향 나사렛 회당에서 가르치려고 했으나,[105] 받아들여지지 않았다. 당시의 관습에 따라 네 복음서와 사도행전에는 모두 18번에 걸쳐 예수를 '나사렛 예수'[106]라고 칭한다.

　요한복음에 의하면 빌립이 모세와 예언자들이 기록한 그 사람이 바로 요셉의 아들 나사렛 출신 예수라고 하자, 이 말은 들은 나다나엘이 "나사렛에서 무슨 선한 것이 나올 수 있겠소."(요 1:46 공동번역)라고 하였다고 한다. 니고데모도 이와 비슷한 대답을 듣게 되었다. "성서를 샅샅이 뒤져 보시오. 갈릴리에서 예언자가 나온다는 말은 없소."(요 7:52 공동번역)라고 한 것으로 보아 예수가 나사렛 출신이라는 것이 모든 사람들에게 알려져 있어서 예수가 메시아임을 전하는 데에 오히려 장애가 되고 있음을 암시하고 있다. 그래서 사도행전에도 '나사렛 예수'라는 칭호가 7번이나 등장하는데, 예수는 '나사렛 이단'이라고 비난받기도 하였다(행 24:5).

나사렛은 갈릴리 북부 지방의 한 언덕에 있는 작은 마을이어서 '갈릴리 나사렛'(막 1:26 등)으로도 불린다. 지중해에서 내륙으로 약 32km, 갈릴리 바다에서 동쪽으로 24km, 예루살렘에서는 북쪽으로 대략 160km에 있었다. 나사렛에서 베들레헴까지의 거리는 135-145km로 추정된다. 도보로 하루에 30km를 걸어도 4-5일은 걸리는 거리이다.[107]

1세기의 나사렛은 무역로에서 멀찍이 떨어진 갈릴리 남부 산지에 위치한 언덕 지역으로, 정치적으로나 경제적으로 중요성이 거의 없었기 때문에 고대 문서(구약성서, 요세푸스, 탈무드)에는 이 지역에 대한 언급이 전혀 없다. 그러나 고고학적 발굴 결과 서기 2세기경부터 많은 사람들이 나사렛에 거주했음이 증명되었다.

남플로리다 대학의 제임스 스트랭거 박사는 나사렛은 매우 작은 마을로서 "1세기 초의 나사렛은 최대 인구가 480여 명이고 넓이는 60에이커 정도"로 추산하였다.[108] 뵈젠은 나사렛에는 회당(막 6:1, 눅 4:16 등)이 있었던 것으로 비추어 보아 주민 수를 50-400명으로 추산할 수 있는 소박한 마을이라고 하였다.[109]

주민의 대부분이 농업에 종사했으며 자연적으로 형성되었거나, 석회암을 파서 만든 초라한 동굴에서 살았을 것으로 추정한다. 두 개의 우물이 발굴되기도 하였지만, 복음서에 언급된 회당(막 6:1, 눅 4:16 등)은 아직 발굴되지 않았다.[110]

4세기 이후 예루살렘, 베들레헴과 함께 나사렛은 기독교의 중요한 중심지로 불리게 되었다. 나사렛은 현재는 엔 나시라(en-Nasirah)로 불린다. 인구는 대략 2만 3천이다. 하(下)갈릴리 구릉지의 분지에 건설, 네비 사인(Nebi Sain, 표고 488m)의 남쪽 구릉 중복을 차지하고 있으며, 성벽이 둘려 있지 않은 평화스러운 동네이다. 감람나무와 잣나무가 우거져 있고, 여기저기 교회가 산재하여 아름다운 경관을 이루고 있다.

현재 나사렛 성읍 동북단에는 옛날 마리아가 여기서 물을 펐다고 해서 '동정녀 마리아의 샘'이라고 하는 우물이 있으며, 여기서 비탈을 올라가면 마리아는 천사가 가브리엘로부터 수태고지(受胎告知)를 받았다는 '성 가브리엘 교회'가 있다. 이곳은 희랍정교회에 속했고, 최근에는 이를 '수태고지교회'(the Church the Annunciation)로 개명하고 훌륭한 회당으로 개축하였다. 그 지하실에는 마리아가 살던 곳이라고 하는 동혈이 있고, 그 정면에 라틴어로 '*Verbum Caro Hic Factum Est*'(여기서 말씀이 육신으로 되었도다)라고 새겨져 있다.

2) 갈릴리

갈릴리는 팔레스타인의 가장 북쪽에 있는 지방인데, 히브리어로는 '주변을 도는 지역'을 의미하며, 산지 둘레에 성읍이 배치되어 있었기 때문에 이런 지명이 생긴 것 같다. 구약성경에서 이 땅이 '갈릴리'로서 나타나는 일이 드문데,[111] 이것은 히브리 역사에서는 지명 대신에 그 땅에 거주하는 부족의 이름을 붙여 부르는 습관이 있었기 때문이다.

앗수르의 디글랏 빌레셀(Tiglath Pileser) III세가 기원전 732년 갈릴리 지방을 병합하고 주민을 사로잡아 갔다(왕하 15:29). 그 후 약 6세기 동안에 이 지방은 바벨론, 바사, 마게도냐, 애굽, 수리아에 정복되고,

주민의 포로와 타 민족의 이주가 되풀이되었다. 이로 인해 일종의 혼합 인종과 혼합 문화를 낳았고, 유대인으로부터 '이방의 갈릴리'(사 9:1, 마 4:15)라고 멸시받게 되었다. 기원전 2세기에 일어난 마카비 봉기 중에도 '이방인의 갈릴리'라는 이름이 등장한다. 요세푸스는 갈릴리를 이렇게 설명한다.

"갈릴리는 이방인들에게 둘러싸여 있을지라도 항상 적의 침공에 저항할 수 있었는데, 이는 그 지역 주민들이 어려서부터 전쟁에 익숙하고 항상 인구가 많았기 때문이다. 또 그들 중에는 소심한 주민들은 아무도 없었다. 땅은 토양과 목초지가 비옥했고 다양한 나무들을 산출했다. 이러한 상황들은 가장 게으른 자까지도 경작하고자 하는 유혹을 받게 하였다.―이곳은 마을까지도 비옥한 토양 때문에 소출이 많았고 심지어 가장 작은 마을도 인구가 15,000명 이상이었다."[112]

(1) 예수 시대의 갈릴리는 헬레니즘적 도시 공화국들에 둘러싸여 있었다. 지중해 연안으로는 시돈, 두로, 프톨레마이오스와 경계를 이루고 있었으며 동쪽으로는 데카폴리스(10개가량의 헬라 도시국가 연합)가 있었다. 남쪽으로는 사마리아가 유대의 전 영역을 분할하고 있었다.[113]

갈릴리 한복판에 로마 문화를 촉진하기 위해 세포리스와 디베리아라는 신도시가 세워졌다. 헤롯의 후계자 헤롯 안디바는 "갈릴리 선 지역의 요충지로 세포리스를 요새화하고 자치 도시(Autocratoria)로 만들었다."[114] 기원후 25년 헤롯 안디바(Atipas)는 로마식 성읍 디베랴를 건설하여 도성으로 삼고, 거기에 로마풍의 큰 건조물들이 지어졌다고 한다. 또한 지중해 연안 지방에 유포된 온갖 종류의 혼합 종교와 제사가 갈릴리 민중 속에도 들어와 있었다. 갈릴리에서는 결코 선지자가

나지 못한다고 생각하였다(요 7:41, 52).

(2) 서기 6년 유대의 분봉왕 아켈라오가 폐위당한 뒤 유다와 사마리아가 로마의 총통 통치하에 들어오게 되자 갈릴리 출신의 유다라는 사람이 로마에 세금을 내지 말자고 사람들을 선동한 사건은 유대 전역에 큰 파장을 일으켰으며, 열심당 운동의 시발점이 되었다.[115] 시리아 주재 로마 바루스가 그의 친구 가이우스를 갈릴리의 신도시 세포리스에 보내 반대자들을 모두 처형하고 그 도시를 '불태우고 주민들을 노예'로 잡아갔다.[116] 예수가 열 살쯤 되었을 때 바로 십 리 남짓(5km) 떨어진 이웃 도시에서 일어난 일이다.

예수의 제자인 '혁명당원 시몬'(Zealot, 눅 6:15 공동번역)도 갈릴리 출신이었을 것이다. 그는 예수와 함께 3년 동안 갈릴리 전역을 돌아다녔으며, 예수의 처형 후에도 11제자와 함께 있었다(행 1:13 참조). 로마에 묻힌 한 '혁명당원'의 비문에는 이 사람의 고향이 갈릴리의 세포리스였다는 기록이 있다. 이처럼 갈릴리는 로마의 식민지 통치에 저항하는 열심당의 혁명 운동 근거지였다.[117]

(3) 세포리스에는 나사렛에서 없는 은행과 법정이 있었다. 따라서 예수가 달란트의 비유를 통해 '변리하는 자'(trapedzites, 마 25:27) 또는 은행(trapedza, 눅 19:23)에 관해 언급하고 재판관 즉 법정에 가는 동안 화해한 두 사람의 이야기(마 5:25, 눅 15:38)를 한 것에 비추어 볼 때, 예수가 30년 동안 나사렛에서 살면서 그곳에서 북서쪽으로 5km정도 떨어져 있는 세포리스를 방문했을 가능성이 크다고 추정된다.[118]

디베리아는 로마 황제 디베리우스를 기념하여 세운 도시인데다가 공동묘지 위에 세워졌기 때문에, 유대의 정결 규범을 위반한 것으로써 악명이 높았다.[119] 헤롯은 여기에 자신의 궁을 세우고 동물의 형상들을 들여놓음으로써 우상숭배의 도시라는 원성을 듣게 만들었다.[120]

타이쎈과 메르츠는 갈릴리에는 심각한 구조적 긴장이 관통하고 있
는 곳이라고 하였다. 그것은 유대인과 이방인, 도시와 지방, 부자와
가난한 자, 지배자와 피지배자 사이의 긴장 관계가 현존하는 전형적인
지역이었다고 한다. 예수는 이러한 구조적 긴장의 전환을 기대하는
분위기 속에서 등장하여 그러한 긴장의 전환을 위한 대안으로 하나님
의 나라 복음을 선포하였다.[121]

예수의 초기 선교 활동은 세례 요한이 투옥되어 열심당 운동이 촉발
되는 등 시국이 어지러운 때 이곳 갈릴리에 와서 "때가 차서 하나님의
나라기 가까이 왔다."(막 1:14)고 선포한 것이다.

예수는 갈릴리 지방의 벽촌인 나사렛에서 고립된 인물로 묘사되지
만, 에릭 메이어스의 지적대로 실제로는 갈릴리의 지역적 특성으로
보아, 예수는 "로마의 지방 정부의 행정 중심지에서 고대 팔레스타인
의 가장 분주한 교역 통로 가운데 하나였던 곳에서 성장하였다."[122]고
할 수 있다.

예수의 제자들은 거의 갈릴리 출신이었으며, 예수 자신도 거기서
성장했고, 그곳을 초기 선교 활동의 주요 무대로 하여 그 동쪽 지경인
갈릴리 바닷가와 그곳 동리인 고라신, 벳새다, 가버나움, 나인, 가나
및 나사렛 등에서 활동했다. 예수의 초기 선교 활동이야말로 갈릴리의
역사 중에서 가장 의의가 있는, 아니 오히려 갈릴리의 역사를 초월한
중대한 사건이었다.

3) 예루살렘

예루살렘[123]은 다른 호칭으로 살렘(Salem, 시 76:2), 모리아(Moriah, 창
22:2), 여부스(Jebus, 수 18:28), 시온(Zion, 왕하 19:21), 다윗 성(the city of

David, 삼하 5:7), 아리엘(Ariel, 사 29:1), 거룩한 성(the holy city, 마 4:5) 등으로 불린다. 다윗이 여부스 사람에게서 점령한 후 다윗 성(삼하 5:6-8, 대상 11:5)을 세웠으며, 솔로몬(BC. 1060-900)이 여기(대하 3:1)에 성전을 세운 후 종교적으로나 정치 경제적으로 나라의 중심지가 될 수밖에 없었다.

예수는 열두 살이 되어 유월절에 부모와 같이 예루살렘에 처음 간 것(눅 2:41-43)으로 기록되어 있다. 그리고 예수가 공생애 동안 세 번이나 제자들과 함께 유월절을 지키기 위해 방문한 곳(요 2:13, 6:4, 11:55)이다. 예수가 기적을 행한 베데스다 못(요 5:2), 실로암 못(요 9:7)과 망대(눅 13:4), 기드론 골짜기(막 11:11), 겟세마네 동산(마 26:18-20 등)과 최후의 만찬 장소인 넓은 다락방(막 14:15), 예수가 재판 받은 빌라도의 궁정(요 18:28), 대제사장 가야바의 뜰(마 26:36 등), 예수가 십자가에 달린 골고다(마 27:33 등), 예수가 승천하신 감람산(행 1:12) 등이 있는 곳이다.

예루살렘 성전에는 총독 관저가 있었다. 성전의 북동쪽 모서리에 바로 연결되어 있는 안토니 요새가 있었고, 예루살렘 서쪽에는 헤롯 궁이 있었다. 헤롯은 예루살렘의 4분의 1에 해당하는 규모의 거대한 자신의 왕궁을 건축하고, 기원전 19/20년부터는 백성들의 환심을 사기 위해 성전을 배로 확장하여 개축하는 공사를 시작하여 기원후 62/64년에 이를 완성하였다.[124]

예루살렘 성전은 헬라식으로 헤롯에 의해 개축된 것이었으며, 무엇보다도 경건한 유대인들을 자극한 것은 성전 회랑 정문에 로마의 태양신을 상징하는 거대한 독수리 상을 막대한 비용의 금으로 만들어 세운 것이었다. 이는 종교적으로는 우상숭배를 금지한 제2계명을 어긴 신성 모독이요, 민족적으로는 로마의 식민지 통치를 상징하는 국가적 모욕이었다.

성전과 관련한 직업에 종사하는 자들의 숫자는 어마어마하였다. 대제사장 1명 사제장 34명(제사 담당 24명, 관리 담당 7명, 경리 담당 3명), 일반 사제 약 7,200명 정도였다. 유대 지역은 24개의 성전 순례 관구로 나누어져 있었고, 순번에 따라 해당 관구에 속한 사제와 레위인과 소수의 주민 대표들을 성전에 파견하여 직무 교대를 수행하게 하였다.[125]

예수 시대에는 '유대인 공회'(Sanhedrin, 막 13:9 등)가 성전의 관리권을 행사하였다. 예루살렘의 최고 의결기구인 산헤드린은 70명의 공회원(제사장 24, 장로 24, 학자인 서기관 22)으로 구성되었고, 대제사장은 공회 의장으로 참가했다(민 11:16). 공회는 안식일과 축제일을 제외하고 매일 열렸다. 공회에서는 종교 문제뿐 아니라 민사와 형사 사건을 처리하였고, 벌금과 태형(笞刑) 등의 처벌권도 주어져 있었다(요 18:31). 공회에는 관속이 있어서 경찰권을 행사했다(요 7:32, 18:3). 예수도 이 공회 앞에 세워져 재판을 받았고, 베드로, 요한, 바울도 여기서 심문을 받았다.

유대인 성인은 1년에 3번 성전순례가 의무화되었다(눅 2:41). 먼 타국에 있는 사람이나 가난한 사람은 1년에 한 번으로 완화되었다. 예레미아스는 당시의 예루살렘 상주인구는 55,000명이고 유월절 순례 인구는 125,000명이었다고 추산한다.[126]

예수는 공생애의 마지막 일주일 동안 이 예루살렘 성전을 방문하고 성전을 정화하고 성전 파괴를 예언하였으며 성전에서 체포되어 재판을 받아 성전 바깥의 골고다 언덕에서 처형되었다.[127] 이처럼 예수의 활동의 정점은 이곳 예루살렘에서 이루어진 것이다.

제3장

예수의 초기 생애와 가족 사항

_01

복음서의 초기 생애 기록의
역사성 논쟁

예수의 초기 생애 기록은 전설인가?

공생애 이전 예수의 초기 생애에 대한 성서의 기록은 아주 단편적이다. 마가와 요한은 공생애 이전의 예수에 대해서는 아무것도 언급하지 않았다. 공생애 이전 예수의 초기 생애를 연구함에 있어서 우리가 갖고 있는 자료 중 정경 가운데서는 마태와 누가의 전승뿐이다.

마태는 동정녀 탄생과 더불어 예수의 베들레헴 탄생과 별의 출현과 동방박사의 방문과 베들레헴 영아들의 학살과 나사렛에서의 성장 등에 관한 다섯 가지 사건을 기록으로 남겼다. 누가복음에는 인구조사와 예수 부모의 예루살렘 여행, 구유에서 나심, 천사의 고지와 목자들의 방문, 예수의 할례와 명명식, 그리고 열두 살 예수의 예루살렘 방문 등이 기록되어 있다.

누가와 달리 마태는 예수의 탄생과 관련된 다섯 가지 사건은 구약성서의 다섯 구절[1]의 성취라고 설명하였다. 이 점에 착안하여 스트라우스는 『예수의 생애』(1835)라는 저서에서 마태복음 2장의 이 다섯 구절은 제자들이 예수의 생애를 전설로 꾸며내기 위해 구약성서에서 그 근거를 찾아내어 유형론적으로 해석한 역사적 신화 또는 역사적 전설의 사례들이라고 보았다.

그리하여 양식비평과 편집비평을 과도하게 주장하는 적지 않은 비판적인 성서학자들이 마태가 기록한 예수의 초기 생애를 마태가 예수를 모세와 같은 인물로 묘사하기 위해 꾸며낸 전설로 넘겨 버렸다.

초기 생애에 기록의 역사적 진실성

그러나 최근에 와서 대부분의 학자들은 그 반대로 생각한다. 특히 타이쎈과 메르츠는 『역사적 예수』라는 방대한 저술을 통해 이 점을 분명히 지적하고 있다. "최초의 그리스도인들은 구약에 비추어 예수에 대한 기억을 해석했을 뿐만 아니라 경전을 근거로 그 기억을 만든 것"[2]이라는 스트라우스에서 비롯된 19세기 이래의 주장을 반박한다. 1장 1절에서도 언급한 것처럼 최초의 그리스도인들이 구약성서를 창조적으로 활용하여 해석한 것은 사실이지만, 아예 있지도 않는 사실을 꾸며내기 위하여 구약성서를 들이댄 것이 아니라는 점을 강조한다. 그러므로 타이쎈과 메르츠는 "**이때 구약성서적 해석은 그 해석의 대상이 될 만한 사건을 전제로 한다.**"는 점을 강조하였다.[3]

예수가 처녀의 몸에 잉태하여 베들레헴에서 탄생했고, 나사렛에서 자랐으며, 그의 출생으로 인해 베들레헴 동년배 아이들이 무참히 죽었다. 이 비상식적이고 불유쾌하고 모순적인 사실이 역사적·실체적 진실이지만, 이 모든 사건을 복음서의 독자들로서는 다 이해하기 어렵다고 여겼기에 구약성서를 인용하고 기록된 약속의 성취라고 주장함으로써 역사적 검증을 확보하려고 했던 것이다.

오늘날 역사적 사건을 검증하는 방법은 육하원칙에 따라 서술하는 것이지만 2000년 전 성서 기자가 역사적 사건을 검증하는 방식은 이처럼 구약성서의 근거를 들어 약속과 성취의 도식으로 해석하는 것이었다는 사실을 비판적인 서양 역사학자나 성서학자들이 이해하는 데에도 거의 200년이라는 시간이 필요했던 것을 상기할 필요가 있다.

마태와 누가의 기록은 왜 서로 다른가?

예수의 초기 생애에 관한 마태와 누가의 단편적인 기록마저 상호 일치하지 않는 부분이 등장한다. 그래서 18세기 이후로 복음서의 상호 모순된 기록은 모두 역사적 사실이 아닌 것으로 주장하여 왔다.

그러나 예수의 생에에 대한 최근의 여사저 연구는 복음서의 경우처럼 그 세부적으로 모순이 존재하는 기록이야말로 그 사건 자체를 여러 사람이 서로 다른 관점에서 기술한 것이므로, 오히려 그 역사적 진정성의 더욱 확실한 근거가 되는 반증이라고 주장한다.

이 책 1장 1절에서 살펴본 것처럼 꾸며낸 전설의 경우에는 과장과 미화가 따르고 불리하고 불유쾌하고 상호 모순되는 내용은 의도적으로 배제하는 것이 통례이다. 많은 성서 역사학자들의 주장처럼 이 점에서 성서는 예외에 속한다는 것이다. 그래서 한스 스티어는 "모든 역사가들이 의심을 하는 순간은 바로 특별한 사건이 어떤 모순점도 없는 이야기의 형태로 보고 될 때입니다."[4]라고 하였다. 날조된 역사일수록 그 내용이 일사불란하다는 문서비평의 결과인 것이다.

일반 역사서도 같은 사건에 대한 상호 모순되고 불일치하는 다양한 기록들이 전해 내려오고 있다. 그러나 부차적이고 세부적인 내용이 불일치하거나 모순이 된다고 해서 핵심적인 사건 자체가 부정되는 것은 아니다. 마찬가지로 예수의 생애, 특히 예수의 동정녀 탄생과 부활 등에 대한 복음서의 기록이 세부적으로 일치하지 않는 것이 사실이다. 그러나 핵심적인 내용은 같으므로 그 사실 자체를 부정할 수 없다.

예수의 초기 생애 바로 보기

호슬리(R. A. Horsley)는 『크리스마스의 해방』이라는 저서를 통해 예수의 유아기 설화와 같은 자료들에 대해 비판적인 학자들이 어떤 식으로든 실제의 역사적인 사건으로 보지 않았기 때문에, 당연히 그 비역사적인 사건의 역사적인 조건을 연구할 필요성을 느끼지 못한 것으로 비판한다. 그러나 동정녀 탄생과 관련된 성서의 기록은 역사에 가까운 설화이고, 특별히 그 설화가 역사적 정황을 생생하게 언급하고 있으므로, 그 설화의 역사적 배경을 이해하기 위한 노력이 필요하다고 하였다.[5]

호슬리는 동정녀 탄생 이야기를 역사적 구원자의 등장에 관한 선포로 해석한다. 마태복음에 기록된 헤롯의 통치와 동방박사의 출현, 영아 학살과 예수의 이집트 피난, 그리고 누가복음에 기록된 아구스도의 통치하에서의 호적령과 〈마리아의 노래〉 등에 나타나는 예수 탄생의 기본적인 배경은 '역사적 구원의 문제'를 함축하고 있다는 것이다.

예수 출생 당시의 역사적 배경에서 보면, 로마의 통치자들은 시저(아구스도)를 평화와 구원을 가져올 자로 선동하였다. 그러나 로마 총독에 의해 저질러지는 잔인한 학살과 처참한 착취를 직접 겪은 이들은 "참된 평화와 구원을 가져올 자"를 고대한 것이 사실이다. 이런 정황에서 마태와 누가는 예수야말로 유대인들이 고대한 진정한 평화와 구원을 가져올 자로 선언한다. 예수와 아구스도를 비교함으로써 진정한 영적 혹은 종교적 구원자와 거짓된 세속적 혹은 정치적 지배자를 날카롭게 대조시키고 있는 것이다.[6]

특별히 당시의 팔레스타인의 독자라면 누구나 이 예수 탄생 이야기를 통해 로마의 평화(Pax Romana)와 그리스도의 평화(Pax Christi)를 비교하게 되고, 로마 황제가 아니라 예수가 진정한 평화와 구원을 가져올 자라는 선포를 듣게 된다. '가이사의 것'과 '하나님의 것'을 날카롭게 구분한 예수의 가르침(눅 20:19-20)도 이런 맥락에서 이해된다. 특히 '가난한 사람과 미천한 사람'에게 하나님의 구원이 임할 것이며, '교만한 자를 흩으시고 제왕들을 왕좌에서 끌어 내리신다.'(눅 1:51 공동번역)는 하나님의 역사적 해방 행위를 노래한 〈마리아 찬가〉와 "당신의 백성을 찾아와 해방시키시고 우리를 구원하실 능력 있는 구세주, … 우리의 발걸음을 평화를 길로 이끌어 주실"(눅 1:68, 79 공동번역) 메시아를 찬양한 〈스가랴의 찬가〉는 바로 이러한 역사적인 구원에 대한 기대를 반영한 것이 분명하다.[7] 따라서 동정녀 탄생 이야기의 역사적 메시지는 "시저가 구세주가 아니라 예수가 구세주라는 역사적 선언"이라 할 수 있다.[8]

이러한 동정녀 탄생에 관한 내용은 다음 장에서 자세히 다루기로 하고, 이 장에서는 예수의 탄생과 관련된 여러 사건들과 초기 생애와 관련된 마태와 누가의 기록을 최근의 고고학적 지식을 바탕으로 다시 살펴보고, 이와 관련된 여러 비판적이고 왜곡된 주장들을 일일이 반박함으로서 예수의 초기 생애를 그 역사적 맥락에서 바로 보기를 시도하려고 한다. 우선 마태의 기록과 누가의 기록을 차례대로 살펴보자.

_02

마태복음에 기록된
초기 생애

1) 베들레헴의 별과 동방박사의 방문

베들레헴의 별, 역사적 사실인가?

마태복음(2:1-12)에만 기록된 예수 탄생 시에 나타난 베들레헴의 별에 대해서 그 역사성을 부정하는 이들이 적지 않았다. 그러나 당시에는 점성술과 천문학적 사유가 널리 퍼져 있었음이 분명하고, 불가사의한 별의 징조에 관한 전설은 실제적인 관찰과 무관하지 않았다. 따라서 별의 출현과 동방박사의 방문이 역사적 사실에 대한 회상일 가능성이 크다는 사실을 진지하게 고려하여야 한다. 본서 2장 2절 1항에서 언급한 것처럼 천문학적 지식을 통해 베들레헴의 별의 출현 연대에 대해 추산할 수 있다는 적극적인 주장이 여러 형태로 제시되었기 때문이다.

로마의 역사가 수에토니우스는 기원후 66년 동방의 점성가 티리다테스(Tridates)와 일단의 동방박사들이 로마를 방문한 사실을 전해 준다.[9] 이 시대에는 별들이 위대한 인물의 탄생을 알린다는 믿음이 광범

위하게 퍼져 있었다. 실제로 수에토니우스와 타키투스는 서기가 시작될 무렵 유대에서 세계적인 통치자가 탄생하리라고 기대하였다.[10]

요세푸스는 70년 전쟁 당시 예루살렘을 포위한 로마 군대의 압도적인 힘에 맞서 유대인들이 그렇게도 맹렬하게 싸우도록 자극했던 것 중 하나가 "예루살렘 위에는 일 년 내내 계속 떠 있었던, 칼 모양을 닮은 별 하나와 혜성"이었다고 기록하였다.[11]

마태는 예수 탄생 후 동방박사들이 발견한 '별'에 대해 세 번 언급하였는데 모두 단수를 뜻하는 '아나톨레'(anatole)라는 단어를 사용하였다. 마태의 기록은 이 특이한 '한 별'을 특별한 계시로 여겼던 당시의 통속적 신앙의 일면을 보여 주는 사례이다. 그리고 토성과 목성이 만나는 자리가 물고기자리(雙漁宮)이며 이는 초기 기독교 공동체가 그리스도를 지칭하는 암호였다는 주장도 제기되었다.[12]

따라서 마태복음 2장은 단순한 허구나 전설이 아니라 예수 탄생을 전후하여 어떤 실제적인 특이한 천문학적 현상이 일어났기 때문에 이러한 역사적 사실에 근거하여 전승된 베들레헴의 별 출현이 마태에 의해 기록된 것이다.

구약에서도 '한 별이 야곱'에게서 나와 이스라엘을 괴롭히는 주변 국가들을 멸할 것이라고 하였다(민 24:27). 별의 출현이 새로운 구원자의 도래를 알리는 우주적 사건임을 드러내는 중요한 표식인 것이다. 그리고 이스라엘과 멀리 떨어져 살던 이방인인 동방박사늘이 이 별을 보고 구세주의 나심을 알아보았다는 것 역시 예수의 출생이 이스라엘에 국한한 사건이 아니라 온 우주적 사건임을 말해 주는 것이다.

동방박사는 누구인가?

마태는 '헤롯 왕' 때에 동방박사들(Magos)이 이상한 별을 보고 별빛을 따라와서 '유대인의 왕으로 나신 이'의 처소를 묻자 헤롯 왕과 온 예루살렘이 듣고 '소동'하였다고 적고 있다(마 2:1). 헤롯 왕이 대제사장과 서기관에게 자문을 구하니, 이들은 "네게서(베들레헴) '한 다스리는 자'(미 5:1)가 나와서 '내 목자가 되리라'(삼하 5:2)"고 한 구약 말씀을 찾아내었다고 한다. 그래서 동방박사들이 베들레헴을 방문하였다고 전해 준다.

동방박사의 출신지도 논쟁이 되었다. 이들이 아라비아나 이집트에서 왔다는 주장도 있지만, 바벨론을 동방이라고 본 구약의 관점과 '바벨론의 모든 박사'(단 2:48)라는 표현에서 볼 때 바벨론 지역인 페르시아 출신일 것으로 추정한다.

동방박사로 번역된 마고스는 신약성서 다른 곳에서는 '마술사'(행 8:9)나 '박수'(행 13:6)로 번역된 것처럼 무당, 점성가, 해몽가를 뜻하기도 한다.[13] 그러나 페르시아 제국에서는 제국의 관리로서 정치나 종교 문제를 자문하는 고위직을 마고스라 지칭하였다.[14] 이들은 왕실 인사의 꿈이나 특이한 자연현상을 풀이하여 신의 뜻을 해석하여 왕에게 조언하는 아주 중요한 종교적·정치적 역할을 수행하였다. 이들의 해석 여하에 따라 국내외 정세가 급변하기도 하였다. 호슬리는 실제로 마고스들은 신의 뜻과 사물의 질서를 해석해 내는 임무를 주로 수행하였으며, 새로운 왕의 출현 시 이를 알리고 먼 거리를 여행하여 알현한 역사적 사례들이 있었음을 제시한다.[15]

마태는 동방박사의 이러한 정치적 기능을 익히 알고 있었던 것으로 보인다. 마태는 '헤롯 왕'과 새로 나신 '유대인의 왕'[16]을 날카롭게 대조시킨다. 동방박사가 이 두 왕(basileu)을 방문하였다고 전한다. 베들레헴에서 태어난 '한 다스리는 자'는 새로 등극할 '유대인의 왕'으로서 '헤롯 왕'처럼 권력으로 백성을 '노예로 부리는 폭군적인 왕'이 아니라

'백성을 양처럼 돌보는 목자'라는 이상적인 통치자임을 암시한다. 왕은 백성의 목자가 되어야 한다는 예언자들의 이상이 예수의 탄생을 통해 실현될 것이라고 암시한 것이다.

동방박사가 새로운 '유대인의 왕'의 출현을 주장한 것은 헤롯을 비롯한 당시의 권력층에게는 경악스러운 일이 아닐 수 없었다. 그래서 큰 '소동'(마 2:3)이 일어났다. 이 소동은 예수가 나귀를 타고 예루살렘에 입성하였을 때 '다윗의 이름으로 오시는 이'로서 백성들의 환대를 받으며 '새로운 통치자'로 기대되었을 때에도 일어난 것이다(마 21:9).

유대인들에게 새로운 메시아의 탄생은 분명히 '온 백성에 미칠 큰 기쁨의 좋은 소식'(눅 2:10)이었지만 헤롯 왕과 당시의 지배세력들에게는 '경악스러운 소식'이었음에 틀림없다. 그래서 그들이 크게 소동(騷動)한 것(마 2:3)이다. 복음은 모든 사람에게 기쁜 소식이 되는 것은 아니다. 헤롯과 그 일당들에게는 경악스러운 소식이었다. 그리고 부자 청년에게는 슬프고 근심스럽고 괴로운 소식(눅 18:23)이었다.

한편으로 동방에서 온 박사들은 이방의 종교와 지혜를 대표하는 자들로서 예수를 온 세상의 구세주로 예배한 이방인들의 선구자라고 할 수 있다. 유대인의 거부와 이방인의 수용(마 8:11-12, 21:43)이라는 마태복음의 전체 주제와 관련시켜 보면, 현명한 이방인들은 저 멀리서 찾아와 예수를 그리스도로 경배하지만, 헤롯을 비롯한 가까이에 있는 유대인 지도자들은 큰 소동을 일으키며 이를 거절한 것이 된다. 또한 이 기록에는 동방에서 온 이방인들이 메시아를 먼저 알아보았다는 메시지가 함축되어 있다.[17]

동방박사는 언제 어디로 방문했는가?

대부분은 동방박사들이 예수가 탄생하시던 날 밤에 예수께 경배한 것으로 생각한다. 그러나 그들이 페르시아 출신으로 ‘예루살렘의 별’을 발견하고 출발하였다면 적어도 1200km 정도의 먼 길을 낙타를 타고 3개월이 걸려 여행한 후 예루살렘에 도착할 수 있었을 것이다.

마태에 의하면 동방박사들이 ‘유대인의 왕으로 (이미 태어) 나신 이’(마 2:2)를 예배하러 온 것이 분명하다. 그리고 동방박사들이 예루살렘에서 헤롯 왕을 알현하고 베들레헴으로 가서 예수께 경배한 직후에 예수의 가족이 이집트로 피신을 하였다고 전하고 있다(마 2:12-15). 만일 그들이 예수가 탄생한 날 밤에 예수를 찾아갔다면, 마리아가 율법에 따라 예수를 낳은 지 33일 만에 예루살렘 성전에 올라가 산모를 위한 정결 예식을 행하고 아기를 주께 드리고 비둘기 두 마리로 대속제물을 드렸다고 하는 누가의 전승(눅 2:24)과 상충한다.

따라서 마태와 누가의 전승을 다 받아들인다면, 마리아의 정결 예식이 다 끝나기까지 동방박사들은 예수를 방문하지 않았다고 보아야 할 것이다. 이렇게 상정할 경우 마리아가 동방박사에게서 많은 황금을 비롯한 많은 선물을 받았다면 부자가 되었을 텐데 가난한 자의 예물인 비둘기를 바쳤는가 하는 질문도 해소된다. 동방박사의 방문이 성전 방문 이후의 일이 되기 때문이다.

한편 마태는 동방박사들이 별이 머무른 ‘집’(oikia)에 들어가 예수께 경배했다(마 2:11)고 전하고 있다. 만일 이 일이 예수가 태어나신 밤에 이루어진 것이라면, 누가의 여관 마당 말구유 전승과도 서로 상충된다. 그래서 학자들 가운데는 예수가 태어난 곳은 ‘여관’(topos) 마당의 말구유였고, 동방박사들은 그 후에 마리아가 산후 조리를 하고 있었던 ‘집’(oikia)으로 예수를 찾아갔던 것이라고 설명하기도 한다.

동방박사는 몇 사람인가?

동방박사들이 가지고 온 예물들은 황금과 유향(乳香)과 몰약(沒藥)이다. 이 역시 구약성서의 배경에서 이해되어야 한다. 이사야는 예루살렘이 다시 회복할 때 세계 곳곳에서 많은 민족들이 '허다한 약대로— 금과 유향을 가지고 와서 여호와의 찬송을 전파할 것'(사 60:6)이라 하였다. 그리고 열왕기상에는 시바 여왕이 솔로몬 왕의 이야기를 듣고 "향품과 심히 많은 금과 보석을 약대에 싣고"(왕상 10:2) 예루살렘을 방문하였다고 한다.

사실상, 동방박사들이 가져온 예물들은 새로 태어난 아기에게 어울리는 것들이 아니었다. 이 예물들을 각 나라의 특산물로도 볼 수 있으나, 마태가 이 세 가지 예물을 특별히 제시한 것은 예수의 메시아성을 부각하기 위함이었던 것으로 보인다.

학자들 간에는 마태가 황금과 유향 외에 몰약을 동방박사들의 예물 명단에 추가한 것은 예수의 십자가의 죽음을 표상하기 위한 것으로 해석한다. 그래서 동방박사들이 예수를 구약에 예언된 왕, 예언자, 제사장으로서의 메시아의 탄생으로 예배하기 위해 세 가지 예물을 가지고 왔으며 황금은 왕의 직무를, 유향은 예언자의 직무를, 몰약은 제사장의 직무를 축하하는 상징이라고 해석하기도 한다.

그러면 몇 명의 동방박사들이 예수를 경배하기 위하여 왔는가? "동방박사 세 사람 귀한 예물 가지고 산을 넘고 물을 건너 별 따라 왔도다."는 대표적인 성탄 찬송(116장)에는 동방박사가 세 사람이라고 한다. 그러나 아기 예수께 경배하기 위해 동방에서 온 박사들이 세 사람이었다는 이야기는 성서에 나오지 않는다. 복음서에는 그들이 몇 명이었는지 아무런 언급도 하고 있지 않다. "동방으로부터 '박사들'이 예루살렘에 와서"(마 2:1)라고 표현하였을 뿐, 그들이 몇 명이었는지 명시하지 않았다. 오리겐 이후로 세 명이었다고 알려져 있으나, 세 명이라고 생각하는 것은 그들이 바친 예물이 세 가지 종류였다는 데서 비롯된 것이다. 어거스틴이나 크리소스톰 같은 이들은 그들이 12명이었을 것이라고 주장하기도 하였다.

동방박사들이 이용한 교통수단에 대해서는 낙타라고 알려져 왔다. 대부분의 성탄절 그림에도 낙타가 그려져 있다. 그러나 복음서는 그들이 무엇을 타고 왔는지에 대해서는 침묵을 지키고 있다. 낙타를 타고 왔다고 알려진 이유 역시 구약성서에 '약대(낙타)가 선물을 싣고 올 것'(사 60:6)이라는 기록에 근거한 것이다. 이러한 식으로 구약성서에 근거하여 신약성서를 해석하는 것을 미드라쉬(Midrash)적 해석이라고 하는데, 유대인들이 가장 많이 사용하는 성서 해석 방법이다.

2) 이집트 피난

이집트 어디로 피난을 갔는가?

예수의 가족이 피신 간 이야기는 마태복음(2:13-15)에만 나온다. 그러나 그들이 이집트의 어느 곳으로 갔는지는 언급하고 있지 않다. 이집트는 이스라엘 역사를 통하여 자주 피난처로 이용되었다. 1세기 당시에도 많은 유대인들이 전 세계에 흩어져 살고 있었다.

당시에 이집트에서 가장 큰 도시는 북쪽에 있는 알렉산드리아였는데, 인구가 백만이 넘었으며, 3분의 1 이상이 유대인이었다. 또 한 곳은 나일 강 남부에 위치한 엘레판틴(Elephantin)인데 이곳에도 많은 유대인들이 정착하며 살고 있었다.

예수의 부모들은 동족들이 많이 살고 있는 곳으로 피신을 했을 가능성이 크다. 예수의 부모가 더 먼 곳으로 피난가려고 했다는 것을 가정하면 엘레판틴보다는 알렉산드리아가 더 가능성이 크다. 엘레판틴보다 알렉산드리아가 훨씬 먼 곳에 위치하고 있었기 때문이다.

3) 베들레헴의 영아 학살

헤롯의 영아 학살 역사적 사실인가?

마태복음(2:16:-18)에 의하면 유대인의 새로운 왕이 탄생한 소식으로 인해 헤롯은 경악하였다고 한다. 그러나 동방박사들을 순순히 보내어 새로 태어난 아기를 경배하게 하고 그 결과를 보고하도록 엄히 명령한다. 동방박사들이 예수를 방문하고 예배한 후 천사의 지시로 헤롯을 재방문하지 않고 귀국한다. 동방박사들은 헤롯의 말보다 천사(하나님의 사자)의 말에 순종한다.

마태는 유대인의 왕 헤롯이 언젠가 자신의 왕위를 가로챌 가능성이 있는 한 아기의 출생 때문에 심히 분노하고 위협을 느껴 군대를 보내 베들레헴의 두 살 아래 사내 아기는 모두 죽이라고 명령하였고, 이 명령이 시행되었다고 기록한다.

이러한 영아 학살 이야기는 영웅적인 인물의 탄생을 훼방하는 사악한 자들을 주제로 하는 신화들의 영향으로 꾸며진 전설로 보는 이들도 없지 않다.[18] 마태의 영아 살해 이야기는 출애굽기의 영아 살해 이야기와 상응한다. 모세가 태어났을 때 이집트에서 히브리인늘의 인구 증가를 막기 위해 사내아이들을 출생 직후에 모두 죽이도록 명한 사건과 여러 면에서 일치하는 점이 많기 때문이다.[19] 그래서 스트라우스는 마태의 주제는 단순히 역경을 이기고 탄생한 영웅 탄생신화가 아니라, 구약의 역사에 비추어 각색한 역사적 전설이라고 하였다.

그러나 헤그너는 마태가 모세의 탄생과 영아 살해라는 구약 이야기

(또는 그 이야기에 대한 후대의 미드라쉬적인 해석)의 영향을 받았다고 해서, 예수의 탄생과 영아 살해 이야기가 아무런 역사적 전승의 뒷받침도 없이 오로지 구약의 기록에 근거하여 꾸민 전설이나 신화는 결코 아니라는 점을 강조한다.[20]

역사를 통해 알려진 것처럼 헤롯이라는 인물은 수많은 측근을 처형한 잔인한 인물이었다. 서기 6-7년경 그의 아내 미리암네와 장모와 삼촌 그리고 두 아들 알렉산더와 아리스토불루스를 처형하였다. 또한 그의 후계자로 세운 안티파테르가 자신의 왕권에 도전하여 반역을 일으킬 것을 두려워하여 처형하였다.[21] 그래서 "헤롯의 '아들'(hyos)이 되는 것보다 '돼지'(hys)가 되는 것이 낫다."는 말이 유행되었다고 한다.[22] 이런 역사적 정황과 헤롯의 잔인성에 비추어 보면 헤롯은 '유대인의 왕'으로 태어나 자신의 왕권에 도전할 가능성이 있는 예수를 제거하기 위해 베들레헴이라는 조그마한 마을의 아이들 중 예수의 동년배를 모두 학살하고도 남을 인물임을 알 수 있다.

교회사가 유세비우스는 헤롯이 무수한 친족을 살해했으며 죽기 전에 또 한 명의 아들을 살해함으로써 모두 세 명의 아들을 살해했기 때문에 큰 고통 중에 숨을 거두었다는 요세푸스의 기록을 인용하면서 "헤롯은 주님을 제거하려는 의도에서 베들레헴의 아기들을 죽이는 범죄를 범했으므로 그 죄에 합당한 형벌을 받았다."[23]고 평가하였다.

물론 마태만 영아 살해 이야기를 기록하였고, 다른 어떤 문서에도 기록된 바 없으므로 그 역사성을 비판하는 이들도 없지 않다. 그러나 마태가 이 불유쾌한 이야기를 전해 들었기 때문에 모세 시대에 바로 왕에 의해 히브리인 남자 아이가 태어나자마자 집단 살해당하는 끔찍한 상황에서 모세를 살려 이스라엘의 구원자로 삼으신 것처럼, 헤롯의 집단 학살에도 불구하고 하나님은 예수를 살려 유대인과 이방인의 구원자로 삼으셨다는 강력한 메시지를 담아낸 것이다.

멕레이는 최근 1997년과 1998년에도 이슬람 과격분자들이 알제리에서 여자와 아이를 포함한 한 마을 전체를 학살한 일련의 사건에 비추어 볼 때, 1세기의 잔인한 헤롯의 폭압적인 정치 상황에서 영아 집단 살해는 충분히 가능한 역사적 사건으로 설명한다.[24] 그리고 그러한 사건은 텔레비전이나 신문과 같은 보도매체가 전무하였던 당시로서는 몇몇 사람들에게만 알려졌으므로 마태는 전해 들었으나 누가는 전해 듣지 못했을 것으로 추정한다.

몇 명이나 살해되었나?

헤롯에 의해 베들레헴에서 살해된 2살 아래의 아이들의 숫자에 관해서도 과장된 주장들이 제시되었다. 헤그너에 의하면 비잔틴 전승은 14,000명, 시리아 전승은 64,000명, 심지어 어떤 전승은 요한계시록 14장에 근거하여 144,000명이라는 숫자를 제시한 경우도 있다고 한다. 그러나 베들레헴은 나사렛만큼이나 작은 지역이라는 역사적 사실에 비추어 볼 때, 그러한 주장들은 모두 지나치게 과장된 것이다. 그래서 헤그너는 베들레헴의 전체 인구가 500명 내외 정도였으므로 2살 아래의 영아의 수는 미미했을 것이라고 한다. 그래서 "당시에 그(헤롯)의 손에 학살된 아기들의 수가 20명 전후였으리라."[25]고 추산한다.

로마의 폼페이 장군이 63년 예루살렘에 입성하여 유대인 약 12,000명을 학살하는 등 수천 명 이상의 대량 학살이 비일비재하였던 당시의 상황에서 보면 20명 남짓의 어린아이들이 처형된 사건이 유대인이나 로마인들의 관심을 끌어 역사에 기록할 만한 사건이 되지 못했을 것이다.

4) 나사렛 귀환

나사렛은 실제로 존재한 마을인가?

예수가 영아 살해를 피해 이집트로 피난을 갔다가 헤롯이 죽은 후에 나사렛으로 돌아와 그곳에 자랐으며, 그래서 그를 '나사렛 사람'(Nazarene)으로 불렀다고 한다(마 2:19-23).[26]

그러나 무신론자 플랭크 진들러는 "예수가 결코 걷지 않았던 곳"이라는 글에서 '나사렛'이라는 지명이 복음서 외에는 구약성서나 바울 서신뿐 아니라 63개의 다른 갈릴리 마을은 언급되어 있는 탈무드에도 전혀 언급되지 않았다는 점을 지적하였다.[27] 그리고 요세푸스도 현재의 나사렛에서 1마일 정도 떨어진 야파(Japha)를 포함한 45개의 갈릴리 마을과 도시를 열거했지만 나사렛에 대해서는 침묵하고 있다. 4세기 전의 어떤 기록도 나사렛은 언급하지 않았다. 7세기경 유대 문학의 한 기록에서 처음으로 등장한다는 것이다.

그러나 달만(G. Dalmann)은 "옛 문헌에서 이름이 나타나지 않는 옛 팔레스틴의 지역은 수백 개"[28]가 된다는 사실을 분명히 지적하였다. 그렇게도 중요한 갈릴리의 수도 세포리스마저도 여호수아 12-21장에서 언급되어 있지 않기 때문이다.

나사렛 지명의 발견

나사렛이라는 지명이 가나안 지역 명단에서 발견됨으로써 이러한 논의는 모두 반박되었다. 비기독교적 문헌에서 나사렛이 처음 언급된 것은 1962년 가이사랴에서 발굴된 진회색 석회석 조각에 새겨진 비문이다. 70년 예루살렘 성전이 로마의 공격으로 무너졌을 때 24개의 경로로 다른 곳으로 이주한 제사장 가족 명단이 적힌 아람어로 된 목록이

나오는데, 그중 한 가족이 나사렛으로 이주한 기록이 등장한다.[29]

1955년부터 1960년까지 벨라미노 바가티가 나사렛을 발굴하였는데, 나사렛 근처 무덤 중 두 곳에서 1세기 때의 도기 램프와 유리그릇 항아리 등이 출토되었다. 이러한 무덤의 유물로 보아 "나사렛이 로마 시대에 유대인의 확고한 정착지였다."는 것이 고고학자 잭 피네건(J. Finegan)의 결론이다.[30]

그래서 이 분야의 전문가인 제임스 스트렝거는 나사렛은 매우 작은 마을로서 "1세기 초의 나사렛은 최대한 인구가 480여 명이고 넓이는 60에이거 정도"로 추산한다고 하였다.[31]

'나사렛 사람' 은 무슨 뜻인가?

나사렛 지명이 발견되기 전 '나사렛'이 지명이 아니라는 전제에서 나사렛의 어원이 무엇인지 논란이 되었다.[32]

이사야서의 메시아 예언 중에 기록된 '가지 또는 지파'를 의미하는 네자르(Nezar)라는 단어에서 '나사렛 사람'이라는 칭호가 유래한 것이라는 주장이 제기되기도 하였다. "이새(Jesse, 다윗의 아버지)의 줄기에서 한 싹이 나며 그 뿌리에서 '한 가지'(Nezar)가 나서 결실 할 것"(사 11:1)이라는 말씀 중 '가지'라는 단어가 70인역 희랍어로 네자르(Nezar)로 번역되었기 때문이다.[33]

그러나 예수를 지칭하는 '다윗의 후손'(마 1:1 등)이라는 너무나 잘 알려진 명시적 칭호가 신약에서 19회 사용된 것에 비추어 볼 때, 다윗의 아버지인 '이새'의 이름을 생략한 채 예수를 '가지(Nesar)의 사람'이라는 애매한 용어로 지칭하였다고 볼 수 없다.

그리고 구약의 나실인의 어원 역시 나자르(Nazar: 준수하다, 지키다의 뜻)이므로 나사렛 예수는 '나실인' 예수에서 유래한 것이라는 주장도 제기되었다.[34] 그러나 나실인의 전통은 오히려 광야의 은둔파인 쿰란 공동체나 에센파가 계승하였고 저잣거리를 활보한 예수는 그러한 금욕적인 전통과는 거리가 있었다. 그 실례로서 나실인(민 6:1-21)은 포도주조차 마시지 않았음에도 불구하고 예수가 "먹기를 탐하고 포도주를 즐기는 자"(눅 7:31)로 소문난 것을 스스로 인정한 것으로 보아 예수가 나실인일 가능성은 전무하다.[35] 뵈젠은 나사렛 지명에 대한 19세기의 비판은 잘못된 것이며, '나사렛 예수'는 그 역사성이 신뢰할 만한 것이라고 주장하였다.[36]

_03

누가복음에 기록된
초기 생애

1) 인구조사와 예수 부모의 베들레헴 여행

인구조사를 위해 고향까지 갈 필요가 있었나?

누가에 의하면 아구스도(Caeser Augustus) 황제(BC. 27-AD. 14)가 인구 조사령을 내려 수리아 총독 구레뇨가 이를 시행하는 과정에서 나사렛에 거주하던 마리아와 요셉이 그들의 본적지인 예루살렘 베들레헴으로 귀향하게 되었고, 이때에 예수가 태어났다고 한다. 구레뇨의 즉위 연도에 대해서는 이미 살펴본 바와 같다.[37]

"천하(oikomene)로 호적하라(apographo)"는 말은 거주지에 등록하라는 뜻이다. 천하는 로마 시대에는 로마 제국 전체를 뜻하며, 과세를 위해 이름, 직업, 재산, 가족 관계를 조사하라는 것이다. 그런데 인구조사를 위해 온 가족이 자신의 고향까지 갈 필요가 있었느냐는 비판이 제기되었다.[38] 그래서 캐툭스(C. J Cadoux)는 "어떤 정부라도 정상적이었다면, 시골의 한 목수로 하여금 단순히 호적을 하기 위해 몇 세기 전 그의 조상들이 살았던 곳으로 112km나 여행하도록 요구하지는 않았을 것이다."[39]고 하였으며, 스퐁도 비슷한 주장을 하였다.[40] 갈릴리에서 예루살렘까지는 거리는 학자마다 다르게 추정한다. 스타인은 135-145km라고 하였으나[41] 베젠은 100-170km 정도이고 순례 여행에는 왕복 10-14일의 여행 기간이 걸린다고 하였다.[42] 스퐁은 나사렛에서 베들레헴까지는 160km이고 여행 기간 7-10일이라고 하였다.[43]

그러나 성서 외적 증거로서 서기 104년 이집트 주제 로마 총독이 발표한 정부 공식 문서가 발굴됨으로써 이러한 비판은 설득력을 상실하였다. 이 문서는 "이집트 총독 가이우스 비비우스 막시무스는 선포한다. 가가호호 인구조사를 해야 할 시기가 왔기 때문에 어떤 이유이든 본인의 지방 외부에 거주하고 있는 모든 사람들은 자신의 고향으로 반드시 돌아와야만 한다. 그래서 정기적인 인구조사 명령을 수행해야 하며 자신들의 할당 지역을 성실히 경작하여야만 한다."[44]라고 적고 있다.

인구조사에 산모가 동행할 필요가 있었나?

인구조사가 역사적 사실이라면 왜 요셉이 정혼을 한 만삭의 마리아를 동행시켰느냐는 문제가 제기되었다. 정혼(munesteuo)이란 용어는 오늘날의 약혼과 달라 남편과 아내로 호칭하는 사이라고 한다.[45] 스퐁은 "남편이 제정신이라면 임신 8개월이나 9개월이 된 아내를 데리고 그런 여행을 감행하겠는가?"[46]고 반문한다. 그러나 인구조사 시 정혼한 가족은 동행하는 사례가 고문서를 통해 확증되었다. 서기 49년 것으로 보이는 파피루스 단편에도 전 가족이 인구조사에 참여한 기록이 발견되었다고 한다.[47]

그리고 무엇보다도 당시의 율법으로는 약혼녀가 다른 남자와 화간

(和姦)한 경우 둘 다 돌로 쳐 죽였으며(신 22: 23-24), 다른 남자에 의해 강간을 당했을 경우에는 남자를 돌로 쳐 죽이게 하였다(신 22:25-27). 후자의 경우라 할지라도 마리아는 엄청난 수치를 당하게 되고, 그 남자는 죽음을 당하게 되는 것이다.

요셉은 이 모든 가능성을 생각하고 은밀히 파혼을 결심하였다가 천사의 성령 잉태의 고지를 듣고 마리아를 아내로 받아들였다. 그러므로 정혼을 하고 출산을 앞둔 마리아를 혼자 두고 요셉이 인구조사를 위해 고향으로 떠나는 경우, 마리아는 혼전에 간음한 여인으로 오해되어 생명의 위협을 당할 가능성이 많았으므로 마리아의 동행이 불가피하였다는 것이 여러 성서 주석가들의 주장이다.

2) 구유에 나심

예수는 마구간에서 나셨는가?

누가의 전승에 따르면 예수의 부모는 호적신고를 위해 베들레헴이라는 다윗의 동네로 갔으나 그곳 '여관'에 방이 없었기 때문에 맏아들 예수를 낳아 구유에 누였다고 한다. '여관'(눅 2:7)이라는 말의 희랍어 '카타루마'(kataluma)는 주막(눅 10:34) 또는 숙소(출 4:24)로도 번역된다.[48]

이 아이를 강보(襁褓, 포대기)에 싸서 구유(여물통)에 누이셨다고 한다. '구유'(manger)라는 표현이 3번 나오지만 마구간이라는 표현은 한 번도 나오지 않는다. 구유가 있으니까 그곳은 당연히 마구간이 아니었겠느냐고 생각하는 것은 잘못된 추측일 뿐이다.

1세기에는 아직 짐승들을 보호하기 위한 외양간 같은 건물은 없었다고 한다. 예수께서도 비유에서 말씀하신 것처럼 가축을 보호하기 위해서 울타리 정도를 쳐놓은 양 우리 같은 곳들이 있었을 것으로 추정된다.

구유가 놓여 있던 곳이 어디인가?

당시의 여관에는 안마당이 있었다. 예수 당시에는 사람들이 여행할 때 대부분 짐승을 이용하여 짐을 실어 날랐다. 그리고 여유 있는 사람들은 종들도 데리고 다녔다. 날이 저물어 여관에 들게 되면, 주인은 방에 들어 묵게 되고 종들이나 짐승들은 밖에서 밤을 지냈다.

따라서 대부분의 여관은 종이나 짐승들을 위한 처소를 안쪽 마당에 마련해 놓았다. 종들은 짐승들의 짐을 풀어주고 짐승을 돌보며 짐을 지키면서 짐승들과 함께 잠을 자야 했다. 가난한 사람들 역시 방에 들지 못하고 이곳에서 밤을 지냈다. 물론 여관 마당에는 여기저기 많은 구유들과 건초들이 있었다. 그리고 사람들과 짐승들로 붐볐다.

마리아와 요셉도 여행 중이었다. 여관에 들기를 원했지만, 방을 구할 수가 없었다. 그래서 종들과 짐승들이 거처하는 여관 마당에서 밤을 지내야 했던 것이다. 방을 구하지 못한 사람들에게 밤을 지내기 가장 좋은 장소가 바로 그곳이었기 때문이다. 마리아는 바로 그곳에서 해산하게 된 것이다. 이제 막 태어나신 아기 예수를 눕힐 수 있는 자리로서 구유는 안성맞춤이었을 것이다.

예수께서 탄생하신 곳은 외양간이 아니라 바로 이러한 여관 뜰이었던 것이다. 아기 예수는 짐승들과 그것을 지키는 하인들, 그리고 가난한 사람들 가운데서, 그들에게 둘러싸여, 그들의 도움을 받으며 태어나셨던 것이다.

예수가 태어난 곳이 빈 구유였다는 것은 깊은 의미가 있다. 예루살렘에는 여관이 많았지만 먼 여행에 지친 산모를 위해 빈방을 내어 준 사람이 아무도 없었음이 분명하다. 빈 곳은 마당뿐이었고 그래서 여관 마당에서 태어났으며 누일 곳이 빈 구유뿐이었기 때문에 빈 구유에 누이신 것이다.

현재 예루살렘에 있는 예수탄생교회는 135년경 제롬 이래로 저스틴, 오리겐 등에 의해 언급되어 오다가 325년 교회가 세워져 오늘날까지 전해 오는 것이다. 「야고보원복음서」(18:1)에도 기록되어 있는 것으로 보아 원시교회 이후로 예수 탄생의 중요성이 강조된 것이 분명하다고 볼 수 있다.[49]

3) 천사의 고지와 목자들의 방문

양치는 목자들은 누구인가?

누가는 한밤중에 들에서 양을 치던 목자들이 천사가 전해 준 예수 탄생의 소식을 듣고 달려가 아기 예수께 경배했다는 전승을 들려주고 있다. 탈무드에 의하면 보통 양들은 광야를 제외하고는 방목을 할 수가 없었다고 한다. 그러나 베들레헴은 광야 지역이 아니었다. 따라서 양을 방목할 수가 없는 곳이었다. 그런데 이 목자들은 들에서 방목하는 양들을 지키는 사람들이었다.

그러면 이 목자들은 어떤 목자들이었으며, 그들이 치던 양들은 누구의 양들이었는가? 200년경에 쓰인 유대교의 구전문서인 미쉬나에 따르면 일반 양들은 아무 곳에서나 방목하지 못하게 하였으나, 성전에 희생 제물로 바쳐질 양들만 방목을 하도록 하였다고 한다.[50] 그리고 예루살렘에서 가까운 곳에 위치한 베들레헴에서 기르던 양들은 대부분 성전에 바쳐질 희생 제물용 양들이었다는 것이다.[51]

예레미아스는 유월절 축제 때에 18,000마리의 유월절 희생양이 도

살되었을 것이라고 추산한다. 이런 유월절에 사용될 양들을 치는 성전 소속 목장이 베들레헴 근처에 있었던 것이다.[52] 목자들이 치던 양들은 바로 희생 제물로 바쳐질 특별한 양들이었던 것이다. 그리고 그들은 하나님께 드려질 양들을 치는 사람들이었음으로 특별히 성별된 사람들이었다. 누가복음에 나오는 이 목자들은 보통 말하듯이 밤에도 양을 돌보아야 했던 가난한 사람들이 아니라 성별된 목자들이었던 것이다. 이 목자들에게 주의 사자(천사)가 나타나 선포한다.

> 무서워 말라 내가 온 백성에게 미칠 큰 기쁨의 좋은 소식을 너희에게 전하
> 노라 오늘날 다윗의 동네에 너희를 위하여 구주가 나셨으니 곧 그리스도
> 주시니라.(눅 2:10-12)

이 목자들은 가난한 하급 성직자로서 희생 제물로 팔려갈 성별된 양들을 치고 있었는데, 이들에게 메시아요 구원자이신 예수의 탄생 소식이 제일 먼저 전하졌다는 것 역시 중요한 의미를 지닌다. 성전에서 양을 죽여 바치는 희생 제사를 통해 구원이 주어지는 것이 아니라, 이제부터는 예수 그리스도를 통한 새로운 구원의 역사가 시작됨을 선포한 것이기 때문이다. 강보에 싸여 구유에 누인 아기가 바로 너희에게 표적(sign)이라고 하였다.

> 지극히 높은 곳에서는 하나님께 영광이요 땅에서는 기뻐하심(은혜)을 입
> 은 사람들 중에 평화로다.(눅 2:14)

이 구절을 요약하여 "하늘의 영광과 땅의 평화"로 표현되어 왔다. 그러나 본문의 정확한 표현은 '하나님에게 영광'이요, '사람들에게 평

화'이다. 하늘의 하나님과 땅의 사람이라는 대조적인 표현이 등장한다. 하나님의 영광, 땅의 평화, 사람의 은혜로 해석할 수 있을 것이다. 하나님과 인간, 인간과 인간, 인간과 자연의 참된 영광과 평화(Shalom)와 은혜를 아기 예수 그리스도가 이룰 참된 구원으로 선포한 것이다.

하나님의 영광과 로마 제국의 영광

아구스도(Augustus) 황제의 명에 따라 시리아 총독 구레뇨가 인구조사를 시행하는 과정에서 호적신고를 위해 베들레헴을 방문하였을 때 예수가 태어났다는 누가의 상황 설명을 많은 학자들은 단순한 배경 설명쯤으로 이해하였다.

당시의 기록을 살펴보면 아구스도는 제국의 영광과 평화를 가져올 구원자로 칭송되었다는 사실을 알 수 있다. 버질은 아구스도에 대해 "보라 내 아들, 그의 보호 아래 영광스러운 로마는 그 제국의 경계를 땅 끝까지, 그 긍지를 하늘 끝까지 이르게 하리라."[53]고 칭송하였다. 호레이스는 "시저가 이 나라의 수호자로 있는 한 어떠한 분쟁이나 폭력도 평화를 앗아 가지 못하리라."[54]고 노래했다.

그러나 누가가 허다한 천군과 천사들이 하나님께 영광을 돌리며 땅과 사람들에게 평화를 가져올 구원자가 예수라고 선언한 것과 관련시켜 볼 때 본문은 아구스도가 제국의 영광과 땅의 평화를 가져오는 구원자(soter)가 아니라, 예수가 진정으로 하나님의 영광과 땅과 사람들의 평화를 가져올 참된 '구원자'라는 메시지를 담고 있다고 호슬리는 주장한다.[55]

그리스도의 평화와 로마의 평화

기원전 63년 로마의 폼페이 장군이 예루살렘을 점령하였을 때 제사장을 포함하여 성전 하급직 12,000명가량이 죽임을 당하였고 성전이 약탈당하였다.[56] 그 후 유대가 멸망할 때까지 100년 남짓 동안의 역사는 로마 군대에 의한 살육과 약탈과 폭압의 연속이었다.

그럼에도 불구하고 아구스도는 악티움 전투(BC. 31년)에서 승리를 거둔 후 로마인들에 의해 당시의 혼란스러운 유럽세계에 질서와 평화를 가져올 최초의 인물로서 구원자로 추앙되었다. 그러나 제국의 질서나 로마의 평화(Pax Romana)는 힘으로 피정복자를 다스리는 군사력에 의한 일방적이고 강압적인 평화였다. 로마 중심부의 평화를 위하여 주변부에 대한 대량 학살과 대량 노예화를 정당화하였다. 이러한 상황을 타키투스는 "그들은 빼앗고 죽이고 수탈해 놓고 그것을 '제국'이라고 하지, 황무지를 만들어 놓고서 그것을 '평화'라고 부르는 거야."[57]라고 불평한 것을 기록해 놓은 것을 보아 짐작할 수 있다.

유대인들은 누구보다도 로마의 평화가 허구요 기만인 것을 절감하였다. 따라서 로마의 군대를 압도할 천군천사를 고대한 것이다. 천군천사는 고통당하는 민중을 위한 하나님의 싸움을 싸우는 하늘의 군대(天軍, 눅 2:13)이다. 따라서 로마의 군대가 아니라 하나님의 군대가 진정한 평화를 가져오며 이를 통해 로마 제국의 영광이 아니라 하나님의 영광이 드러나고 땅 위의 하나님의 은혜를 입은 모든 사람들에게 진정한 평화가 주어질 것이라는 누가의 선포에서 백성들의 이러한 열망을 엿볼 수 있는 것이다.

황제숭배의 제의는 아구스도를 "제국의 영광과 로마의 평화"를 가져올 구원자로 칭송하지만, 누가는 예수의 탄생이야말로 "하나님의 영광과 땅과 사람들의 평화"를 가져올 자로 날카롭게 대비하고 있는 것이다.[58] 당시에 유대인들에게 이것은 너무나 간절한 희망과 구원의 메시지로 들렸던 것이다.

4) 예수의 할례와 명명식

할례의 유래와 의미

누가는 예수가 태어나서 "할례할 팔일이 되매 그 이름을 예수라 하였다."(눅 2:21)고 한다. 예수는 모든 유대인 남자들이 그랬듯이 태어난지 팔 일째 되는 날에 할례를 받았다.

할례는 위생상의 이유와 다산을 목적으로 시행되었고 민족적·종교적 구별의 표시로 상징되기도 하였다. 그러나 구약성서에서 할례는 아브라함과 하나님과 사이의 계약의 표식으로 시행하게 한 것이다(창 17:12-14). 고대 근동에서 계약을 체결할 때 가축을 반으로 쪼개어 그 사이를 계약 쌍방이 내왕함으로써 목숨을 다해 계약을 지키겠다는 의지의 징표로 삼았다. 하나님과 아브라함 사이에 두 번의 계약이 이런 방식으로 채결된 것으로 창세기에 기록되어 있다.

첫 번째 계약은 암소, 암염소, 수양을 모두 쪼개고 마주 놓으니 해가 져서 어두웠을 때 횃불로 상징되는 여호와 하나님이 그 사이로 지나감으로써 계약의 징표로 삼았다(창 15:9-21). 두 번째 계약은 동물을 자르는 것이 아니라 아브라함의 생식기를 자르는 할례를 행하게 함으로써 아브라함과 그의 후손이 하나님의 축복이 약속된 백성임을 상징하는 징표로 삼게 하였다(창 17:12-14). 이러한 동물을 둘로 자르는 계약 체결 의식은 예레미야 34장 18절에 명시석으로 기록되어 있나.

모세가 계약 중재자가 되어 시내 산에서 하나님과 이스라엘 백성 전체가 계약을 행할 때에도, 모세가 계약 조문을 낭독한 후 백성들이 이를 '다 지켜 행하겠다'고 다짐한다. 그리고 동물을 자르고 그 피를 양푼에 담아 여호와의 재단과 백성에게 뿌리는 의식이 거행되었다. 이 계약 조문이 십계명이고 그때에 뿌린 피가 '계약의 피'(출 24:8)이다.

이처럼 할례는 아브라함의 계약과 모세의 시내 산 계약의 표식으로 행하여졌다. 유대인들은 이 할례를 통하여 하나님과의 언약 관계 속으로 들어간다고 믿었다. 새로 태어난 이들은 이 할례를 받음으로써 아브라함의 후손으로 하나님의 백성의 일원이 되었다. 할례를 받지 않으면 유대인으로 여기지 않았으며, 할례받기를 거절하는 사람은 유대 공동체에서 축출하였다.

예수 시대의 할례의식

예수 시대에도 할례는 태어난 지 '제 팔일'(레 12:3), 즉 안식일을 한 번 지나고 난 다음에 행하도록 하였다. 이처럼 빨리 할례를 베푼 것은 영아의 경우 일찍 베풀수록 신경세포가 덜 발달되어 할례 시 느끼는 고통이 덜했기 때문이라고 한다.[59] 세례 요한과 예수도 이 규정에 따라 난 지 팔 일 만에 할례를 받은 것이다.

할례는 동네 원로들이 모인 자리에서 아버지가 베풀도록 하였다. 요셉은 나사렛 동네 사람들이 모여 있는 가운데서 예수에게 할례를 베풀며 전통에 따라 "당신의 계명으로서 우리들을 성결하게 하시고 이 아이에게 할례를 행하게 함으로 이 아이를 우리 조상 아브라함의 언약 속으로 들어가게 하심을 찬양하나이다."라고 기도를 하였을 것이다.

이어서 동네 사람들은 탈무드가 전하는 것처럼 "이 아이가 언약 속으로 들어간 것같이 이 아이로 하여금 토라를 연구하게 하시고 후파(결혼식을 거행하는 야외에 세워 놓는 텐트) 속으로 들어갈 수 있게 하시고 선을 행할 수 있게 하옵소서."라고 기도하였을 것이다.[60]

예수 그리스도라는 이름의 뜻

요셉은 아기에게 할례를 행하고 나서 이름을 '예수'라고 지어주었다 (눅 2:21)고 한다. '예수'(Jesus)라는 이름은 헬라식 표기[61]로서, 예수의 본래 이름은 '예슈아'(Jesua)이다. 이 이름은 당시에 흔한 이름이었다. 나사렛에서 예수 당시의 것으로 보이는 파편에 예슈아라는 이름이 새 겨진 것이 발견되었다. 요세푸스의 기록에는 예수라는 이름을 가진 동명이인이 20명 정도가 등장한다.[62]

예슈아라는 이름은 '여호수아'와 같은 어근을 가진 말로서 '구원'이라는 의미가 있다. 마태와 누가는 이 이름은 예수가 태어나기 전 천사가 일러준 이름으로서 "자기 백성을 저희 죄에서 구원할 자"[63]라는 뜻이라고 한다. 마태는 예수의 별칭 또는 칭호가 '임마누엘' 즉 '하나님이 함께하시는 자'(마 1:24)라 하였고, 요한은 예수를 가리켜 '메시아 곧 그리스도'(요 1:41, 4:25)라고 하였다.

히브리어 메시아(Messiah)는 '기름 부음을 받은 자'(the anointed one)라는 뜻의 칭호(title)이며, 희랍어로 번역하면 그리스도(christos)이고 이를 한자로 표기한 것이 기독(基督)이다. 구약성서에서는 왕과 예언자와 제사장이 기름 부음을 받아 그 직분을 수행하였다고 한다. 그래서 칼빈은 예수가 우리의 구원을 위하여 구약성서의 왕, 예언자, 제사장의 세 가지 직무를 통합 성취하여 유일한 참 그리스도가 되셨다고 하였다.[64]

예수의 경우처럼 세례 요한의 부친 사가랴도 요한이 태어난 후 팔일 만에 할례를 주고 서판에 '아기 이름은 요한'이라고 지어주었다(눅 1:63). 성서의 관례는 아기가 태어났을 때 곧 이름을 지어주는 것이었다. 1세기 당시에 할례 시에 이름을 지어주는 관례가 있었는지는 확실하지 않으나, 몇 세기 후에는 그것이 관례가 되었다고 한다.

산모 정결의식과 장자의 봉헌

누가는 '정결례의 날'이 차매 요셉과 마리아는 아기를 데리고 예루살렘에 가서 이 아이를 '주의 거룩한 자'로 봉헌하고, "산비둘기 한 쌍이나 집비둘기 두 마리"(눅 2:24)로 정결히 제사를 드렸다고 한다. 장자를 성전에 봉헌하는 의식은 출애굽 직전 문설주에 양의 피를 바른 일로 인해 하나님께서 이스라엘 백성들의 장자를 살려 주신 것을 기념하기 위함이다. 또한 "이스라엘 자손 중에 사람이나 짐승이나 무론하고 초태생은 다 거룩히 구별하여 내게 돌리라 이는 내 것이니라."(출 13:2) 하신 말씀에 따라 장자를 하나님께 봉헌하는 대속의식으로 다섯 세겔의 속전(贖錢)을 성소에 바치도록 하였다(민 3:47-48).

산모 정결 규정(레 12:1-8)에는 산모가 산후 33일이 지나서 가정 형편에 따라 양이나 비둘기로 정결 예식을 위한 제사를 성소에서 드리도록 하였다.

이에 대해 두 가지 문제가 제기되었다. 장자를 봉헌하거나 산모의 정결 예식을 위해 반듯이 예루살렘 성전까지 올라가지 않아도 된다는 것이다. 장자를 데리고 성전에 올라간 예는 구약성서나 신구약 중간기 문헌 그리고 랍비 문헌 어디에서도 발견되지 않는다. 그리고 양과 비둘기는 장자 봉헌 제물이 아니고 정결 예식의 제물이며 장자 봉헌 예물은 5세겔의 속전이라고 한다.

그러나 이때는 산후조리를 위해 마리아와 아기 예수가 예루살렘에 머물러 있었을 시기였고, 예수의 부모는 갈릴리에서 예루살렘까지 와서 이 특별한 아이를 낳은 것에 대하여 각별한 의미를 부여하기 위해 성전에 직접 가서 장자를 봉헌하고 속전을 바치는 수고를 오히려 즐거워하였을 것이다. 어쨌든 장자 봉헌 예물과 산모 정결 제물에 관해서는 누가가 둘을 혼돈하였을 가능성을 배제할 수 없다.

누가는 예수가 생후 33일 직후에 성전을 방문하였을 때 제사장 시므온과 여선지자 안나가 아기 예수를 알아보았다고 전한다. 시므온은 예수를 그리스도로 알아보고, "내 눈이 주의 구원을 보았사오니 이는 만민 앞에 예비하신 것이요 이방을 비추는 빛이요 주의 백성 이스라엘의 영광"(눅 2:30-32)이라고 찬송하고, 안나도 "하나님께 감사하고 예루살렘의 구속됨을 바라는 모든 사람에게 이 아기에 대하여"(눅 2:38) 증거하였다. 한 남자와 한 여자 즉, 당대의 원로 제사장과 원로 여선지자가 예수를 이스라엘뿐 아니라 온 이방인의 구세주 그리스도라는 것을 알아보았다는 메시지를 강력하게 전하고 있는 것이다.

5) 소년 예수의 성전 방문

12세 예수의 성전 방문

유대인들은 13세가 되면 '계약의 아들'(bar mitzbah)로서 율법을 지킬 의무가 주어진다.[65] 그러나 예수의 경우 13살이 아니라 12살이 되던 해 유월절에 부모와 함께 예루살렘에 올라간 일이 기록되어 있다(눅 3:42-52). 당시에는 경제적 형편이 닿는 사람들은 예수의 경우처럼 가족이 함께 명절을 지키러 예루살렘에 올라가는 경우도 많았다.[66]

어린 예수가 부모의 품에 안겨서 할례를 치르기 위해 그리고 장자봉헌을 위해 두 번 성전에 올라간 적이 있다. 그 후로 12세가 되어서 처음 성전에 올라간 것이라고 한다. 12세 소년 예수의 눈에 비친 예루살렘은 그에게 전혀 새로운 세계였을 것이다. 예루살렘의 분위기는 고향 나사렛의 그것과는 사뭇 다른 것이었다. 예루살렘에서 예수는 처음으로 여기저기에서 삼엄하게 경계하는 로마 군인들을 대면하게 되었을 것이다. 그리고 무엇보다도 예수에게 강한 인상을 준 것은 예루살렘 성전이었을 것이다. 나사렛의 작고 단순한 모양의 회당과는 전혀 다른 웅장하고 온통 금으로 장식한 화려한 성전은 소년 예수에게 강한 인상을 주었을 것임에 틀림없다.

성전은 금으로 사치스럽고 화려하게 장식하여 금빛으로 번쩍였다고 한다. 성전의 거대한 앞 벽(55평방미터)을 금화 두께로 금판을 입히고 성전 지붕도 금으로 덮은 다음 새들이 앉지 못하도록 금 꼬챙이를 꽂았다. 후에 제자들도 감탄했듯이 예루살렘 성전 내의 성소는 길이가 32m 너비가 11m 높이가 16m나 되는 웅장하고 화려한 건물이었다. 어떤 돌은 하나가 가로 세로 높이가 각각 12.5m, 4m, 6m가 되는 것도 있었다고 역사는 기록하고 있다. 이 성전을 짓는 데 이미 48년이 걸렸으며 25만 명이 동원되었다고 한다. 이러한 성전은 당시의 사람들로서는 감탄할 수밖에 없는 건물이었다.[67]

학자들과의 토론은 역사적 사실인가?

유월절이 되면 성전 주변에 많은 사람들이 모여 율법에 대하여 토론도 하고 강론도 하였다. 소년 예수는 그들 틈에 끼어 그들의 말을 듣기도 하고 질문도 하였다고 한다(눅 3:46-47). 12살의 어린 소년을 율법 전문가들이 선생들(Rabbi)이 토론에 참여하게 했겠는가 하는 의문이 제기 되기도 한다.

그러나 유대인 역사가 요세푸스(AD. 37-100)는 자신이 16살이 되었을 때에 제사장들과 많은 종교지도자들이 그에게 와서 그들의 종파에 대하여 열심히 가르쳤다고 전하고 있다. 물론 요세푸스는 유명한 집안 출신이었음으로 그들 종파로 끌어들이기 위해서 그렇게 한 것이라고 여길 수도 있지만, 율법에 대하여 강론하고 토론하던 사람들이 예수와 같은 소년들에게도 호감을 갖고 묻기도 하고 그리고 소년들이 묻는 것에 대답해 주기도 했을 것이다. 어린 소년이라고 해서 토론에서 배제했다고 볼 수는 없다.

누가는 예수를 토론에 참가시킨 '선생들'(눅 2:46 공동번역)이 어느 종파에 속하는 사람이었는지 언급하고 있지 않다. 그러나 대체적으로 바리새파에 속하는 선생들이었을 것이다. 이 '선생들'은 율법 전문가들이긴 했지만, 가르치는 일을 생업으로 한 사람들은 아니었다. 당시에는 랍비라고 할지라도 생업은 따로 갖고 있었다. 누구도 하나님의 말씀을 가르치는 일로 소득을 얻어서는 안 되었기 때문이다.

소년 예수는 이때에 바리새인들에게서 강한 인상을 받았을 것이다. 그러나 공생애 동안에 바리새인들에게 보인 반감이 이때부터 싹텄을 것이라고 보기는 어렵다. 확실한 것은, 이때 소년 예수는 율법에 대한 다양한 견해를 처음 접했을 것이라는 점이다. 사흘 후에 예수의 부모들이 예수를 성전에서 만났을 때에 예수는 "내 아버지 집에 내가 있어야 할 줄을 알지 못하셨습니까?"(눅 2:49)라고 반문하였는데, '내 아버지 집'이라고 하는 전문 용어는 아마 '예수와 하나님 아버지 사이의 특별한 가까움'을 표현하는 것이며, 예수의 독특한 하나님 체험의 실마리를 엿볼 수 있다.

예수의 부모는 명절을 마치고 집으로 내려갔다고 하는데, 유월절만을 마치고 내려갔다는 것인지, 아니면 무교절 행사까지 다 마치고 내려갔다는 것인지 확실하지 않다. 이 두 절기는 본래 따로 지켜져 왔으나, 예수 당시에는 이 두 절기를 1주일 동안에 같이 지켰다. 아마도 예수가 남아서 율법학자들과 토론을 하고 있었던 것으로 보아, 그의 부모는 유월절 행사만을 마치고 일찍 내려갔던 것으로 보인다.

미쉬나에는 유대인들이 어려서부터 공부하는 교육과정을 다음과 같이 설명한다.

다섯 살에 모세 오경을, 열 살에 미쉬나를, 열셋에 계명을, 열다섯 살에
탈무드(를 배우고), 열여덟에 혼인하고, 스물에 (직업에 대한) 소명을 받는
다.(선조들의 어록, 5.1)[68]

이런 전통에 따라 예수는 13살이 되었을 때, 유대인들이 반드시 거
쳐야 하는 통과 의식 가운데 하나를 행하셨을 것임에 분명하다. 그것
은 바 미쯔바(Bar Mitzbah)라고 부르는데, 성년이 되는 의식이다. 유대
인 남자들은 이 의식을 거쳐서 '계명의 아들' 또는 '토라의 아들'이 된
다. 그리고 이때부터는 율법을 배우고 지켜야 하는 의무가 주어지게
된다.

오늘날에도 이 의식은 할례와 더불어 가장 중요시되는 의식 가운데
하나이다. 이 의식을 거치기 위해서 아이들은 몇 달 동안에 걸쳐 중요
한 성경 구절들을 암송하고 기도문들을 외우며 준비를 하게 된다. 그
리고 회당에서 처음으로 기도 숄(tallith)을 걸치고 안식일을 준수하게
된다. '바 미쯔바'를 행함으로 정식으로 회당의 일원이 되며, 성경을
낭독할 수도 있고, 기도를 할 수도 있게 된다. 모든 유대인들이 그렇듯
이 예수도 13살 되는 안식일에 행해진 이 미쯔바 의식이 오랜 동안
마음속에 잊히지 않는 기억으로 남아 있었을 것이다.

12세 이후 예수는 정말로 인도로 갔는가?

러시아 언론인 노토비치(Nicholas Notovich)가 1887년 인도 여행 중
라닥의 수도 레에서 25마일 떨어진 히미스(Himis) 대사원에서 라마승
주지로부터 예수의 가르침을 기록한 문서의 사본을 소개받고, 이를
번역한 『예수의 알려지지 않은 생애』(1894)라는 책을 저술하여 큰 물
의를 일으켰다. 노토비치에 의하면 예수의 생애와 가르침을 기록한

『이사傳』(Life of Saint Issa)은 일정한 제목도 순서도 없이 여러 책에 분산된 내용을 재배열하였는데 모두 14장 244절로 구성된 것이다.[69]

이 책에 의하면 이사라 불리는 예수가 13세부터 29세까지 부처의 법을 연구하기 위해 인도의 신드(Sind)로 가서 여러 성지에서 6년을 지내며 바이샤와 수드라에게 불교 경전을 가르쳤고(『이사전』 5:5), 팔리어를 통달하신 후 다시 6년 동안 불교의 경전을 연구하고 부처의 가르침에 도통하자 인도와 네팔 등지를 다니면서 인간의 숭고한 이상에 대해 여러 사람들에게 가르쳤다고 한다(『이사전』 6:3-5). 29세 때에 팔레스타인으로 돌아와(『이사전』 9:29) 3년 동안 가르치던 예수(『이사전』 13:1)가 유대인들과 빌라도에 의해 십자가 사형 처형을 당한다. 그리고 사흘 후에 다른 무덤에 묻혔으나 다음날 그의 무덤은 비었고 "이 소문이 퍼져 사람들은 하늘의 심판관께서 자기 영혼의 일부가 머물렀던 성자의 시신을 천사들을 보내 데려갔다고 하더라."(『이사전』 14:7)고 적고 있다.

그러나 동양학자인 뮬러(F. Max Müller)는 『이사전』이 라마교도와 러시아 언론인 노토비치에 의해 조작된 것이며 그가 히미스에 갔다는 사실도 믿을 수 없다고 하였다.[70] 이사(Issa)는 예수가 아니라 예수의 제자 중 인도로 가서 기독교를 전한 도마(Thomas)나 바돌로메(Bartol-romew)일 것이라는 주장도 제기되었으나, 이 역시 그 어떤 역사적 증거가 있는 것은 아니다.

이사는 팔리어와 불교 경전에 도통했다고 한다. 그러나 이 이사가 예수라면 29세 이후 인도에서 팔레스타인에 돌아와 복음을 전할 때 팔리어를 사용한 흔적이 있어야 할 것이다. 그리고 『이사전』에 등장하는 이사 즉 예수의 가르침은 복음서에 기록된 예수의 가르침과 일치하는 구절이 거의 없는 것으로 분석된다. 영지주의 문서인 「도마복음서」

조차도 40% 정도가 복음서의 예수의 가르침과 일치한다는 것과는 크
대 대조된다.

프로펫(E. C. Prophet)은 노토비치 사후에 전개된 논의들을 모아 막스
뮬러의 비판에 대해 반론을 폈지만, 맥도웰과 윌슨은 프로펫의 저서에
서조차도 그 구체적 역사적 증거는 하나도 없다고 비판하였다.[71] 민희
식은 그의 저서『법화경과 신약성서』[72]를 통해 기독교의 신약성서 중
많은 부분이 법화경 등 불경의 영향을 받았다고 주장한다. 그러나 그
것은 각국의 속담이 유사한 것처럼 진리의 보편성 때문에 소수의 유사
한 가르침이 있을 뿐이며 그 근본적인 가르침은 전적으로 다른 것이다.
유교와 불교의 유사성이 더 많지만 그 누구도 공자를 부처의 제자라고
하지 않는다.

예수의 생애 중 공생애 이전의 13-29세까지가 미스터리인 것은
사실이다. 그렇다고 해서 예수가 인도로 가서 불교를 배워 도통에 이
르렀다는 역사적 증거는 전무한 것 또한 사실이다.

이 외에도 비기독교인들이나 반기독교적인 저자들에 의해 공생애
이전의 예수의 삶에 대한 여러 책들이 나와 있다. 그런 서적들은 감추
어진 예수의 생애에 대한 사람들의 호기심을 자극할지는 몰라도, 역사
적·성서적 근거가 희박한 것이 대부분이며 학문적으로 일고의 가치가
없는 것들이다.

예수의 생애 33년 가운데서 드러나지 않은 30년 동안의 예수의 삶
에 대하여 관심을 갖는 것은 당연한 일이다. 그러나 아무런 역사적
근거도 없고 기독교적 전승과도 무관하게 예수의 생애를 제멋대로 상
상하고 꾸며서 이제까지 기독교에서 주장하는 예수의 생애를 왜곡하
려는 의도는 진실하지 못한 것으로 비판받아 마땅하다.

_04

예수의
가족 사항

1) 예수의 부친 요셉

예수의 아버지 목수 요셉

복음서는 공생애 이전의 예수의 삶에 대해서는 거의 언급을 하고 있지 않다. 따라서 예수의 공생애 이전의 숨겨진 삶은 미스터리로 남아 있을 수밖에 없다. 그러나 단편적으로 나오는 기록들을 통해서 예수의 성장 과정과 가정 형편을 알 수가 있다.

예수가 공생애 동안에도 '요셉의 아들'로 알려져 있었다(눅 4:22, 요 6:42). 그리고 아버지 요셉이 목수였으므로 예수는 "목수의 아들"(마 13:55)로 불렸다.

저스틴은 목수(teknos)는 주로 나무로 쟁기와 멍에를 직접 만드는 사람이라고 하였다.[73] 그러나 나무가 적은 갈릴리 지역에서 당시의 '테크노스'라고 하는 직업은 나무뿐만 아니라 흙이나 돌이나 금속을 다루는 수공업자라고 한다. 책상, 침대, 장롱, 의자 등은 거의 사용되지 않은 시대였으므로, 목수는 흙을 다루는 미장이 이거나 쟁기, 문짝,

수레꾸미를 만들거나 돌을 다듬는 석수 일을 모두 하는 사람을 총칭한 표현일 것이다.[74] 「야고보의 원복음서」에는 "요셉이 건축을 하다가 집에 돌아왔다."[75]는 표현이 나온다. 나사렛은 인구가 500명 미만의 작은 마을로 추산되므로 일거리가 충분하지 못했을 것이며, 요셉은 인근의 세포리스와 같은 대도시나 인근 마을로 건축 일거리를 찾아 다녔을 것이다.

요셉이 가난하였다는 것은 예수를 낳은 후 마리아가 정결 예식을 위한 제물로 비둘기 한 쌍을 성전에 바쳤다는 것(눅 2:24)을 통해 짐작할 수 있다. 레위기의 제사법(레 12:8)에 보면 보통 여인들은 어린 양으로 바쳐야 했다. 그러나 마리아는 양을 바치지 못하고 비둘기로 바쳤다. 비둘기 두 마리는 양을 바칠 힘이 없는 가난한 사람이 성전에 바치는 예물이었다.

요셉의 조기 사망

복음서에는 요셉에 관한 이야기가 거의 나오지 않는다. 바울 서신에도 요셉이나 마리아에 대해서 언급이 전혀 없다. 복음서 가운데서도 예수의 탄생 이야기 이외에서는 12살이 된 예수를 데리고 아버지 요셉이 마리아와 함께 예루살렘에 올라갔다는 기록밖에 나오지 않는다(눅 2:41-52).

예수가 가나의 혼인 잔치에 참석하였을 때에도 어머니 마리아만 동행할 뿐 요셉은 등장하지 않는다(요 2:3-5). 예수의 공생애 기간 동안 예수의 가족들이 예수를 찾아갔었는데, 그때도 예수의 어머니와 남동생들과 여동생들만이 등장한다(마 3:31-35). 이런 것들로 미루어 볼 때, 아마도 예수의 아버지 요셉은 일찍 죽은 것 같다. 그 시기는 빠르면 예수가 12살 되던 해가 될 수도 있고, 늦어도 30세가 되어 공생애를 시작하기 전이 될 것이다. 그래서 예수가 16-17세쯤 되었을 때 요셉이 죽었다는 전설이 전해지기도 한다.

예수의 직업 목수

요셉이 죽은 후 예수는 가업을 물려받았을 것으로 보인다. 그리하여 예수는 "마리아의 아들 목수"(막 6:3)로 알려졌다. 예수가 공생애 이전 까지는 부친의 가업을 이어 받아 목수로 활동한 것이 분명하다. 일찍이 아버지를 여윈 예수는 장남으로서 아버지로부터 물려받은 목수 일을 하면서 가성을 책임저아 했을 것이다.

유대인들의 경우 아버지가 자식에게 기술을 가르치는 것이 의무였다. 탈무드는 그렇게 하지 않는 것은 자식에게 도둑질을 하라는 것과 같다고 가르치고 있다. 그래서 유대의 유명한 랍비들도 모두가 다 하나같이 직업을 갖고 있었다. 랍비 힐렐도 나무 자르는 일을 했다. 바울도 랍비였음에도 불구하고 텐트 만드는 기술을 가지고 있었으며, 선교 활동 기간에도 고린도에서 같은 기술을 가진 아굴라와 동업하며 텐트를 만들어 팔기도 하였다(행 18:3). 근대의 위대한 유대인 철학자 스피노자도 안경알을 만드는 기술로 생계를 유지한 것으로 유명하다.

마찬가지로 예수께서도 어렸을 때부터 아버지를 통해 목수 일을 배웠을 것임에 틀림없다. 그 당시의 목수는 오늘날의 석수(石手)와 비슷한 일을 했다. 나무를 가지고 무엇을 만드는 일보다는 돌을 캐고, 쪼개고, 다듬고, 그것을 옮기고, 그것으로 집을 짓고 하는 그런 일을 주로 했다. 대부분의 예수 초상화들은 남성미보다는 여성다움을 더 많이 느끼게 해주는데, 이러한 그림들은 석수였던 예수에 대한 잘못된 이미지를 갖게 하기 쉽다.

2) 예수의 모친 마리아

어머니 마리아

예수가 12살 때 성전을 방문하였고 이때에는 요셉과 함께 마리아도 동행한다. 그러나 공생애를 시작하면서 가나의 혼인잔치에 참석하였을 때에는 예수와 그의 모친만이 등장한다(요 2:3-5). 예수가 본격적인 선교 활동을 시작했을 때 예수는 '마리아의 아들'(막 6:3)로 알려져 있었다. 예수가 귀신에 들려 귀신을 쫓아낸다는 소문과 함께 예수가 미쳤다는 소식을 마리아도 듣게 된다. 그래서 마리아는 예수의 동생들을 데리고 예수를 찾아 나선 일이 기록되어 있다(막 3:31-35). 모친과 남녀 동생의 방문에 대해 분주하게 선교 활동을 하던 예수의 반응이 아주 냉담한 것으로 묘사되어 있다.

마리아는 예수가 십자가에 달려 죽어 가는 것을 무력하게 바라보는 어머니의 비통한 모습으로 다시 등장한다(요 19:25). 십자가 곁에는 예수의 어머니 마리아와 이모가 함께 있었다고 한다.[76] 예수는 십자가에 달린 채 자신의 어머니를 바라보고 "어머니 이 사람이 어머니의 아들입니다."라고 말한 다음 사랑하는 제자에게 어머니를 부탁한 후 숨을 거둔다. 예수 사후 그 제자가 마리아를 자기 집에 모셨다고 한다(요 19:27).

3) 예수의 형제와 자매

예수의 형제 명단

성경에는 예수의 동생들과 누이들에 대하여 언급하고 있다.[77] 예수가 안식일에 고향 마을 갈릴리 회당에서 가르치자 "저 사람은 그 목수가 아닌가? 그 어머니는 마리아요, 그 형제들은 야고보, 요한, 유다, 시몬이 아닌가? 그의 누이들도 우리와 같이 여기에 살고 있지 않는가?"(막 6:3 공동번역)고 반문한다.

야고보, 요한, 유다, 시몬이라는 네 명의 남동생 이름이 등장하지만 누이동생은 몇 명이며 누구누구인지 기록으로 남아 있지 않다. 그리고 예수 사후에 오순절에 120명의 신도가 예루살렘의 한 다락방에 모였을 때 예수의 어머니 마리아와 '그의 아우들'이 함께 모여 기도하였다고 한다(행 1:14). 이 중 '주의 형제 야고보'(갈 1:19)는 초대교회에서 지도자적 역할을 한 것으로 보인나. 그러나 정확히 예수의 형제가 몇 명이었는지는 모른다. 학자들은 적어도 4명의 남동생과 1명 이상의 누이동생이 있었을 것이라고 추정한다. 그러니까 적어도 예수의 가족은 8명이 넘는 셈이다.

가톨릭교회가 마리아가 영원한 동정녀라는 교리를 주장함으로써 예수의 형제(*adelpos*)와 자매(*adelpoi*)에 관하여서도 많은 논쟁이 제기되었다. 초기 가톨릭교회는 수호성인에 대한 서양 민간신앙의 영향으로 마리아를 '여 수호성인'으로 숭앙하게 되었다. 수도원과 더불어 수녀원이 창설되면서 마리아는 금욕사상의 이상으로서 '동정녀 중의 동정녀'로 숭앙되었다. 가톨릭교회는 요셉이 마리아를 아내로 맞아들인 후 "아들을 낳기까지"(마 1:25) 동침하지 않았다는 본문을 "지금까지"(heos hou)로 해석하여 마리아를 영원한 동정녀로 격상시킨 것이다.[78]

헬비디우스(Helvidius)가 380년경 처음으로 마가복음(6:3)에 등장하는 예수의 형제자매는 예수의 친형제와 자매라고 주장함으로써 마리아의 영원한 동정설을 부정하였다. 그러나 382년 에피파니우스(Epiphanius)는 이들 네 명은 요셉의 전처의 소생으로서 예수의 배다른 형제와 자매라고 하여 영원한 동정녀 마리아론을 옹호하였다. 아마도 외경 「야고보의 원복음서」에 요셉에게 다른 아들들이 있었다는 기록이 있기 때문일 것이다.[79] 그래서 상처한 홀아비 요셉이 여러 자녀를 데리고 처녀인 마리아와 재혼한 것이라고 새로운 주장이 나온 것이다.[80]

형제인가 사촌인가?

논쟁의 와중에서 383년 제롬은 형제(*adelphos*)라는 말은 혈육뿐 아니라 친지 동족의 의미까지 있다고 주장하였다. 그래서 초대교회는 예수를 믿는 자들을 모두 형제자매로 부른 것이라고 하였다. 따라서 예수의 4명의 남동생과 누이동생(막 6:3)은 예수의 십자가 처형 시 그 곁에 함께 있었던 '예수의 이모'(요 19:25)의 자녀들이며, 따라서 예수의 이종사촌들이라고 하였다. 예수의 이모는 알패오라고 하는 클레오파의 아내로서 마리아라는 이름을 가지고 있었다는 주장이다. 따라서 마리아는 결혼 전이나 결혼 중이나 결혼 후로도 영원한 동정녀로서 처녀성을 지녔다는 것이다. 그래서 가톨릭교회는 아주 최근까지도 "마리아의 영원한 동정녀설"을 견지하고 있다.[81]

그러나 마리아의 동정설을 교리화하기 위한 이러한 주장은 '사촌'을 의미하는 아네프시오스(anepsios, 골 4:10)가 따로 사용되었다는 사실로 인해 심각한 도전을 받게 되었다. 성서에는 예수를 '맏아들'(눅 2:7)이라고 표현하는데, 이는 구약성서(출 13:2, 민 3:12-13 등)에 비추어 보면 동생이 태어났음을 명시하는 표현이다.

무엇보다도 예수에게 사촌이 아닌 '주의 형제 야고보'(갈 1:19)가 있었다는 것은 성서 외의 기록에도 나타난다. 요세푸스도 예수의 형제(*adelpos*) 야고보의 죽음을 알고 있었다.[82] 유세비우스는 『교회사』에서 사도시대 직후에 활동한 헤게시푸스(Hegesippus)가 쓴 주석서에서 주의 형제 야고보에 관해 서술한 것을 인용한다.

이리하여 야고보는 순교하였으며 사람들이 그를 성전 옆에 매장하였다. 이곳에는 아직도 그의 비석이 남아 있다.[83]

유세비우스(260/65-339)는 그의 『교회사』에서는 예수의 또 다른 동생인 유다의 손자들이 생존해 있다는 기록을 남겼다.

주님의 가족 중에서 육체적으로 주님의 형제라 불리는 유다의 손자들이 아직 살아 있었다. 이들은 다윗의 족속으로 알려져 있었다. 에보카투스(Evocatus)는 이들을 도미티안에게로 끌고 갔다. 도미티안 황제는 옛날 헤롯 왕처럼 그리스도의 출현을 두려워하고 있었다. 그는 그들에게 다윗의 혈통이냐고 물었고, 그들은 그렇다고 고백했다.[84]

그러므로 마가복음(6:3)의 증언에 따르면 마리아에게는 최소한 예수 외에도 아들 네 명과 딸 한 명 이상이 분명히 있었다고 보아야 할 것이다. 제롬의 사촌형제설은 영원한 동정녀 마리아론을 주장하다가 생겨난 모순을 설명하기 위한 방편에 지나지 않는다고 보아야 할 것이다.

최근 〈뉴욕타임스〉와 〈워싱턴포스트〉(2002년 10월 21일자)는 기원후 10~70년경에 사용되던 고대 아람어 서체로 '야고보, 요셉의 아들, 예수의 형제'(Ya'akov bar Yosef akhuidi Yeshua)라는 글을 새겨 넣은 길이 약 50cm 크기의 유골함이 발견됐다고 보도했다.[85] 진위 여부가 논란이 되고 있지만 예수의 형제가 있었다는 고고학적 증거가 될 수도 있을 것이다.

4) 가톨릭교회의 마리아론의 쟁점

제2의 이브 마리아론

저스틴[86]과 이레네우스[87]는 마리아를 제2의 이브라고 하였다. 그러나 콘스탄틴의 기독교 공인 이후 동정녀 마리아론은 하나의 교리로 전개되기 시작하였다. 동정녀 마리아론은 최근에 이르기까지 가장 오랜 기간의 교리적 전개 과정을 거쳐 오게 되었다. 이를 요약하면 다섯 단계로 나눌 수 있다.

마리아 영원한 동정녀설

수호성인에 대한 서양 민간신앙의 영향으로 마리아를 '여 수호성인'으로 숭앙하게 되었고, 수도원과 더불어 수녀원이 창설되면서 금욕사상의 이상으로 마리아는 동정녀 중의 동정녀로 숭앙되었다. 이를 신학적으로 뒷받침한 이는 제롬이다. 그는 "동정의 그리스도와 동정의 마리아는 양성의 동정성의 첫 열매들로 몸을 바치셨다."[88]고 하였다. 마리아는 결혼 전이나 결혼 중이나 결혼 후로도 영원한 동정녀로서 처녀성을 지녔다고 주장한 것이다.

그러나 '예수의 형제와 자매'에 관한 앞의 서술에서 자세히 살펴본 것처럼 마가복음(6:3)의 증언에 따르면 마리아에게는 최소한 예수 외에도 아들 네 명과 딸 한 명 이상이 분명히 있었다고 보아야 할 것이다.

마리아 신모설

콘스탄틴의 기독교 공인 이후로 성모 마리아를 여신으로 숭배하는 이방 관습이 들어오기 시작하였다. 에피파니우스는 트라키야, 스키티아, 아라비아 등지의 어떤 여인들이 마리아를 여신으로 모시고 특별한 종류의 과자를 바치는 관습을 이단으로 경고하고 "마리아는 존경하되 예배는 주님께 하라."고 경고하였다.[89]

아리우스는 예수가 동정녀 마리아에게 난 것이지만, 육체적으로 출생한 것이므로 성자 예수는 위격적으로 성부 하나님과 동일본질일 수 없다는 점을 주장하였다. 아리우스에 반대하여 아타나시우스는 마리아를 그리스도를 잉태한 자(christophoros)일 뿐만 아니라, 하나님께서 그리스도의 아버지이듯이 마리아는 신성을 지닌 그리스도의 어머니로서 '신의 어머니'(theotokos)라고 주장하였다.[90] 네스토리우스가 이를 반대하여 마리아는 단지 '그리스도의 어머니'(christokos)라고 주장한 이유로 파문되었다. 아타나시우스를 비롯한 바실리우스(Basil)와 키릴루스(Cyril) 그리고 어거스틴 등 정통주의자들은 예수의 신성을 강조하기 위해 마리아의 신모설을 더욱 강경하게 주장하게 되었다.

그리하여 431년 키릴루스의 주도로 열린 에베소 공의회에서 마리아 신모설이 신조로 확정되었고 칼케돈 신조도 이를 수용하였다. 그러나 '신의 어머니'라는 표현은 기독론적 관심에서 나온 것이다. 예수가 참 하나님이고 참 인간이라는 양성론적 관점에서 마리아 역시 참된 하나님을 낳으신 참된 하나님의 어머니요 동시에 참된 인성을 낳으신 참된 인간의 어머니임을 강조하기 위한 교리였다. 이러한 마리아 신모설은 예수 그리스도의 양성의 위격적 일치를 강조한 신학적 논쟁의 부산물이었던 것이다.

그런데 17세기 스페인에서는 마리아를 삼위일체 하나님의 '넷째 위격'이라는 주장이 대두되었다.[91] 남미의 해방신학자 보프(L. Boff)도 성모 마리아를 삼위일체 하나님의 넷째 위격이라는 사위일체

(Quarternity)를 주장한다.[92]

이러한 교리는 더욱 발전되어 제2차 바티칸 공의회(1962-1965년)에
서는 마리아는 "천상천하의 모후"이시고 마리아의 모성은 "천상에서
도 계속 된다."고 공식적으로 선언하고 있다.

마리아 무염시태설無染始胎說

마리아의 영원한 동정녀론은 마리아의 무죄성의 근거로 주장되었
다. 니사의 그레고리는 동정녀 중의 동정녀인 마라아는 원죄가 없었고
죄 없는 삶을 살았다는 "마리아의 무죄성"[93]을 주장하였다. 어거스틴
과 암부르시우스도 이러한 주장을 폈다.

그러나 중세 가톨릭 교부인 안셀름과 아퀴나스는 마리아의 무염시
태를 거부하였다. 1439년에 이르러 바젤 공의회가 무염시태(The
Immaculate)의 교리를 신앙조항으로 선언하였지만, 이 공의회는 당시
교황과의 유대관계를 맺지 않아 합법적으로 인정되지 못했다. 그리고
트렌트 공의회(1545-1563년)에서도 이 문제는 반대자들의 반박 때문에
통일된 합의를 얻어낼 수 없었다.[94]

유감스럽게도 1854년 12월 8일 비오 9세에 의해 성모의 원죄 없으
신 잉태 교리가 선언되었고, 그 후 제2차 바티칸 공의회에서 '교회에
관한 교의헌장 제59항'을 통해 추인되었다. 제56항에는 "천주의 성모
는 성신께 형성된 새로운 피조물같이 온전히 거룩하시고 아무런 죄에
도 물들지 않으셨다."고 선언하였다. 그리하여 성모의 원죄 없으신 잉
태 대축일(12월 8일)과 성모 마리아 탄생제(9월 8일)를 가톨릭교회의 축
일로 지키고 있다.

성서는 죄 없으신 분은 예수 그리스도 한 분뿐임을 분명히 증거하고
있다. "그가 우리 죄를 없이 하려고 나타내신바 된 것을 너희가 아나니

그에게는 죄가 없느니라."(요일 3:5, 참조 벧전 2:22, 히 4:15, 고후 5:21)고 하였다. 칼케돈 신조(451년)는 "그의 인성에 관한 한 그는 다만 죄를 제외하고는 모든 면에서 우리와 같으시다."고 선언하고 있다. 그럼에도 불구하고 19세기에 와서 가톨릭교회는 마리아 무염시태설을 통해 마리아 역시 예외적으로 죄 없는 분으로 교리화한 것이다.

마리아 몽소승천설蒙召昇天說

마리아가 육체를 갖고 승천하였다는 승천설은 8세기에 등장한 위서인 『위 제롬』(*Psedo-Jerome*)과 『위 어거스틴』(*Psedo-Augustine*)에서 치음으로 등장하였으나 공인받지 못하였다. 일찍이 성모승천대축일(8월 15일)이 일부 동방교회에서 지켜졌고, 서방교회에도 소개되어 800년경 잘츠부르크 교회회의에서 처음으로 성모승천 대축일을 인정하기도 하였다.[95]

그러나 이를 교리적으로 공인한 것은 아주 최근의 일이다. 1950년 11월 1일 교황 피우스 12세는 "원죄에 물들지 않고 평생 동정녀이셨던 하나님의 모친 마리아가 지상의 생애를 마치신 뒤 영혼과 육신이 함께 천상의 영광에로 들어 올림을 받았다는 것은 하나님으로부터 계시된 신앙의 진리이다."[96]고 선포하였다. 소위 몽소승천설(The Assumption)의 교리가 확정된 것이다.

현대의 가톨릭 정신을 대변하는 제2차 바티칸 공의회에서도 "지상의 생활을 마치신 뒤에 영혼과 육신이 천상의 영광에로 부르심을 받으시어 주님으로부터 천지의 모후로 추대받으셨다."고 선언함으로 이 교리를 재확인하였다.

바이네르트는 이 교리가 예수 그리스도의 부활과 종말론적 구원이라는 신앙의 태두리 안에서 정당한 위치를 가진다고 주장하지만, 성서적 근거는 빈약하기 이를 데 없다. 그래서 비오 12세(1939-1958년)의 교서에도 "약간의 자유를 가지고"(with some freedom)라는 전제를 붙인 것을 보아 알 수 있다.[97]

마리아 동역 구속자론(The Co-redemptress)

마리아를 예수에 버금가는 존재로 만들려는 가톨릭교회의 신학적 시도는 아담과 그리스도 사이의 유형론을 하와(Eve)와 마리아 사이의 유형론으로 발전시켰다. 가톨릭교회는 마리아를 두 번째 하와로 규정함으로써 첫 번째 하와의 불순종으로 묶어 놓았던 매듭을 두 번째 하와인 마리아의 순종으로 풀었다고 주장한다. 아담을 통해 죽음이 왔고 그리스도를 통해 생명이 왔듯이 "하와를 통해 죽음이 왔고 마리아를 통해 생명이 왔다."는 주장이다.[98]

1세기 이후로 아르메니아의 기도문 속에 "그리스도의 모친이신 거룩한 동정녀 마리아"와 세례 요한과 스데반 등 모든 성인을 기억하여 달라는 "마리아를 향한 기도문"이 등장하였다. 제한된 의미에서 "마리아를 향한 기도문"은 저스틴의 기도문에서 처음 등장한다. "위험에 처해 있는 한 처녀를 도와주시라고 동정녀 마리아에게 탄원할 수 있다."[99]고 하였다. 이레네우스는 마리아를 성도들의 구원을 위해 그리스도께 기도하는 변호자, 중재자, 대도자라는 뜻의 '아드보카타'(Advocata)라고 불렀다. 제4세기부터 '중보자'(Medialrix)로 불리기 시작하였다. 12세기의 버나드(Bernard)는 마리아를 중보자로 믿고 그에게 기도를 드렸다.[100]

교황 베네딕트 15세(1914-1922년)는 마리아를 예수가 이루신 구원을 인간에게 베푸는 '구원 시혜의 중보자'일 뿐 아니라 예수와 함께 구원을 이루신 '구원 사역의 중보자'로 선언하였다. 마리아에게 천사가 나타나 수태고지를 하였을 때 거절할 수 있었으나 하나님의 구속 사업에 적극 협력하기 위하여 처녀로서 아기를 낳는 고통스러운 사명을 감당하였으며, 십자가 아래서는 그의 아들을 만인을 위한 속죄 제물로 드리는 제사장적 역할을 수행함으로써 예수의 구원 사역의 동역자가 되었다는 주장이다.[101]

이러한 선언은 교황 비오 12세에 의해 재확인되었다. 즉 마리아는 예수의 구원 사역에 예수와 협력했던 분이므로 예수의 구원 사역을 함께 이룩하신 분이고 지금도 마리아는 성도들의 구원을 위해 그리스도께 간구하는 구원의 중새사라는 것이다.

교황 베네딕트 15세는 1917년 "모든 은총은 성모 마리아를 통해 우리에게 주어진다. 우리가 맞는 이 시련의 시간에 그 어느 때보다도 큰 고통을 받는 성모님의 자녀들이 생생한 신념을 가지고 위대하신 천주의 모친께 간절히 호소의 기도를 올리시기 바랍니다."라고 선언한 바 있다. 마리아에 대한 기도를 장려하는 것은 마리아가 은총의 통로임을 선언한 데에서도 드러난다. 제2차 바티칸 공의회 문서에서는 마리아는 예수가 성령으로 잉태했을 때와 그리고 그가 십자가에 달렸을 때의 "자유로운 신앙과 순명으로 인류 구원에 협력하셨다."[102]고 한다. 마리아에게 성령으로 잉태한 것이 나타났을 때 "주께서 하신 말씀이 반드시 이루어지리라고 믿은 그 여자에게 복이 있도다."(눅 1:45 공동번역)는 말씀처럼 마리아의 전인적이고 여성적인 "이 신앙의 응답이 이끄시고 도와주시는 하나님의 은총과 완전히 협력하고 그리고 끊임없이 당신의 선물을 완성시키시는 성령의 활동에 대한 개방을 표현하는 것"[103]이라고 한다. 마리아는 그녀의 이 믿음(fiat)으로 인해 그리스도의 신비 안에 현존한다는 것이다.

그리고 예수의 십자가 밑의 마리아는 믿음을 통해 자기를 비우는 충격적인 신비에 참여한다. "마리아는 당신의 아들이 죽음을 통해 구원을 이루는 죽음에 참여하신다. 도망친 제자들의 믿음에 비할 때 마리아의 믿음은 한층 빛난다."[104]는 것이다. 따라서 마리아는 예수 잉태시 예수가 메시아로 태어나심을 믿은 '최초의 신앙인'이며 예수의 십자가 처형 시 다른 여인들과 함께 십자가 곁을 떠나지 않은 최초의 '교회의 리더'이며, 그리스도께서 이 세계에 가져온 하나님의 구원에 의해 '완전히 구속된 복된 분'이라는 것이다. 그러므로 "그리스도인이 자신의 구원을 성취하는 데 있어서 마리아는 신앙의 전형이자 교회의 원형"[105]이라고 한다. 가톨릭교회가 마리아에 대한 신앙에 집착하는 것은 "인간의 구원자인 그리스도에 대해 언급할 때 그분의 어머니 마리아에 대하여 침묵할 수 없기 때문"이며 "마리아와 그리스도가 맺은 생물학적·혈연적 관계보다도 그 구세사적 의미가 더 중요하기 때문"[106]이라고 한다. 그래서 마리아는 우리의 변호자이고 구원의 보조자, 협조자, 중재자라고 한다.[107]

그러나 비록 마리아가 최초의 신자이고 최초의 교회의 리더이며, 그녀의 순종이 남다르고, 그리고 그리스도로 인하여 고난을 받았다고 하여서 구원의 동역자라고 할 수 있을까? 마리아가 신앙의 모범이 될 수 있지만 신앙의 대상을 될 수 없는 것이 아닐까? 바울은 "내가 그리스도를 본받는 자 된 것같이 너희는 나를 본받는 자 되라."(고전1:1)고 하였지, "내가 그리스도를 믿은 것 같이 너희도 나를 믿으라."고 하지 않았다. 그리고 "그리스도의 남은 고난을 그의 몸 된 교회를 위하여 내 육체에 채우려"(골 1:24)고 했던 바울은 다른 모든 그리스도의 지체처럼 어떤 의미에서 그리스도의 구원 사업을 지속하며 협력하는 자들이지만, '우리의 변호자요, 구원의 보조자, 협조자, 중재자'라고 볼 수 없기 때문이다.[108]

예수의 성장 배경과
교육 정도

1) 예수의 성장 배경

예수가 갈릴리의 다른 유대인 아이처럼 자랐을 것이라고 추정할 때 우리는 당시의 유대교의 관례에 따라 예수의 성정 과정을 추정할 수 있다.

회당

회당은 유대인들의 예배와 집회뿐 아니라 재판이나 자녀를 위한 교육(학교) 등의 장소로서 지역공동체의 중심이기도 했다. 바벨론 포로 이전에는 예배의 중심은 예루살렘 성전이었지만, 각 지방 회낭의 억할이 적지 않았다(렘 36:6, 10, 12-15). 그리고 회당의 중요성이 특히 커진 것은 이스라엘 백성이 성전을 잃고 바벨론 포로로 잡혀간 이후부터였다. 성전 예배로 행해지고 있던 희생 제사를 회당이 대행할 수는 없었지만, 주로 율법교육의 터로서 신앙의 전통을 지키는 일을 담당하였다. 1-5세기의 건축된 회당의 터를 보면 종종 한 건물에 회당과 율법해석학교(베트 미드라쉬)가 있었던 곳이 발견된다. 랍비는 한 건물에서 대중을 위한 강론을 하고 학생을 가르치기도 한 것이다. 그리고 당시에는 회당만큼이나 미드라쉬 학교가 많았다고 한다. 어느 지역에서 특수한 여건으로 마지못해 회당과 미드라쉬 학교 중 어느 하나를 허물어야 하는 경우 유대인들은 회당을 허물었다고 한다.[109] 성인들을 위한 율법 강론보다 어린 학생들을 위한 율법교육을 더 중요시하였기 때문이다.

신약시대에 이르기까지 유대인 사회가 있는 곳에는 어떤 장소에나 회당이 건설되어 있었다.[110] 회당은 백성의 장로들에 의해 관리되고(눅 7:3-5), 또 회당장이 여러 가지 일의 지도를 했다.[111] 회당의 전면은 예루살렘 성전을 향하도록 건축하였다.[112] 내부에는 낭독용의 책상, 걸상, 율법서를 두는 성궤 등이 비치되었고, 회중은 남녀별로 착석했다. 그리고 회당에서는 안식일마다 오전과 오후에 회당 예배가 있었고, 주(週)의 제2일(월요일)과 제5일(목요일)에도 율법 낭독을 위한 회당 모임이 있었다(행 15:21).

이러한 회당 예배와 집회는 종교적 전통의 보전과 민족적 단결과 자녀들의 국민 교육과 그리고 외지(外地)에 흩어져 있는 유대인(디아스포라)의 사회적 결속에 큰 역할을 하였다. 또한 초기의 그리스도교 선교 과정에서 하나의 유용한 발판으로도 활용되었다.

복음서에는 예수가 회당에서 참석하였다는 언급이 23회 등장한다. 예수는 정기적으로 즉, 누가의 표현대로 "늘 하시던 대로"(4:16) 회당에 갔다. 이것이 예수에 대한 제자들 기억의 소중한 요소임에 분명하다.[113] 예수는 유대교의 거점이라고 할 만한 회당에서 먼저 복음을 전도하였다. 베드로와 바울 등 초대교회의 지도자들이 복음 사역을 위해 항상 들르곤 했던 곳이 또한 회당이었다.[114]

안식일 예배

서기가 시작될 무렵 안식일 오전 예배에서는 주로 신명기(6:4-9, 11:13-21), 민수기(15:37-41) 등의 중요 성구가 낭독되고, 이어서 기립하여 기도하고(마 6:5), 토라를 낭독한 다음에 하프타라고 하는 예언서 낭독이 이어졌다. 공동체 가운데 자발적으로 원하는 사람이 낭독자가 될 수 있었다. 본문 순서는 아직 고정되어 있지 않았기 때문에 낭독자(마프티르)는 읽고 싶은 본문을 스스로 결정할 수 있었다.[115]

구약성서 낭독에 이어 설교가 있었다. 예배에 참여한 모든 성인 남자는 누구나 그럴 능력이 있을 경우 설교를 할 수 있었다.[116] 예언서의 낭독자가 설교자가 될 수도 있었다(눅 4:20 이하 참조).

기원후 2세기에 이르기까지 설교는 짧았고 별다른 기교가 없었다. 원칙적으로 말씀하는 자는 비유를 통해 낭독한 것을 설명하거나 다른 성경 말씀을 통해 뒷받침하거나 꾸며서 해석하는 것으로 만족하여야 했다.

설교가 끝나면 회당장은 공동체가 보는 앞에서 예언서 두루마리를 상자에 넣는다. 특별한 마지막 제의는 알려져 있지 않다.

예수가 자란 나사렛 동네에도 회당(막 6:1)이 있었으므로 예수도 회당에 다니면서 기도하는 법을 배우고 하나님의 말씀을 배웠을 것이다. 누가는 "예수께서는 자기가 자라신 나사렛에 가셔서 늘 하시던 대로 안식일에 회당에 들어가셨다."(눅 4:16)고 하였다. 그리고 그곳에서 이사야서의 말씀을 펼쳐 읽으시고 그것을 해석한 사실도 전해 준다(눅 4:16-22). 고고학적 발굴을 통해 가버나움, 고라신, 디베랴에도 회당이 있었음이 확인되었다.

쉐마 암송

당시의 경건한 유대인들은 미쉬나가 규정하는 대로 하루에 세 번씩 기도하였다. 대개의 사람들은 성전 제사가 드려지는 시간에 맞추어 아침저녁으로 하루 두 차례에 걸쳐 기도를 하였다(스 9:5, 단 9:21).[117] 이때에는 반드시 '쉐마 암송'을 하도록 하였다.[118]

너, 이스라엘아 들어라. 우리의 하느님은 야웨시다. 야웨 한 분뿐이시다. 마음을 다 기울이고 정성을 다 바치고 힘을 다 쏟아 너의 하느님 야웨를 사랑하여라.(신 6:4 공동번역)

그리고 생명이 위험할 때나 임종할 때에도 쉐마 암송을 하였다. 오늘날까지도 이 전통은 지켜지고 있다. 이러한 쉐마 암송은 가정에서 드리는 일종의 기도요 신앙고백이었다.

예수도 가장 중요한 계명이 무엇인가 하는 질문을 받았을 때에 조금도 주저하지 않으시고 '쉐마'의 말씀이 가장 중요한 계명이라고 답하였다(막 12:28-34). 예수도 이러한 기도문에 따라 기도를 드렸을 것이다. 마가는 예수가 공생애를 시작한 이후에도 새벽 미명에 한적한 곳에서 기도한 것으로 전해 준다(막 1:35). 복음서는 예수가 늘 기도의 사람이었다는 것을 명확히 증거하고 있다.

구약성경

예수는 구약성경을 읽었을 것이다. 안식일마다 회당을 출입하면서 성경을 공부했기 때문이다. 당시 유대교는 613개 율법 가운데 마지막 율법에서 이스라엘 백성은 누구든지 쓸 줄 아는 사람은 토라를 써서 가지고 있어야 한다고 가르쳤다(신 31:19). 이스라엘 사람들은 마치 자신이 율법을 시내 산에서 받은 것처럼 율법 책을 복사하여야 한다고 가르쳤다. 이처럼 성경을 필사하여 소유하는 것 자체가 중요한 율법적 의무였다.

사해사본의 발굴에 따라, 1세기 당시에 성서의 사본을 소유한다는 것이 그리 어려운 일이 아니었던 것임을 알 수 있게 되었다. 또한 성서 사본이 그렇게 비싸지는 않았다. 예를 들면 이사야서를 필사하는 데는 3일 정도 걸렸다. 다시 말하면 이사야 두루마리 사본을 구입하는 데는 사흘 치 임금 정도를 지불하면 되었던 것이다. 물론 구약성서 사본 전체를 소유하려면 많은 비용이 들었겠지만, 신앙이 독실한 사람들은 모든 구약성서의 사본들을 개인적으로 소유하고 늘 읽었을 것이다. 그렇지만 나사렛 같은 시골에서는 소수의 사람들만이 성서를 읽을 여유가 있었을 것이다.

유대의 경건한 부모들은 어렸을 때부터 자녀들에게 하나님의 말씀을 부지런히 가르쳤다. 어렸을 때는 어머니에게 성경을 가르치는 의무가 주어져 있으나 어느 정도 자란 다음에는 아버지가 성경을 가르치도록 하였다. 아버지는 자신이 직접 호렙 산에서 하나님의 말씀을 받은 사람처럼 생각하고 자녀에게 율법을 가르쳐야 했다.[119] 예수는 다른 경건한 집안의 아이들처럼 말을 배울 때 먼저 기도문이나 의식문들에 나오는 성경 구절들을 배웠을 것이다. 그 다음에는 기도문이나 현인들의 가르침을 배우게 했을 것이다.

예수가 성경에 능통하였던 것으로 보아 그의 집에도 성경의 일부 사본이 있거나 어려서부터 성경을 읽었을 것으로 추정된다. 예수가 자주 인용한 구약성경이 맛소라 본문이었던 것으로 보아, 70인역(헬라어 성경)이 아니라 히브리어로 된 성경을 주로 읽었을 것이다.[120]

성전 순례

유대인들은 3대 절기 즉 유월절과 칠칠절(오순절)과 초막절(장막절)에 예루살렘 성전을 순례하였다(출 23:17). 많은 사람들이 대속죄일에도 예루살렘 성전에 순례했다. "성전에 올라가는 노래"(시 120-134편)는 예루살렘 성전 순례 때 부른 것이었다.

후대의 관습에 의하면 예루살렘에서 먼 곳에 사는 사람들은 유월절 때에 한 번 성전에 순례하는 것이 의무이었다(눅 2:41 비교). 팔레스타인을 떠나 국외에 사는 유대인은 적어도 일생에 한 번은 예루살렘으로 순례하도록 되어 있었다. 사도행전의 오순절에 관한 기록에는 각기 다른 15개국에서 온 순례자들의 출신지가 열거되어 있다(행 2:9-11).

알렉산드리아의 필로가 "수천의 도시들에서 수천 명이 축제 때마다 성전 순례를 하는데 일부는 육지로 일부는 바다로 동쪽과 서쪽, 북쪽과 남쪽에서 왔다."[121]는 글을 남겼다. 요세푸스는 로마 군대의 사령관 세스티우스가 '리다'라는 도시에 진입했을 때 주민이 50여 명밖에 없었던 것은 "초막절 때문에 모두가 예루살렘으로 갔기 때문이다."[122]라고 하였다. 갈릴리에서 예루살렘까지는 대략 100-170km 정도이고 순례 여행에는 왕복 10-14일이 걸리므로 그 기간 동안 모든 남자들이 성지 순례를 하느라 그 땅을 비웠던 것이다.[123] 이로써 예수 당시 유대인들이 성전 순례에 얼마나 열심이었는지 알 수 있다. 필로는 성전 순례를 행하는 관습은 이스라엘의 순수한 유일신 신앙의 표시이며 동시에 국민적 의식을 보존하고 강화하는 효과가 있는 것이라고 하였다.

누가는 12살 때에 부모를 따라 예수가 유월절을 지키기 위해 예루살렘에 올라가신 일을 기록하고 있다(눅 2:41-51).[124] 예수는 공생애 기간 동안 한 번도 거르지 않고 유월절마다 예루살렘에 올라가셨을 것이다.[125] 초막절을 지키러 예루살렘에 올라간 일(요 7:2)도 기록되어 있다. 이처럼 예수는 율법을 준수하는 경건한 유대인으로서 사셨을 것이다.

2) 예수의 교육 정도

예수는 어느 정도 교육을 받았을까?

예수의 부모는 경건한 유대인들이었음에 분명하다. 그들은 율법을 철저하게 준수하였다. 예수가 태어나자마자 율법에 따라 할례도 베풀고, 정결 예식도 거행하고, 대속 제물도 바쳤다. 유월절이 되면 가족과 함께 예루살렘에 올라가 유월절을 지키기도 하였다. 이러한 경건한 가정에서 예수는 부모들의 신앙을 배우면서 자랐던 것이다.

예수는 어느 정도 교육을 받았을까? 크로산과 같은 학자는 "예수 시대의 유대 민족은 95-97%가 문맹이었기 때문에 예수도 문맹이었다."[126]고 단언한다.

예수가 일종의 초등교육기관에 다니면서 읽기와 쓰기를 배웠는지의 여부는 확실치 않다. 물론 팔레스타인에서도 헬라 문화의 영향을 받아 효율적인 형태의 학교 제도를 만들었으며 랍비들에 의해 훌륭하게 운영되었을 것이다. 그러나 별로 중요하지도 않은 시골 동네인 나사렛에, 그것도 1세기에 그러한 공적인 교육 시설이 있었을 가능성은 적어 보인다.

그러나 나사렛에 회당이 있었다는 성서적 증거가 있다.[127] 회당에는 최소한 토라 두루마리 하나와 부유함의 정도에 따라 대개는 이사야 두루마리(눅 4:17 참조)와 시편 찬가집 혹은 그 번역본(타르굼)이 있었다. 안식일에 회당에서 예배를 드릴 때마다 토라 및 예언서 낭독과 해석이 있었고, 어린이들도 이런 과정을 통해 자연스러운 학습이 가능하였을 것이다. 본격적인 읽기와 쓰기 교육도 회당을 중심으로 이루어질 수 있었다.

타이쎈과 메르츠에 의하면[128] 회당 외에도 가정은 중요한 교육의 장이었다고 한다. 가정에서도 기초 종교 교육과 핵심 경전의 본문과 예전의 본문 암기 교육이 이루어졌다. 가정은 또한 아들이 아버지 일을 배우는 곳이었다(막 6:3, 마 13:55 참조). 예수도 예외는 아니었을 것이다.

성서를 통해 알 수 있는 것은 예수의 단편적인 어학 실력과 율법에 대한 지식뿐이다. 예수가 글을 읽고 쓸 줄 알았다는 것도 확인할 수 있다. 누가는 예수가 공생애 동안 처음으로 갈릴리 가버나움 회당을 방문하여 두루마리 히브리어 구약성서 이사야서를 낭독한 것으로 전한다(눅 4:16-21). 예수가 히브리어를 읽을 줄 알았다는 증거이다. 요한은 "이 사람은 배우지 아니하였거늘 어떻게 글을 아느냐?"(요 7:15)는 예수의 반대자들의 말을 통해 예수가 글을 아는 것을 시인하고 있다. 그리고 간음하다 현장에서 잡힌 여인을 앞두고 "예수께서는 몸을 굽혀 손가락으로 땅바닥에 무엇인가 쓰고 계셨다."(요 8:5 공동번역)고 한다. 어떤 글을 썼는지 알 수 없지만 글을 쓸 줄 알았다는 사실을 은연중에 증거한다.

그러므로 예수는 어떻게 교육을 받았는지는 모르지만, 읽을 수 있는 능력과 성경에 대해서 토론하고 질문들에 대답할 수 있는 능력이 있었다는 사실은 그가 교육받은 인물이었음을 드러낸다.

예수의 지적인 능력 역시 어느 수준 이상이었을 것이다. 누가는 예수가 열두 살 때에 이미 성전에서 당대의 "학자들과 한 자리에 앉아 그들의 말을 듣기도 하고 묻기도 하였다."(눅 2:46 공동번역)고 한다. 그리고 공생애를 시작한 후에는 여러 차례 당대의 지식인들과 안식일과

정결 의식과 세금 문제 등으로 논쟁을 벌이기도 하였다.[129]

무엇보다도 예수는 제자들이나 다른 사람들로부터 선생(막 4:3, 마 8:19 등) 또는 랍비(막 9:5, 마 26:25 등)라 칭함을 받았으며, 제자들을 불러 모았고, 여러 차례 이곳저곳 회당에서 가르치기도 하였다. 복음서에는 예수가 나사렛(눅 4:16), 가버나움(막 1:21)을 비롯한 갈릴리의 여러 회당(막 1:39)에서 가르쳤다는 기록이 7번 등장한다.[130] 예수가 글을 몰랐다면 선생이나 랍비로 불릴 수 없었을 것이다.[131]

예수는 몇 개 국어를 알았을까?

예수 당시 유대인들은 3-4개 국어가 사용되는 환경 속에서 살았던 것으로 보인다. 갈릴리 지역의 일상용어는 아람어이었지만, 히브리어로 쓰인 구약성경을 읽기 위해서는 히브리어를 알아야 했다. 그리고 갈릴리 근방에 세포리스와 디베리아 같은 희랍식 도시가 건설되어 있어 희랍어도 공용어로 통용되었다. 그리고 로마의 지배하에 있었으므로 라틴어가 군사용어나 행정용어로 사용되었다.

이런 상황에 비추어 볼 때 예수 역시 아람어를 주로 사용하였고, 히브리어를 어느 정도 사용하였으며, 세포리스(Sepphoris)에서 가까운 나사렛 출신이므로 아마도 일부 희랍어를 사용하기도 한 것 같다.[132]

(1) 예수는 그 출신 배경으로 보아 갈릴리 어투의 서부 아람어를 일상용어로 사용했을 것이다. 예수가 사용한 아람어의 흔석은 희랍어로 기록된 복음서에도 분명히 드러나 있다. '달리다 굼'(막 5:41), '엘리 엘리 라마사박다니'(마 5:17)와 같은 단문 외에도 예레미아스는 아바(막 14:36), 게바(막 1:42), 맘몬(막 6:24), 라가(막 5:22) 등을 포함하여 모두 26개의 아람어 단어가 복음서에 등장한다고 하였다.[133]

(2) 예수가 사용한 히브리어의 사례는 많지 않지만 에바다(막 7:34),

고르반(막 7:11), 아멘(마 5:26, 마 6:2 등), 바알세불(마 10:25 등) 등이 복음서에 전승되어 있다. 누가는 예수가 회당 예배에서 예언서 중 한 대목을 히브리어로 낭독했다고 보도한다(눅 4:16-19). 예레미아스는 예수가 최후 만찬 시 사용한 언어가 그 문체로 보아 히브리어일 가능성이 높다고 한다.[134]

(3) 예수가 희랍어를 알고 이를 사용하였는가 하는 문제도 제기된다. 예수는 갈릴리의 수도였던 헬라 도시 세포리스에서 불과 5-6km 떨어진 나사렛 출신이다. 목수였던 예수와 그의 부친이 급속하게 성장하던 이 대도시의 공사에 참여했을 가능성이 매우 큰 것으로 많은 학자들은 추정한다. 세포리스와 같은 헬라 도시에서 일을 하려면 공용어인 헬라어를 어느 정도 알아야 했을 것이다.

예수의 두 제자 안드레와 빌립은 희랍식의 이름이다. 게다가 예수는 사역 도중에 아람어와 히브리어를 알지 못하는 이방인들과 대화를 나눈 적이 있다.[135] 통역자에 대한 언급은 전혀 없으므로, 그들의 대화는 희랍어로 이루어졌을 것이다. 두로와 시돈과 데가볼리 방문 시(막 7:31 이하), 수로보니게 여인과의 대화(막 7:24-31, 특히 7:26과 비교하라), 본디오 빌라도 앞에서의 재판에서도 예수는 희랍어로 대화했을 가능성 배제할 수 없다.[136] 초대교회에 '헬라파'(행 6:1-6)가 있었다는 사실은 희랍어를 사용하는 디아스포라 유대인 출신의 그리스도인들이 처음부터 예루살렘 교회에 속해 있었다는 것을 의미한다.

(4) 복음서에는 라틴어도 사용되었다. 예수의 죄명을 "유대인의 왕 나사렛 예수"라고 패에 써서 십자가 위의 붙였는데 '히브리 로마 헬라 말'로 기록된 것이었다(요 19:20). 복음서에 등장하는 데나리온, 페니, 앗사리온, 고드란트 같은 동전은 라틴어로 표기되었고, 백부장(kenturion), 파수꾼(koustodia), 군대(legion) 등의 군사 용어는 라틴어였다. 라틴어

는 주로 군사적·기술적 용어와 화폐 단위로 사용되었고, 행정상의 주요 언어는 희랍어였다.[137]

_06

예수의
결혼설에 대한 반박

예수는 결혼을 했는가?

복음서에는 예수가 결혼하지 않았다는 기록도 없지만, 결혼하였다는 기록도 없다. 결혼 여부가 명시적으로 기록되지 않았지만, 여러 정황으로 보아 예수가 독신으로 살았던 것이 분명하다. 그럼에도 불구하고 예수가 결혼하였고 여러 자녀를 두었다는 황당한 주장이 여러 방식으로 제기되고 있다.

(1) 『성혈과 성배』의 저자들은 요한복음에 기록된 갈릴리 지방 가나의 혼인 잔치(요 2:1-11)는 사실상 예수 자신의 혼인 잔치라고 주장한다. 그 이유로 예수의 어머니 마리아가 예수에게 잔치용 포도주가 다 떨어진 것을 알렸고, 예수가 물로 포도주를 만든 것으로 보아 이 잔치의 주도적인 역할을 한 마리아와 예수는 이 잔치의 혼주(婚主)였다고 추정한다.

그러나 요한복음 본문에는 "예수도 그 제자들과 함께 초대받고 와 계셨다"(2:2)고 기록하고 있다. 자신의 결혼식에 자신이 초대받는 일이 있을 수 없다고 보아야 할 것이다.[138]

그리고 열두 제자가 이 결혼식에 참여했다면 예수가 결혼한 사실이 어떤 형태로든 기록되었을 것이다. 그리고 가나의 혼인 잔치 본문에는 "그 [잔치] 후에 예수께서 그 어머니와 형제들과 제자들과 함께 가버나움으로 내려갔다."(요 2:12)고 기록하고 있다. 가나의 혼인이 예수와의 결혼이었다면 신혼의 아내를 버려두고 갔다는 말이 된다. 있을 수 없는 일이다.

(2) 유대인들은 "생육하고 번성하라."(창 1:28)는 명령의 중요성을 강조하였다. 이에 근거하여 70년 후에 기록된 미쉬나는 "결혼하지 않은 자는 랍비가 될 수 없다."고 하였다.[139] 예수도 랍비로 불렸으므로 그 시대의 문화에 속하는 규례에 순응하여 예수도 결혼하였을 것이라는 주장이 제기되었다.

그러나 히브리 대학의 사프라이 교수는 랍비들의 결혼이 절대적인 원칙은 아니었다고 한다. 사프라니는 랍비 토세프타(Tosefta)가 자신의 독신 생활을 명시적으로 기록한 사례들을 제시하였다. 일부 랍비들은 그들의 생도들의 순회 교사로서 여러 해를 집을 떠나 떠돌아 다녀야 하였기 때문에 때로는 결혼을 하기 위해서 30세 혹은 40세가 될 때까지 기다려야 했다고 한다.[140]

(3) 『성혈과 성배』나 『성경에 없다』의 저자들은 예수의 아내가 막달라 마리아라고 주장한다. 이들의 주장에는 예수의 발에 기름을 부은 나사로의 누이요 마르다의 자매인 '베다니의 마리아'와 '막달라 마리아'는 다른 인물임에도 불구하고 둘을 동일 인물이라는 억지 주장이 없지 않다.

마리아(히브리어 미리암)는 흔한 이름이어서 신약성서에는 적어도 6명 이상의 마리아가 등장한다.

1. 예수의 어머니 마리아

2. 막달라 마리아

3. 야고보와 요셉의 어머니 마리아(마 27:56)

4. 베다니의 마리아(마르다의 자매, 나사로의 누이)

5. 글로바의 아내 마리아(요 19:52)

6. 요한의 어머니 마리아(행 12:12)

특히 막달라 마리아는 일곱 귀신에 사로잡혀 있었으나 예수가 쫓아내 준 여인으로서 가장 빈번히 등장한다(마 27:56, 막 16:9, 눅 8:2). 그녀는 예수의 제자가 되어 자기의 '소유'로 예수님 일행을 섬겼다(마 27:56, 눅 8:1-3). 그녀는 예수의 십자가 처형과 매장을 지켜본 목격자이다. 그리고 시체에 바를 향유를 가지고 예수의 무덤을 방문하였다가 시체가 없어진 것을 보고, 요한과 베드로에게 보고하는 등 부활한 예수의 최초 목격자로 기록되어 있다(막 16:9, 요 20:11-18). 그러나 막달라 마리아가 예수의 발에 기름을 부었다는 기록은 없다.

예수의 발에 기름을 부은 여인을 마태와 마가는 '한 여인'이라고 하였고, 누가는 그 '그 동네에 죄인인 한 여자'(눅 7:37)라고 하였을 뿐 그 이름을 명시하지 않았다. 요한복음만이 베다니에 사는 나사로의 누이요 마르다의 자매인 마리아(요 11:2)라고 하였다. 그래서 『성혈과 성배』 등의 저자들은 베다니에서 예수의 발에 기름을 부은 여인의 이름이 마리아이므로 이 '베다니의 마리아'를 '막달라 마리아'와 같은 인물로 보는 것이다.

그러나 베다니의 마리아와 막달라 마리아는 이름만 같을 뿐 출신지가 다른 전혀 다른 인물이다. 베다니가 지명이듯이 막달라 역시 지명이다.[141] 막달라 마리아는 막달라 출신이기 때문에 '막달라 마리아'[142]

라 부르고 있다.

(4) 베다니의 마리아가 예수의 발에 기름을 부은 것은 이집트에서 유래된 유대의 풍습으로 신부가 신랑에게 하는 행위라는 주장도 제기되었다.[143] 구약성경의 솔로몬의 노래에도 왕에게 기름을 발라 주는 신부의 이야기가 기록되어 있다는 사실을 또 다른 근거로 제시한다.

그러나 이러한 주장은 갈릴리 혼인 잔치가 예수의 결혼이었다는 앞서 언급한 그들의 주장과 상호 모순이 된다. 갈릴리 혼인은 예수가 공생애를 시작하면서 처음 있었던 일이었고, 베다니의 마리아가 기름을 부은 것은 3년 후 예수가 처형되기 이틀 전에 있었던 사건이다. 그러면 예수가 두 번 결혼했다는 말인가?

기름 부음이 결혼 풍습이라는 주장도 복음서의 기록과 일치하지 않는다. 베다니에서의 마리아의 기름 부음은 혼인 잔치를 위한 것이 아니고 예수의 죽음과 장례를 예비하기 위해 향유를 바른 상징적인 행위였다. 그래서 예수도 "이 여자가 내 몸에 이 향유를 부은 것은 내 장사를 위하여 함이니라."(마 26:12)고 하였다. 따라서 그 향유는 신랑을 위한 것이 아니라 죽은 자에게 바르는 몰약(沒藥)이었다고 보아야 한다.

그리고 비싼 향유를 붓는 것을 보고 가룟 유다가 "이 향유를 삼백 데나리온 이상에 팔아 가난한 자들에게 줄 수 있겠다."고 하며 "그 여자를 책망하였다."(막 14:5)고 한다. 그 여자가 마리아이고 예수의 아내였다면 스승의 아내를 공개적으로 책망하는 일이 불가능하였을 것이다.

(5) 베다니의 마리아와 막달라 마리아를 동일인물로 보고 이들의 행동을 보아 이 여인이 예수의 아내라고 주장하기도 한다. 막달라 마리아가 예수의 아내였기에 전도 여행에 동행하였고 재정적으로 후원

하였고, 십자가 처형 때나 무덤에 찾아갈 때도 제일 먼저 달려갔다는 것이다.

그러나 타이쎈과 메르츠가 분석한 것처럼 예수의 제자들 중에는 여성들이 포함되어 있었다는 점에서 랍비들과는 다르다. 막달라 마리아 외에도 헤롯의 청지기 구사의 아내 요안나와 수산나와 그리고 마르다(눅 10:38-42)와 같은 여성들도 예수의 선교를 후원하는 제자들이었다. 그러므로 예수 주변에 막달라 마리아가 자주 등장하고 그녀가 제일 먼저 예수의 무덤을 찾았다고 해서 그를 예수의 아내라고 주장할 수는 없을 것이다.[144]

(6) 영화〈예수 최후의 유혹〉에서는 막달라 마리아를 간음하다 현장에서 잡힌 여인과 동일시한다. 예수의 발에 기름을 부은 여인을 마태와 마가는 '한 여인'이라고 하였고, 누가는 '그 동네에 죄인인 한 여자'(눅 7:37)라고 하였고, 요한은 이 베다니에 사는 나사로의 누이요 마르다의 자매인 마리아(요 11:2)라고 하였다. 누가가 그녀를 '죄인'이라고 표현했기 때문에 이 익명의 여인을 간음하다 현장에서 잡힌 창녀로 간주되는 여인(요 8:3)으로 혼동하거나 악의적으로 동일시한 것이다.[145]

베다니의 기름 부은 여인의 이름이 '마리아'이므로 '막달라 마리아'와는 동명이인인 것조차 알지 못하는 자들이 '막달라 마리아'와 간음하다 잡힌 여인과 동일 인물로 여겨 이 '창녀 막달라 마리아'가 예수를 유혹하였다는 어처구니없는 이야기를 꾸며낸 것이다.

그러므로 성경을 조금만 주의 깊게 읽으면 예수가 막달라 마리아의 유혹을 받았다거나 그녀와 결혼했다는 주장은 성경에 대해 주워들은 단편적인 사실을 제멋대로 꾸며 왜곡한 악의에 찬 기만이라는 것이 명백하게 드러날 것이다.

예수는 자녀가 있었는가?

예수와 막달라 마리아 사이에 1녀 2남의 세 명의 자녀를 두었다는 주장도 제기되었다. 장녀는 다말이고 장남은 예수 바라바이고 차남은 요셉이라고 한다.[146]

그 근거는 빌라도가 예수와 바라바 중에서 특별 사면한 도적 '예수 바라바'(Barabbas)는 '예수 바르 아브'(Jesus bar Abb)에서 유래되었을 가능성이 있으며 따라서 바라바는 '예수의 아들'이라는 주장이다.[147]

성경에는 예수의 형제 명단은 있어도 자녀의 명단은 없다. 그리고 예수가 공생애를 시작한 초기에 미쳤다는 소문을 들은 마리아와 그의 형제자매들이 예수를 찾아 나선 일이 기록되어 있는데, 여기에도 그의 아내나 자녀는 등장하지 않는다.[148]

특히 요한복음서는 예수가 십자가에 달려 돌아가실 때 예수의 십자가 곁에는 그 모친과 이모와 글로바의 아내 마리아와 막달라 마리아가 서 있었다고 한다. 예수가 십자가상에서 한 제자의 곁에 그의 모친이 서 있는 것을 보시고, 먼저 어머니에게 "어머니, 이 사람이 어머니의 아들입니다."고 한 후 그 제자에게 "이분이 네 어머니시다."고 하셨다. 그래서 "그 제자는 마리아를 자기 집에 모셨다."고 한다(요 19:26-27).

이 명단에서 막달라 마리아의 이름이 제일 나중에 나온다. 예수의 자녀 이름은 나오지 않는다. 예수에게 아내와 자녀가 있었다면 이 죽음의 순간에 그의 어머니만 등장한다는 것은 있을 수 없는 일이다. 그리고 예수가 자신의 어머니만 제자들에 부탁하고 아내와 자녀는 부탁하지 않았다고 상상하기 어렵다. 그래서 스타인(Robert Stein)은 복음서에는 예수가 어머니에 대해 염려한 기록은 있지만 아내와 자녀에 대해 염려한 흔적은 전혀 없다는 것은 예수가 아내와 자녀가 없었다는 강력한 반증이라고 하였다.[149]

제4장

예수 탄생의 삼위일체론적 이해

_01

성령 잉태 고지와
동정녀 탄생

1) 성령 잉태의 고지와 요셉 및 마리아의 의심과 충격

성령 잉태 고지

마태복음(1:18-25)과 누가복음(1:26-38)에는 흔히 동정녀 탄생이라고 부르는 예수의 탄생에 관한 기사를 전승하고 있다. 예수 그리스도의 탄생에 관한 성서의 기록이 특이하므로 이에 관한 비판이 없지 아니하였다.

마태는 천사가 마리아의 성령 잉태를 요셉에게 고지한 것으로 기록한다. 주의 사자 즉 천사는 요셉에게 "처녀가 잉태하여 아들을 낳을 것이니 그의 이름은 임마누엘이라 하리라."(마 1:23, 참조 사 7:14) 하였나. 임마누엘은 '하나님이 우리와 함께 하신다'는 뜻이다. 요셉은 이미 마리아가 수태한 것을 알고 있었기 때문에 주의 천사는 마리아의 수태가 성령의 잉태임을 알린 것이다.

그러나 누가는 천사가 마리아를 먼저 찾아와서 성령 잉태를 고지한 것으로 묘사한다. 그때까지 마리아는 자신의 수태를 모르고 있었던 것처럼 보인다.

어쨌든 요셉과 마리아에게 천사가 각각 찾아가 마리아의 수태를 알리고 그 수태는 성령으로 잉태된 것임을 확인시킨다. 그런데 이 둘은 결혼하기 이전의 정혼 상태였다고 한다. 고대 이스라엘뿐 아니라 메소포타미아 사회의 혼인 풍습에 따르면 일반적으로 젊은 남녀가 16-18세에 정혼을 하고 남자가 여자 집에 때로는 여자가 남자 집에 일정 기간 머문 다음 부부관계를 맺음으로써 혼인이 성사되었다. 정혼을 했으나 부부관계를 맺지 않은 아내를 '처녀인 젊은 아내'라 하였다.[1]

어쨌든 천사의 '성령 잉태 고지'[2]는 정혼 관계에 있던 요셉과 마리아에겐 엄청나게 충격적인 통고가 아닐 수 없었다.

요셉의 의심

마태는 마리아가 요셉과 약혼하고 같이 살기 전에 잉태한 것이 드러났다(마 2:18)고 한다. 요셉은 이 사실을 알고 엄청난 충격을 받았을 것이다. 요셉은 자신은 이 잉태에 관해 책임 없는 것으로 확신하고 조용히 파혼을 결심한다(마 1:18-19).

당시의 율법으로는 약혼녀가 다른 남자와 화간한 경우 둘 다 돌로 쳐 죽였으며(신 22:23-24), 다른 남자에 의해 강간을 당했을 경우에는 남자를 돌로 쳐 죽이게 하였다(신 22:25-27). 후자의 경우라 할지라도 마리아는 엄청난 수치를 당하게 되고, 그 남자는 죽음을 당하게 되는 것이다. 이들은 아직 법적으로 완전한 부부관계를 이룬 것이 아니므로 신부가 타의에 의해 강간을 당했다면 신랑은 혼인을 파기할 수 있고 또 위자료를 지불하지 않아도 된다. 아마 마리아를 의심하였을 가능성을 배제할 수 없다. 어느 총각이 자신도 모르게 임신한 처녀를 아내로 맞이하려 하겠는가?

반면에 정혼한 여자의 경우 아직 부부관계를 맺기 전에 일으킨 마리아의 자의적 간음이라면 사형의 죗값을 받아야 하므로 그 피해는 매우 심각한 것이다.[3] 요셉은 이 모든 가능성을 생각하고 은밀히 파혼을 결심한 것이다. 그러나 주의 사자(使者)인 천사가 꿈에 나타나 요셉에게 이렇게 말했다.

다윗의 자손 요셉아 네 아내 마리아 데려오기를 무서워 말라. 그에게 잉태된 자는 성령으로 된 것이라.(마 1:20)

주의 사자가 요셉에게 현몽하여 마리아가 성령으로 잉태한 것을 고지함으로써 요셉도 이 충격적인 사실을 현실로 받아들일 수밖에 없었다. 요셉은 천사의 말에 따라 그의 아내를 데려오고 아들을 낳기까지 동침하지 않았다.

마리아의 충격

누가의 기록은 더욱 자세하다. 누가는 예수의 탄생을 세례 요한의 출생과 연관시켜 기록하고 있다. 나이가 많아 아이를 가질 수 없는 제사장 사가랴에게 천사 가브리엘이 나타나 아들을 낳게 되리라고 예고한다. 그리고 6개월 지난 후 천사 가브리엘은 마리아에게 예고한다.

마리아여 무서워 말라. 네가 하나님의 은혜를 입었느니라. 보라 네가 잉태하여 아들을 낳으리니 그 이름을 예수라 하라.(눅 1:30-31)

처녀 마리아는 비로소 자신이 수태한 것을 알게 되고, 자신도 믿을 수 없는 엄청난 일이 벌어진 것을 깨닫게 된다. 마리아는 반문한다.

"나는 남자를 알지 못하니 어찌 이 일이 있으리이까?"(눅 1:34) 남자를 알지 못하는데 점점 배가 불러오는 이 현실을 어찌할 것인가? 천사는 마리아에게 다시 한 번 성령 잉태를 고지한다.

> 성령이 네게 임하시고 지극히 높으신 이의 능력이 너를 덮으시리니 이러므로 나실 바 거룩한 이는 하나님의 아들이라 일컬어지리니.(눅 1:35)

마리아는 제사장 사가랴의 아내요 자신의 친척인 엘리사벳 역시 아이를 낳지 못하는 노녀(老女)임에도 아이를 잉태했다는 사실을 천사에게 전해 듣고 그녀를 방문한다. 전설에 의하면 마리아의 어머니는 이미 죽었고 그래서 이모인 엘리사벳을 찾아간 것이라고 한다. 천사의 말을 확인하고 싶었을 것이다. 엘리사벳은 성령이 충만하여 마리아에게 "주께서 하신 말씀이 반드시 이루어지리라고 믿은 그 여자에게 복이 있도다."(눅 1:45)고 권면한다.

마리아는 아이를 낳지 못하는 노녀가 하나님의 능력으로 아이를 잉태했다면, 아이를 낳을 수 없는 처녀(處女)라도 하나님의 능력으로 아이를 잉태할 수 있다는 사실을 확인한다. 아마도 구약성서에 나타난 아이를 낳을 수 없는 여인들이 하나님의 은총과 능력으로 아이를 낳게 된 사례로서 리브가(창 25:21), 라헬(창 29:31), 한나(삼상 1:2)의 이야기를 전해 주었을는지 모른다.[4] 마침내 마리아는 천사의 수태고지를 믿음으로 수용한다. 자신이 비천한 여종임에도 불구하고 "능하신 이가 큰 일을 내게 행하셨다."(눅 1:49)고 고백하고 찬양한다.

천사는 수태고지를 통해 마리아에게 그녀가 성령의 아이를 잉태하게 되리라는 것(마 1:18, 20, 눅 1:35)과 그 아이의 이름을 예수라 할 것과 그 아이가 "자기 백성을 그들의 죄에서 구원할 자"(마 1:21)이며 다윗의 왕위를 이어 "영원히 야곱(이스라엘)의 집을 왕으로 다스리실 것"(눅 1:33)이라고 하였다. 그리고 나실 거룩한 이는 "지극히 높으신 이의 아들"(눅 1:32)이나 "하나님의 아들"(눅 1:35)이라 일컬어질 것이라고 하였다. 태어날 예수는 하나님의 아들이 될 것이라는 것이 성령 잉태 고지의 핵심이었다고 한다.

2) 마리아 찬가의 구원사적 의의

누가복음에 의하면 마리아가 엘리사벳을 방문하였을 때 엘리사벳 역시 성령의 충만함을 받아 다음과 같이 찬양하고 고백한다.

여자 중에 네가 복이 있으며 네 태중의 아이도 복이 있도다. 내 주의 모친이 내게 나아오니 이 어찌 된 일인고. 보라 네 문안하는 소리가 내 귀에 들릴 때에 아이가 내 복중에서 기쁨으로 뛰놀았도다. 믿은 여자에게 복이 있도다. 주께서 그에게 하신 말씀이 반드시 이루리라.(눅 1:41-45 공동번역)

마리아가 엘리사벳의 찬양과 고백을 듣고 성령으로 잉태한 것은 능하신 하나님께서 행하신 큰 일이라는 확신에 이르게 된다. 그리고 "주께서 여종의 비천한 신세를 돌보셨습니다. 이제부터는 온 백성이 나를 복되다 하리니 전능하신 분께서 나에게 큰 일을 해 주신 덕분입니다."(눅 1:48-49)고 고백한다. 이어서 저 유명한 마리아의 찬가가 고백된다.

주님은 거룩하신 분. 주님을 두려워하는 이들에게는 대대로 자비를 베푸십니다. 주님은 전능하신 팔을 펼치시어 마음이 교만한 자들을 흩으셨습

니다. 권세 있는 자들을 그 자리에서 내치시고 보잘 것 없는 이들을 높이셨
으며 배고픈 사람은 좋은 것으로 배불리시고 부요한 사람은 빈손으로 돌
려 보내셨습니다. 주님은 약속하신 자비를 기억하시어 당신의 종 이스라
엘을 도우셨습니다.(눅 1:50-54 개역개정)

이 마리아의 찬가는 예수가 공생애를 시작하면서 가버나움 회당에
서 읽은 이사야 61장 1절의 내용과 상응한다.

주님의 성령이 나에게 내리셨다. 주께서 나에게 기름을 부으시어 가난한
이들에게 복음을 전하게 하셨다. 주께서 나를 보내시어 묶인 사람들에게
는 해방을 알려 주고 눈먼 사람들은 보게 하고, 억눌린 사람들에게는 자유
를 주며 주님의 은총의 해를 선포하게 하셨다.(눅 4:18 공동번역)

위에서 인용한 마리아 찬가는 "나사렛 예수에 관한 가장 옛 전승"[5]이
라고 한다. 본문은 예수의 탄생을 종말론적 구원사의 관점에서 찬양한
다. 무엇보다도 예수의 출현으로 '사회적 운명이 변화되리라는 묵시
적 희망'이 함축되어 있다.[6] 종말론적 구원의 약속은 종말론적 심판의
약속이기도 하다. 하나님을 두려워하지 않는 자들에게는 자비를 거두
시고, 권세 있는 자들을 그 자리에서 내치시고, 부요한 사람은 빈손으
로 돌려보내시는 것이다. 하나님은 권세 있는 자를 내리치고 비천한
자를 끌어 올리신다. 주린 자는 좋은 것으로 배부르게 하시고 부자는
빈손으로 보내신다. 정치적·경제적 역전이 일어나는 것이다.[7] 유대인
들의 배타적인 율법주의의 차별적 종교에서 주님의 두려워하는 모든
자들에게 자비를 베푸는 '자비와 은혜의 종교'로, 강자의 억압의 정치
에서 보잘것없는 약자가 존중받는 '섬김의 정치'로, 부자의 착취의 경

제에서 배고픈 가난한 자가 배불리 먹는 '평등의 경제'로 일대 변혁이 일어나는 종말론적 구속사의 약속이 이루어질 것으로 고백하고 찬양한다.[8]

이처럼 메시아이신 예수를 통해 이루어질 구원은 잘못된 종교제도, 경제제도, 정치제도의 근본적인 문제에 대한 심판이요 변혁을 의미한다. 따라서 현실적인 종교적, 정치적, 경제적 문제와 무관한 것은 메시아적 구원 자체와 무관한 것이 된다. 근세의 러시아 짜르 황제들은 마리아 찬가를 성서에서 아예 삭제하도록 명령하였다고 한다.[9] 그들을 불안하게 한 것은 마리아의 찬가가 지배자의 종교와 정치, 경제 체제에 대한 혁명적인 변혁을 부추기는 것으로 여겨졌기 때문이다.

3) 동정녀 탄생의 신학적 의미

사도신경의 성령 잉태와 동정녀 탄생

마태복음(1:18-25)과 누가복음(1:26-38)의 기록에 근거하여 예수가 성령으로 잉태하여 동정녀 마리아에게 나셨다는 동정녀 탄생론은 기독교 신앙의 어느 주제보다도 많은 비판을 받아 왔다.

교리사적으로는 117년 이그나티우스가 가현설을 비판하면서 동정녀 탄생설을 처음 주장한 것으로 알려졌다.[10] 이어서 100년경 이후의 로마에서 사용되기 시작한 사도신경을 통해 "성령으로 잉태하사 동정녀 마리아에게 나시고"라는 항목으로 고백되었다. 터툴리안과 이레네우스 등 초대 교부들도 이를 인용하였다.

3세기의 피오니우스가 쓴 『폴리캅의 생애』에서 "마리아의 그리스도 출산은 가현설론자들에 반대하여 예수의 육신이 실재요, 겉모습으로만 육신을 취한 것이 아님을 증명한다."[11]고 하였다.

영지주의자들은 예수가 '인간의 육체로 태어난 것'(generatio)이 아니라, '인간적 육체의 모습으로 나타난 것'(doceo)이라는 가현설을 주장하였다. 이러한 가현설을 반박하기 위한 과정에서 '성령에 의한 잉태'보다 '동정녀 탄생'이 더욱 강조된 것으로 여겨진다.

가톨릭교회에 의해 동정녀 탄생론이 마리아 교리에 집중됨으로써 성령 잉태론은 교리적 관심을 끌지 못했고, 그 논의의 진전도 미미하였다. 4세기에 기독교가 공인되고 전통적으로 여성 신을 숭배해 오던 이방문화와 혼합되어 동정녀 마리아는 신모(神母)로서 숭상되고 기도의 대상으로 여겨지게 되었다. 결국 마리아 교리는 마리아의 영원한 동정녀설, 마리아 신모설, 마리아 무죄설, 마리아 승천설, 마리아 동역 구원자설 등 성서적 의미와 무관하게 전개되기도 하였다.[12] 이런 의미에서 칼 바르트는 기독론(Christology)에서 출발한 동정녀 탄생론이 마리아론(Mariology)으로 과도하게 발전한 것은 개탄스러운 일이라고 하였다.[13]

19세기 이래로 성서비평학과 진화론의 등장 등으로 동정녀 탄생론에 대한 성서 내적·외적으로 다양한 비판과 반론이 제기되었다. 그 일례로 자유주의 신학자들은 동정녀 탄생을 하나의 전설이거나 신화로 여겨 그 의미를 축소하였다. 이에 대한 반동으로 1905년 나이아가라에 모인 근본주의자들은 동정녀 탄생을 기독교의 5대 근본 교리 중에 하나로 천명하게 되었다. 칼 바르트도 정통적인 동정녀 탄생론을 새롭게 전개하였다. 그럼에도 불구하고 동정녀 탄생에 대한 비판은 수그러들지 않고 있으며, 최근 우리나라에서도 동정녀 탄생론에 대한 비판이 새롭게 제기되기도 하였다.[14]

동정녀 탄생론과 관련하여 이제까지 제기되어 온 여러 문제들을 크게 분류하면 성서 외적 비판과 성서 내적 비판으로 나눌 수 있다.[15]

그러므로 동정녀 탄생론과 관련하여 제기되는 여러 쟁점들에 대해 신학적으로 재검토하려고 한다.

무엇보다도 이제까지의 동정녀 탄생론은 성령 잉태론과는 별개로 전개되어 왔다. 동정녀 탄생은 성령 잉태의 결과이다. 양자의 관계에 관하여 바르트는 전자(성령 잉태)가 크리스마스의 기적과 표적의 근거와 내용이고 후자(처녀 탄생)는 형식과 외형이라고 하였다.[16] 바르트는 성령으로 잉태하였기 때문에 그 결과로서 동정녀 탄생이 가능하였으므로 동정녀 탄생론을 성령 잉태론의 관점에서 그 신학적 의미를 재검토하였다. 그러나 성령 잉태와 동정녀 탄생은 성육신과 관련하여 설명되어야 한다. 성령 잉태나 동정녀 탄생은 하나님이 인간이 되신 성육신의 다른 면에 지나지 않기 때문이다. 그러므로 예수의 탄생 의미를 삼위일체 하나님이 인간이 되신 삼위일체론적 사건으로 이해하려고 한다.

_02

동정녀 탄생론의
성서 외적 비판과 그 반박

동정녀 탄생론은 일부의 비판적인 기독교인들과 다수의 비기독교 인들에게는 받아들이기 어려운 내용이었으므로, 이와 관련하여 여러 비판이 제기되었다. 그 비판의 쟁점 내용들을 살펴보고 그 하나하나에 대한 반론을 제시하려고 한다.

1) 로마 군인 판테라의 사생아설

예수는 사생아인가?

2세기의 희랍 철학자 켈수스(Celsus)는 예수가 마리아와 로마 군인 판테라(Phantera) 사이의 사생아였다는 놀라운 주장을 하였다. 예수가 자신의 출생 비밀을 속이기 위해 동정녀 탄생 이야기를 꾸몄다는 것이다.[17] 켈수스에 의하면 물레질로 생계를 꾸려가던 시골의 가난한 여인인 마리아(히브리어로 미리암)는 로마 군인 판테라와 불륜 관계를 맺고 임신하였기 때문에, 목수인 남편에게 버림받고 한동안 방랑생활을 하다가 불법적인 아이인 예수를 치욕스럽게 낳았다. 이 예수가 가난으로 인해 살길을 찾아 이집트로 가서 종살이를 하다가 어떤 신비한 능력을 얻은 후 고향으로 돌아와 자신을 신으로 선언하였다는 것이다. 최근까지 국내 인터넷의 안티기독교 사이트를 통해 이러한 주장이 광범위하게 퍼지고 있다.[18]

오리겐의 반박

켈수스의 주장은 당대의 신학자 오리겐이 『켈수스 반박』에서 조목조목 비판하였다. 오리겐은 켈수스의 거짓되고 맹목적인 "날조가 성령에 의한 신비한 잉태를 뒤집을 수는 없다."고 반박하였다.[19]

(1) 간음을 통해서는 인류를 해치는 방탕과 사악함과 온갖 악덕만을 가져올 뿐이며 절제와 의와 온갖 덕을 가져오지 못한다는 것이다. 따라서 예수 영혼의 위대함과 그의 신비한 능력 등을 볼 때 판테라와의 간음을 통해 태어난 것으로 볼 수 없다는 것이다.

(2) 동정녀 탄생은 구약성서 예언의 성취라는 것이다. 오리겐은 켈수스가 이사야서 7장 10-14절에 대해 언급하지 않은 것을 지적한다. 어떤 유대인들은 히브리어 '알마'가 '동정녀'가 아니라 '젊은 여자'라고 하지만 " '알마'라는 단어는 70인역에서도 처녀(a virgin) 또는 젊은 여자(a young woman)로 번역된다."[20]고 하였다.

(3) 이사야서 본문은 이사야가 르신과 베가의 공격을 받아 패전의 위기에 처한 아하스 왕에게 "주께서 친히 너희에게 징조를 보여 주리라."고 예언한 내용임을 상기시킨다. 따라서 "동정녀가 아닌 젊은 여자가 아이를 낳는 것이 무슨 대단한 징조가 될 수 있는가?"[21]라고 반문한다. 그리고 "다윗의 집이여 들을지어다."(사 7:13)라고 한 구절로 보아 미래에 다윗의 후손 가운데서 구세주가 탄생할 것을 예언한 것이라고 하였다.

최근의 주장과 반박

최근 출판된 타보르가 쓴『예수 왕조』는 여러 반기독교적 문서에 자주 등장하는 예수의 로마 군인 판테라 사생아설을 가장 그럴듯하게 전개하여 여러 사람들을 현혹시키고 있다.[22] 신학을 공부한 적이 있는 김용옥 씨마저 2000년 KBS 1TV에서 '도올의 논어 이야기'를 진행하다가 "예수는 사생아"라고 발언하기도 하였다. 먼저 타보르가 제시하는 예수 사생아설의 허구를 반박한다.

(1) 타보르는 예수가 아버지인 로마 병사 판테라와 마리아 사이의 사생아일 확률이 높다는 켈수스의 주장을 인용한다. 희랍 철학자 켈수스는 최초의 반기독교 저서인『참된 가르침』(178년)이라는 책에서 예수가 간통으로 태어났는데 이를 감추기 위해 성령으로 잉태한 것처럼 날조했다고 하였다.[23] 그러나 켈수스의 이러한 가설은 앞에서 살펴본 것처럼 이미 초대 교부인 오리겐의『켈수스 반박』(247년경)이라는 책을 통해 알려진 것이고 오리겐에 의해 낱낱이 반박된 낡은 주장이다.[24]

성서신학자 부루스와 클라우스너는 로마 군인 '판테라'(Panthera)는 '처녀'를 의미하는 헬라어 파르테노스(parthenos)의 와전(訛傳)이라고 한다. "처녀(parthenos)가 잉태하여 아이를 낳으리니"(마 1:23)라는 말씀에서 유래한 '파르테노스(동정녀)의 아들'이라는 표현에서 'r'과 'n'의 위치를 바꾸어 '판테라(Panthera)의 아들'로 변조되었다고 주장한다.[25] 그리고 라틴어 판테라(Panthera)는 표범을 뜻하며(표범의 학명이기도 하다), 당시 로마 군인에게는 흔한 이름이었기 때문에 '로마 군인 판테라의 아들'로 날조되고 그래서 사생아설로 증폭된 것이다. 이는 지금도 일부 반기독교적 네티즌들이 기독교를 '개독교'라고 하는 것과 같은 방식의 비난과 날조인 것이다.

(2) 타보르는 초기 랍비 문서와 탈무드에 "판테르(Panter)의 아들

예수"라는 기록이 모두 세 번 있는데, 판테르는 판테라와 같은 말이므로 예수의 아버지가 판테라라는 증거라고 한다. 그러나 타보르도 밝혔듯이 판테르라는 이름도 흔한 이름이라 유사한 것으로 판테라, 판데라, 판티리, 판테리 등이 있다.[26] 그리고 예수라는 이름 역시 당시에 아주 흔했다. 유대 역사가 요세푸스의『유대고대사』와『유대전쟁사』에서 20명의 동명이인(同名異人)인 예수(예수아, 여호수아)가 등장한다고 한다.[27]

무엇보다도 랍비 문서와 탈무드에 나오는 '판테르'는 유대인일 가능성이 더 높으며 '로마 군인 판테리'를 지칭한다는 결정적인 증거가 없다. 그리고 이 '판테르의 아들 예수'가 곧 요셉의 아들 '나사렛 예수'라는 증거도 전무한 것이다. 단지 흔하디흔한 판테라와 예수라는 이름이 함께 나오니까 후대의 반기독교 저자들이 켈수스의 로마 군인 판테라설과 억지로 관련시켜 예수 사생아설의 날조를 더욱 증폭시킨 것이다.

(3) 타보르는 4세기의 교부 에피파니우스가 요셉의 아버지를 '야곱 판테라(Panthera)'라고 칭한 것과 다마스커스의 요한이 마리아의 증조할아버지를 '판테라'라고 한 것을 또 다른 증거로 제시한다.[28] 예수는 친가나 외가로 보아도 '판테라의 자손(아들)'이라는 것이다.

그러나 성서학자 부루스는 '벤 하 판테라'(Ben ha-Pantera)는 '표범의 아들(자손)'을 의미하는데 전투적인 열심당에 대한 경멸어린 표현이라고 한다. 부르스는 아마 예수의 조부도 갈릴리 출신으로서 열심당 운동에 가담한 용맹한 전사로서 '표범의 아들'로 불린 전승이 있었을 것으로 추정한다.[29] 따라서 예수가 유대인 열심당의 후손이라는 의미에서 '판데라의 자손'이라는 말이 '로마 군인 판테라의 아들'로 둔갑하여 경멸적으로 와전되었을 가능성도 전혀 배제할 수 없다.

어쨌든 타보르가 인용한 에피파니우스와 다마스커스의 요한의 기록이 역사적 사실이라면 예수는 유대인 열심당의 후손이라는 의미에서 '판테라의 손자'가 되므로 로마 군인 판테라의 아들이 아니라는 결정적인 증거가 되는 것이다.

(4) 타보르는 샤를 클레르몽 간노가 1891년 예루살렘 구 시가지에서 '판테로스의 아들 요세푸스(요셉)'라는 이름이 쓰인 유골상자를 발견한 것을 제시한다. 그러나 타보르도 판테라 또는 요셉이라는 이름이 흔하므로 이 묘비가 "예수의 아버지의 묘비일 가능성은 거의 제로에 가깝다."[30]고 그 관련성을 부정하였다.

(5) 타보르에 의하면 독일 역사가 아돌프 다이스만이 "판테라라는 이름"(1906)이라는 짧은 글에서 1859년 나헤 강 부근의 로마 묘지에서 발굴한 로마 병사 입상에 쓰인 비문에 "티베리우스 율리우스 압데스 판테라"(Tiberius Julius Abdes Pantera) 이름이 발견되었다고 한다.[31]

그러나 간노가 발견한 유골상자에 쓰인 '판테로스의 아들 요셉'이 예수의 아버지 요셉일 가능성이 제로라면, 다이스만이 발굴한 비문의 로마 군인 '판테라' 역시 팔레스타인에 원정 가서 기원전 4년경 나사렛에서 마리아를 만나 불륜을 맺고 예수를 낳게 했을 가능성 역시 제로에 가까운 것이다. 이처럼 반기독교 저자들은 판테라의 이름만 나오면 이를 켈수스가 날조한 로마 군인 판테라와 관련시켜 온 것이다.

(6) 예수가 유대인에게 "우리가 음란한 데서 나지 아니하였고"(요 8:41)라고 한 말씀은 자신이 사생아인 사실을 숨기기 위한 변명의 근거라고 한다. 그리고 위경 「빌라도행전」과 「도마복음서」에도 예수가 사생아로 비난받은 듯한 기록이 있다고 한다.[32]

그러나 요한복음의 본문은 전후 문맥으로 보아 사생아 출생에 대한 변명이 아니라 성령을 통해 거듭난 삶의 증언으로 해석되어야 한다. 그리고 예수에 대한 반대자들의 왜곡된 비난은 한두 가지가 아니었기 때문에 사생자라는 비난의 가능성은 있어 보인다. 그러나 타보르도 밝혔듯이 예수가 사생아로 태어났다고 비난받은 것이 사실일지라도, 실제로 사생아로 태어났다는 역사적 확실성의 증거는 전무한 것이다.[33]

(7) 무엇보다도 타보르의 이 모든 증거는 명백한 자체 모순을 가지고 있다. 앞에서 언급한 첫 번째와 다섯 번째 주장을 따르면 예수는 '로마 군인 판테라의 사생아'가 되지만, 셋 번째와 넷 번째 주장을 따르면 예수는 열심당이었던 유대인의 후손이므로 열심당의 별명인 '판테라'를 사용하여 '판테라의 손자'가 되는 것이다. 그럼에도 불구하고 타보르는 예수가 로마 군인 판테라의 아들일 것이라는 결론을 유도하기 위해 로마 군인과 전혀 상관이 없는 예수의 유대인 할아버지의 별명인 '판테라'를 억지로 끌어 붙인 것이다.

사생자私生子에 대한 유대교의 태도

희랍 철학자 켈수스는 예수가 태어난 지 180년이 지나서 그것도 나사렛에서 멀리 떨어진 알렉산드리아에서 기독교를 반대하기 위한 방편으로 '파르테노스'(처녀)를 흔한 로마 군인의 이름 '판테라'(표범)로 바꾸어 예수의 사생아설을 날조하여 퍼뜨린 것임을 주목해야 한다. 그러나 희랍인이었던 켈수스는 예수 당시 유대 사회에서 사생자가 어떤 취급을 받았는지 알지 못했다. 그가 사생자에 대한 유대인들의 태도를 알았더라면 예수가 사생자일 가능성을 제기하는 것이 불가능하다는 사실도 알았을 것이다.

유대 공동체에서 사생자(mamzer)는 죽음의 형벌이나 멸망의 형벌을 받아 마땅한 관계 즉 근친상간이나 간음(레 20:10-20 등)으로 태어난 후손을 말한다. 신약시대에는 노비 또는 첩에 의해 태어난 아이에 대해서도 사생자(nothos)라는 말이 쓰였고(히 12:8), 이들은 가계를 계승할 정당한 권리 없었다.

예레미아스에 의하면 당시에는 누가 사생자인지 공개적으로 알려져 있었고 족보에 기록되기도 하였다고 한다. 남자 사생자의 후손은 영원히 사생자라는 오명을 벗지 못했고, 공직에 오르지도 못했다.[34] 심지어 사생자라는 단어는 가장 나쁜 욕으로 통했다. 바벨론 탈무드(*Qid.* 28a)에는 사생자라고 욕한 사람에게 39대의 태형을 선고하도록 하였다.

더군다나 사생자는 가장 비합법적인 이스라엘인으로 여겨 유대 공동체에서 추방되었다. 신명기는 "사생자는 여호와의 총회에 들어오지 못하리니 십대까지라도 여호와의 총회에 들어오지 못하리라."(신 23:2)고 하였다. 이는 사생자의 후손 여부를 십대까지 철저히 조사했을 역사적 가능성의 근거가 된다.

예수는 적대적 환경에서 활동했고 그의 적대자들이 예수 운동에 대한 비난의 실마리를 찾으려고 애쓴 흔적은 복음서에 잘 드러나 있다. 예수의 출신에 대해 "나사렛에서 무슨 선한 것인 나오겠느냐"(요 1:46)고 비난하고, 예수를 "귀신에 들려 귀신을 쫓아내는 자"(눅 11:15)요 "먹고 마시기를 탐하는 자"(눅 7:34)로 비난하였다. 따라서 예수가 만약 로마 군인 판테라의 사생아였다면 고대 유대 사회의 특성상 예수가 활동하는 동안 사생아라는 소문이 퍼졌을 것이다. 신명기의 율법에 따라 그 사실 여부가 조사되었을 것이고, 사실로 판명되었다면 예수운동은 그 즉시 좌절되고 말았을 것이다. 그러므로 예수가 유대 공동체에서 최악의 취급을 받는 사생자였음에도 이 사실이 금방 드러나는 같은 동네 출신의 추종자들에 의해 '하나님의 아들'로 고백되었다는 것은 도저히 불가능하였을 것이다.

　　무엇보다도 예수가 사생자로 판명되었다면 합법적인 유대인만이 엄격한 검증을 통해 출입하는 회당이나 예루살렘 성전 방문 자체가 불가능하였을 것이다. 그러나 복음서는 예수가 태어나자 8일 만에 성전을 방문하였고(눅 2:27), 12세 때에도 방문하였고(눅 2:42), 공생애 동안 세 번이나 예루살렘 성전을 방문하였으며 자유롭게 여러 지역의 회당을 방문하였다고 한다.

　　그리고 켈수스의 주장처럼 예수가 자신이 사생자인 것을 숨기기 위해 성령 잉태와 동정녀 탄생설을 날조하여 유포했다면, 예수가 차마 자기 입으로 "여자를 보고 음욕을 품는 자마다 이미 마음으로 간음"(마 5:28)한 것이라는 말씀을 선포할 수 없었을 것이다. 이처럼 간음에 관한 한 인류 역사상 가장 철저하고 분명한 가르침을 선언한 예수의 영혼의 고결함과 인격의 진실함에 비추어 볼 때 그가 불륜의 자식임을 교묘히 숨겼을 가능성은 전혀 없다. 그래서 오리겐은 "간음을 통해서는 인류를 해치는 방탕과 사악함과 온갖 악덕만을 가져올 뿐이며 절제와 의와 온갖 덕을 가져오지 못한다."고 하였다.

　　예수 사후에라도 예수가 사생자라는 것이 역사적 사실로 밝혀졌더라면 예수가 탄생하고 활동하고 부활하신 나사렛과 예루살렘에서 기독교 운동이 뿌리를 내릴 수 없었을 것이다. 왜냐하면 초기의 기독교 운동은 매우 취약하였기 때문에 예수의 출생에 관한 사생자설이나 예수의 부활에 관한 시체도적설(마 27:64)이 사실이었다면 기독교 운동을 근절시키는 결정적인 요인이 되었을 것이다. 블롬버그는 "만약 비평가들이 그(예수) 운동이 거짓과 왜곡으로 가득 차 있다고 비난할 수 있었다면 그렇게 했을 것"이며 그 결과는 뻔했을 것이다. "그러나 우리가 알고 있는 바에 의하면 그들은 그렇게 하지 않았다."는 것이다.[35]

2) 이방신화 영향설

처녀 탄생은 신화가 아닌가?

바벨론이나 페르시아의 이방신화를 통해 기독교인들이 동정녀 탄생이라는 관념을 받아들인 것으로 추측하는 학자들도 없지 않다.[36] 그러나 초대 교부들도 성경의 동정녀 탄생과 그와 유사한 이교의 신화적 기록이 날카롭게 대조되는 것을 알고 있었다.[37]

페르시아 신화를 담고 있는 조로아스터교의 주된 경전인 『아베스타』(*Avesta*)에는 세계의 종말을 앞두고 세 명의 구세주가 천 년의 간격으로 동정녀의 몸에서 태어난다고 가르친다. 조로아스터 사후 천 년이 지나서 첫 번째 구세주인 아우쉐타르(Aushetar)가 출현한다. 그 다음 구세주 아우쉐타르마(Aushetarmah)는 이천 년 후, 그리고 마지막으로 삼천 년 후에 사오쉬안트(Saoshant)가 최후의 구세주로 출현한 후 세계의 종말이 시작된다. 조로아스터는 이 세 구세주의 아버지이다. 조로아스터의 정액이 페르시아의 한 호수 속에 기적적으로 보존되었다가 천 년 간격으로 세 동정녀가 그곳에서 목욕하여 위대한 인물을 임신하게 되어 태어나는 세 아들이 구세주가 된다고 하였다.[38]

처녀의 몸에서 구세주가 탄생한다는 것은 이사야의 예언처럼 새 시대의 도래에 대한 표적이 될 수 있겠지만, 조로아스터의 정액에 의해 처녀의 몸에서 세 명의 구세주가 탄생한다는 것은 성서의 한 분 메시아 탄생과 전적으로 다른 것이다. 이는 또한 양성생식을 전제로 하는 신화이기 때문에 양성생식을 배제하는 새 창조로서의 성령 잉태와 처녀 탄생을 서술한 복음서 내용과는 결정적으로 다른 신화라고 할 수 있다.

처녀 탄생 신화들의 사례

이 외에도 로마의 왕이 된 누마(Numa)에 관한 전설(BC. 8-7세기)에는
여성이 신령한 영을 접했을 때 임신할 수 있는 것으로 시사하였다.[39]
그는 누마가 여신 에게리아(Egeria)와 사랑에 빠져 천상의 결혼을 허락
받았다고 한다. 이집트인은 신과 인간 사이의 뚜렷한 구분을 두지 않
았으므로 신령한 영혼이 여자의 마음속으로 들어가 아기를 잉태할 수
있다고 믿었다. 그러나 남자들은 어떤 식으로라도 여신과의 육체관계
를 맺는 것은 불가능하다고 보았다. 신과 인간 사이의 성적 결합도
남녀 차별을 둔 것이다.[40]

누마의 전설처럼 제우스가 헤라클레스와 알렉산더를 낳고, 쥬피터
가 페르세우스를 낳고, 그리고 아폴로가 아스크레피우스, 피타고라
스, 플라톤, 아우구스티누스를 낳은 이야기 등은 모두 영웅적인 인물
들의 출생을 남성 신과 인간 여성 사이의 성관계를 통해 특이하게 이뤄
진 다신론적 혼음신화의 사례이다.[41]

고대 근동의 다신론적 신관에 따르면 무수한 신들은 성으로 구분된
다. 부신과 모신, 남신과 여신이 있어 그들 사이에 복잡한 친족관계를
형성하고 있다. 이집트, 바벨론, 가나안 신화는 그 자체가 신의 가계요
계보이다. 이들의 신관에서 가장 두드러진 것은 신들이 남녀 양성으로
구분된다는 점이다.

그래서 고대 근동의 풍요와 다산의 자연종교는 모든 성을 신성시하
고 성관계를 제의적인 차원으로 숭배하였다. 신들도 모두 배우자를
가지고 있었다. 이집트의 오시리스(Osiris)와 이시스(Isis), 바벨론의 탐
무즈(Tammuz)와 이쉬타르(Ishtar), 그리고 가나안의 엘(El)과 아세라
(Ashera), 바알(Baal)과 아스다롯(Ashtoreth)은 각각 남신과 여신으로 배
우자 관계를 맺고 있다.

가나안 종교에서는 신은 본성상 성적인 존재라 생각하였다. 성이 신의 영역까지 부상되었다. 풍요와 다산은 전적으로 바알신과 그의 배우자 신인 아스다롯 사이의 성적 관계에 달렸다고 생각했다. 바알과 아스다롯의 거룩한 결혼의식을 재연함으로써 생식력과 번식력이 유감(類感)과 모방의 주술적인 방법으로 보장받을 수 있다고 믿었다. 그리하여 성전에서 에로틱한 성적 의식을 통해 그들의 신들을 예배하였다. 신전 창기와의 제의적 매음이 제도화되어 음란하게 신들을 섬기고 있었다(호 4:14). 남자는 바알, 여자는 아스다롯과 동일시되어 신전에서 매음행위를 벌였다. 이와 같이 남녀가 바알과 그 배우자의 성행위를 모방함으로써 풍요와 다산의 축복을 누린다고 여겼다.

남성신과 여성 인간 사이의 성관계에 의한 탄생인가?

이스라엘에 있어서 성적 양극성은 피조된 것이며, 하나님의 창조질서에 속하는 것이지 신성한 신적 질서가 아니었다. 야웨 종교에서는 신은 본질상 성적 구분도 없고 성적 의식으로 하나님을 예배해서도 안 된다.

히브리어에는 여신이라는 단어 자체가 없다는 것은 아주 예외적이고 특이한 현상이다. 예루살렘 성전에는 당시로는 예외적으로 여성 사제가 전무하였다. '야웨 대 바알'이라는 대립 명제에서 가장 쟁점이 된 것은 이러한 성에 대한 의식의 차이였다고 한다.

이처럼 성서는 당시의 성의 신화와 성적 제의와 성속(性俗)을 거부하고 혁명적인 '성(性)의 비신성화(非神聖化)'를 선포한 것이다. 그렇다고 해도 성을 부정적으로 생각한 것이 아니다. 오히려 성을 하나님에 의해 창조된 인간에게만 주어진 축복으로 선언한다.[42] 이처럼 신들 사이의 성관계나 신과 인간의 혼음은 성서적 전통과는 거리가 먼 것이다.

이런 배경에서 하르낙(A. Harnack)은 동정녀 탄생론이 페르시아나 이방의 혼음신화의 영향이라는 주장이 초기 기독교 전승의 발전 과정과 전적으로 모순된다고 하였다. 이방신화의 경우는 남성신과 여성 인간 사이의 성적 관계를 매개로한 영웅적인 인물이 반신반인(半神半人)의 존재로 출생한 것으로 기록되어 있지만,[43] 유대교에서처럼 기독교인들도 이러한 이방신화를 전적으로 거부하였기 때문이다.[44]

그러나 성서의 경우 성령의 잉태와 동정녀 탄생은 양성 간의 혼음신화와는 본질적으로 상이한 내용이라고 볼 수 있다. 성령이 남성신이나 남성을 대신하였다거나, 마리아의 남편이나 예수의 아버지였다는 표상은 성서의 전통에서는 너무나도 낯선 것이 분명하다.

3) 영웅 탄생에 관한 전설설

영웅 탄생 전설이 아닌가?

모든 문화권에서 공통적으로 나타나는 위대한 영웅이나 절대 권력을 행사한 왕들의 탄생에 관한 전설처럼 예수의 동정녀 탄생도 영웅 탄생의 전설의 일례라는 주장도 제기되었다.

로마의 역사가 수에토니우스(Suetonius)는 로마의 첫 번째 황제이자 예수 출생 당시의 통치자였던 아우구스투스(Augustus)가 잉태되던 날 밤, 그의 어머니 아티아(Atia)는 아폴로 신전에서 잠을 자다가 뱀의 형태를 띤 신에 의해 아기를 갖게 되었다고 기록하고 있다.[45] 그러나 이것은 태몽일 가능성이 크다. 은이나 눈처럼 흰 여섯 개의 상아를 가지고 있는 웅장한 코끼리가 모친의 뱃속으로 들어와 잉태되어 모친의 오른쪽 옆구리에서 태어났다는 부처의 신묘한 탄생신화[46]나 박혁거세의 난생설화를 예수의 탄생설화와 유사한 것으로 보기도 한다.[47]

　　그러나 예수의 탄생은 위의 모든 사례와 구분된다. 남성신과 여성 인간의 성관계라는 모티브가 배제된다. 우협(右挾) 출생이나 난생(卵生)도 아니다. 오토 랑크(Otto Rank)는 이러한 영웅탄생설에 입각하여 퀴로스, 오이디푸스, 페르세우스, 로물루스, 헤라클레스, 그리고 모세와 같은 인물에 관한 이야기에서 '정형화된 일반적 특성들'을 다음과 같이 재구성할 수 있다고 하였다.[48]

① 영웅은 고귀한 신분의 부모에게서 태어난다.
② 그가 태어나기 전에 여러 가지 어려운 문제들이 발생한다.
③ 그의 탄생이 그의 '아버지'에게는 위협이 될 것이라고 경고성 예언이 발표된다.
④ 영웅은 상자에 담겨 물위를 떠다니다가 동물이나 비천한 민중에 의해 구조된다.
⑤ 영웅은 자라서 친아버지에게 복수를 하고 영예를 독차지한다.[49]

영웅 탄생 전설과 예수 탄생의 차이점

　　비록 다른 종교나 신화의 탄생신화와 동정녀 탄생 사이에 신묘한 탄생이라는 유사한 부분이 있다 하여도 핵심적인 본질과 내용에 전적으로 다른 것임을 알 수 있다.[50] 호슬리 역시 예수 탄생 이야기의 경우는 영웅 전설의 전형적인 모티브와는 전적으로 다르다고 한다. 예수의 어머니 마리아는 처녀였지만, 평범한 시골 여인이었다. 그는 왕족, 혹은 높은 지위의 출신이 아니다. 아버지 요셉은 목수 출신으로 마태와 누가의 족보에 의거하면 다윗의 혈통이라고는 하지만 고귀한 신분과는 거리가 멀다. 적어도 왕이 아닌 것만은 분명하다. 그런 면에서 전형적인 영웅 전설에 나오는 영웅들의 할아버지, 아버지, 삼촌 등과 대조를 이룬다. 또한 당시의 지배자인 헤롯은 예수와 친족관계가 아니다.

더욱이 예수는 지배자인 아버지에 의해 산이나 들로 추방당하거나, 상자에 담겨 물에 버려지지도 않았다. 그리고 페르세우스, 테세우스, 로물루스는 가상의 전설적인 인물에 불가하지만, 예수는 그의 행적에 대한 여러 기록을 검토해 볼 때 역사적 인물이라는 사실을 부정할 수 없다.[51]

이러한 영웅적 인물의 비보통적 탄생설화의 사례는 모두 수 세기가 지난 후에 기록된 전설로서 그 역사적 진정성이 떨어진다. 예를 들면 기원전 6세기의 인물인 조로아스터에 관한 경전은 3세기 이후에 기록된 것이다. 누마 전설은 누마(Numa)가 로마 황제로 즉위한 지 900년 이상이 지나서, 그리고 알렉산더 대왕의 전기도 그가 죽은 지 400년 이상이 지나서 플루타코스(기원후 46?-120?)에 의해 기록된 것이다.

동양의 경우 석가는 그의 출생 연도조차 기원전 563?-483?년경 사이의 여러 설이 존재할 정도로 그 역사적 정확성이 떨어지며, 그에 관한 최초의 전기는 700년이 지난 주후 1세기에 기록된 것이므로 꾸며낸 전설일 가능성이 많다. 그리고 기원전 69년에 태어난 박혁거세에 대한 전설 역시 12세기가 지나서 『삼국사기』에 의해 처음으로 기록된 것으로서 꾸며낸 전설이나 신화의 범주에 속한다.

동정녀 탄생의 역사성

이처럼 꾸며진 전설은 수백 년 또는 수천 년의 구전을 거쳐 비교적 후대에 문서로 기록된다는 특징을 가지고 있다. 이에 비해 예수에 관한 최초의 전기는 그가 죽은 지 30년쯤 되자마자 마가복음으로 기록되었다. 예수의 성령 잉태와 동정녀 탄생에 관해서는 예수가 죽은 지 40년도 채 못 되어 마태와 누가에 의해 공개적인 문서로 기록되었다.

그것보다 더 논쟁이 된 예수의 부활에 대한 최초의 기록(고전 15장)은 예수가 죽은 지 20년 만에 기록된 것이므로 그 속보성과 정확성은 다른 고대 문서와 비견할 수 없다는 것이다.[52]

적대적 목격자의 반론이 가능한 시기에 이런 기록을 공개한 것 그 자체가 예수의 성령 잉태와 동정녀 탄생의 역사적 검증되기에 충분한 요소 중의 하나라고 할 수 있다는 것이 최근의 역사가들의 주장이다. 말하자면 13세기가 지난 다음에 기록한 것과 20-50년이 못 되어서 기록한 것 사이의 역사적 진정성의 차이는 엄청난 것이다.

동정녀 탄생의 기록상 진실성

특히 누가는 역사가로서 "처음부터 말씀의 목격자 되고 일꾼 된 자들이 전하여 준 그대로 내력을 저술하였고 붓을 든 사람이 낳은지라 그 모든 일을 근원부터 자세히 미루어 살핀"(눅 1:1) 후에 누가복음을 기록한 것임을 분명히 밝히고 있다. 제1장 1절에서 언급한 것처럼 누가는 신약성서의 4분의 1 분량에 해당하는 누가복음과 사도행전을 기록하였다. 누가가 언급한 32개 나라, 54개 도시, 9개 섬을 면밀히 조사한 고고학적 연구 결과 이 모두가 역사적으로 실재한 것임이 밝혀졌다.[53] 반면에 몰몬경의 경우 그 책에 나오는 어떤 인명, 국가명, 지명도 실재한 것으로 밝혀지지 않았다. 따라서 이러한 누가의 기록의 역사적 사실성에 비추어 볼 때 누가의 또 다른 기록인 성령의 잉태와 동정녀 탄생 역시 역사적 사실성을 담보할 수 있는 것으로 보인다.

동정녀 탄생 기록의 변증성

그리고 누가복음은 데오빌로라는 로마의 고위 관리에게 발송된 것이다.[54] 누가복음은 기독교를 변증할 목적으로 쓰인 공문서로 보아야 할 것이다. 예수 운동의 역사적 내력을 역사적으로 서술함으로써 기독교를 변증하기 위한 것이었기 때문에, 누가는 그가 알고 있는 사실을 가감 없이 서술했을 것이 분명하다. 만약에 동정녀 탄생이 역사적 사실이 아니라 예수의 신비한 출생을 은유적으로 설명하기 위해 꾸며낸 전설이나 신화라면, 그 사실 여부에 대한 확인을 감수해야 하고 그것이 날조로 드러날 경우 위증에 따른 역공과 박해의 모험을 감수해야 했을 것이다. 더군다나 누가는 당대의 의사로서 양성생식을 통해 아이가 태어난다는 사실을 누구보다도 정확히 알고 있었을 것이다. 그럼에도 불구하고 이 불편한 사실을 삭제하지 않고 기록하여 변증하였다는 사실에도 주목해야 할 것이다.

그래서 톰 라이트(N. T. Wright)는 "마태와 누가가 예수의 동정녀 임신을 문자적으로 사실이라는 것을 믿지 않았다면, 고양된 은유를 목적으로 왜 그런 위험을 감수했겠는가?"[55]고 반문한다. 이처럼 동정녀 탄생에 관한 기록의 속보성과 변증성에 근거하여, 그것이 역사인지 아니면 전설 또는 신화인지 여부를 구분할 수 있는 기준을 세울 수 있는 것이다.

4) 마리아의 착각설

마리아의 경건한 착각인가?

현대에 와서 난자와 정자의 결합이라는 양성생식의 생물학적 과정을 통과하지 않은 이러한 여러 영웅들의 비보통적 출생이나 예수의 동정녀 탄생을 비과학적인 전설로 전근대적이고 무가치한 것으로 취급하는 경향이 없지 않다. 파울루스(H. G. G. Paulus, 1761-1851)는 예수의 수태를 마리아의 고양된 자기의식의 행위로 간주하였다.[56] 다시 말하면 처녀 잉태는 마리아의 경건한 착각이었다는 것이다. 파울루스 이후 이처럼 여러 형태로 "예수의 비자연적 출생"을 부정하는 견해들이 다양하게 전개되어 왔다.

현대 신학의 아버지라 일컫는 슐라이어마허도 양성생식을 통하지 않은 예수의 초자연적 잉태를 믿지 않고서도 예수의 구주되심을 믿을 수 있다고 하였다.[57] 『크리스마스이브』(1806)라는 책에서 그는 예수의 출생은 보편적이고 추상적이며 원형적 인간(archetypical man)이 관념적 세계가 아니라 감각의 세계 한가운데 역사적이고 구체적인 인간(individual)으로 출현한 것으로 이해하였다.

마리아의 충격

그러나 본문에는 예수의 잉태가 "정혼하고 동거하기 전"(마 1:18)의 일이므로 마리아가 경악하여 "나는 사내를 알지 못하니 어찌하여 이런 일이 있으리이까"(눅 1:35)라고 반문한 것이 기록되어 있다. 여기서 희랍어 알다(ginosko)라는 말은 히브리어 야다(yahda)에서 유래한 것으로 성관계의 뜻(창 4:1, 7)을 함축하고 있다. 따라서 양성관계를 거치지 않고 아이를 잉태하고 출산하는 일에 대해서 가장 놀라고 의심할 수밖에 없었던 인물은 당사자 마리아였다. 남자를 알지 못하는데, 경수는 그치고 배가 점점 불러오는 이 현실을 어떻게 감당할 것인가? 그럼에도 불구하고 마리아는 이 현실을 수용하고 "하나님의 놀라운 일"(눅 1:48)을 믿음으로 순종하였다. 마리아의 이러한 충격과 고뇌를 누가는 놓치지 않았고 기록한 것에 주목해야 할 것이다.[58]

칼 바르트와 같은 지성적이고 비판적인 신학자도 동정녀 탄생은 자연신학의 맥락 속에서 바르게 이해될 수 없으며, "성육신은 생물학적으로 설명하려는 빈약한 시도로 거부될 수 없다."[59]고 하였다. 동정녀 탄생은 죽은 자의 부활처럼 생물학적으로 자명하지 못하다. 그것은 인간적 가능성의 기적이 아니라, 하나님의 주권적 행위에서 일어난 기적이다. 그러므로 일회적이고 비연속적이고 돌발적인 궁극적으로 새로운 창조의 사건이다. 하나님 아들의 성육신(incarnated)이요 하나님이 우리와 함께 하시기 위한 구원의 사건이므로 신앙의 유비(analogia fidei)로만 수용되고 인식되고 믿어질 수 있다는 것이다.

브룬너(E. Brunner)는 동정녀 탄생은 하나님의 아들이 이 무가치한 세상에 오셨다는 단순한 가르침에서 출발하였는데, 후대에 와서 초자연적 탄생에 초점을 둔 교리로 전개된 것이라고 한다. 따라서 성육신의 신비는 동정녀 탄생 여부와 무관한 것이며, 생물학적 질문과 관련시킬 필요가 없으며, 그리고 생물학적 질문이 본질적인 문제인 것도 아니라고 하였다. 동정녀 탄생은 하나님이 인간이 되신 성육신의 신비이며, 하나님의 아들은 시공 안에서 전적으로 인간으로 오셨다는 것을 의미한다고 주장한다.[60]

생물학적 설명을 넘어서

마리아가 예수를 임신하게 되었을 때 그녀가 동정녀였다는 사실을 아무도 역사적으로 증명할 수 없다. 또한 그녀가 동정녀가 아니었다는 사실 역시 아무도 역사적으로 증명할 수 없다. 과학은 반복되는 것을 연구한다. 그러나 역사는 반복되지 않는 것과 부딪친다. 성령의 능력으로 인한 잉태와 동정녀 탄생은 예수의 경우에만 해당하는 유일무이한 사례라는 것은 이미 정설로 받아들여지고 있다.

무엇보다도 하나님이 인간을 창조하였고, 유대인들이 십자가에 처형한 예수를 하나님이 다시 살리셨다(행 2:36)고 믿는다면, 그 하나님께서 성령의 잉태로 처녀의 몸에서 그 아들을 태어나게 하셨다는 것을 믿는 것이 그리 큰 문제가 되지 않기 때문이다. 바르트는 "처녀 탄생은 그 누구보다 전적으로 다르게, 즉 죽은 자의 부활처럼 생물학적으로는 전혀 설명할 수 없는 방식으로 태어났음을 의미한다."[61]고 하였다. 사실상 부활의 역사성과 생물학적 문제[62]를 동정녀 탄생의 역사성과 생물학적 문제보다 더 큰 문제로 다루어야 하기 때문이다.

_03

동정녀 탄생론의
성서 내적 비판과 그 반박

1) 구약성서에 근거한 역사적 신화설

동정녀는 '젊은 여자'의 오역인가?

동정녀 탄생론에 대해서 다양한 반론이 제기되었는데, 그 쟁점들 살펴보고 반론을 제시하려고 한다.

예수의 동정녀 탄생은 구약성서에 근거한 역사적 전설이라는 주장이다. 1장 1절에서 살펴본 것처럼 스트라우스(F. Strauss)는 『예수의 생애』(1835)에서 순수신화와 역사신화를 구분하였다. 복음서의 기록이 보편적인 영웅적 탄생신화처럼 순수한 신화가 아니라, 구약성서에 근거한 역사적 신화라는 점에서 스트라우스의 신화설은 진일보한 것이었다. 이런 관점에서 마태복음 2장의 예수 출생에 관한 구약의 인용은 제자들이 예수의 생애를 전설로 꾸며내기 위해 구약에서 그 근거를 찾아낸 역사적 신화의 증거라고 보았다.

그는 마태가 "처녀가 잉태하여 아이를 낳으리니"라는 이사야 7장 14절을 인용했는데 히브리어 성서에서 직접 인용한 것이 아니라, '젊은 여자'를 뜻하는 히브리어 '알마아'(almah)라는 단어를 희랍어로 처녀를 뜻하는 '파르테노스'(parthenos)로 오역한 70인역을 인용한 것이라고 주장하였다. 다시 말하면 동정녀 탄생설을 구약성서의 오역에 기초한 역사신화라고 주장한 것이다.

최근 김용옥도 『기독교성서의 이해』에서 "보라 처녀가 잉태하여 아들을 낳을 것이요, 그 이름은 임마누엘이라 하리라."(마 1:23)는 마태복음의 기록은 히브리 구약성서의 이사야서 7장 14절의 '젊은 여자'를 '처녀'로 오역한 70인역에서 비롯된 것이라는 소위 동정녀 탄생 오역 유래설을 주장한다. 길지만 그의 주장을 들어보자.

상기의 예언은 이사야가 가하즈 왕의 이러한 앗시리아 충성주의를 비판하면서 아하즈 왕에게 하나님의 징표가 나타날 것이라고 경고하는 장면이다. 이때 '처녀'는 성교를 경험하지 않은 처녀가 아니고, 바로 아하즈 왕이 새로 맞이한 젊은 부인을 가리킨다. 아하즈 왕의 새 부인이 곧 아들을 낳게 될 것이라고 예언하고 있는 것이다. 그 아들의 이름을 '임마누엘'(하나님께서 함께하신다는 뜻)이라 하리라고 한 것은 딴 뜻이 아니라 네 아들은 너와 같이 앗시리아 이교 숭배를 하는 그런 못된 짓을 하는 인간이 아니라, 하나님께서 우리와 함께 계시다고 확신할 수 있을 만큼 항상 하나님을 공경하는 절대 신앙의 인물이 될 것이라는 예언을 하고 있는 것이다. 그런데 왜 이런 오류가 발생했을까? 그것은 마태복음의 저자가 이 구절을 히브리 성경을 읽고 인용한 것이 아니라 셉츄아진트(구약의 알렉산드리아 희랍어역)를 읽고 인용했기 때문이다. 셉츄아진트가 그것을 '처녀'로 오역했던 것이다.

그 히브리 원어는 '알마아'(almâ)인데 그것은 젊은 여자(a young Woman)를 뜻한다. 히브리말로 처녀는 '베툴라아'이다. 희랍어에 있어서

도 '알마아'는 '네아니스'에, '베툴라아'는 '파르테노스'(parthenos)에 해당
되므로 양자는 혼동될 수가 없다. 그런데 무슨 이유에서인지 셉츄아진트
가 '알마아'(젊은 여자)를 '파르테노스'(처녀)로 번역해 버린 것이다. 이 단
순한 오역이 마태복음 기자의 엉뚱한 오판을 자아냈으나 그것은 오늘까
지 신약성서에서 동정녀 마리아 탄생 설화를 입증하는 700여 년 앞을
내다본 구약의 예언으로서 크리스마스 때가 되면 모든 교회에서 뇌까리
는 주술이 되고 있는 것이다.[63]

스트라우스 이전에 이미 3세기의 오리겐이 본문의 이러한 번역상
의 문제를 유대인들이 제기한 사실을 언급한 바 있음을 살펴보았다.[64]
오리겐은 이사야서 7장 14절의 히브리어 '알마아'를 어떤 유대인들은
'동정녀'가 아니라 '젊은 여자'라고 하지만, " '알마아'(Almah)라는 단어
는 70인역에서도 처녀(a virgin) 또는 젊은 여자(a young woman)로 번역
된다."[65]고 하였다. 그리고 앞에서 살펴본 것처럼 이사야 본문은 이사
야가 르신과 베가의 공격을 받아 패전의 위기에 처한 아하스 왕에게
"주께서 친히 너희에게 징조를 보여 주리라."고 예언한 내용이므로
"동정녀가 아닌 젊은 여자가 아이를 낳는 것이 무슨 징조가 될 수 있는
가?"[66]라고 반문하였다.

'알마아' 의 오역유래설의 반박

스트라우스 이후 히브리어 원어와 희랍어 번역상의 문제는 후속적
인 논의로 이어졌다. 구약성서의 히브리어 '알마아'가 '처녀'냐 '젊은
여자'냐 하는 어휘에 대한 연구는 스트라우스의 오역설을 반박하기에
충분한 것으로 증명되었다. 이사야서 4장 17절을 포함하여 구약성서
에 9번 등장하는 '알마아'[67]라는 단어를 문맥에서 분석한 결과 '알마아'

는 처녀(동정녀)의 뜻으로도 사용된 것이 드러난 것이다.[68] 특히 창세기 24장에는 아브라함의 종이 이삭의 아내를 구하기 위해 밧단아람으로 가서 물 길러 나온 리브가를 만나는 장면이 나오는데, 리브가를 한번은 '베툴라'(창 24:16)로 한번은 '알마아'(창 24:43)로 표현한다. 만약 '알마아'가 '결혼한 젊은 여자'를 뜻한다면 처녀가 아닌 리브가는 이삭의 아내가 결코 될 수 없을 것이다. 따라서 리브가(창 24:43)와 미리암(출 2:8)은 확실히 '처녀'를 의미하며, 나머지 세 구절(시 68:23, 아 1:3, 6:8)은 모두 처녀일 가능성이 있는 경우로 판명되었다.[69]

구약성서에는 '알마아'(9회) 외에도 '베툴라'(55회)와 '나아라'(naarah 12회)가 처녀의 뜻으로 사용되고 있다.[70] 그리고 신명기 22장 20절에서는 '베툴라'를 '나아라'로 병행 표기 하였는데, 둘 다 처녀의 뜻으로 사용되고 있다. 이처럼 '알마아'가 곧 '베툴라'로, '베툴라'는 '나아라'로 구분 없이 사용된 것을 알 수 있다. 따라서 이사야 7장 14절의 '알마아'를 '파르테노스'라 번역하는 것은 충분히 가능하다. 동시에 마태가 인용한 단어(마 1:18, 25, 눅 1:34)는 전후 문맥에 비추어 '처녀'의 뜻임이 분명해진다.[71] 그리고 히브리어 '알마아'와 유사한 우가릿어 '갈마무트'(galmamut) 역시 처녀를 뜻한다는 연구 결과를 제시한 후, 그로닝겐(G. van Groningen)은 "히브리어와 우가릿어 양쪽 모두에서 이 단어의 용례를 볼 때 히브리어 '알마아'는 '처녀'로 번역되어야만 한다는 확실한 결론에 이르게 된다."[72]고 하였다.

바르트(K. Barth) 역시 동정녀 탄생 이야기가 번역상의 오류에 근거한 역사적 전설이라는 주장을 반대하였다. "70인역의 유대주의자들은 알마아를 파르테노스와 같은 의미로 사용했으며, 이 용어를 메시아적으로 사용하지 않은 것이 결코 아니다."[73]고 하였다.

무엇보다도 마태복음은 이사야의 '알마아'(7:14)를 '파르테노스'로

번역한 70인역을 인용하였지만, 누가복음의 동정녀 탄생 기록에 보면 이사야서의 인용구가 없으며, '알마아'라는 용어의 인용과 상관없이 처녀 탄생을 당황스러운 현실로 기록하고 있다. 처녀로서 아이를 잉태한 마리아 자신이 가장 큰 충격을 받았다는 사실은 이미 언급한 바와 같다.

동정녀 탄생의 역사적 진정성

어쨌든 스트라우스에 의해 예수의 베들레헴 탄생과 베들레헴 아이들의 학살과 나사렛에서의 성장을 구약성서[74]에 근거한 '역사적 전설'로 보느냐 아니면 '구약성서의 성취'로 보느냐 하는 아주 중요한 성서해석의 방법론적 문제가 제기된 것이다.[75] 최근에 와서도 전자의 입장을 취하는 이들이 없지 않지만 많은 학자들은 후자의 입장을 취한다.

타이쎈과 메르츠도 이 점을 분명히 지적하고 있다. "최초의 그리스도인들은 구약에 비추어 예수에 대한 기억을 해석했을 뿐만 아니라 경전을 근거로 그 기억을 만든 것"[76]이라는 19세기 이래의 주장을 반박한다. 아주 최근의 역사적 예수 연구의 경향인 역사적 예수에 대한 제3의 탐구 방법론에 의하면 "최초의 그리스도인들은 구약성서를 창조적으로 활용했다. 그렇게 함으로써 기존의 (불유쾌한) 사실들—예수의 처형, 제자의 도주, 성전 정화 사건, 예수의 갈릴리 출신—에 어떤 의미를 부여할 수 있었기 때문이다. 이때 구약성서적 해석은 그 해석의 대상이 될 만한 사건을 전제로 한다."[77]는 것이다. 일찍이 브라운도 마태가 기존의 자료에다 약속 성취의 인용구를 삽입한 것은 인정하지만 "마태의 이사야 4장 17절 인용이 예수가 처녀에게서 잉태되었다는 사상을 창출한 것이 아니고, 오히려 그러한 사상을 설명하기 위하여 사용되었다."[78]고 주장하였다.

꾸며낸 전설의 경우에는 과장과 미화가 따르고 불리하고 불유쾌하고 상호 모순되는 내용은 의도적으로 배제하는 것이 통례이다. 그리고 역사적 사건에 대한 과장과 미화와 왜곡은 특정한 목적과 이해관계에 의해 교묘하게 수행된다. 예수 출생의 경우를 켈수스의 주장처럼 불륜의 아들을 동정녀 탄생으로 왜곡하여 얻을 수 있는 이득이 전혀 없었다. 블롬버그의 말대로 예수의 제자들은 비난과 추방 그리고 순교 이외에는 얻은 게 아무것도 없었다.[79]

2) 요셉 아들 불가설

마리아의 아들인가? 요셉의 아들인가?

동정녀 탄생이 역사적 사실이었다면 예수는 남성생식의 도움 없이 탄생한 것이므로 그의 출생에서 요셉의 역할은 배제되고 예수의 출생은 전적으로 어머니 마리아에게로 소급되어야 마땅하다. 다시 말하면 예수는 요셉과는 무관한 존재이므로 예수를 '요셉의 아들', '다윗의 자손'이라고 하는 복음서의 기록과 모순된다는 비판이다. 그러나 마태와 누가는 동정녀 탄생을 보고하면서도 예수의 부계 측인 요셉의 족보를 제시하고 있다는 것이다.[80] 마태복음 1장 2-16절과 누가복음 3장 23-28절의 두 족보가 마리아의 조상이 아닌, 요셉의 조상을 열거하고 있다. 성서의 도처에서 예수를 '다윗의 자손'[81]이라 한다.

이러한 비판에 대하여 바르트는 예수가 요셉의 아들이라는 것은 요셉의 육신상의 아들이 아니라 결혼상의 아들이고, 자연적인 아들이 아니라 법적인 아들이라는 뜻이라고 반론하였다.[82] 또한 '육신으로는 다윗의 혈통에서 나셨고'(롬 1:3)라는 바울의 말도 반드시 다윗의 생물학적 후손을 의미하는 것은 아니라고 하였다.

3) 마태복음과 누가복음의 상호 모순설

기본적 일치와 세부적 모순의 문제

예수의 탄생 기사는 마태복음과 누가복음에만 기록되어 있는데, 그나마 양자의 기록이 서로 다른 점을 보아 전설일 가능성이 크다는 비판이 제기되었다.[83]

마태는 동방박사의 방문, 헤롯의 영아 학살, 이집트로의 피신을 기록하였고, 누가는 스가랴와 엘리사벳의 수태고지, 세례 요한의 탄생, 목자들의 방문을 기록하였다. 그러나 마태와 누가의 이러한 차이에도 불구하고 성령의 잉태와 동정녀 탄생이라는 사건 그 자체에 대해서는 양자의 공통점에 대해 브라운(R. Brown)은 11가지를 열거하였고[84] 그로마키(R. Gromachi)는 9가지를 제시하였고 하였다.

- **헤롯 시대의 탄생**(마 2:1, 눅 1:5)

- **성령에 의한 잉태**(마 1:18, 20, 눅 1:35)

- **마리아의 처녀성**(마 1:18, 20, 23, 눅 1:35)

- **요셉과 마리아의 정혼**(마 1:18, 눅 1:17, 2:5)

- **요셉의 다윗 계열**(마 1:16, 20, 눅 2:4)

- **탄생지로서 베들레헴**(마 2:1, 눅 2:4, 6)

- **천사의 지시에 의해 예수라 명한 것**(마 1:21, 눅 1:31)

- **예수를 구세주로 부른 것**(마 1:21, 눅 2:11)

- **예수의 가족이 나사렛에 거주한 것**(마 2:23, 눅 2:39)[85]

그리고 18세기 이후로 성서의 상호 모순된 기록을 역사적 비진정성의 근거로 주장하였지만, 최근에는 오히려 성서의 경우처럼 그 세부적인 모순이야말로 그 사건 자체를 여러 사람이 서로 다른 관점에서 기술한 것이므로 그 역사적 진정성의 더욱 확실한 근거로 해석하게 되었다. 날조된 역사일수록 그 내용이 일사불란하다는 문서비평의 결과인 것이다. 하버드 법대의 시몬 그린리프 교수는 복음서에 발견되는 상호모순은 "저자들 간에 사전에 전혀 합의가 없었다는 사실을 보여 주기에 충분한 증거"라고 단언한다.[86] 법정에서의 증언 중에서 사전에 공모한 경우에는 진술이 일치한다는 통계가 이를 증명한다. 독일학자 한스 스티어는 고전 역사가의 관점에서 "기본적 자료에서 일치하고 세부사항에서 차이를 보이는 점은 오히려 신빙성을 가지고 있는 증거"[87]라고 주장한다. 왜냐하면 거짓으로 꾸며낸 이야기는 완전한 일관성과 조화를 갖추려는 경향이 있기 때문이다.

블롬버그(Craig Blomberg)는 복음서가 일관성이 있다면 저자들의 공모에 의한 조작으로 독립된 역사적 증거로서는 무효화될 것이라고 전제하고 "모든 역사가들이 의심하는 순간은 바로 특별한 사건이 어떤 모순점도 없는 이야기의 형태로 보고될 때"[88]라고 주장한다.

4) 마가복음 및 바울문서와 요한문서의 침묵설

정말 침묵하고 있는가?

마태복음과 누가복음에만 기록된 동정녀 탄생(Parthengenesis)은 연대기적으로 후대 작품이고, 마가를 비롯하여 요한과 바울이 전혀 언급하지 않았다는 비판이다.[89]

마가의 경우를 살펴보자. 마가는 예수가 "마리아의 아들 목수"(막 6:3)라는 것을 알고 있었다.[90] 이 구절의 병행구에서 마태는 "그 목수의 아들"(마 13:55)이라 했고, 누가는 "요셉의 아들"(눅 4:22)라고 기록한 것과 비교된다. 이처럼 마가복음에서는 예수의 부친이 요셉이라는 언급이 없다. 마가의 침묵과 함께 논쟁이 되는 것은 예수에 대한 마리아의 오해와 양자 간의 갈등의 문제이다. 예수가 귀신들렸다는 친척들의 소문을 듣고 모친과 동생과 누이들이 예수를 찾아왔을 때 그는 "누가 내 모친이며 동생이냐, … 하나님의 뜻대로 하는 자는 내 형제요 자매요 모친이라."(막 3:21-31)고 하였다. 마리아가 예수가 성령으로 잉태되어 기적적으로 탄생한 것을 알았다면, 예수의 놀라운 활동을 당연한 귀결로 여겼을 것이고 의심의 여지가 없었을 것이 아닌가 하는 비판이 제기되었다.

그러나 본문에는 마리아와 예수의 형제들이 예수를 찾으러 왔을 때, 그들이 예수의 정신 상태나 행동의 안정성을 염려했다는 암시는 전혀 없다.[91] 그리고 마가복음은 예수의 출생과 유년 시절에 관한 어떠한 언급도 하지 않는다. 일찍이 마르크센(W. Maxsen)이 주장한 것처럼 마가복음은 예수의 수난에 집중하여 "확대된 서론이 붙은 수난설화"이기 때문이다. 이 복음서의 목적은 예수의 일신상의 문제를 자세하게 다루려는 데 있지 않고, 박해와 고난을 받고 있는 초대 기독교인들에게 예수의 십자가를 지고 예수를 따를 것을 선포하려는 우선적인 과제가 있었기 때문이다.

바울의 경우 "때가 차매 하나님이 그 아들을 보내사 한 여자(*ek gunaikos*)에게 나게 하시고"(갈 4:4) 라고 하였나. 바울 역시 예수가 '하나님의 아들'로서 한 여자에게서 태어났다는 점을 명시하였다.[92] 어거스틴은 "여자라고 해서 처녀가 아니라는 뜻이 아니라, 히브리 말투로 여자는 성별을 의미할 뿐이다."[93]고 하였다. "그 분은 인성으로는 다윗의 후손으로 태어나신 분이요 거룩한 신성으로 말하면 죽은 자 가운데서 부활하심으로 하나님의 권능을 나타내어서 하나님의 아들로 확인되신 분"(롬 1:3)이라고 한 것을 보아 바울은 예수가 인성과 신성을 지닌 분임을 분명히 하였다.

그러나 바울의 저작들은 교리문답식의 일반적인 강론이 아니라 교회 생활이나 개인 생활 내에서 일어나는 초대교회의 특별한 신앙적인 문제들을 우선적으로 다루었다. 만일 어떠한 특별한 주제에 관한 질문이나 요청 사항이 없는 경우라면 바울 또한 이에 대해 언급하지 않았다.[94] 바울문서의 경우 전투적인 선교 상황에서 화급하고 특별한 현안 문제에 집중하였다. 쟁점이 아닌 주제를 장황하게 서술할 상황이 아니었다는 점을 전제하여야 할 것이다. 바울이 예수의 동정녀 탄생에 관해서 자세한 언급을 하지 않고 있는 이유는 "그것이 당시 교회에서 논쟁거리가 아니었거나 그의 서신을 받아보는 사람들이 이 문제에 관해서 별 관심이 없었기 때문"이라고 할 수 있다.[95]

요한의 경우 하나님의 자녀를 지칭하면서 "이는 혈통으로나 육정으로나 사람의 뜻으로 나지 아니하고 오직 하나님께로서 난 자들"(요 1:13)이라고 하였다. 이 구절은 전통적으로 동정녀 탄생의 가능성으로 묘사한 것으로 보고 있다.[96]

바르트에 의하면, 마태와 누가는 "나사렛 예수가 누구인가?"라는 특별한 질문에 관심을 집중하였고, "그는 동정녀 마리아에게서 나신 분"이라는 사실을 통해 예수가 이 땅에 오신 기원을 설명하였다는 것이다. 요한과 바울 등 다른 신약성서의 문서들은 이 특수한 질문에 별 관심을 보이지 않았다. 이러한 사실은 마태와 누가의 이 진술이 신약성서의 다른 모든 문서들이 당연히 여기고 익숙하고 논쟁의 여지가 없는 것으로 전제하였다는 가능성을 배제하지 않는다.

이제까지의 논의를 정리해 보면, 신약성서의 많은 본문들이 동정녀 탄생에 관해 침묵을 지키고 있기는 하지만, 그렇다고 해서 단순한 침묵이 그 사실을 반대하는 결정적인 증거가 되는 것이 아니다.[97] 일반적인 논리로 침묵과 언급 부재가 곧 반대와 거부를 의미하는 것은 아니기 때문이다.

예수에 관한 모든 사실이 모든 복음서에 똑같이 기록된 것은 아니다. 여기에 있는 것은 저기에 없기 때문에 4복음서가 모두 경전에 포함된 것이나. 예를 들면 예수의 승천에 관해서는 마가복음(16:19-20)과 누가문서(눅 24:50-53, 행 1:9-11)만이 기록하였다. 교회라는 용어는 마태복음(16:18, 18:17)에만 두 번 기록되었으며, 다른 세 복음서에는 전혀 기록되어 있지 않다. 그렇다고 교회에 대한 예수의 가르침을 부정할 수 없는 것이다.[98] 마찬가지로 동정녀 탄생이 마태복음과 누가복음에만 기록되었다고 해서 그 사실 자체를 부정하는 것은 신약성경 27권 모두에 나오는 내용만 사실로 받아들여야 한다는 논리적 억측이 되는 것이다.

5) 동정녀 탄생 관련 사건들의 역사적 증거희박설

공생애의 다른 설화와 달리 동정녀 탄생과 관련된 유아설화는 역사적 증거가 희박하다는 비판이다. 예수의 탄생과 관련된 구레뇨의 치세기간과 인구조사의 문제, 나사렛의 존재 유무, 베들레헴의 영아 살해, 그리고 동방박사와 별의 출현 등은 역사적 진정성이 약하다는 문제가 제기되었다. 이러한 문제에 대한 비판과 이에 대한 최근의 역사적 증거와 그 반론을 이 책 3장 2절에서 자세히 살펴본 바 있으므로 여기서는 간단히 결론만 다룬다.

구레뇨 치세 기간과 인구조사의 문제

고고학자 제리 바르다만은 가는 글자(micrographic)로 구레뇨라는 이름이 적힌 동전을 발굴에 근거하여 "그가 기원전 11년부터 헤롯 왕이 죽은 후까지 수리아와 길리기아의 총독으로 지냈다는 사실을 보여 준다."[99]고 주장하였다. 윌리엄 람세이는 그가 발굴을 담당한 비문을 분석한 결과 구레뇨는 시차를 두고 두 번에 걸쳐 시리아를 통치했을 것이라는 결론을 내렸다.[100]

나사렛의 존재 유무

70년 예루살렘 성전이 로마의 공격으로 무너졌을 때 24개의 경로로 다른 곳으로 이주한 제사장 가족 명단이 적힌 아람어로 된 목록이 1962년 가이사랴에서 발굴되었는데, 그중 한 가족이 나사렛으로 이주한 기록이 등장한다.[101] 이러한 무덤의 유물로 보아 "나사렛이 로마시대에 유대인의 확고한 정착지였다."는 것이 고고학자 잭 피네건(J. Finegan)의 결론이다.[102]

베들레헴의 영아 학살

헤그너는 헤롯은 나사렛이라는 조그마한 마을의 아이들을 모두 학살하고도 남을 인물이므로, "당시에 그(헤롯)의 손에 학살된 아기들의 수가 20명 전후였으리라."[103]고 추산한다.

베들레헴의 별과 동박박사의 방문

기원전 7년 물고기자리에서 목성과 토성이 세 번이나 대대적으로 결합했음이 관측되었다. 기원전 5년 3월과 기원전 4년 4월 육안으로 식별 가능한 혜성 하나가 꽤 오랜 시간 동안 관측되었다는 중국인 천문학자의 기록이 남아 있기 때문이다.[104] 호슬리는 동박박사들은 신의 뜻과 사물의 질서를 해석해 내는 임무를 주로 수행하였으며, 새로운 왕의 출현 시 이를 알리고 알현한 역사적 사례들을 제시한다.[105] 따라서 동정녀 탄생 이야기의 역사적 메시지는 "시저가 구세주가 아니라 예수가 구세주라는 역사적 선언"이라는 것이다.[106]

6) 가현적 탄생설

동정녀 탄생은 가현적 탄생인가?

에밀 브룬너(E. Brunner)는 특이하게도 신학적인 입장에서 동정녀 탄생설의 문제점을 제기한다. 동정녀 탄생의 교리는 니케야 신조와 칼케돈 신조를 통해 확정된 "양성론의 교리의 근본이념과 결정적으로 반대된다."[107]고 하였다. 예수 그리스도가 참 인간이고 참 신이라는 양성론에 의하면 예수는 죄가 없는 것 외에는 우리와 동등한 본질을 가진 완전한 인간이어야 한다. 그렇다면 아버지 없이 태어난 자가 참된 인간일까? 예수가 참 사람이려면 우리와 똑같이 양성생식을 통하여 출생하여야 하는 것이 아닌가?

브룬너는 고차적 가현설을 주장한 사모사타의 바울과 같은 이단자들이 동정녀 탄생을 수용한 것을 상기시키면서 예수가 우리와 다르게 태어났다는 동정녀 탄생설에는 "신적인 부분을 자연적인 부분에 삽입시키는" 강한 가현설적 경향이 들어 있다고 한다.[108]

그러나 사도신경에 나타나는 동정녀 탄생설은 오히려 당시의 가현설을 반대하기 위한 교리로 형성된 것이다. 예수의 신성을 가리키는 표식이라기보다 그의 참된 인간성을 가리키는 표식으로 생각되었다. 영지주의적 신학자들은 그리스도의 신성을 지키기 위하여 그리스도는 참으로 존재한 것이 아니라 단지 "나타났다"(*doceo*)고 주장하였다. 다시 말하여 영원한 로고스가 인간을 영적으로 만들기 위하여 인간의 형태를 옷 입었다는 것이다.[109] 그래서 사도신경은 예수가 성령으로 잉태하였지만 '인간적 육체의 모습으로 나타난 것'이 아니라 '인간의 육체로 태어난 것'(*generatio*)이라는 점을 강조한 것이다.

사도신경에서는 성령의 잉태와 동정녀 탄생과 빌라도에 의한 고난과 십자가의 죽음을 명시함으로써 육체로 태어난 예수가 육체적 고난과 육체적 죽음을 실제로 당하고 육체로 부활하신 분임을 고백한 것이다. 예수가 성령으로 잉태하여 동정녀에게서 탄생하였다 하여도 그의 인성에서 자연적인 인간과 특별히 구별되는 것이 아니기 때문에 브룬너의 비판은 동정녀 탄생론의 핵심을 비켜간 것이라고 볼 수 있다.

브룬너는 동정녀 탄생설이 마리아 숭배론으로 전개된 것까지는 차치하고라도, 금욕적이고 성에 대한 적대적인 사상을 촉진시켰다고 하였다. 그러나 그것은 중세교회의 일부 신학자들에 의한 동정(童貞)에 대한 왜곡된 찬양에 기인한 것이므로 현대와 와서는 전혀 문제가 되지 않는 문제라고 볼 수 있다.

_04

예수 탄생의
삼위일체론적 이해

성령 잉태론과 동정녀 탄생론

이제까지 동정녀 탄생론과 관련된 성서 내외적 비판의 내용을 정리하고 그 반론을 시도하였다. 바르트는 한마디로 그 누구도 성령의 잉태와 동정녀 탄생을 주석적 근거를 통해 논박할 수 없다고 하였다.[110] 복음서 본문에는 "성령이 네게 임하시고 지극히 높으신 이의 능력이 너를 덮으리니"(눅 1:35) 그리고 "성령으로 잉태된 것이 나타났더니"(마 1:18)라고 하였다. 현재 공식적으로 사용되는 사도신경에도 "성령으로 잉태하사 동정녀 마리아에게 나시었다."(qui conceptus est de Spiritu santo, natus ex Maria virgine)고 표현되어 있다.

성서는 예수가 사람의 몸으로 오셨다는 것을 강조한다. "하느님의 성령을 알아보는 방법은 다음과 같습니다. 예수 그리스도께서 사람의 몸으로 오셨다는 것을 인정하는 사람은 모두 하느님에게서 성령을 받은 사람입니다."(요일 4:2 공동번역). 이것이 바로 교회가 그 초창기부터 "심오한 종교의 진리"로 노래한 기쁨에 찬 확신이다. "그분은 사람으로 이 세상에 오셨도다."(딤전 3:16 공동번역).

따라서 성탄절의 기적은 ① 예수가 하나님의 능력으로 성령으로 잉태하고, ② 동정녀 마리아에게서 나시고, ③ 우리의 구세주가 되시기 위해 사람으로 오셨다는 사실이다. 이런 맥락에서 무디(Dail Moody)는 '동정녀 탄생'(Virgin Birth)이라는 용어 대신, '동정녀 잉태'(Virgin Conception) 또는 '신비한 잉태'(Miracle Conception)라는 용어를 사용할 것을 제안하였다.[111] 복음서 본문에 입각하여 더 정확하게 표현하면 '성령의 잉태'(Spiritual Conception)라고 하여야 할 것이다.

바르트는 보다 본질적이고 중요한 성령의 잉태(conceptus de Spiritu santo)라는 구절이 동정녀 탄생(Natus ex Maria virgin)이라는 구절에 비해 이차적인 것으로 해석되어 왔음을 지적하였다.[112] 이처럼 이제까지의 동정녀 탄생론은 성령 잉태론과는 별개로 전개되어 왔다는 것이다. 그러나 동정녀 탄생은 성령 잉태의 결과이다. 처녀 마리아가 어쩌다 아이를 낳은 것이 아니다. 성령으로 잉태한 것이 나타났기 때문에 마리아 역시 처음에는 이를 믿을 수 없었지만 어쩔 수 없이 이를 믿음으로 수용하고 아이를 낳은 것이다. 성령의 잉태가 없이는 동정녀 탄생이 불가능한 것이다. 이 양자의 관계에 관하여 바르트는 전자(성령 잉태)가 크리스마스의 기적과 표적의 근거와 내용이고 후자(처녀 탄생)는 형식과 외형이라고 하였다.[113] 따라서 바르트는 사도신경이 명시하는 바와 같이 성령 잉태가 동정녀 탄생보다 앞선 것이라는 입장에서 동정녀 탄생론은 성령 잉태론의 관점에서 그 신학적 의미를 재검토하였다.

예수 탄생의 삼위일체론적 이해

성령 잉태와 동정녀 탄생은 성육신과 관련하여 새롭게 설명되어야 한다. 성령 잉태나 동정녀 탄생은 하나님이 인간이 되신 성육신의 또 다른 면에 지나지 않기 때문이다. 마태복음도 예수 탄생의 궁극적인 동기와 목적이 '하나님이 우리와 함께 하심'(Immanuel)이라 하였다. 요한은 "말씀이 육신이 되어 우리 가운데 오신 분이다."고 하였다. 따라서 예수의 탄생은 하나님이 인간이 되신 성육신의 사건이요, 성령으로 잉태하신 성령의 사건이요, 동정녀 마리아에게서 예수가 한 새로운 인간으로 태어난 사건이다. 그러므로 예수의 탄생은 삼위일체 하나님이 인간이 되신 삼일체론적 사건으로 이해되어야 한다. 몰트만에 의해 예수의 십자가 사건은 삼위일체론적으로 해석한 사례는 있으나,[114] 이제까지의 신학이 예수의 탄생은 삼위일체론적으로 해석하지 않았다는 점을 지적하지 않을 수 없다.

1) 하나님이 인간이 되심

하나님이 우리와 함께 하심

마태에 의하면 성령으로 잉태하고 동정녀에게 나신 예수를 가리켜 천사는 다음과 같이 선언하였다.

보라 처녀가 잉태하여 아이를 낳으리니 그 이름을 임마누엘이라 하리라.
(마 1:23)

마태는 예수의 이름이 '임마누엘'이라 하였다. '임마누엘'(Immanuel)은 '하나님이 우리와 함께 하신다'(God with us)는 뜻이다. 예수의 동정녀 탄생의 목적이 '하나님이 우리와 함께 하심'이라는 사실을 분명히 하였다.[115] 누가 역시 이 점에서 대동소이하다. 누가는 성령의 잉태와 동정녀 탄생을 통해 태어난 예수는 '거룩한 자 하나님의 아들'(눅 1:35)이라고 하였다. 그리고 누가는 예수가 하나님에게서 왔을 뿐 아니라 하나님께로 돌아간다고 하였다.[116] 따라서 성령 잉태와 동정녀 탄생은 이처럼 하나님이 우리와 함께 하시는 임마누엘의 방식이다.[117]

바르트는 임마누엘이라는 이름은 하나님의 우리 가운데 우리 중의 한 사람으로 오신 것을 지칭하며, 하나의 실제적인 사건이 역사 가운데서 시간과 공간 속의 역사로서 실현된 것이라고 한다.[118] 그리고 이 새로운 구원의 사건의 시작이 인간적인 의지와 성취에 기인하지 않고 하나님의 자유로운 은총과 행동에 기인한다는 사실을 보여 준다. 인간은 자기 스스로를 구원할 수 없고 구원자를 오게 할 수도 없기 때문에 하나님이 인간이 되셔서 자기 백성을 죄에서 구원할 구세주로 오신 것을 선포한 것이다.[119]

하나님의 새 창조

누가는 성령의 잉태 역시 "지극히 높으신 이(하나님)의 능력"(눅 1:35) 즉 초자연적인 하나님의 주권적 능력의 임재라고 하였다. 예수의 성령 잉태와 동정녀 탄생은 높으신 하나님의 크신 능력에 의한 새 창조의 한 방식이라 할 수 있다. 성서는 사람들이 세상에 태어나는 네 가지 방식을 말한다.

① 아담과 하와처럼 하나님의 창조의 능력에 의해 양쪽 부모 없이 창조되는 방식이다.

② 가인과 아벨 이후의 모든 사람들처럼 양쪽 부모에게서 태어나는 자연적인 양성 생식의 방식이다.

③ 아이를 낳을 수 있는 생식능력을 상실한 석녀(石女)가 된 노녀(老女)들이 하나님의 크신 은총의 능력으로 아이를 낳는 방식으로 그 실례로서 이삭(창 17:19), 모세(출 2:2), 삼손(삿 13:3, 5, 7), 사무엘(삼상 1:20), 마

리아의 친척 엘리사벳이 노년에 낳은 세례 요한(눅 1:7) 등이 성서에 등장한다.

④ 그리고 예수의 경우처럼 하나님의 능력을 통한 성령의 잉태와 동정녀 탄생이라는 새 창조의 방식(nova creatio)이다.

예수의 출생은 아담의 창조나 석녀들에 의한 출생처럼 인간으로는 할 수 없으나 "하나님만이 다 하실 수 있는"(마 19:26) 새 창조의 능력에 의한 것이며, 능치 못할 것이 없는 여호와 하나님(창 14:18)의 초자연적 주권의 행사이다. 그래서 예수는 "혈통으로나 육정으로 난 것이 아니라 오직 하나님께로 난 자"(요 1:13)인 것이다. 따라서 그것은 양성생식이라는 "하나님의 창조의 질서를 일시적으로 중지시킨 것이 아니라, 전적으로 하나의 새로운 창조를 수행하신 것이다."[120] 슐라이어마허는 예수의 출생이 하나님의 '새 창조'를 의미하는 동시에 실제로 '인간이라는 종의 창조의 완성'이라고 하였다.[121]

말씀이 육신이 되심

요한은 예수의 탄생은 '말씀이 육신이 되신 것'이며 '이 말씀이 곧 하나님'이라고 하였다(요 1:3). 이어서 "말씀이 육신이 되어 우리 가운데 거하시매 우리가 그 영광을 보니 아버지의 독생자의 영광이요 은혜와 진리가 충만하더라."(요 1:14)고 하였다.

바울 역시 빌립보서에서 "그리스도 예수는 근본 하나님의 본체시나 하나님과 동등 됨을 취할 것으로 여기지 아니하시고 오히려 자기를 비워 종의 형체를 가져 사람들과 같이 되었고 사람의 모양으로 나타나셨다."(빌 2:5-8)고 하였다. 따라서 전통적 기독론에서는 이러한 말씀에 근거하여 예수의 탄생을 하나님이 인간이 되신 성육신의 교리로 설명하였다.

성육신의 신학적 의미

요한과 바울의 가르침에 근거하여 오리겐이 로고스 기독론을 주장한 이후로 성육신론은 희랍철학의 본체론에 입각하여 그리스도가 신적 본성과 인간적 본성을 지녔다는 논지의 양성론으로 정식화되었다. 영원 전부터 선재하신 신적인 본질을 지닌 로고스가 예수에게서 육신이라는 완전한 인성과 결합함으로 예수는 신성과 인성을 공유하게 되었다는 것이다. 이 성육신 교리의 다양한 신학적 의미를 살펴보자.[122]

(1) 희랍 교부들은 육신이 되신 말씀은 신적 불사(不死)와 인간적 가사(可死)를 그 자신 안에 결합하여 영육 간에 불사성을 달성하고 육신의 신성화(Vergottung des Fleisches)를 이룬 것으로 믿었다.[123]

하나님의 말씀이 육신이 된 것은 그가 죽음을 진멸하고 사람을 생명으로 이끌어 가기 위함이었다. 이것은 우리가 죄 속에 갇히고 거기서 속박 받고 있으며 죄 안에서 나고 죽음의 지배 아래서 살고 있기 때문이다.[124]

특히 아타나시우스(Athanasius)는 불사성(不死性)과 육신의 신화(神化)를 구원의 본질로 이해했기 때문에 '왜 하나님이 인간이 되었는가'라는 질문에 대해 "우리 인간이 신이 되도록 하기 위하여, 다시 말하면 신의 삶에 참여케 하기 위하여 하나님은 인간이 되셨다."[125]고 하였다.

(2) 슐라이어마흐는 『크리스마스이브』(1806)라는 책에서 플라톤의 이데아 개념을 원용하여 성육신을 보편적이고 추상적이며 원형적 인간(archetypical man)이 관념적 세계가 아니라 감각의 세계 한가운데 역사적이고 구체적인 인간(individual)으로 출현한 것으로 해석하였다.

(3) 틸리히는 전통적인 성육신론에 나타난 양성론의 역설을 실존의 역설로 해석하였다. 성육신은 본질적인 인간이 실존의 제약 아래에 출현한 것이며, 예수 그리스도가 참 신이며 참 인간(vere deus vere homo)이라는 것은 예수 그리스도가 본질적인 인간이면서도 실존적인 인간(Christus homo essentialis, homo existentialis)이라는 실존의 역설을 의미한다고 본 것이다.[126]

(4) 바르트는 하나님의 말씀의 신학을 통해 성육신을 계시의 개념으로 해석하였다.[127] "하나님의 말씀이 한 인간이 되셨고 그 인간이 하나님의 말씀이 되셨다는 사실에서 하나님의 계시가 발생한다. 영원한 하나님의 말씀의 육화이신 예수 그리스도는 하나님의 계시이다."[128]는 것이다. 따라서 예수의 탄생은 "하나님께서 자기 자신은 드러내는 계시의 신비"[129]인 동시에 "특별한 신비의 계시"라고 하였다.[130] 따라서 예수 그리스도 안에서 인간이 되신 하나님이 나타나 보이게 되는 것이다.

(5) 푹스(E. Fuchs)와 에벨링(G. Ebeling)은 구원사건으로 이해한 성육신의 개념을 더욱 철저히 말씀사건(word event)으로 해석하였다.[131] "말씀이 육신이 되었다면 그것은 말씀이 항상 구체적인 인간의 말씀 안에 만나며, 예수 안에서 성육하신 말씀으로 선포 안에서 만난다는 의미"[132]라고 한다. 말씀 자체가 해석학적 기능을 지닌다. '하나님의 말씀이 인간에게 전달되는 것과 사건이 동시에 일어나는' 것이므로 이 언어사건이 말씀이 육신이 되신 예수 그리스도의 이해 규범이라고 하였다.[133]

(6) 김광식은 말씀이 육신이 되었다는 것은 헬라주의 전통에서는 쉽게 이해되지만 동양인에게는 낯선 관념이므로, 이를 말씀이 역사 속에 행하시는 하나님의 행위이신 예수 그리스도라고 한다면 이해할

만 하다고 하였다. 그리하여 성육신을 하나님의 '원형적인 언행일치'의 말씀이 예수의 삶 속에서 역사화한 '역사적인 언행일치'라고 해석하였다.[134]

(7) 구티에레즈는 "자기를 비워 종의 형체를 가져 사람들과 같이 되었다."라는 빌립보의 찬가(빌 2:5-8)를 주 예수 그리스도는 "부요하신 자로서 우리를 위하여 가난하게 되심은 그의 가난함을 인하여 우리를 부요케 하려 하심이라."(고후 8:9)는 바울의 말씀과 결합시켰다. 그분이 가난해지심으로 우리가 부요하게 되었다는 것은 곧 자기 비하요 그의 비움(케노시스)이라고 하였다.[135]

역설적으로 말해서 신의 인간화는 인간의 인간화의 준거이다. 하나님은 인간을 억압하는 '비인도적인 인간들'과 인간에게 억압당하는 '비인간화된 인간들'을 모두 구원하여 인간화하기 위하여 인간이 되신 것으로 이해할 수 있다.[136]

2) 성령으로 잉태하심

"성령이 네게 임하시고"(눅 1:35), 그리고 "성령으로 잉태된 것"(마 1:18)이 마리아에게 나타나 예수가 성령으로 잉태되었다는 것은 예수의 출생이 '하나님의 일'인 동신에 '성령의 일'이라는 사실을 의미한다. '성령이 임하였다'는 표현은 '성령이 감싸주실 것'이라는 뜻이다. 태초에 하나님이 말씀으로 천지를 창조하실 때에도 하나님의 영이 수면 위를 운행한 것처럼, 새 창조로서 예수의 탄생에서도 하나님의 말씀이 천사를 통해 임재하고 성령이 마리아를 감쌈으로써 성령으로 잉태한 것이 나타난 것이다.[137] 감싼다는 것은 구약성서의 독특한 표현으로 하나님이 지성소에 현현하심을 표현하는 용어로도 사용되었다.

그러므로 예수 출생 가운데서 일어난 일은 '육체의' 일이 아니라 '성령의 일'이었다. 예수의 출생에서 비롯하여 예수에게 일어난 모든 일이 성령의 일이다. 성령의 잉태에서 하나님은 인간이라는 피조물의 모습을 취하고 성령 안에서 하나님이 인간이 되시어 자신의 실존을 피조물에게 부여하신다.

바르트 역시 예수가 마리아에게서 태어나기 전에 성령에 의해 수태하였다는 것은 예수의 출생이 성령의 사역의 결과라는 사실을 의미한다고 하였다. 그러므로 "예수가 이 땅에 기원한 것은 단순한 신비가 아니다. 그것은 선적으로 유일하고 독특한 하나님의 성령 능력의 행위로서만 이해될 수 있다."[138]고 하였다.

성령 잉태는 성령이 마리아의 남편이나 예수의 아버지를 대역했다는 것이 아니라, 하나님의 창조적인 명령이라는 사실을 의미한다.[139] 예수는 성령으로 잉태하였으므로 그의 공생애를 '영의 사람'으로 시작하고 끝마쳤다. 그래서 보그는 『예수 새로 보기』에서 역사적 예수를 전적으로 '영의 사람'으로 묘사하였다.[140] 세례 시에도 하늘이 열리고 성령이 비둘기처럼 임하였으며 하늘로부터 이는 "내 사랑하는 아들"이라는 하나님의 음성을 듣게 된다. 성령에 충만하여 광야의 시험을 받고 하나님의 말씀으로 시험을 이겼으며, 성령의 현존과 능력 안에서 가르치고 천국복음을 선포하고 병자와 약자를 치유하였다. 던은 예수의 성령 체험이 예수의 하나님 체험과 동전의 양면 같은 것이라고 하였다.[141]

예수는 죽음을 앞두고 보혜사 성령이 제자들에게 임재할 것을 약속하였다. 오순절 공동체는 이 성령의 충만한 능력의 임재로 말미암아 출발할 수 있었다. 바울도 "성령을 우리 구주 예수 그리스도로 말미암아 우리에게 풍성히 부어 주사"(딛 3:6) 그리스도 안에서 풍성한 삶은 누리게 되는 것을 가리켜 성령의 충만(엡 5: 18)한 삶이라 하였다. 뿐만 하나님의 영은 곧 그리스도의 영으로 고백된다(롬 8:9).

3) 동정녀 마리아를 통해 새로운 인간으로 나심

동정녀 탄생의 의미는 예수는 인간으로 태어났지만 "그 누구보다 전적으로 다르게, 즉 죽은 자의 부활처럼 생물학적으로는 전혀 설명할 수 없는 방식으로 태어났음을 의미한다."[142] 이와 동시에 예수는 "다른 모든 어머니들의 모든 아들처럼 실제적 인간으로 태어났다."는 의미를 함축한다.[143] 예수가 성령의 잉태와 동정녀 탄생이라는 특별한 방식으로 태어났다. 그렇다고 해서 영지주의자들의 주장처럼 단지 인간의 모습을 띤 가현적인 존재로 나타난 것(doceo)이 아니다. 모든 인간과 똑 같은 인성을 지닌 인간으로 태어나서(generatio) 고난당하기도 하고 죽기도 한 것이다.

이처럼 영지주의자들은 그리스도는 육체로 오신 분이 아니기 때문에 고난도 죽음과 함께 당하지 않는다고 왜곡한 것을 바울은 "다른 예수, 다른 영, 다른 교훈"(고후 11:4)을 가르치는 것으로 분명히 거부하였다. 그래서 요한2서에는 "예수 그리스도께서 육체로 임하심을 부인하는 자들"(1:7)에게는 즉, 영지주의자들을 가리켜 "미혹하는 자요 적 그리스도(Anti-Christ)"라고 하였다.

예수가 인간으로 태어났지만 다른 인간과는 전적으로 다른 새로운 방식으로 태어났다. 예수는 전적으로 새로운 인간으로 태어난 것이다. 바르트에 의하면 예수의 탄생은 엄격하게 말하면 죄 된 인간 본성의 심판과 한계를 의미한다. 보다 적극적으로 인간 삶의 새로운 시작이다. 그러므로 예수에게서 우리는 새로운 인간인 참 인간(very man)을 보게 된다. 요한이 "이 사람을 보라"(ecce homo)라고 외친 뜻이 여기에 있는 것이다.

예수가 새로운 인간으로 태어났으므로 예수 안에서 우리 모두가 새로운 인간으로 거듭나는 것이다. 이런 뜻에서 바울은 그리스도 안에서는 누구나 속사람이 새로워진 새로운 피조물이 된다고 하였다.

누구든지 그리스도 안에 있으면 새로운 피조물이라. 이전 것은 지나갔으니 보라 새것이 되었도다.(고후 5:17)

앞에서 살펴본 것처럼 호슬리는 동정녀 탄생 이야기를 역사적 구원자의 등장에 관한 선포로 해석한다. 당시의 팔레스타인 독자라면 누구나 이 예수 탄생 이야기에서 로마의 평화와 그리스도의 평화를 비교하게 되고, 로마 황제가 아니라 예수가 진정한 평화와 구원을 가져올 자라는 선포를 듣게 된다는 것이다. 따라서 동정녀 탄생 이야기의 역사적 메시지는 "시저가 구세주가 아니라, (하늘의 영광과 땅의 평화를 가져온) 예수가 구세주라는 역사적 선언"이라는 것이다.[144]

성령의 잉태와 동정녀 탄생은 전적으로 하나님의 은총과 신앙의 청종 속에서 일어난다.[145] 요셉은 마리아의 수태 소식을 듣고 가만히 인연을 끊고자 하였다. 마리아 역시 사내를 알지 못한 상황에서 자신의 배가 점점 불러오는 현실을 받아들이는 일이 상식적으로는 불가능하였을 것이다. 그러나 마리아는 마침내 성령의 잉태가 "계집종의 비천함을 돌보아 능하신 이가 큰 일을 내게 행하셨다."(눅 1:34)는 놀라운 사실을 믿음으로 고백하고 순종하여 받아들인 것이다.

그러므로 성령의 잉태와 동정녀 출생 이야기는 성령으로 인하여 우리 안에서 그리스도가 태어나는 이야기로 현재화된다. 궁극적으로 예수의 출생 이야기는 단순히 과거만의 이야기가 아니라 현재 우리 안에서 일어나는 내적인 거듭남에 관한 이야기이기도 한 것이다.[146] 성령의 은총으로 예수를 구주로 영접하고 예수 안에서 새로운 삶을 시작하는 신앙의 결단과 하나님의 은총에 대한 순종의 사건이 반복되는 것이다. 13세기의 기독교 신비가이며 신학자이며 설교가였던 마이스터 에카르트는 동정녀에 의한 그리스도의 출생이 '지금도 우리 안에서 일어나는 어떤 것'이라고 하였다.

따라서 예수의 탄생은 삼위일체 하나님의 행위에서 일어난 사건이다. 삼위일체 하나님이 우리와 함께하시는 성육신의 사건이요, 성령으로 잉태된 것이 나타는 성령 임재의 사건으로, 동정녀의 몸에서 새로운 인간 예수가 태어난 사건이다. 예수의 탄생 자체가 삼위일체 하나님의 구원 사건으로서 신비의 계시요 또한 계시의 신비이므로 신앙의 유비(analogia fidei)로만 수용되고 인식되고 믿어질 수 있다는 것이다.[147]

제5장

예수의 세례와 시험과 성령의 임재

_01

세례 요한과
예수

1) 세례 요한의 생애와 사역

세례 요한의 등장

세례자 요한(John the Baptist)의 부모는 사가랴와 엘리사벳이다. 그의 부친은 아비야 반열의 제사장이며, 그의 모친은 예수의 어머니 마리아의 친척이다. 그리고 요한은 그의 어머니가 나이 많아 아이를 낳을 수 없는 상황이었음에도 불구하고 가브리엘 천사의 수태 예고로 잉태하여(눅 1:12-13), 예수보다 6개월 먼저 태어났다.

세례 요한은 로마 황제 디베료(Diberius)가 즉위한 지 15년이 되는 해(주후 29년)에 유대 광야와 요단 강 부근에서 세례 운동을 시작하였다(눅 3:1).[1] 그의 복장은 약대 털옷과 가죽 띠였고 음식은 메뚜기와 석청이었다(막 1:16). 그는 "털이 많고 가죽 띠를 띤"(왕하 1:8) 선지자 엘리야의 모습을 연상시킨다. "여호와의 크고 두려운 날에 내가 선지자 엘리야를 너희에게 보내리라."(말 4:5)는 예언으로 인해 세례 요한을 다시 올 엘리야로 여기는 사람들도 있었다(막 9:11-13, 요 1:21). 심지어 요한

이 그리스도인가 하는(눅 3:15) 논의가 있을 정도였다. 요한은 자신이 그리스도(메시아)가 아니고 "광야의 외치는 소리"라고 하였다.

회개의 세례

세례 요한은 구약의 예언자들처럼 하나님의 말씀이 임하여(눅 3:1), "회개하라 천국이 가까이 왔다."(마 3:1)고 선포하였다. "이미 도끼가 나무뿌리에 놓였으니 좋은 열매 맺지 아니하는 나무마다 찍어 불에 던지우리라."(마 3:10)고 하였다. 하나님의 진노가 임박하였으므로 "죄 사함을 얻게 하는 회개의 세례"(마 1:4, 눅 3:3)를 받을 것을 선포하였다.

회개라는 말의 희랍어 원어는 메타노이아(metanoia)인데, "뜻이나 생각을 바꾼다."는 의미이지만, 이 단어에 해당하는 구약성서의 히브리어 슈브(Sub)는 "그릇된 길에서 돌이켜 하나님께 돌아오라."[2]는 뜻이다. 따라서 회개는 단지 개인이 도덕적인 잘못으로 뉘우치는 것이 아니라 이스라엘 민족 전체가 불신앙에서 돌이켜 전적으로 하나님께로 귀의하는 신앙으로 살기로 작정하는 "삶의 방향을 전환하라."[3]는 뜻이다.

쿰란의 세례와 세례 요한의 세례

세례(baptizein)는 '담그다', '잠기다'는 뜻(행 8:38, 골 2:12)으로 종교적 정결의식을 의미한다. 세례 요한 이전에 쿰란 공동체가 이러한 세례의 정결의식을 거행한 기록이 등장한다.[4] 그래서 쿰란의 에센 공동체와 기독교의 관련성을 주장하는 이들이 있었지만, 이 종파가 세례 요한 및 예수와 관련이 있을 것이라는 직접적인 증거는 아직 확인되지 않았다.[5]

슈테게만(Hartmut Stegemann)은 쿰란의 세례와 세례 요한의 세례 양자 사이의 차이를 다음과 설명하였다.

① 쿰란 공동체에서는 물속에 몸을 담그는 예식이 있었으나 그것은 개인이 스스로 들어가는 것이었고, 별도의 세례를 베푸는 세례자(baptizer)가 없었다. 카리스마적 타인의 세례 베풂 행위에 의한 죄사함이 아니었다.

② 요한의 세례는 묵시론적 종말을 전제로 한 구원의 특별한 행위였다. 그러나 쿰란의 세례는 유대교 전통에 따른 정화 의례(儀禮)였다.

③ 요한은 요단강의 동쪽 강둑 아래라는 어떤 특정 지역에서 세례를 베풀었다. 다시 말해서 '요단강'이라고 하는 장소에 어떤 특별한 상징적 의미가 있었다. 그러나 쿰란의 세례는 특정지역이 없었으며 예식의 필요에 따라 아무데서나 세례반(洗禮盤)을 설치하면 가능한 것이었다.

④ 요한의 세례는 한 사람의 일생에서 딱 한 번이면 족한 것이다. 그것은 한 개인에게 1:1로 베푸는 일회적 행위이다. 그런데 쿰란의 세례는 자기 혼자서 하루에도 몇 번씩 할 수 있었다.

⑤ 요한의 세례는 최후의 심판을 앞두고 죄사함을 보장하는 행위였다. 그러나 쿰란의 목욕세례는 최후의 심판과 연결되지도 않았고 죄사함도 이루어지지 않는다.

⑥ 요한의 세례는 회심(回心), 즉 삶의 역전이나 다시 태어남을 보장한다. 그러나 쿰란의 세례는 모세의 율법에 대한 완벽한 복종을 의미하는 것이다. 회심의 모티브가 없다.

⑦ 쿰란에서는 세례에 참여하기 위해서는 1년의 공동생활 유예기간이 반드시 필요했다. 요한의 세례는 당장에서 즉각적으로 이루어진다.

⑧ 쿰란의 세례는 반드시 자기네 공동체에 소속한 정규 멤버에게만 한정되는 것이었다. 요한의 세례는 남녀노소의 구분이 없었고, 신분의 차

이나, 소속 단체의 여하를 불문하고 베풀었다. 그리고 세례 후에 요한 공동체의 멤버가 될 것도 일체 요구하지 않았다.[6]

유대인의 세례와 세례 요한의 세례

유대교의 경우 1세기 말부터 기독교의 영향으로 이방인들이 유대교로 개종할 경우 유대인의 표식인 할례 대신 세례를 입교의식으로 거행하였다고 한다. 그러나 유대교에서 등장하는 세례는 형태적으로는 유사하지만 세례 요한의 세례와는 전적으로 다른 내용인 것이 분명하다.[7]

(1) 유대교의 세례의식은 스스로 행하는 것으로서 별도의 집례자가 없었다. 쿰란 공동체에서는 세례가 정기적으로 반복되는 일종의 정결의식이었고, 1세기 유대교의 경우 세례는 이방인에게만 해당하는 입교의식이었다.

반면에 요한의 세례는 집례자가 있어 권위를 가지고 피세례자에게 세례를 베풀었다. 이 세례는 일회적인 것이었으며, 할례를 받은 유대인이나 할례를 받지 않은 이방인 모두에게 베풀어졌다.

(2) 요한의 세례는 반복적인 정결의식이나 개종자의 입교의식이 아니다. "죄사함을 얻게 하는 회개의 세례"(눅 3:3)를 통해 임박한 진노를 피할 수 있으며, "모든 육체가 하나님의 구원하심을 보리라."(눅 3:6)고 선언한 것이었다. 외프케(A. Oepke)는 유대교의 세례는 정치적이고 의식적이었던 반면, 요한의 세례는 윤리적이고 종말론적이었다고 지적한다.[8]

(3) 스미스(M. Smith)에 의하면 세례 요한 당시 유대인들이 합법적으로 희생 제사를 드릴 수 있는 유일한 장소는 예루살렘이었다. 성전에서의 희생 제사를 드리기 위해서는 많은 비용이 들었다. 이런 상황에

서 새롭고 값싸며 누구나 차별 없이 모든 죄를 용서받을 수 있는 세례라는 제의를 도입한 것은 요한의 위대한 창안이었다고 한다.[9]

임박한 심판에 대한 경고는 새로운 것이 아니었다. 예언자들에 의해 800년 동안 계속된 것이다. 세례 요한이 선포한 "죄사함에 이르는 회개의 세례"는 분명히 예루살렘 성전 제의에 배제된 많은 사람들에게는 구원에 이르는 새로운 길로 여겨졌을 것이다.

회개의 합당한 열매

1세기 유대인들은 '죄'를 개인적인 도덕적 실패로 보지 않았다. 이스라엘은 하나의 거대한 민족적 가족공동체였다. 지도자의 개인적 죄는 민족공동체의 수치가 되는 국가적 죄로 여겨졌다. 엄밀히 말하면 다윗과 밧세바의 간음도 개인적인 죄가 아니었다. 다윗은 국왕으로서 이스라엘을 대표하는 인물이었다. 따라서 다윗의 죄를 민족적인 수치와 죄로 여겼다. 주기도문이 가르침처럼 '우리의 죄'로 여겼다. 세례 요한과 예수의 하나님 나라 선포와 회개 운동도 이런 배경에서 이해되어야 한다.

이스라엘 백성들이 이러한 공동체적 위기를 느끼며 요한에게 나아왔다. 그리고 이스라엘의 죄를 회개했다. 그들이 자신을 죄인으로 느끼지 않았다는 뜻이 아니다(분명히 그렇게 여겼다). 하지만 그들은 자신들의 개인적인 죄가 죄 된 국가의 운명과 뒤섞여 있음을 보았다. 지금의 모습과 다른 새로운 공동체가 되지 않는다면, 그들은 결코 하나님이 주신 국가적 정체성과 비전을 성취할 수 없었다. 그들이 제일 먼저 해야 할 일은 새롭게 되어야 할 필요성을 고백하는 것이다.[10]

세례 요한은 아브라함의 자손은 누구나 구원이 보장되어 있다는 당시의 유대민족주의적인 맹목적 구원관에 제동을 걸었다. 세례를 받으러 오는 사람들에게 "회개에 합당한 열매를 맺고 속으로 아브라함이 우리 조상이라고 생각지 말라 내가 너희에게 이르노니 하나님이 능히 이 돌들로도 아브라함의 자손이 되게 하시리라."(마 3:7-10, 눅 3:7-10)고 하였다. 이처럼 세례를 통한 죄사함의 은총을 선포하였으나 회개의 합당한 열매를 통해 죄사함의 은총에 상응하는 과제를 수행할 것을 요청한 것이다.

그리고 회개의 구체적인 과제를 제시하였는데 그 내용을 보면 종교적이기보다는 사회윤리적인 측면이 강한 것이다. 그리고 "개인에 초점을 둔 것이 아니라 이스라엘 전체에 초점을 두고 회개를 외쳤다."[11] 당시의 상류층에 속하는 부자와 세리와 군인에게 새로운 삶의 지침을 제시하였다. 이로써 이스라엘의 기득권 전체의 갱신을 통해 새로운 하나님 나라의 질서를 수립할 것을 촉구한 것이다.

- **부자들**: 속옷 두 벌을 가진 사람은 한 벌을 없는 사람에게 주고 먹을 것이 있는 사람도 이와 같이 남과 나누어 먹어야 한다.
- **세리들**: 정한 대로만 받고 그 이상은 받아내지 말라.
- **군인들**: 협박하거나 속임수를 써서 남의 물건을 착취하지 말고 자기가 받는 봉급으로 만족하여라.(눅 3:11-14 공동번역)

세례 요한의 세 덕목과 플라톤의 사주덕(四主德)을 비교해 보면 요한의 전향적인 의식을 엿볼 수 있다. 플라톤은 당시 희랍 도시국가(Polis)의 지배계층에 속하는 통치자와 상인과 군인에게 필요한 덕목을 가르쳤는데, 먼저 통치자는 지혜(sophia)가 있어야 하고, 생산자들은 절제

(sophrosyne)해야 하고, 무사들은 용감(andreia)해야 한다. 정치가는 정치가답게 지혜롭고, 상인들은 상인답게 절제하고, 군인들은 군인답게 용감하여 저마다 저다울 때 정의(dikaiosune)가 실현된다고 하였다.[12]

반면에 세례 요한의 가르침은 달랐다. 당시 유대 사회의 상류층은 자신의 기득권을 포기하도록 가르쳤다. 부자들은 가난한 자들에게 먹을 것과 입을 것을 나눠 주고, 세리들은 정한 세금만 정직하게 거두고 권한을 남용하지 않도록 하고, 군인들은 힘없는 자들을 협박하거나 착취하지 못하도록 하였다. 플라톤은 정치가와 상인과 군인이 자신들의 지위와 기득권을 수호할 수 있는 방안을 더물으로 제시하였지만, 요한은 재물과 권력이 없는 자들과 더불어 사는 것이 회개에 합당한 삶이라고 하였다. 사회적 약자들을 보호하고 배려하려는 구약의 예언자적 전통에 서 있었다고 보아야 할 것이다.

세례 요한의 순교

분봉왕 헤롯 안티파스가 그의 배다른 동생 필립의 아내 헤로디아와 결혼한 것을 비난하였기 때문에 세례 요한은 옥에 갇히게 된다(마 14:1-2 병행).[13] 요세푸스에 의하면 헤롯 안티파스(BC. 4-AD. 39)는 주후 30년경 그의 이복형제 헤롯의 아내 헤로디아스와 혼인하기 위해 그의 첫 번째 부인을 버렸다고 한다.

요세푸스에 의하면 세례 요한의 투옥 장소는 사해 동편 마케루스(Machaerus)이며 투옥 이유는 세례 요한이 폭력적인 혁명을 일으킬 것을 헤롯이 염려했기 때문이라고 한다.[14] 세례 요한의 투옥은 열심당들을 자극하였고 이로 인해 폭력적인 저항 운동이 일어난 것이 분명하다. Q 자료 등에 의해 새롭게 해석되는 마태복음 11장 12절의 "모든 율법과 예언자는 요한에까지 (이르렀다): 그 때 이래로 하나님의 나라는 폭력

을 당하고 있으며 폭력을 행하는 사람들이 그 나라를 차지한다."고
한 예수의 말씀도 그러한 정황을 증거한다.[15]

세례 요한의 체포는 예수에게도 충격적인 계기가 된 것 같다. 마태
와 마가는 예수께서 갈릴리로 오셔서 하나님의 복음을 전파하기 시작
한 것은 "세례 요한이 잡힌 후"라고 명시한다(막 1:14, 마 4:12). 옥에 갇힌
요한이 제자들을 예수에게 보내어 "오실 자가 당신이냐"고 묻기도 한
다(마 11:2-15). 세례 요한이 살해당한 후 예수가 세례 요한의 후계자로
인식되어 위협을 느낀 것이 분명하다.[16]

세례 요한이 처형된 후에도 그의 제자들이 활동을 계속하였고 에베
소교회에서는 요한의 세례만을 아는 자들이 있었던 것(행 18:25)으로
보아 양자는 경쟁관계에 있었던 것으로 여겨진다.

2) 예수의 세례 받음과 구원사적 의미

예수의 세례 받음의 역사성

네 복음서와 사도행전은 한결같이 예수가 세례를 받았다고 전한
다.[17] 그러나 예수가 세례 시 성령으로 메시아적 기름 부음을 받고 하나
님의 아들로 세움을 받았다는 기록의 역사성을 부인하는 비판적인 학
자들이 없지 않다. 이러한 부정적인 견해는 몇 가지 근거들을 들어
반박할 수 있다.

예레미아스에 의하면 예수의 세례 받음의 신빙성을 뒷받침해 주는
점은 이 정보가 불러일으킨 '이중의 거리낌'이라고 한다.[18]

(1) 예수가 세례자 요한으로부터 세례를 받았다는 것은 예수를 세
례 요한의 추종자로 격하시키는 사례에 해당된다. 따라서 예수의 세례
받은 것이 역사적 사실이 아니라면 초대교회가 이러한 불유쾌한 사건

을 일부러 꾸며내어 기록할 이유가 없는 것이다. 왜냐하면 이 기사는 초창기의 교회 공동체가 그리스도를 선포하는 데 오히려 부담이 되는 기사였기 때문이다. 복음서 기자는 예수의 권위에 손상이 될 수도 있는 이 기사를 기록으로 남긴 것은 예수의 세례 받음이 여러 목격자들 통해 역사적으로 널리 알려진 사건이기 때문이다.

(2) 세례를 죄사함의 표시로 보는 초대 기독교인들에게 죄 없으신 예수가 죄사함을 받는 회개의 세례를 받은 것을 신학적으로 받아들이기가 거북한 것이었다. 그래서 마태는 세례 요한이 "제가 선생님께 세례를 받아야 할 터인데 어떻게 선생님께서 제게 옵니까?"라고 사양하자 예수가 "하나님께서 원하시는 모든 일을 이루기 위함"(마 3:13-15)이라고 설득하였다.[19] 예수가 세례를 받은 역사적 사실을 신학적으로 수용하기가 난감하였음을 반영하는 설명들이다.

적어도 복음서 기자들은 자신들의 신학적 견해에서 보면 예수가 세례 요한에게서 세례를 받은 것이 거북스러운 사실이지만 이를 왜곡하거나 은폐하지 않고 다른 방식으로 그 의미를 설명하려고 했다는 점에서 역사적 사실에 대해 매우 진실한 태도를 가졌다는 것을 알 수 있다. 그래서 카스퍼(W. Kasper)는 "예수가 요한으로부터 세례를 받았다는 확실한 사실로부터 시작해도 좋을 것이다."고 확언하였다.[20]

세례 요한과 예수의 상호평가

세례 요한은 예수보다 먼저 공적인 활동을 시작하였다. 세례 요한은 이사야(4:3)가 예언한 "광야의 외치는 소리요 주의 길을 예비하는 자"(막 1:3 병행)로 묘사된다. 마가(1:2)는 예수의 선구자로서 "앞서 보낸 사자"(말 3:1)라고 하였다.

예수는 세례 요한의 사명을 지나칠 정도의 언사로 경의를 표하였다.[21] 세례 요한의 세례는 하나님에게서 났으며(막 11:30 병행), 그는 "예언자보다 훌륭한 사람"(마 11:9 병행)이고 "모든 사람 중에 가장 큰 인물"(마 11:11 병행)이라고 하였다.

반대로 세례 요한은 예수를 "나보다 능력 많으신 이"이며, "나는 몸을 굽혀 그의 신발 끈을 풀어드릴 만한 자격조차 없는 사람"(막 1:7 공동번역)이라고 하였다. 요한복음은 "내 뒤에 오는 이가 있는데 그가 나보다 앞선 것은 그가 나보다 먼저 계심이라."(요 1:30)고 함으로써 예수의 선재(pre-existence)를 암시한다. 그리고 세례 요한은 예수를 가리켜 "세상 죄를 지고 가는 하나님의 어린 양"(요 1:29)이라고 하였다. "그는 흥하여야 하겠고 나는 쇠하여야 하리라."(요 3:30)고 하였다.

예수와 세례 요한의 공통점과 차이점

세례 요한의 세례 운동과 예수 운동의 공통점과 차이점도 여러 면에서 조명되고 있다. 세례 요한은 예수보다 6개월 먼저 태어났으며(눅 1:24), 마태는 세례 요한도 예수와 마찬가지로 "회개하라 천국이 가까이 왔다."(마 1:2, 4:17)고 선포하였다고 한다. 그리고 예수는 세례에 관하여서는 "믿고 세례를 받는 자는 구원을 얻을 것"(막 16:16)이라고 선언하였다. 양자는 공통된 메시지를 가지고 각자의 제자들을 데리고 독립적으로 사역한 것으로 여겨진다.[22]

세례 요한이 감옥에 갇히기 전까지는 예수의 제자들은 유대에서, 세례 요한과 그의 제자들은 애논에서 세례를 베푼 것으로 기록하고 있다(요 3:22-23). 예수의 제자들이 요한의 제자들보다 더 많은 사람들에게 세례를 준 것을 바리새인들도 알고 있었다(요 4:1)고 한다.

타이쎈은 예수 운동이 세례 요한의 세례 운동에서 발전했으나 몇 가지 특징적 차이가 있다고 하였다.[23] 양자의 차이는 양자의 삶의 방식에서 드러난다.

(1) 세례 요한은 광야에서 살았다. 그러나 예수 운동은 달랐다. 예수와 예수 운동원들은 여러 정착지를 방랑하면서 복음을 선포하였다.

(2) 이러한 지리적 구분은 세례 운동의 금욕적 특징과 상응한다. 세례 요한은 예수와 달리 먹고 마시지도 않았다(마 11:18 이하). 그래서 예수와 그의 제자들이 세례 요한과 달리 금식조차 하지 않는다는 비난을 받았다(막 2:19).

이처럼 '금식하는 세례 요한'(fasting John)과 '잔치하는 예수'(feasting Jesus) 사이에는 큰 대조가 존재한다.[24] 예수는 여러 사람들과 어울려 먹기도 하고 마시기도 하였다. 예수는 자신이 "먹기를 탐하고 포도주를 즐기는 사람이요 세리와 죄인의 친구"(눅 7:34 병행)라는 비난을 받고 있음을 알고 있었다.[25]

(3) 결정적인 차이는 심판과 은총에 대한 상이한 이해이다. 요한의 세례 운동은 회개와 세례가 심판으로부터 구원되는 유일한 길이었다. 세례를 받아야 한다는 압박은 종말론적 불안에 토대를 두고 있다. 그러나 예수는 한 마리 잃은 양의 비유에서 나타나듯이, 회개한 죄인 하나를 기뻐하시는 하나님의 기쁨에 토대를 두었다(눅 15:7). 예수는 두렵고 불안한 회개의 선포자가 아니고, 하나님의 급진적 은총의 선포자였다. 그러므로 예수가 세례를 행하지 않았다는 것은 우연한 일이 아니다. 타이쎈은 이런 의미에서 예수는 "윤리적 급진주의자가 아니라 은총의 급진주의자"였다고 한다.[26]

(4) 세례 요한은 세례의 조건으로 율법적인 회개를 요청하였지만, 예수는 하나님에 대한 믿음을 요청하였다. 예수는 "믿고 세례를 받는 자는 구원을 얻을 것"(막 16:16)이라고 하였다. 예레미아스도 예수와 세례 요한 둘 다 회개를 요청하였지만, 회개의 동기에 관해서 둘 사이

에는 다음과 같은 근본적인 차이점이 있다고 하였다. 세례자 요한의 경우 동기는 임박한 심판에 대한 두려움이지만, 예수의 경우 이해를 초월하는 하나님의 인자하심의 경험(눅 13:6-9)이라고 하였다.[27] 회개란 용서받은 삶을 살도록 허용되는 것, 다시 자녀가 되도록 허용되는 것을 의미하기 때문에, 회개는 기쁨이라고 하였다.[28] 이런 의미에서 멜랑히톤은 "요한의 세례는 '참회의 세례'라 불리지만 그리스도의 세례는 '사죄의 세례'라 불린다."[29]고 하였다.

예수의 세례 받음의 의미

예수가 세례 요한에게 세례를 받았을 때는 그의 나이가 서른 살쯤 되었을 때(눅 3:23)라고 한다. 당시 에센파의 규례에 의하면 서른이 되어야 무리를 감찰할 수 있는 감독이 될 수 있었다. 감독은 새로 공동체에 들어오는 지원자를 심사할 수 있는 권한과 공동체의 비리나 배신행위를 감찰하고 재판하는 권한과 율법을 해석하는 권한을 가진다.[30] 예수는 당시의 관습에 따라 서른 살쯤 되어서 종교 지도자로서 공적인 생애를 시작한 것이다.

예수가 세례를 받을 때 하늘이 열리고 성령이 비둘기 같이 그 위에 내렸으며, 예수가 하나님의 아들이라는 음성이 하늘에서 들렸다는 것은 4복음서에 일치된 증언이다.[31] 예레미아스는 쿰란 문서에도 메시아적 소명과 관련하여 하늘이 열리고 성령이 임하고 하나님의 아들이 될 것이라는 두 사례가 있다고 한다.[32]

하늘이 열릴 것이며 영광의 성전으로부터 거룩함이 아버지의 음성(마치 이사악의 아버지 아브라함의 음성 같은)과 함께 그의 위에 내려올 것이다. 지고자의 영광이 그의 위에서 발해질 것이며, 지성과 성화의 영이 물 가운데

그의 위에 머물러 있을 것이다.(TestLevi 18:6-7)

하늘이 그의 위에 열려서 영을 성부의 축복으로 부을 것이며 그가 친히
너희 위에 은혜의 영을 부을 것이다. 그리고 너희는 진리 안에서 그의
아들이 될 것이다.(TestJuda 24:2-3)

최근의 역사적 예수 연구가들은 예수의 세례 받음이 예수의 공생애
의 첫 번째 사건으로서 그 역사성이 확인된 것인 동시에 예수의 공생애
에 결정적인 영향을 끼친 중요한 사건임을 재인식하게 되었다. 특히
보그(M. J. Borg)는 '영의 사람'으로 등장한 예수의 성령 체험이 예수의
세례 사건에서 비롯되었음을 새롭게 제시한다.[33]

하늘이 열림

예수가 세례를 받고 물에서 올라올 때 "하늘이 갈라져 열렸다."[34]고
한다. 성서와 후기 유대교 전통에 따르면 '하늘의 열림'은 세 가지 의미
를 함축한다. 새로운 시대의 도래와 하나님의 직접적인 계시와 하나님
과의 직접적인 교통이 이루어짐을 뜻한다.

이사야는 "주는 하늘을 가르고 강림하시는 분"(사 64:1)으로 묘사한
다. 하나님께서 가르셔서 하늘이 열리는 것은 새 시대의 서막이거나
역사의 결정적인 순간에 하나님께서 직접 개입하시는 것을 의미한다.
하늘이 열린다는 비유는 '하늘에 맞닿은 야곱의 사닥다리'(창 28:12)와
관련되어 있다. 하늘이 열리는 것은 하늘의 하나님이 직접적인 개입이
이루어지는 결정적인 '사건'과 '장소'를 말하는 것이다. 스데반도 순교
직전의 결정적인 순간 "하늘이 열리고 인자가 하나님의 우편에 선 것"
(행 7:56)을 보고 구원의 새 시대가 도래했음을 선포한다. 베드로도 욥

바에서 "하늘이 열리고 한 그릇이 내려오는 것"을 비몽사몽간에 보고 이방선교의 새 시대를 열게 되었다고 확신한다(행 10:11).

하나님의 직접적인 계시의 사건도 하늘의 열림으로 묘사한다. 에스 겔은 그발 강가에서 "하늘이 열리며 하나님의 이상이 내게 보이게 되었다."(겔 1:1)고 하였다. 예수 자신도 공생애 기간 동안 나다나엘을 보고 "하늘이 열리고 하나님의 사자들이 인자 위에 오르락내리락 하는 것을 보리라."(요 1:51)고 하였다.

마가는 예수가 세례를 받을 때 하늘이 '갈라진 것'처럼 예수가 부활하였을 때 '성소의 휘장이 갈라졌다'(막 15:38)고 한다. 이처럼 하늘이 열리는 것은 하늘과의 직접적인 교통이 가능하여진 역사의 결정적인 계시의 순간이며 구원의 새 시대 도래의 징표로 여겨진 것이다.

성령이 비둘기 같이 임함

4복음서는 모두 예수가 세례를 받고 물에서 올라올 때 하늘이 열리고 성령이 비둘기 같이 내려와 예수에게 강림하였다고 한다(눅 3:22 병행). 이 역시 하나님 능력의 직접적 임재와 종말론적 구원과 새 창조의 시대 도래를 의미한다.

예언자들의 소명은 성령의 임재 체험 가운데서 이루어진다. 구약성서에는 많은 사사들[35]과 예언자들[36] 그리고 사울 및 다윗(삼상 10:6, 16:13) 왕도 여호와의 영의 임재를 체험함으로써 하나님의 소명을 받게 된다. 성령의 임재는 하나님의 현존의 직접적인 표상으로 여겨졌다. 성령의 임재로 그가 하나님의 사람이요 영의 사람으로 등장하게 되는 것이다.

그러나 포로기 후기 유대교는 성령이 임하여 하나님의 말씀을 직접 받아 대언하는 선지자의 시대가 끝나고, 기록된 성경을 읽고 해석하는 서기관(율법학자)의 시대가 도래하였다고 공식적으로 선언(바룩 2서 85:1-3)하였다. 랍비 문서는 "후기 선지자 학개 스가랴 말라기가 세상을 떠났을 때 성령은 이스라엘을 떠났다."(b. sota 48b)고 한다.[37] 일반적으로 예언의 영은 이스라엘 민족의 죄 때문에(참조. b. sanh. 65b) 마지막 예언자들 이후(t. Sota 13:3-4) 이스라엘을 떠났다는 것이다. 요세푸스는 그 이유를 선지자들에게 참된 후계자가 없었기 때문이라고 한다.[38] 그래서 말세에는 이스라엘 백성 모두에게 예언의 영이 부어질 것이라고 여겨졌다.[39] 요엘서에는 "그 때에 내 신[영]을 남종과 여종에게 부어 주리니."(2:29)라고 에인힘으로써 성령의 시대가 다시 도래할 것을 예고하였다.

예수가 성령의 세례를 받아 성령의 세례를 베풀기 시작한 것은 구원의 새로운 시대가 도래했음을 확인하는 것이었다. 예수의 성령 세례는 포로 후기부터 단절된 것으로 여겨졌던 '하나님의 종말론적 영'이 예수에게 임한 것으로써 당시의 유대인들에게는 새로운 영의 시대가 왔다는 사실을 증거하는 것이었다.[40] 세례 요한도 '나 뒤에 오시는 이는 성령의 세례를 베풀 분'이라고 증거하였다.

예수가 세례를 받을 때 성령이 비둘기 형상으로 내렸다는 표현 역시 이런 배경에서 이해되어야 한다. 구약성서에 등장하는 비둘기에 대한 대표적인 예표는 대홍수 심판이 끝나고 땅이 마르게 되어 새싹을 물고 온 비둘기(창 8:8-12)이다. 이 역시 새 시대의 새 창조의 시작을 알려주는 상징이다. 랍비문서에는 창조 시 수면 위에 운행하시는 신(창 1:2)을 비둘기로 비유하였다.[41] 비둘기는 신성의 상징으로 여겨졌다. 창조 시나 홍수 이후 새 창조 시 비둘기로 상징되는 하나님의 성령이 임하여 새로운 구원의 역사가 시작된 것처럼, 예수의 세례와 더불어 하나님의 성령을 상징하는 비둘기의 임재로 새로운 하나님 나라의 도래를 통한 구원의 새 시대가 열린 것이라고 할 수 있다.

유대교 전통에서 비둘기는 좋은 소식을 전달하는 자(창 8:11)요 신뢰할 수 있는 사자[42]라는 상징을 지니고 있다. 따라서 예수의 세례 시 비둘기 형상으로 성령이 임재하였다는 것은 마지막 시대에 성령에 사로잡혀 '기쁜 소식'을 전하는 자로서의 예수의 출현을 상징하기도 한다.[43] 그래서 예레미아스는 "예수는 자신이 수세 시에 영에 붙잡혔다고 믿었다. 하나님께서 그를 자기를 섬기도록 채용하며 그를 무장시키고 그에게 자기의 사자가 되며 구원의 때에 전달자가 되는 전권을 주신다. 수세 시에 예수는 소명을 경험했다."고 하였다.[44] 예수의 공생애 첫 번째 사건인 수세는 예수로 하여금 마지막 시대의 영의 사람이요 하나님의 사람으로 등장하게 한 강력한 소명사건이라는 것이다.

하나님의 아들이라는 음성이 들림

구약성서의 전통에서는 성령의 임재는 동시에 말씀의 임재로 이어진다(겔 11:5, 11:14). 예수가 세례를 받고 물에서 올라올 때 하늘이 열리고 성령이 임함과 동시에 하늘에서 소리가 있어 "이는 내 사랑하는 아들이요 내 기뻐하는 자"(마 3:17 병행)라는 말씀이 임하였다.[45] 이는 시편 2편 7절과 이사야 42장 1절의 혼합 인용으로 된 하나님의 선포로부터 얻은 예수의 자기 이해의 표현이었다. 이처럼 예수의 세례는 예수의 소명 체험이며, 예수의 성령 체험과 하나님의 체험의 절정이었다. 이 체험을 통해 예수는 하나님을 '나의 아버지'(눅 2:4 등),[46] '아바 아버지'(막 14:36)로 고백하게 된 것이다.[47]

'아바 아버지'라는 호칭은 유아적인 표현으로서 성인이 된 예수에게는 어울리지 않는 아주 특이한 표현이라는 점에 주목한 예레미아스는 예수가 하나님을 아바로 호칭함으로써 하나님과 고도로 친밀한 특수

관계를 드러내 보인 것이라고 주장하였다. 따라서 "'아바'(Abba)라는 하나님 호칭에는 예수의 사명의 마지막 비밀이 표현되어 있다. 예수는 자신이 하나님의 계시를 전달해 줄 수 있는 전권을 부여받았다고 믿었다. 왜냐하면 하나님이 예수에게 자기를 아버지로 알게 해주셨기 때문이다."[48]고 하였다.

예수는 구원의 때, 즉 영의 때가 이미 세례자 요한의 활동과 함께 시작했다고 말한다. 그러나 이 말은 그가 자신을 세례자 요한과 같은 위치에 놓았음을 의미하는 것이 아니다. 여기에 세례자 요한보다 더 큰 이(마 5:21-48 병행)가 있다. 이 진권의식을 미테는 다음과 같이 가장 극명하게 표현하였다.[49]

아버지께서는 모든 것을 저에게 맡겨 주셨습니다. 아버지밖에는 아들을 아는 이가 없고 아들과 또 그가 아버지를 계시하려고 택한 사람들밖에는 아버지를 아는 이가 없습니다.(마 11:27 공동번역)

예수는 성령의 세례를 받음으로써 마지막 시대의 메시아로서 자신이 하나님의 영을 소유한 자라는 확신과 체험에 이르게 된 것이다.[50] 세례 요한은 성령이 어떤 사람 위에 내려와서 머무르는 것을 보거든, "그[예수]가 곧 성령으로 세례를 주는 분"이며 "하나님의 아들임을 증거하는 것"(요 1:34)이라고 하였다.

하나님은 마지막으로, 최종적으로 예수 안에서 영으로 말씀하시고 행동하신다. 영적이며 종말론적인 새로운 구원의 역사가 예수의 수세를 통해 전적으로 새롭게 시작된 것이다.[51] 예레미아스는 말한다. "그는 '우리가 아는 바로는 구원의 새 시대가 이미 시작했음'을 선포했던 '유일한 고대 유대인'이다."[52]

예수의
시험

1) 예수 시험의 배경

시험의 배경

예수가 세례를 받은 후 광야에서 40일간 사탄의 시험을 받았다는 것도 복음서의 일치된 증언이다.[53] 공관복음서의 세 가지 보도에 있어서 차이점이 없는 것은 아니지만 그 공통적인 점은 다음과 같다.

- 성령이 예수를 광야로 인도하였다.
- 사탄이 그를 유혹하였다.
- 천사가 그를 보좌하였다.
- 그는 짐승들 사이에 있었다.[54]

성인(聖人)들의 종교적 시험은 종교사의 보편적 사례이다. 붓다와 짜라투스트라, 마호메트도 시험을 거친 후에 도(道)에 이르거나 계시를 받은 것으로 기록되어 있다. 로마와 희랍의 영웅설화는 여러 종류의 시험과 시련을 겪은 후 마침내 승리하는 영웅담으로 가득 차 있다. 일반적으로 성인식의 통과의례로서 거쳐 가는 여러 시련과 시험도 인류학의 보편적 사례로 보고되고 있다.

히브리 종교도 예외는 아니다. 집회서는 "아들아 네가 주님을 섬기려면 스스로 시련에 대비하여라."(집 2:1)고 하였다. 욥의 시험은 그 대표적인 사례로서 연단의 과정으로 이해되었다. 이런 배경에서 히브리서는 예수의 시험에 대해 "자기가 시험을 받아 고난을 당하셨은즉 시험받는 자들을 능히 도우시느니라."(히 2:18)고 하였으며 "모든 일에 우리와 한결같이 시험을 받은 자로되 죄는 없으시니라."(히 4:15)고 하였다. 예수의 시험이 초대교회에서도 중요한 사건으로 그대로 전승된 것을 알 수 있다.

일부 비판적인 학자들은 예수가 어떤 종류의 시험을 받았을 가능성은 인정할 수 있지만 시험 받으신 세 가지 내용은 역사적 사실이 아니라 초대교회의 전설이라고 비판한다. 오직 예수와 사탄만이 등장하는 사건을 어떻게 알게 되었을까, 반문한다. 다른 학자들은 예수의 시험 이야기는 가상적인 체험의 서술로 설명한다. 예수는 시험 이야기 외에도 사탄이 하늘에서 떨어지는 것을 보았다(눅 10:18)는 가상적인 체험도 전하고 있기 때문이다. 예수의 가상적인 체험에 근거한 이 시험 기사는 제자들의 시련과 시험을 대비하여 선교 후기에 제자들에게 설명하였을 개연성이 높다고 하였다.[55]

한 가지 가능한 시나리오는, 예수가 사역 도중에 유사한 시험을 받았을 때 영적 자서전에 해당하는 이 내용을 제자들과 나누셨을 것이라는 추측이다. 예수는 여러 차례 어떤 종류의 메시아가 될 것인가 하는 문제에 직면하셨다. 5천 명을 먹인 기적이 있은 후 사람들이 억지로 예수를 임금 삼으려 한 것(요 6:1-15)과 예루살렘 성전 정화를 통해 성전이 기도하는 집이라고 한 것과 십자가를 지지 않고 사명을 수행하라는 베드로의 제안(막 8:31-33)을 사탄의 일이라고 꾸짖은 일 등은 세 가지 시험과 관련된 주제들을 함축하고 있다. 따라서 이러한 사건들은 예수가 메시아 직에 대한 제자들과의 인식의 차이를 어떤 형식으로든지 거론했을 가능성을 보여 주는 대목이다.[56]

따라서 스타인은 예수의 독특한 아들 됨에 초점을 맞춘 세 가지 시험이 메시아적 성격을 띤다는 사실로 미루어 볼 때, 초대 그리스도인들이 유혹과 시험을 겪음으로 인해 그 기사를 지어냈을 것 같지는 않다고 주장한다.[57]

시험의 장소와 기간

예수가 시험은 받은 것은 세례 직후인 것으로 기록되어 있다. 세례를 통해 하나님의 아들로서 소명을 받은 다음 "성령이 곧 예수를 광야로 몰아내신"(막 1:12) 것으로 묘사한다. 누가도 "예수께서 성령의 충만함을 입어 요단강에서 돌아오사"(4:1) 곧 광야에서 사십일 동안 성령에게 이끌리시어 시험받은 것이라 기록하였다. 세례와 시험은 성령에 의한 연속적인 사건으로 이해된다.

시험의 기간은 40주야이다. 40주야는 구약성서에서 여러 번 묘사되어 있는 종교적으로 시련과 시험의 기간이다.[58]

시험의 장소는 일반적으로 광야로만 알려져 있으나 본문을 분석해 보면 광야뿐만 아니라 높은 산과 예루살렘도 시험의 장소로 묘사되어 있다. 광야는 일반적으로 저주의 장소, 귀신의 처소이지만 그렇기 때문에 역설적으로 고독과 단식의 장소요, 새 창조와 회복의 장소로도 이해되었다. 이스라엘 역사에서 광야는 출애굽 이후 가나안에 진입하기 위한 시련과 준비의 장소를 상징한다. 시험의 주된 장소가 광야이지만 영적으로 높은 산과 예루살렘 성전 등으로 이동하고 있어서 천하 만국을 주유하면서 영적 순례를 한 것으로 보아야 할 것이다.

시험의 주체는 누구인가

욥기의 경우 하나님이 사탄에게 욥을 시험하도록 허용한 것(욥 1:6-12)으로 되어 있다. 사탄은 누구인가? 마가는 '사탄'(Satan)이라는 용어를 사용했고, 누가는 사탄 대신 '마귀'(Diabolos)라는 용어만을 사용하였지만, 마태는 마귀가 곧 '사탄'(4:10)이라고 칭하고 있다.[59]

구약성서의 가장 초기 부분에서는 사탄이 아직 독립적인 존재도 아니고, 또 사악한 존재도 아니었다. 사탄에 대하여 묘사한 가장 오래된 성경 원본인 스가랴 3장 1절에 의하면, 사탄은 하나님의 보좌 다른 편에 있는 '여호와의 사자'와 함께 그 보좌 한쪽 편에 자리를 잡고 있다. 욥기에서는 사탄이 스스로 자신의 의견을 제안하여 욥을 걸고 하나님과 내기를 한다. 그럼에도 불구하고 그는 다만 하나님께서 허락하시는 명시된 범위 안에서만 행동을 하는 것이지, 하나님께서 그에게 지정하신 그 한계를 벗어날 수는 없는 것으로 되어 있다(욥 1:12, 2:6). 욥기나 스가랴서에서 볼 수 있는 사탄의 상(像)은 후에 나오는 사탄처럼 하나님께 대적하는 악령의 두목으로서가 아니고, 하나님의 허락을 받고 행동하는 하나님께 예속된 존재에 불과하다. 이러한 사탄의 활동은 주로 인간의 죄를 하나님께 고해바치는 것이었다.[60]

사탄은 에덴동산에서 아담을, 광야에서는 이스라엘을 유혹한 것처럼 예수까지도 유혹하는 자로 등장한다. 사탄은 유혹하기 위해 많은 거짓과 속임수를 쓴다. 그래서 '거짓말쟁이'요, '거짓의 아비'(요 8:44)라는 이름이 붙게 된다.

예수가 단지 사탄의 시험을 받은 것으로만 알고 있지만, 마가는 사탄의 시험을 받도록 허용한 것은 성령인 것(막 1:13)으로 기록하고 있다. "성령이 예수를 광야로 보내셨다."(막 1:12)고 한다. 그리고 '예수께서 성령에 이끌려'(마 4:1), '성령이 충만하여'(눅 4:1) 시험을 받으신 것이다. 따라서 예수의 시험은 사탄의 시험이면서 동시에 성령의 시험이기도 하다. 사탄의 시험은 거짓으로 미혹하여 악한 의지로 쓰러뜨리고 망하게 하려는 데 목적이 있다. 그러한 시험과 올무는 "곧 사람으로 침륜과 멸망에 빠지게 하는 것"(딤전 6:9)이다. 그러나 성령으로부터 오는 시험은 신앙의 연단을 위한 것이다. "오직 하나님은 미쁘사 너희가 감당치 못할 시험 당함을 허락지 아니하시고 시험 당할 즈음에 또한 피할 길을 내사 너희로 능히 감당하게"(고전 10:13) 하시는 것이다.

시험하는 자가 사탄이며 동시에 성령이듯이 시험은 그 자체로는 시련이지만 테스트(test)와 유혹(temptation)의 양면성을 지닌다. 테스트로서 시험은 좋은 것이다. 어려운 시험일 수록 그 시험을 잘 준비하여 통과하기만 하면 그 시험을 이긴 자는 합당한 자격과 보상을 얻게 되는 것이다. 시련이 오히려 우리를 '단련하여 정금(正金)같이 나아 갈 수'(욥 23:10) 있게 하기 때문이다. 그러나 그 시험의 유혹을 이기지 못하면 패망의 길로 떨어지는 것이다.

2) 예수의 시험 내용과 의미

시험 내용

마가는 예수가 사탄의 시험을 받았다고만 기록할 뿐 시험 내용을 밝히지 않았다.[61]

그러나 마태와 누가는 예수가 받은 시험의 내용을 사탄이 제기한 세 가지 조건적 질문과 이에 대한 예수의 대답 형식으로 기록하고 있

다. 두 번째와 세 번째의 질문은 순서가 바뀌어 있지만 그 내용은 동일
하다. 마태를 중심으로 요약하면 다음과 같다.

첫째 시험: 광야

사탄: 네가 만일 하나님의 아들이어든 명하여 이 돌들이 떡덩이가 되게
　　 하라.(마 4:3, 눅 4:3)

예수: 사람이 떡으로만 살 것이 아니요 하나님의 입으로 나오는 모든 말씀
　　 으로 살 것이라.(신 8:3)

둘째 시험: 성전 꼭대기

사탄: 네가 만일 하나님의 아들이어든 뛰어내리라.(마 4:6, 눅 4:9)

예수: 주 너의 하나님을 시험치 말라 하였느니라.(신 6:16)

셋째 시험: 지극히 높은 산

사탄: 내게 엎드려 경배하면 이 모든 것(세상 모든 나라와 모든 권세와 그 영광)
　　 을 네게 주리라.(마 4:8, 눅 4:6)

예수: 주 너의 하나님께 경배하고 다만 그를 섬기라.(신 6:13)

하나님 아들 자격시험

예수가 시험을 받았다면 왜 시험을 받았는가 하는 질문이 언제 어디
서 누구로부터 시험을 받았는가 하는 질문보다 우선된다. 시험에는
시련을 통한 연단을 목적으로 하는 시험과 공식적인 자격과 면허를
허락하는 시험이 있다. 따라서 예수의 시험은 욥의 경우처럼 시련과
연단을 위한 시험이 아니라, 자격을 위한 시험이라는 점에서 그 성격
이 다르다. 우선 세 가지 시험에 제시된 질문을 마태와 마가는 사탄이

예수를 시험하면서 "네가 하나님의 아들이거든"[62]이라는 조건이 전제된 것을 두 번이나 기록하고 있다. 이처럼 예수의 시험은 '하나님의 아들'로서 조건과 자격이 있는지 여부를 묻는 것으로 성인식과 같은 일종의 자격시험을 치른 것이라는 의미이다.

하나님의 아들의 가장 중요한 조건과 자격은 '하나님의 뜻'과 '사탄의 뜻'을 분별할 수 있는지 여부이다. 따라서 예수는 세 번에 걸쳐 '사탄의 말'을 거부하고 '하나님의 말씀'으로 응답한다. 예수는 사탄의 모든 질문에 대해 하나님의 말씀으로 대답한다. 하나님의 아들이라면 먼저 하나님의 뜻을 알아야 아들 자격이 있다는 것을 암시한다. 하나님의 아들이라면 사탄의 말에 현혹되어 '사탄의 나라'를 섬길 것인지 아니면 하나님의 뜻을 분별하여 '하나님의 나라'를 섬길 것인지 양자택일을 결단해야 한다는 것이 이 시험의 최종 목표인 것으로 드러난다.

이 시험은 아담과 하와에 대한 사탄의 최초 시험을 상기시켜 준다. 최초의 시험 역시 하나님의 말씀이 영원히 살길이냐, 아니면 사탄의 말이 영원히 살길이냐를 시험한 것이기 때문이다.

하나님: 선악을 알게 하는 나무의 실과를 먹지 말라 – 정녕 죽으리라
사　탄: 모든 실과를, 만지지도 말라하였는가 – 먹어서 영생할까 하노라

세례사건을 통해 하나님의 아들로 소명 받은 예수는 하나님의 아들의 자격이 있는지 여부를 시험 받은 것이고 예수는 각 질문에 대하여 가장 적절한 하나님의 말씀으로 대답함으로써 하나님 아버지의 뜻을 누구보다 정확히 알고 있는 아들로서의 충분한 자격을 드러내 보인 것이다. 그래서 아담과 하와는 사탄의 말에 복종함으로 시험에 져서 범죄하게 되었지만, 예수는 하나님의 말씀에 순종함으로 시험을 이기

고 의를 이루게 된 것이다.

시험의 의미

세 가지 시험은 각각 무엇을 의미하는 것일까? 그 구체적인 의미를 살펴보자. 한태동은 주기도문의 "시험에 들게 하지 마옵소서."라는 구절을 예수의 광야 시험과 연관시켜 설명한다.[63] 시험에 드는 것은 악에 빠지는 것과 마찬가지로 천지인의 삼중적 관계의 불화로 해석하였다. 이 세 가지 시험에서 마귀는 하나님, 사람 그리고 자연의 조화적인 관계를 낳어보려고 했으나 처음에 아담이 실패한 것과 달리 예수는 이를 이겼다는 것이다

(1) 첫 번째 시험은 "돌로 떡(빵)을 만들라"는 것이므로 물질과의 바른 관계에 대한 시험으로 해석할 수 있다. 40일 동안 금식한 예수에게 광야의 주먹만 한 돌들이 빵처럼 헛보였을지도 모른다. 사탄은 빵의 문제를 영원히 해결하려는 인간의 불안한 욕망을 간파하고 "네가 하나님의 아들이면 돌로 빵을 만들라."고 제안한다. 돌로 조각을 만들거나, 밀가루로 빵 만드는 것은 종교적, 영적 시험이라고 할 수 없다.

"돌로 빵을 만드는 일"을 거부하였다는 것은 빵을 구하기 위하여 씨를 뿌리고 거두는 전 과정의 정당한 노력의 대가를 지불하여야 한다는 의미로 해석할 수 있다. 돌로 빵을 만들겠다는 것은 이러한 과정과 인간적인 노력을 무시하고 빵의 문제를 전적으로 신비한 능력에 의존하여 해결하려는 왜곡된 신앙을 반영한다. 이러한 '과정 건너뛰기'[64]는 어떤 의미에서 심히 거짓되고 불성실한 삶의 자세이다. 씨 뿌리고 노력하지 않고 모든 과정을 무시한 채 결과만을 챙기려는 것은 불한당(不汗黨)이나 사기꾼의 삶의 태도이다.

"돌로 빵을 만드는 일"에는 밀을 심고 거두어 빻아 가루를 만들고

반죽하여 빵을 굽는 정당한 노동의 과정이 일체 배제되어 있기 때문이다. 하나님은 "심지 않은 데서 거두고 두지 않는 것을 취하는 분"(눅 19:21-22)이 아니다. "일하기 싫어하거든 먹지도 말게 하라."(살후 3:10)는 말씀도 이런 배경에서 이해될 수 있다.

"돌로 빵을 만드는 것"은 비현실적인 방법이다. 이 땅의 모든 빵의 문제에 대한 현실적인 해결책이 될 수 없다. 예수는 새롭고 결정적인 대안을 제시한다. 하나님의 말씀에 따라 "네가 가진 것을 나누어 주는 것"을 통해서 빵의 문제가 해결되는 것이다. 오병이어의 기적은 바로 빵의 문제를 해결할 수 있는 하나님의 방식을 제안한 것으로 설명할 수 있다. 5000명이 굶주리고 있을 때 예수가 빵의 문제를 해결한 방식은 그들 가운데 먹을 것을 가진 것이 있으면 그것을 나눠 주라는 것이었다. 한 소년이 가지고 있던 보리 빵 다섯 덩어리와 물고기 두 마리를 나눠 주었을 때 모두가 먹고 열두 광주리가 남은 기적이 일어난 것이다.

"빵 없이도 살 수 있는가?" 한시적으로는 가능하다. 적어도 예수는 40일 동안 빵 없이 살았다. 예수의 40일간의 금식은 극단적인 경우 빵 없이 전적으로 하나님만 의지하며 생명을 지탱할 수 있다는 것을 보여 준다. 그러나 일상적인 삶 속에서의 인간은 빵 없이 살 수 없는 것이다.

"사람은 빵만으로 살 수 없다."고 하였다. 이 말은 사람이 빵 없이도 살 수 있다는 뜻이 아니다. "빵 없이 살 수 없지만, 동시에 빵만으로도 살 수 없다."는 인간 실존의 역설적 의미를 담고 있다. 인간은 유기체적 생명(Bio)을 유지하기 위해서는 빵이 필요하다. 그러나 인간은 또한 영적 생명(Zoe)을 지닌 존재이므로 영적인 양식인 '하나님의 말씀'으로 영적인 삶을 사는 것이다. 그래서 아모스는 "양식이 없어 주림이 아니며 물이 없어 갈함이 아니요 여호와의 말씀을 듣지 못한 기갈이라."(암 8:11)고 하였다.

유엔 식량농업기구(FAO)가 2008년 12월 9일 발표한 '2008년 세계 식량 안전상황' 보고에 따르면 세계 기아 인구는 9억 6천 3백만 명에 달한다. 이는 2007년보다 4천만 명 늘어난 것으로 3분의 2의 기아 인구가 아시아에 살고 있고 사하라 이남의 아프리카 지역 인구의 3분의 1이 기아 상태에 처해 있다고 한다.[65] 세계 인구의 7분의 1 정도가 굶주리고 있는 이유는 전 세계 인구가 먹을 양식이 없어서가 아니다. 하나님은 인류가 먹을 양식을 다 주셨지만 많이 거둔 자는 남고 적게 거둔 자는 모자라기 때문이다. "많이 거둔 자도 남음이 없고 적게 거둔 자도 부족한 없이 하라."(출 16:18)는 말씀에 따라 전 인류가 함께 나눠 먹는다면 빵의 문제는 저절로 해결될 것이다. "너희 가운데 가난한 자가 없게 하라."(신 15:4)는 '하나님의 말씀'에 따라 산다면 이 땅의 식량 문제는 사라질 것이다. 9억이 넘는 세계 기아 인구도 결과적으로 양식이 없어서 굶주리는 것이 하나님의 말씀을 듣고 행하지 않기 때문에 생기는 일이라고 볼 수 있다.

따라서 첫 번째 시험은 빵 즉 물질에 대한 바른 관계와 물질로부터의 참된 자유에 대한 시험으로 요약할 수 있다.

(2) 둘째 시험은 "성전에서 뛰어내리라. 하나님이 천사를 시켜 받아 주리라."는 질문과 "주 너의 하나님을 시험하지 말라."는 대답으로 마무리된 것이므로 하나님과의 바른 관계에 대한 종교적 시험으로 해석할 수 있다.

"천사가 받아 준다."는 말은 기적을 바라는 인간의 허망한 종교적인 욕구를 간파한 이를 부추기는 사탄의 시험이다. 바울은 유대인들의 대중적인 신앙을 한 마디로 표현하여 "유대인은 표적을 바란다."(고전

1:22)고 하였다. 인간은 위기에 처하면 하나님의 기적을 기대하게 된다. 그래서 하나님의 기적을 보여 달라고 강요하며, 하나님께서 기적을 베풀어 주는지 여부를 시험하려고 든다. 하나님의 기적을 간구하는 신앙이 언뜻 보기에는 독실한 신앙 같아 보이지만 사실은 그 반대일 수 있다는 점을 이 두 번째 시험은 드러내 보여 준다. 진정한 기적은 하나님께서 우리의 허탄한 요구를 들어주시는 것이 아니라 우리가 하나님의 생명의 말씀에 순종하는 것이기 때문이다.

누가 누구를 시험하는가? 인간이 하나님을 시험하는 것이 아니라 하나님이 인간을 시험하는 것이다. 인간이 자신의 뜻을 하나님에게 강요하여 하나님이 우리의 요구를 들어 기적을 베풀어 주는지 여부를 시험하는 것은 바른 신앙이 아니다. 이것은 출애굽한 이스라엘 백성이 맛사에 하나님이 기적적인 방식으로 물을 주지 않는다고 "여호와께서 우리 중에 계신가 안 계신가"(출 17:7)를 시험한 사건을 반영한다. 하나님과의 바른 관계에 기초한 바른 신앙은 그 반대로 하나님께서 우리가 하나님의 뜻대로 사는지 여부를 시험하는 것이다.

성전에서 뛰어내릴 터이니 천사를 동원하여 달라는 것은 하나님의 능력을 시험하는 것이고 하나님을 통제하려는 불신앙인 것이다.

"하나님 당신이 살아 계신다면, 어머니의 암을 고쳐 주소서." 이런 기도는 하나님이 사랑하는 부모를 돕도록 요청하는 신실한 기도일 수 있다. 하지만 미묘하게도 하나님이 우리가 요구하는 방식대로 시험하는 것일 수도 있다. 우리는 우리가 스스로 시험을 만들어 놓고 하나님이 그 시험을 통과하길 바란다. 이렇게 우리는 하나님을 통제하려고 한다. 사실 그 반대여야 하는데도 말이다.[66]

"하나님, 이렇게 해주셔야 합니다." 이런 기도를 드릴 때마다 우리는 우리 자신을 주인으로 하나님을 종으로 만든다.[67] 예수는 사탄의 그러한 요구에 대한 "주 너희 하나님을 시험하지 말라."고 말씀하신 것이다.

성전은 번지 점퍼를 하듯 그 꼭대기에서 뛰어내리는 곳이 아니며, 장사하는 집이거나 강도의 소굴은 더욱 아니다. 예수가 성전 정화 시 말씀하신 것처럼 "내 아버지 집은 만민이 기도하는 집"(막 11:17)이다.

기도란 무엇인가?[68] 인간의 뜻을 하나님에게 아뢰는 것이 아니라, 인간이 하나님의 뜻을 묻는 것이다. 인간이 자신의 뜻을 고하고 그 뜻을 이루어 달라고 하는 것이 아니라, 하나님의 뜻을 묻고 그 뜻대로 살기로 결단하는 것이다. 겟세마네 동산에서의 예수의 기도는 기도의 이러한 의미를 명백히 한 구체적인 증거이다. "내 뜻대로 마옵시고 아버지 뜻대로 하옵소서."(막 14:35 병행)라고 하신 기도가 바로 하나님과의 바른 태도의 기도를 드러내 보인 것이다.

기도는 신의 뜻을 간구하는 신탁이다. 나의 뜻을 하나님께 간구하고 관철시키는 것이 아니라, 우리가 행하여야 할 하나님의 뜻을 묻는 것이다. 기도가 하나님과의 영적 대화라고 주장하면서도 실제로는 독백적인 측면이 강하다. 나의 소원을 간청하는 가운데서 하나님의 현존을 체험하고 영적 감수성과 영적 능력을 강화할 수 있으므로 필요한 것이지만, 하나님께서 내게 하시는 말씀을 들으려는 태도가 더 신앙적이고 영성적인 성숙한 기도의 자세인 것이다. 예수가 내 뜻대로 마옵시고 하나님의 뜻대로 하시길(마 26:39) 기도하신 뜻이 여기에 있는 것이다.

대부분의 교회는 하나님의 뜻을 '듣는 기도'에 대해 가르치고 있지 않다. 다만 우리의 간청이 이루어지는 것을 응답받는 기도로 역설하고 있다. 그렇기 때문에 하나님의 '선하시고 온전하시고 기뻐하시는 뜻'

(롬 12:2)을 분별하기를 구하기보다는 우리의 세속적인 요구를 하나님께서 기적적인 방법을 통해 이루어 주시기를 강요하고 고집하면서 그것이 대단한 신앙인 것처럼 칭송한다. 이처럼 두 번째 시험이 말하는 것은 하나님이 우리를 시험하는 것이지, 그 반대로 우리가 하나님을 시험하는 것은 하나님과의 바른 관계의 왜곡이 된 것이라는 사실을 일깨워 준다.

(3) 셋째 시험은 사탄이 예수를 지극히 높은 산으로 데려가서 세상 나라의 모든 권세와 영광을 보여 주고 "내게 엎드려 경배하면 이 모든 것을 네게 주리라."(마 4:8, 눅 4:6)는 제안으로 되어 있다.

지극히 높은 산으로 데려간 것은 인간이 다른 사람보다 높아져서 다른 사람 위에 군림하려는 의도를 함축한다. 인간은 누구나 니체가 말한 '권력에의 의지'가 있게 마련이다. 다른 사람보다 높아지려는 인간의 의지를 시험한 것이다. 그러나 예수는 "높아지려고 하는 자는 낮아져야 한다."고 하였다. 자신은 "섬김을 받으러 온 것이 아니라 섬기러 왔다."(막 10:48)고 한 것이다.

사탄이 "나에게 절하라."고 한 것은 천하의 권력과 명예를 얻으려면 악한 세력과도 타협을 해야 한다는 의미이다. 세상의 권력과 명예를 얻는 길은 의외로 간단하다. 그것을 사탄에게 절하기만 하면 되는 것이다. 그것은 세상의 불의와 타협하는 길이며, 거리낌 없이 거짓을 진실처럼 주장하는 일이다.

사탄은 자신에게 절하고 섬기면 '세상 나라(basileia tou kosmos)의 모든 권세와 영광'을 주겠다고 제안한다. 그것은 예수가 선포한 '하나님의 나라'(basileia tou theou)와는 대립되는 것이다. 이런 의미에서 예수는 "나의 나라는 이 세상에 속하지 않는다."(요 28:36)고 하였다. 세상으로부터 오는 권세와 영광이 아니라는 뜻이다. 따라서 이 시험은 "예

수가 민중들이 기대한 정치적 메시아 역할을 사탄적인 것으로 거부한 것"으로 해석된다.[69]

예수는 "하나님만을 섬겨라."는 말씀으로 결론짓는다. 사탄의 말에 현혹되어 '사탄의 나라'를 섬길 것인지 하나님의 뜻을 분별하여 '하나님의 나라'를 섬길 것인지 양자택일을 결단하라는 것이 시험의 핵심인 것으로 드러난다. 하나님의 나라는 이방 나라와 달리 권력으로 내리누르는 억압의 통치가 아니라 모든 사람을 섬기는 봉사의 통치이기 때문이다(막 10: 42).

이런 의미에서 세 번째 시험은 인간과 인간관계의 시험이라고 할 수 있다. 사람이 사람 위에서 군림하고 지배하면서 영광을 누릴 것인지 아니면 사람이 사람 아래서 섬기고 봉사하면서 사랑을 실천할 것인지 인간에 대한 인간의 근본적인 태도를 시험한 것이다.

시험 이후

마가는 "사탄에게 시험받으시며 들짐승과 함께 계시니 천사가 시중을 들었다."(막 1:12-13)고 하였다. 마태는 "이에 마귀는 예수를 떠나고 천사들이 나아와서 수종드니라."(마 4:11)고 하였다. 마귀가 시험을 다한 후 얼마 동안 떠났지만(눅 4:13), 시험은 계속된 것으로 기록되어 있다(눅 8:12, 10:17-18). 예수는 음식도 없이, 권력과 영광도 없이, 믿을 증거가 되는 기적도 없이 공생애 동안 광야와 같은 세상 한복판에 처하여 있었던 것이다.

예수의 시험은 광야에서 끝난 것이 아니다. 그의 짧은 일생을 통해 계속된 것이며 그의 삶의 기본적인 방향을 설정한 것으로 보아야 한다. 그런 의미에서 예수의 광야 시험은 사탄을 물리친 '최초의 승리'이고, 그의 부활은 사탄의 세력을 물리친 '승리의 절정'이며, 재림은 사탄의 세력을 영원히 궤멸시킬 '최후의 승리'라고 할 수 있다.

세 가지 시험의 문학적 이해

도스토예프스키는 『카라마조프가의 형제들』에 있는 '대심문관'이라는 장에서 예수의 시험 의미를 문학적으로 재해석하였다. 종교재판이 한창이어서 대심문관에 의해 500여 명이 이단으로 처형된 1470년경 스페인 세빌리아에 예수가 재림한 것을 가상하는 소설 속의 소설 형식으로 예수의 시험이 함축하고 있는 의미를 제시하였다.

소설 속의 예수는 장님의 눈을 뜨게 하고, 일곱 살 나이로 죽은 소녀를 그 장례식에서 다시 살리는 등 기적을 행하다가 체포되어 대심문관인 추기경의 심문을 받게 된다. 대심문관은 예수가 생전에 거부한 "무서운 악마의 세 가지 물음 속에 인간의 전 미래사가 하나의 완전한 모습으로 집약되어 있을 뿐만 아니라 지상에서의 인간성의 역사적 모순이 남김없이 집약된 세 가지 형태가 나타난다."[70]고 하였다.

(1) 대심문관은 예수가 그의 첫 번째 시험에서 지상의 빵을 거부하고 하늘의 빵인 하나님의 말씀을 선택한 것을 비난한다. "하늘의 빵을 위해 지상의 빵을 멸시할 힘이 없는 수백만 인간은 대체 어떻게 된다는 거요?"[71]라고 반문한다.

예수는 인간을 과대평가하였다고 비판한다. 대다수의 인간은 자신의 빵을 위해 신앙 양심과 하나님의 법도를 저버리는 일을 정당화한다는 것이다. 대심문관은 이러한 대다수의 인간들을 위해서는 지상의 빵을 안정적으로 공급해 주는 종교가 필요하다고 역설한다.

(2) 대심문관은 예수가 두 번째 시험에서 기적을 부정하고 양심에 따른 사랑의 행동과 자발적 복종의 종교를 선택한 것 역시 잘못이라고 주장한다. 대부분의 인간들은 자발적인 사랑의 실천보다도 종교적 기

적을 요구하며, "기적을 부정할 때 인간은 신까지도 함께 부정한다는 것"을 예수는 알지 못했다고 비난한다. 인간은 기적 없이는 살 수 없으며 그래서 그들은 멋대로 기적을 만들어 내고 무당의 요술까지 믿게 되고 오직 기적의 종교에 현혹된다고 하였다. 그래서 대심문관은 자신들의 가톨릭교회는 기적의 본산이 되어 대다수의 보통 인간들에게 기적을 바라는 종교적 욕구를 채워 준다고 주장한다.

(3) 대심관은 지상의 대부분의 인간들은 권력을 지향하고 지배하고 군림하고 영광을 누리기를 바랄 뿐 자발적으로 희생하고 봉사하고 섬기려 하지 않는다는 점을 늘어 예수가 세 번째 시험에서 지상 왕국의 권력 대신 하나님을 향한 희생적인 봉사를 요구한 것을 비난한다. 대부분의 인간들은 숭배하고 복종하고 양심을 맡길 만한 위대한 정복자를 고대하고 그들이 세상의 평화를 가져오는 것으로 믿는다고 하였다.

대심문관은 예수는 인간을 너무 높이 평가했으며, 인간이란 예수가 생각하는 것보다 훨씬 약하고 비열하게 만들어져 있어서, 대부분의 인간은 전자를 포기하고 후자를 선택할 것이므로, 결국 예수의 판단과 선택이 잘못된 것이라고 비난한다. "도대체 네가 한 것과 같은 일을 인간이 할 수 있다고 생각하느냐?"[72]고 반문한다.

그러나 도스토예프스키는 이 이야기를 통해 역설적(逆說的)으로 예수의 선택이 숭고하였으며, 예수가 제시한 길이 인간이 참으로 존엄하게 사는 신앙의 길임을 주장하고 있다. 그럼에도 불구하고 중세 가톨릭교회가 예수의 가르침을 거부하고 그 반대로 사탄의 요구에 따라 빵의 종교, 기적의 종교, 권력의 종교로 전락한 것을 꼬집어 비판한 것이다. 실제로 수많은 그리스도인들은 예수가 가르친 것과 달리 신앙의 자유 대신 빵을 선택하고, 자발적인 순종 대신 기적을 바라고, 사람을 섬기는 대신 권력으로 지배하려고 한다는 사실을 명쾌하게 지적한 것이다. 빵 대신 신앙과 양심의 자유를 선택하고, 기적을 바라는 대신 자발적으로 하나님의 뜻에 순종하고, 백성을 지배하는 권력을 얻기 위해 악한 세력과 타협하기보다는 백성을 섬기려고 결단하는 것이 우리가 겪게 되는 신앙의 본질적인 시험이라는 사실을 도스토예프스키는 문학적 상상력을 통해 아주 설득력 있게 보여 준 것이다.

_03

예수의
성령의 기름 부음 받음

1) 예수와 성령

예수의 성령 체험

누가에 의하면 예수는 성령으로 잉태되었고, 세례 시 성령이 임하고, 성령에 이끌리어 시험을 받은 후, 성령의 기름 부음을 받음으로 그의 공생애를 시작하였다고 한다(눅 3:2-22, 4:1, 4, 18). 예수가 공생애를 시작하면서 첫 번째로 방문한 가버나움 회당에서 예수가 낭독한 이사야서의 내용은 예수가 영의 사람으로 등장했음을 보여 준다.

주님의 성령이 나에게 내리셨다. 주께서 나에게 기름을 부으시어 가난한 이들에게 복음을 전하게 하셨다. 주께서 나를 보내시어 묶인 사람들에게 해방을 알려주고 눈먼 사람들을 보게 하고, 억눌린 사람들에게 자유를 주어 주님의 은총의 해를 선포하게 하셨다.(눅 4:18-19 공동번역)

이처럼 예수는 영적으로 기름 부음을 받은 자로 등장한 것이 분명하다(행 4:29, 10:38). 예수의 독특한 체험과 그의 놀라운 활동과의 관계를 추적한 던(J. D. G. Dunn)은 예수가 성령의 기름 부음을 받은 사건이 바로 예수의 성령 체험의 핵심이라고 하였다. 예수는 유대교의 카리스마적 전통에 따라 영의 사람으로 등장한 것이다.[73] 예수는 이러한 체험을 통해 '기름 부음을 받은 하나님의 아들'[74]로 소명을 받았다는 것이다. 예수에게 성령 체험은 곧 하나님 체험이며 양자의 관계는 동전의 양면과 같다고 하였다. 그리고 예수의 이러한 독특하고 강력한 체험은 "그의 동시대인들에게 가장 큰 인상을 남겼던 그의 사역 특징들의 직접적인 근거"[75]였다고 한다.

성령의 기름 부음을 받는 궁극적인 목적은 '가난한 자에게 복음'을 전하는 것이다. 경제적으로 가난한 자들, 정치적으로 갇힌 자들, 율법에 억눌린 자들, 육신적으로 눈먼 자들에게 참된 해방과 치유의 은총이 주어지는 것을 의미한다. 가난한 자에 대한 복음은 구체적으로는 새로운 시대의 새로운 패러다임의 전환을 함축한다. 이제까지의 율법의 종교에서 '은총의 종교'로, 억압의 정치에서 '해방의 정치'로, 독점과 착취의 경제에서 탕감과 베풂의 '희년의 경제'를 선포하는 것이다. 성령의 기름 부음을 받은 메시아의 사역은 넓은 의미에서 매우 현세적이고 공동체적이고 정치적인 것이었다.

예레미아스에 의하면, 성서의 전승에는 하나님의 영이 계시될 때는 언제나 두 가지 방법으로, 즉 행위와 말씀으로 일어난다.[76] 이 둘은 불가분의 관계를 이루고 있다. 말씀은 결코 수반하는 행위 없이 있지 않으며, 행위는 결코 선포하는 말씀 없이 있지 않다. 예수의 경우에도 마찬가지이다. 최종적인 계시는 이중으로 가시화된다(마 11:5-6 병행), 즉 능력 있는 행위와 전권을 지닌 말씀으로 가시화된다.[77]

예수는 성령 체험과 하나님 체험을 통해 새롭고 놀라운 신적 권위

(dunamis)와 권능(exousia)을 지닌 메시아로 등장하였다. 예수의 메시아 사역을 마태는 이렇게 요약하였다.

> 예수가 온 갈릴리를 두루 다니사 저희 회당에서 가르치시고 천국복음을 전파하시며 백성 중의 모든 병과 모든 약한 것을 고치시니 그 소문이 온 수리아에 퍼진지라… 갈릴리와 데가볼리와 예루살렘과 유대와 요단강 건너편에서 허다한 무리가 쫓으니라.(마 4:23-25, 참조 9:35)

예수는 성령이 충만하여 신적 권위와 권능을 가지고 새롭고 권위 있게 가르쳤으며, 하나님 나라의 복음을 권위 있게 선포하고, 온갖 병자와 약자들을 치유하고 권능을 가지고 귀신을 추방했다.[78] 그의 공생애 동안의 모든 가르침과 선포 및 메시아적 삶의 행태는 이러한 영적 권위와 권능의 발현으로 설명될 수 있을 것이다.

2) 영의 사람으로 등장한 나사렛 예수

영의 사람 예수

예수의 동시대인들도 그를 영의 사람으로 인정하였다. 그의 친족들이 그가 미쳤다고 한 것(막 3:21)이나, 그의 적대자들이 예수가 귀신의 왕인 바알세불이 지폈다(막 3:22)고 비난한 것이나, 사람들이 예수를 세례 요한이나 엘리야와 같은 영의 사람으로 인식한 것(마 16:14-16)이 그 증거이다. 그래서 "그 가르치시는 것이 권세 있는 자와 같고 서기관과 같지 아니하다."(막 1:22)고 하였다. 그런데 여기서 말하는 권세(exousia)는 랍비 전통에서 게바라(Gevarah)적으로 해석하면 '영의 입으로 말한다.'는 뜻이라고 한다. 예수의 새로운 권위는 예수의 영적 권위에서 비롯된 것이다.

영의 세계는 허망한 공상의 세계이거나 이 세계가 끝나는 천상의 세계나 내세의 세계가 아니라, 이 세계의 원천과 근원으로 이해된다. 그러므로 영의 세계는 단순히 신앙의 대상이 아니라, 궁극적이고 특이한 현실적인 경험의 요소를 포함한다. 특별한 시간, 공간, 사람을 통해 현실과 다른 새로운 세계가 생생하게 경험되고 두 세계의 중재가 일어난다.

영적 존재는 영의 세계를 직접 알고 있는 자로서 영적 권위(Dunamis)와 영적 권능(Exousia)을 지닌 카리스마적 존재로 등장한다. 예수는 이런 영적 존재로 등장하여 그의 영적 활동을 통해 동시대인들뿐 아니라 모든 시대에 걸쳐 영적으로 가장 강한 영향을 끼친 것이다.

크로산은 현대 신학자들이 제시한 7가지의 다양한 예수상을 다음과 같이 제시하였다.[79]

- **정치적 혁명가인 예수**(S. G. F. Brandon, 1967)

- **주술사로서의 예수**(Morton Smith, 1978)

- **갈릴리의 카리스마적 인물 예수**(Geza Vemes, 1981, 1984)

- **갈릴리 랍비인 예수**(Bruce Chilton, 1984)

- **최초의 바리새파 예수**(Harvey Falk, 1985)

- **에세네파 예수**(Harvey Falk, 1985)

- **종말론적 예언자인 예수**(E. P. Sanders, 1985)

그러나 보그(M. Borg)는 이 모든 예수상은 피상적인 것이고 예수는 본질적으로 영의 사람으로 등장하였다는 사실을 새롭게 보아야 한다고 역설한다.[80] 예수의 세례, 시험, 성령의 기름 부음, 그리고 변화 산상

의 체험 등은 예수가 하나님의 영의 사람으로 등장하는 결정적인 역사
적 계기들이다. 예수는 공생애를 통해 하나님의 영의 사람으로 새로운
대안적이고 전복적인 지혜를 가르치고, 하나님 아버지의 통치를 선포
하고 그 통치를 자신의 삶을 통해 보여 주고, 병자와 약자를 영적인
권능과 말씀의 권위로 치유하는 카리스마적인 인물로 등장한 것이다.
이런 의미에서 예수는 영 속의 삶과 역사 속의 삶을 일치시킨 위대한
영의 사람이라고 하였다.

현대의 인간 이해와 영성

근대 사회가 등장하면서 영의 세계는 모호하고 어려운 개념으로
여겨 배제되어 왔다. 그러나 영의 세계는 모든 문화권에서 공유하고
있는 자산으로 태고의 전통이다. 영의 세계는 일상적 의식 작용을 통
해 드러나 있는 가시적·물질적 세속 세계 이외에 또 다른 영적 실재의
세계인 성스럽고 거룩한 구별된 경지를 말한다. 종교적으로는 이를
성과 속으로 구분하였고 성서는 하나님과 세상으로 구분한다.

세계보건기구(WHO)는 1970년대에 건강을 정의하면서 사회적 건
강의 개념을 포함시켰다. 그래서 "건강은 신체적·정신적·사회적으로
온전한 상태"로 정의하였다. 인간은 단지 신체적·정신적 존재가 아니
라 사회적 존재라는 점을 인정한 것이다. 그러나 1998년에는 여기에
하나의 중요한 개념은 첨가하였으나 바로 '영적 건강' 개념이다. WHO
집행이사회에서 건강에 대한 정의를 포함한 헌장 개정안을 집중 토론
한 후 WHO 헌장 전문(全文)을 다음과 같이 개정한 것이다.

건강은 신체적 정신적 사회적 영적으로 완전한 복지 상태로 단순히 질병
이나 장애가 없는 상태만이 아니다.[81]

　WHO가 설립된 지 50년 만에 이 전문에 '영적' 건강 개념이 추가된 것이다. 비로소 인간이 영적인 존재라는 사실을 인정한 것이다. 영적 건강 개념에는 종교생활을 통한 영혼의 안식과 인간의 영적인 욕구의 충족의 필요성을 강조한 전향적인 태도라고 할 수 있다. 인간이 신체적·정신적·사회적으로 건강하여도 영적인 건강이 배제되어서는 진정한 건강에 이를 수 없다는 선언인 것이다. 이런 관점에서 볼 때 예수가 온전한 영의 사람으로 등장하였다는 사실은 현대인들에게도 중요한 의미를 지닌다.

제6장

하나님 아버지 나라에 대한 가르침

하나님 아버지에 대한 가르침

예수의 가르침의 핵심

복음서의 증언에 따르면 예수의 공생애 동안 가장 중요한 활동 중의 하나가 가르침이라는 것에 일치한다.[1] 예수를 예언자, 선생 또는 랍비로 호칭한 여러 구절이 기록되어 있으며 예수가 스스로를 예언자, 선생, 랍비라 지칭한 기록도 여러 번 나타난다.[2] 마가복음에는 예수를 랍비로 호칭한 것이 4번 기록되어 있고, 예수가 가르치셨다는 말이 모두 15번 나온다. 가르침의 장소에 대해서는 회당, 성전, 호숫가, 마을, 요르단 강 건너편 등이 언급되어 있다.[3]

예수의 여러 가르침 중에 가장 중요한 것이 무엇일까? 19세기 이후로 많은 학자들은 예수가 공생애를 시작하면서 최초로 선포한 것에 착안하여 '하나님의 나라'가 예수가 가르친 핵심이라고 주장하였다. 그러나 하나님의 나라는 '여호와가 왕으로 다스린다.'는 구약성서의 오랜 신정정치의 이상을 계승한 것이며, 예수 이전에 세례 요한의 선포(마 3:2)와 열심당의 구호에도 등장하는 것이므로 예수의 고유한 가르침이라고 볼 수 없다.

제5장에서 다룬 것처럼 예수는 광야의 시험과 세례를 통해 '하나님 아버지'에 대한 독특하고 강력한 체험을 하게 되었다. 세례를 통해 하나님의 아들로서 자아 정체성을 확립하고 광야의 세 가지 시험을 통해 하나님의 아들로서의 사명을 확인한 것으로 볼 수 있다. 세례와 시험 후에 예수는 공생애의 첫 메시지로 하나님의 나라를 선포하였다.

예수의 가르침 중에서 가장 새롭고 독특한 것은 하나님 아버지에 대한 신앙이었다. 따라서 예수의 하나님 나라 선포는 이런 배경에서 이해되어야 한다. 예수에게서 하나님의 나라는 아버지의 나라이기 때문이다.[4] 아버지의 나라에 관한 예수의 가르침은 주기도문을 통해 명확하게 제시되었다. 누가는 '아버지여'라고 하였으나 마태는 "하늘에 계신 우리 아버지"로 보다 정형화하였다

너희는 기도할 때 이렇게 하여라.

아버지, 온 세상이 아버지를 하느님으로 받들게 하시며

아버지의 나라가 오게 하소서.(눅 12:2 공동번역)

그러므로 이렇게 기도하여라. 하늘에 계신 우리 아버지,

온 세상이 아버지를 하느님으로 받들게 하시며

아버지의 나라가 오게 하시며

아버지의 뜻이 하늘에서와 같이

땅에서도 이루어지게 하소서.(마 5:9-10 공동번역)

이외에도 마태복음과 누가복음에 하나님의 나라를 '아버지의 나라'로 묘사한 구절이 여럿 발견된다.

- 그 때에 의인들은 자기 아버지 나라에서 해와 같이 빛나리라.(마 13:43)

- 내가 포도나무에서 난 것을 이제부터 내 아버지의 나라에서 새것으로
  너희와 함께 마시는 날까지 마시지 아니하리라.(마 26:29)

- 너희 아버지께서 그 나라를 너희에게 주시기를 기뻐하시느니라.(눅
  12:32)

- 내 아버지께서 나라를 내게 맡기신 것같이 나도 너희에게 맡기리라.(눅
  22:29)

하나님 나의 아버지

구약성서와 마찬가지로 예수 이전의 팔레스틴의 유대교에서도 하
나님을 아버지로 부르기를 아주 꺼려했다. 고대 유대인들은 하나님을
공적인 설교에서나 기도에서 주로 왕으로 호칭하였다.

예수 시대의 유대교인들이 하루 세 번 기도하였던 아래 인용한 18기
도문에도 하나님에 대한 여러 호칭이 등장하지만 하나님을 아버지라
호칭하지는 않았다.

- 찬송 받으소서, 야웨여!
- 아브라함의 하나님 이삭의 하나님 야곱의 하나님(막 12: 26 병행)
- 지극히 높으신 하나님
- 천지의 주재시요
- 우리와 우리 조상들의 방패시여 찬송 받으소서
- 아브라함의 방패이신 야웨여!

그러므로 하나님을 아버지로 표현하는 사례는 아주 예외적인 경우
에 해당한다.[5] 그리고 다신론적 종교에서 등장하는 가부장적인 신들

집단의 우두머리로 나타나는 '신들의 아버지'에 대한 표상은 구약성서에서는 등장하지 않는다.[6]

예레미아스는 예수 이전 처음 천 년간 유대교에서 하나님을 '우리 아버지'라고 상징적으로 표현한 사례는 있으나, 개인적으로 '나의 아버지'라는 호칭(address)으로 불렀다는 증거가 하나도 존재하지 않는다고 한다.[7]

우리는 유대주의에서 하나님이 '아바'로 불린 예를 단 하나도 찾을 수 없는 반면, 예수님은 자신의 기도 가운데 하나님을 항상 '아바'로 부른 사실이다.[8]

예수는 하나님을 '아버지, 아바 아버지, 나의 아버지, 너희 아버지, 우리 아버지, 하늘에 계신 아버지(天父)' 등으로 표현하였다. 이처럼 복음서는 하나님을 '아버지'로 지칭하는 용어가 120회 정도 등장한다.

예레미아스의 이러한 주장에 대해 후기 유대교에서 '아바'(Abba)가 하나님에 대한 호칭으로 사용된 몇몇 용례가 있다는 반론이 제기되기도 하였지만, 이 역시 개인적인 호칭으로 사용된 것은 아니라고 한다.[9] 기원후 68년 직전에 편찬된 쿰란 문서 전반에 걸쳐 아버지라는 호칭을 하나님께 적용한 사례는 "우리의 아버지, 우리의 왕이시여"라는 표현으로 단 한 번 등장하는 것뿐이다.[10] 그리고 이러한 호칭은 135년에 사망한 랍비 아키바(Akiba)의 기도에서도 등장한다.

우리 아버지 우리 왕이시여 우리가 주님께 범죄 하였나이다.
우리 아버지 우리 왕이시여 우리에게 주님 말고는 왕이 없나이다.
우리 아버지 우리 왕이시여, 우리에게 자비를 베푸소서.[11]

그러나 후기 유대교의 문서에 '우리 아버지와 우리 왕'이 병행되어 나오지만 예수의 가르침에서는 하나님을 왕으로 호칭한 적이 전혀 없다. 하나님의 나라라는 표현을 자주 사용하였으나 하나님을 왕으로 지칭한 적은 없다. 대조적으로 복음서에서는 예수가 하나님을 '나의 아버지'라고 표현한 곳이 30회 정도(마 7:21 등) 등장한다. 이 중에서도 예수가 하나님을 '아버지'라는 명칭(designation)이 아니라 호칭(address)으로 부른 사례가 모두 16번이라고 구체적으로 제시한다.[12]

공관복음서에는 예수의 기도가 다섯 번 기록되어 있는데 이 모든 기도 가운데 이 아버지라는 호칭을 일치되게 사용한 것이다. 유일한 예외는 '나의 하나님, 나의 하나님'이라는 십자가에 달려서의 외침(막 15:34 병행)인데 이는 시편 22편 2절의 인용이기 때문이다.[13] 기도의 대상으로 하나님을 아버지로 호칭한 것은 하나님을 단순히 아버지로 상징한 것이 아니라, 구체적이고 명시적인 호칭으로 사용했다는 사실을 확증한다.

예수의 대표적인 기도인 겟세마네의 기도에서 예수는 아주 특이하게 하나님을 단 한 번이지만 아람어 '아바 아버지'(Abba oJ pathvr)로 호칭하였다.[14]

가라사대 아바 아버지여 아버지께는 모든 것이 가능하오니 이 잔을 내게서 옮기시옵소서. 그러나 나의 원대로 마옵시고 아버지의 원대로 하옵소서.(막 14:36)

예레미아스는 예수께서 하나님을 '아바 아버지'라고 부른 사실은 매우 특이한 것이며, 나아가서 예수가 아람어 형태인 '아바'를 사용한 것은 더욱 그러하다고 주장한다.[15] 특이한 것은 '아바'라는 용어가 당시 유대인들에게는 "아기의 웅얼거리는 소리"였으며, 어린아이의 일상적인 공손한 표현으로 사용된 것이다. 따라서 예수 당시의 사람들이 하나님을 이러한 단어로 부르는 것은 무례한 것으로 그리고 참으로 상상할 수 없는 것으로 생각하였다고 한다.[16] 그러나 예수는 하나님 아버지에 대한 호칭 형태로서 대담하게도 유아적인 표현인 '아바'를 사용하였다. 예수가 하나님에 대하여 '아바'라는 독특한 호칭을 사용한 것을 통해 예수와 하나님 아버지 사이의 관계의 독특성을 다음과 같이 유추할 수 있다.

- 하나님과 고도의 친밀하고 특수한 관계임을 드러낸다.
- 하나님의 아들로서의 확고한 자의식을 드러낸다.
- 하나님의 아들로서 예수의 사명의 궁극적 신비를 드러낸다.
- '아바'라는 단어를 통해 예수의 권위와 권능의 주요 근원 가운데 하나를 추론할 수 있다.
- 예수는 자신이 하나님의 아들이며, 종말론적 영의 기름 부음을 받은 자로 생각했다.
- 예수의 '아바 아버지' 호칭은 초대교회를 통해 전승되었다.(롬 8:15, 갈 4:6)

예수는 하나님과 자신의 이 특수한 친밀한 부자관계를 일평생 유지하면 서 자신의 뜻이 아니라 하나님의 뜻대로 사는 것을 자신의 존재 이유이요, 자신의 삶의 궁극적인 사명이요 목적으로 삼았던 것이다.

하나님 너희 아버지

예수는 하나님을 나의 아버지라 칭했을 뿐만 아니라, 제자들에게

'나의 아버지가 바로 너희의 아버지'라고 가르치신 것이다. 그리고 아버지라는 용어를 신성한 단어로 간주했다. 오직 하늘에 계신 자만을 아버지로 부르도록 제자들에게 가르친 것이다.

> 땅에 있는 자를 아비라 하지 말라 너희 아버지는 하나이시니 곧 하늘에 계신 자시니라.(마 23:9)

오직 하나님께만 '아버지'란 이름의 존엄성이 보존되어야 하고 '아바'(Abba) 호칭이 존중되어야 한다. "아버지의 이름이 거룩히 여김을 받으시오며"라는 것도 이와 관련되어 이해되어야 한다.

예수는 세례와 시험을 거치며 하나님을 아버지로 체험한 것을 통해 자신이 하나님의 아들로 소명받은 것을 확신하였을 것이다. 예수가 공생애 동안 하나님 아버지와 자신의 관계를 분명히 자각한 발언을 한 것은 아주 놀라운 전승이 아닐 수 없다.

> 내 아버지께서 모든 것을 내게 주셨으니
> 아버지 외에는 아들을 아는 자가 없고
> 아들과 또 아들의 소원대로 계시를 받은 자 외에는
> 아버지를 아는 자가 없느니라.(마 11:27, 눅 10:20)

예레미아스는 위의 구절이 요한복음의 영향이 아니라 마태와 마가의 진정성이 드러나는 구절로서 예수가 하나님을 '아바'(Abba)로 부른 것과 결정적으로 연결된다고 주장한다.[17]

예수는 그의 청중들에게 이스라엘의 하나님 야웨를 그들의 '아버지'로 믿고 아버지에게 돌아와 부자관계의 회복을 촉구한 것이다. 라이트는 포도원 주인과 상속자인 아들 비유(마 21:28-32), 자녀들에게 좋은 것을 주시는 아버지의 비유(마 7:7-11 병행) 그리고 저 유명한 '탕자(또는 후한 아버지)의 비유'가 여기에 포함된다고 하였다.[18]

복음서에 나타난 예수의 '아바 아버지'에 대한 가르침은 신약성서의 다른 두 축을 이루는 바울문서와 요한문서에 그대로 반영되어 있다. 예수가 겟세마네 기도에서 사용한 '아바 아버지'라는 단어는 바울문서에 두 번 등장한다. 바울이 로마교회에 보낸 서신에서는 기도의 대상인 하나님을 아바 아버지로 호칭하고 있는데, "예수의 기도의 반향"임을 보여 준다.[19]

너희는 다시 무서워하는 종의 영을 받지 아니하였고 양자의 영을 받았으므로 아바 아버지라 부르짖느니라. 성령이 친히 우리 영으로 더불어 우리가 하나님의 자녀인 것을 증거하시나니 자녀이면 또한 후사 곧 하나님의 후사요 그리스도와 함께 한 후사니 우리가 그와 함께 영광을 받기 위하여 고난도 함께 받아야 될 것이니라.(롬 8:15-16)

너희가 아들인 고로 하나님이 그 아들의 영을 우리 마음 가운데 보내사 아바 아버지라 부르게 하셨느니라. 그러므로 네가 이 후로는 종이 아니요 아들이니 아들이면 하나님으로 말미암아 유업을 이을 자니라.(갈 4:6-7)

바울은 우리가 전에는 종이었지만 이제는 하나님의 자녀가 되어 하나님의 상속자가 되었음을 선언한다. 하나님이 우리 아버지이므로 하나님의 소유는 모두 우리가 상속하여 누릴 수 있게 되었다. 그리고 하나님 아버지가 우리와 함께 하시므로 그 누구도 우리를 송사하거나 정죄할 수 없으며 대적하거나 하나님과 우리 사이를 끊을 수 없다고 하였다(롬 8:33-39). 그래서 바울은 "남들은 하느님도 많고 주님도 많아서 소위 신이라는 것들이 하늘에도 있고 땅에도 있다고들 하지만, 우리에게는 아버지가 되시는 하나님 한 분이 계실 뿐"(고전 8:5 공동번역)이라고 하였다.

요한은 말씀이 육신이 되어 우리 가운데 오신 하나님의 아들 예수께서는 그를 "영접하는 자 곧 그 이름을 믿는 자들에게는 하나님의 자녀가 되는 권세를 주셨다."(요 1:12)고 선언한다. 그리고 "이는 혈통으로나 육정으로나 사람의 뜻으로 나지 아니하고 오직 하나님께로서 난 자들"(요 1:12)이라고 하였다.

구약성서에는 시내산 옛 계약에서 잘 드러나는 것처럼 하나님은 자기 백성을 이집트에서 구원하신 이스라엘 민족의 신으로 등장한다. 하나님과 이스라엘과의 관계는 "나는 너희 하나님이 되고 너희는 나의 백성이 되는 것"이었다. 호세아는 하나님께 범죄를 저지른 이스라엘 백성에게 "너희는 내 백성이 아니라 한 그곳에서 저희에게 이르기를 너희는 사신 하나님의 자녀라 할 것"(호 1:10)이라고 예언한 것처럼 신약에서는 하나님이 온 인류를 자녀로 삼는 아버지로 고백된다. 따라서 새 계약의 원리는 "나는 너희의 아버지가 되고 너희는 나의 자녀가 되는 것"이다. 그래서 요한문서에는 "사랑하는 자들아 지금은 우리가 하나님의 자녀라."(요일 3:2)고 선언한다.

예수가 선포한 아버지 하나님

버미스는 예수의 비유와 말씀에 나타나는 아버지의 성격이 다음과 같이 드러난다고 하였다.

(1) 용서하는 아버지이다. 예수가 가르친 아버지 하나님의 표상은 용서하시는 아버지이다.

서서 기도할 **때에** 아무에게나 혐의가 있거든 용서하라 그리하여야 하늘
에 계신 너희 아버지도 너희 허물을 사하여 주시리라.(막 11:25)

너희가 사람의 과실을 용서하면 너희 천부께서도 너희의 과실을 용서하
시려니와 너희가 사람의 과실을 용서하지 아니하면 너희 아버지께서도
너희 과실을 용서하지 아니하시리라.(마 6:14)

구원이 죄사함과 관련이 있기 때문에 온 인류의 구원자이신 하나님
이 아버지로 표상 될 때 용서의 개념이 가장 중요하게 취급될 수밖에
없다.

(2) 돌보시는 아버지이다. 하늘에 계신 아버지의 또 다른 특징은
자녀들을 돌보시는 것이다. 산상수훈에 보존된 교훈을 보면 예수는
세상사로 염려하는 제자들에게 좋은 것으로 베푸시고 돌보시는 아버
지에 대한 신앙을 확신시킨다.

공중의 새를 보라 심지도 않고 거두지도 않고 창고에 모아들이지도 아니
하되 너희 천부께서 기르시나니.(마 6:26, 눅 12:24)

그러므로 염려하여 이르기를 무엇을 먹을까 무엇을 마실까 무엇을 입을
까 하지 말라 이는 다 이방인들이 구하는 것이라 너희 천부께서 이 모든
것이 너희에게 있어야 할 줄을 아시느니라.(마 6:31, 눅 12:22)

'하물며 하늘에 계신 너희 아버지께서 구하는 자에게 좋은 것을 주시지
않겠느냐!'(마 7:11, 눅 11:13)

가난한 자에게 복음을 전하러 오신 예수는 하나님이 아버지가 그의 자녀들에게 먹을 것과 입을 것 그리고 온갖 좋은 것을 주시는 분이라고 가르친 것이다.

(3) 은밀한 것을 보시는 아버지 하나님이다. 유대인들의 경건의 주된 표현이라고 할 수 있는 구제, 기도, 금식은 은밀하게 해야 한다. 가난한 자를 향한 자비는 나팔을 불어서는 안 되며, 길 구석이나 심지어는 회당조차도 내적 기도를 위해서는 적합한 장소가 아니고, 금식을 통한 자기 부인은 음울한 외모를 통해 드러나지 않도록 해야 한다(마 6:2-4, 6:5-8, 6:16-18). 사람들의 인정과 칭찬을 받으려고 겉으로 꾸미지 않아도 "은밀한 중에 보시는 너희 아버지가 갚으실 것"(마 6:4, 6, 18)이기 때문이다.

하나님의 자녀 됨의 의미

예수의 하나님 아버지에 대한 가르침은 아버지를 닮아야 하는 아들의 의무로 이어진다. 저 유명한 율법의 6반제를 가르친 다음 예수는 "이같이 한즉 하늘에 계신 너희 아버지의 아들이 되리니"(마 5:45)라고 하였다. 하나님의 거룩한 백성이 되려면 옛 계명을 지켜야 하듯이 '거룩한 자의 아들' 혹은 '너희 아버지의 아들'(눅 6:35: 마 5:45)이 되려면 다음과 같은 새 계명을 지켜야 한다는 것이다.

- 형제에게 노하거나 욕하지 말라.(마 5:22)
- 여자를 보고 음욕을 품는 자마다 마음에 이미 간음하였느니라.(마 5:28)
- 음행한 연고 없이 아내를 버리지 말라.(마 5:32)
- 도무지 맹세하지 말라.(마 5:34)
- 오른편 뺨을 치거든 왼편도 돌려대라.(마 5:40)

• 원수를 사랑하라고 핍박하는 자를 위해 기도하라.(마 5:44)

마찬가지로 하나님의 자녀들은 화평케 하는 자가 되어야 하고(마 5:9), 저들의 착한 행실로 하늘의 아버지께 영광을 돌려야 하며(마 5:16), 하늘에 계신 아버지의 온전한 것과 같이 온전하여야 하며(마 5:48), 아버지의 자비하심 같이 자비하여야 한다(눅 6:36).[20]

하나님 우리 아버지

바르트는 우리로 하여금 하나님께 기도하고 하나님을 우리 아버지라고 부를 수 있도록 초대하신 분은 예수 그리스도라고 한다. '우리'라는 말 속에 예수 그리스도와 함께 기도하는 사람들의 사귐, 교회의 사귐, 온 인류의 사귐을 뜻한다고 하였다. 바르트는 주기도문의 우리 아버지를 다음과 같이 설명하였다.

우리 아버지는 그분의 말씀과 영을 통하여 우리를 낳으셨고, 옛적에 우리를 창조하셨던 분이십니다. 그분은 우리의 창조주이시기 때문에 우리의 아버지이십니다. 그분은 창조 안에서, 그리고 창조와 더불어 우리의 삶의 원천이 되시는 분이요, 우리의 삶의 목표가 되시는 분이십니다.

우리 아버지는 일시적이고 영원한 우리의 존재 전체에 대해 스스로 책임을 지시는 분이십니다. 하나님 아버지의 영광은 우리에게도 주어질 유업(遺業)입니다. 그리고 자녀들이 그들의 아버지에게 자유로이 나아가듯이, 우리도 그분에게 자유로이 나아갈 수 있습니다.

보십시오! 그분은 우리를 위하시는 하나님이십니다. 하지만 우리는 그분을 부를 권리도 없고, 그분의 자녀가 될 권리도 없으며, 그분을 아버지라고 부를 권리도 전혀 없다는 사실을 말해야 합니다. 그분이 우리의 아버지가 되시고 우리가 그분의 자녀가 되는 것은 그분과 예수 그리스도 사이에 존재하는 자연스러운 관계 때문이요, 예수 그리스도의 인격 안에서 현실로 나타난 아버지 신분과 자녀 신분 때문입니다. 하나님의 아버지 되심과 우리의 자녀 됨은 예수 그리스도 안에서 현실로 나타납니다.

하나님, 우리 아버지는 자비로우신 우리 아버지를 의미합니다. 우리는 집을 떠난 아들이요, 늘 집을 떠나게 될 아들입니다. 집을 떠난 아들은 예수 그리스도의 인격 안에서 우리에게 주어진 권리밖에는 그 어떤 권리도 내세울 수 없습니다. 예수 그리스도는 하나님의 아버지 신분과 우리의 자녀 신분을 주시는 자요, 그 보증인이십니다. 이 아버지 신분과 자녀 신분이 다른 신분들, 즉 우리가 아버지, 아들 그리고 자녀라고 부르는 그 모든 신분보다 비교할 나위 없이 더 높은 이유가 무엇인지 바로 여기서 드러납니다.

이런 인간적인 관계는 다른 관계가 모방하고 흉내 낼 수 있을 모범이 아닙니다. 참된 아버지 신분과 참된 자녀 신분은 하나님이 그분과 우리 사이에서 만드신 이러한 결합 안에 존재합니다. 우리들 사이에 존재하는 모든 것들은 단지 이러한 본래적인 자녀 신분의 모방에 지나지 않습니다. 우리가 하나님을 우리 아버지라고 부른다면, 이미 아버지와 아들의 충만한 현실 안에 있게 되는 셈입니다.[21]

길선주의 개종과 아버지 하나님

길선주(吉善宙, 1869-1935)는 기독교로 개종하기 전에 유교와 불교와 선도를 통해 구도의 길을 걸었다.[22] 특히 10년 이상 선도의 수련을 통해 유명한 도인(道人)으로 알려졌다. 그의 도우(道友) 김종섭이 먼저 기독교로 개종한 후 길선주를 전도하기 시작하였다. 길선주는 유불선에는 없지만 새로운 서양의 도가 가르치는 '영생의 도와 아버지 하나님

신앙'에 큰 호기심을 갖게 되었다. 길선주는 상제(上帝) 하나님을 감히 아버지로 부르고 영생의 도를 가르치는 것은 유불선에는 없는 기독교만의 특이한 가르침이라는 생각이 들어 기독교에 대해 호기심을 갖게 되었다. 그리하여 자신이 신봉하던 선도에 대해 "점차 의심이 나기 시작"[23]한 것이다.

그래서 김종섭은 길선주에게 선도를 수행하면서 배운 삼령주문만 외우지 말고 그들이 섬겨온 삼령신군께 "예수교의 도가 참 도인지 거짓 도인지 알게 해달라."고 기도하기를 권하였다.[24] 그렇게 할 것을 약속한 길선주는 "삼령신군(三靈神君)이시여 현 세계를 움직이는 예수교가 참 도이오니까? 거짓 도이오니까? 밝히어 가르쳐 주옵소서."[25]라고 여러 날을 계속하여 기도하기 시작하였다.

다시 김종섭이 찾아왔을 때 삼령신군께 기도하니 번민만 생기더라는 길선주의 말을 듣고 이제는 '천부(天父)께 기도'하기를 권하였다. 그러나 길선주는 "지존 막대하신 상제님을 어찌 아버지라 부를 수" 있느냐고 반문하였다. 이후에 일어나 사건을 김인서는 이렇게 적고 있다.

선생이 말하기를 '인간이 어찌 하나님을 아버지라고 칭하리요.' 하였다. 전도자(金宗燮)는 아버지란 어구를 빼고 그저 상제(上帝)님이라 칭하여 상제님께 기도하라고 가르치므로 선생은 다시 이번에는 상제님께 기도하기 시작하였다. '상제님이시여, 저를 불쌍히 여기시옵소서. 다년간 지성껏 신봉하고 공부하던 선도는 의심이 나고 예수 도는 의롭고 참인 듯하나 영생의 진도(眞道)인지 깨닫지 못하여 저는 심한 번민 중에 죽을 지경이오니 저를 살려 주옵소서.' 기도한 지 삼 일이 되었다.

만뢰구적(萬籟俱寂) 가을 밤 새벽 한 시쯤에 꿇어 엎드려 '예수가 참

구주이신지 알게 하여 주시옵소서.' 간절히 기도하는 중에 옥저(玉橋) 소리와 같은 청랑한 소래가 방에 들리더니 이에 총소리 같은 요란한 큰 소리가 있어 공기가 진동하는지라 선생이 크게 놀래어 잠잠하니 공중에서 '길선주야, 길선주야, 길선주야.' 삼차 부르거늘 선생이 더욱 두렵고 떨리어 감히 머리를 들지 못하고 엎디어 '나를 사랑하시는 아버지시여, 나의 죄를 사하여 주시고 저를 살려 주옵소서.'라고 기도하면서 방성대곡하니 그때의 선생의 몸은 불덩이처럼 달아서 더욱 힘써 기도하였다.[26]

길선주가 자신이 섬겨 오던 선도의 삼령신군께 간절히 기도함으로써 성서의 하나님 아버지를 만날 수 있었다는 사실은 토착화의 신비를 드러내는 특기한 사건임에 틀림없다. 그의 간절한 기도에 응답이 있어 하나님의 음성을 듣게 되는 그 순간에 그의 입으로 "하나님을 아버지라고 부를 수 있게 되었다." 이와 동시에 자신이 죄인임을 비로소 깨달을 수 있게 된 것이다. 이러한 길선주의 개종은 사도 바울 이래로 세계 교회사에 그 유례가 없는 특이한 것으로 세계 교회에 알려지게 되었다.[27]

류영모의 하나님 아버지 신앙

류영모가 예수를 스승으로 받든 것은 예수가 하나님 아버지와 부자유친(父子有親)하여 효도를 다하였기 때문이라고 하였다. 그는 하나님 아버지께 예수만큼 효도를 다한 사람이 없다고 생각하였다.

하나님을 아버지라고 부른 것부터가 남다르다. 다른 이들도 하나님을 아버지라 비유한 예가 없지 않았다. 그러나 하나님께 기도하면서 가정에서 자녀들이 아버지를 부르듯이 이렇게 친근하게 부른 사람은 예수가 처음이라 생각된다고 하였다.

류영모는 "예수는 다른 말은 아니하였어도 하나님을 아버지라 부른
것만으로도 인류에게 그 누구보다도 위대한 공헌을 하였다."고 단언
한다. 예수처럼 하나님을 우러러 '아버지!'라고 부를 때 몸속의 피가
용솟음치도록 기쁨이 샘솟는다고 하였다. 류영모는 돌아가기 전 2년
동안 과거를 기억 못 할 마큼 사고력이 약해졌는데도 하나님을 향한
'아버지!' 소리는 잊어버리지 아니하고 계속하였다.[28] 류영모는 "중국
송학(宋學)의 한 사람인 장횡거(張橫渠)도 「서명(西銘)」에서 '하늘을 일
컬어 아버지, 땅을 일컬어 어머니(坤稱母)'라고 하였다. 그러나 예수처
럼 철저한 아버지 신앙에는 따르지 못한다."고 하였다.[29]

주기도문의
가르침

주의 기도는 예수 자신의 생애 동안 가르친 모든 교훈의 강조점과 주제를 요약한 매우 초기의 것임에 틀림없으며, 하나님 아버지와 하나님의 나라에 대한 예수의 가르침의 강조점들이 잘 요약되어 있다. 그래서 슈낙켄베르크(R. Schnackenberg)는 "주님이 가르치신 기도를 통해 새로운 기도공동체가 탄생하였다."고 하였다.[30]

먼저 주기도문을 전체적으로 살펴보면 이 기도의 구조가 어떤 의미에서는 십계명의 구조와 일치한다는 사실이 널리 인정되고 있다. 크로산은 "처음의 세 가지 기도는 [십계명의] 처음의 네 가지 계명과 일치하고, 나중의 세 가지 기도는 다섯 번째부터 마지막까지의 계명과 일치"[31]하는 것으로 파악한다. 처음 세 간구는 인간과 하나님 사이의 수직적 관계를 말하는 것이고 다음 네 간구는 인간과 인간 사이의 수평적 관계를 말한다. 그리고 이 둘은 2중적 이중관계를 지니고 있다는 것이다. 하나님이 우리에게 하시는 것처럼 우리도 다른 사람에게 해야 하며, 우리가 다른 사람에게 하는 방식대로 하느님도 우리에게 하신다고 주장한다. 그리고 이러한 관계는 연속관계 혹은 인과관계가 아니라 동시성과 상호성의 관계라고 하였다.

십계명과 주기도문의 상응관계는 칼빈과 칼 바르트를 비롯한 서구의 여러 신학자들에 의해 이미 주장된 바 있다. 이들은 십계명을 이중 구조로 보듯이 주기도문도 이중 구조로 보지만, 예수가 가르친 주기도문 역시 십계명과 마찬가지로 삼중적 삼중 구조로 해석될 수 있다.

그래서 한태동은 구약의 십계명과 더불어 신약의 주기도문의 간구도 천지인의 조화의 간구로 해석하였다.

예수가 말한 '하나님의 나라' 관념은 그가 가르친 기도(주기도문) 속에 잘 요약되어 있다. 주기도문을 보면 '이름이 거룩히 여김을 받으시오며'라고 했다. 이는 십계명에 있는, 이름을 망령되이 일컫지 말라는 말씀에 대한 상대적인 표현으로 긍정적으로 하나님과 올바른 관계를 맺고 살 것을 말한 것이다.

'우리가 우리에게 죄 지은 자를 사해 준 것같이 우리를 죄를 사하여 주옵시고'라고 한 것은 소외된 사람과 사람 사이의 관계를 다시 융화되게 해 달라는 뜻이다.

'일용할 양식을 주옵시고'라고 한 것은 물질에 대한 저주로 궁핍하게 되었으니 물질과 바른 관계를 해결해 달라고 말하는 것이다.

이 세 가지 간구는 천·지·인의 조화를 간구한 것인데, 이것이 '하나님의 뜻'으로 '하늘에서 이룬 것 같이 땅에서도 이루어질' 것을 요청했다. 그 반면에 이 뜻을 마귀가 쉬지 않고 시험하고 있으므로 '다만 악에서 구하옵소서'라고 기원했다.[32]

시험과 악 역시 천지인의 삼중적 관계의 불화로 해석하였다. 이 세 가지 시험에서 마귀는 하나님, 사람 그리고 자연의 조화적인 관계를

끊어보려고 했으나 처음 아담이 실패한 것과 달리 예수는 이를 이겼다
는 것이다. 신약성서의 주기도문은 구약성서의 십계명과 함께 신구약
성서의 핵심적인 의미를 담고 있는 것이 분명하다. 양자의 상응 관계
를 도표화하면 아래와 같다.

■ 주기도문과 십계명의 삼중적 삼중 관계

	주기도문	십계명
서언	하늘에 계신 우리 아버지시여	나는… 너희 하나님 여호와로라
대신 관계	1. 이름이 거룩히 여김을 받으시오며 2. 나라이 임하옵시며(하나님의 통치) 3. 뜻이 하늘과 땅에서 이루어지이다	3. 이름을 망령되이 일컫지 말라 1. 다른 신을 네게 두지 말라 2. 우상을 섬기지 말라
대물 관계	4. 일용할 양식을 주옵시며	8. 도적질하지 말라 9. 거짓증거하지 말라 10. 탐내지 말라
대인 관계	5. 우리에게 죄지은 자를 사해 준 것처럼 우리 죄를 사해 주시오며	5. 부모를 공경하라 6. 살인하지 말라 7. 간음하지 말라
삼중 관계	6. 우리를 시험에 들게 하지 마옵시며 7. 우리를 악에서 구하소서 　1) 돌로 떡이 되게 하라: 물질 관계 　2) 성전에서 뛰어내리라: 하나님 관계 　3) 내게 절하라: 이웃 관계	4. 안식일을 거룩히 지키라 　1) 하나님 공경: 하나님 관계 　2) 육축과 땅도 쉼: 물질과 자연 관계 　3) 온 집안사람이 쉼: 이웃 관계

　　하나님은 어떻게 보느냐는 신관에 따라 종교제도가 달라지고, 인간
을 지배의 대상으로 보느냐 섬김의 대상으로 보느냐에 따라 정치제도
가 달라지고, 물질과 자연을 독점과 착취의 대상으로 보느냐 공유와

친화의 대상으로 보느냐에 따라 물질관과 자연관이 달라진다. 따라서 하나님이 아버지로 다스리는 하나님의 나라에서 하나님의 뜻이 하늘에서와 같이 이 땅에서도 실현되기 위해서는 새로운 종교제도와 정치제도와 경제제도가 이루어져 한다. 이에 관한 자세한 내용은 하나님 나라와 유대교 종교제도(7장), 하나님의 나라와 로마의 정치제도(8장), 하나님의 나라와 대안적 경제제도(9장)에서 자세히 다루려고 한다.

이처럼 구약성서의 핵심인 십계명과 신약성서의 핵심인 주기도문을 삼중적 삼중관계로 해석함으로써 천지인 신학의 성서적 근거를 분명히 마련할 수 있게 되는 것이다.[33]

현대 신학적의 관점에서 구원의 내용을 포괄적으로 이해하기 위해서는 구원의 내용을 이루는 이러한 세 요소의 하나님과 화해로서의 개인 구원, 이웃과의 화해로서 사회 구원, 자연과의 화해로서 생태 구원의 삼중적인 화해를 통전적으로 설정하여야 할 과제가 제시된다. 따라서 수직적인 개인 구원, 수평적인 사회 구원, 순환적인 생태학적 구원의 삼중적 삼중관계의 통전적 구원론은 천지인의 조화라는 삼태극의 구조와 상응하는 천지인의 신학으로 전개할 수 있을 것이다.[34]

하나님 아버지의 나라
선포

하나님 나라의 성서적 배경

예수의 최초 선포는 "때가 찼고 하나님의 나라가 가까이 왔으니 회개하고 복음을 믿으라."(막 1:15)는 것이었다. 그런데 마태복음은 하나님의 이름을 망령되이 일컫지 않는다는 유대적 전통에 따라 '하나님의 나라'를 천국(하늘나라 36회), 그의 나라(마 6:10, 6:33, 13:41), 주의 나라(마 20:21), 아버지의 나라(마 13:43, 26:29)로 사용하였다.[35] 따라서 천국(하늘나라)은 마태의 독특한 예외적인 표현이라는 것이 신약성서에서 마태 이외에는 천국이라는 단어의 사용이 단 1번(딤후 4:18)뿐이라는 사실로도 확인된다.[36]

'하나님의 나라'(hJ basileiva)는 신약성서에 162회 등장하며, 공관복음서에만 121차례 나타난다. 특히 Q 문서에는 '바실레이아'가 주로 동작 동사와 함께 쓰인다. 바실레이아가 '가까이 왔다'(*enggiken*)(Q 10:9, 마 10:7), '온다'(*eltheto*)(Q 11:2, 마 6:10), '폭행당한다'(*biazetai*)(Q 11:16b, 마 11:12a), '임하였다'(*ephthazen*)(Q 11:20, 마 12:28), '자란다'(*auksano*)(Q 13:18-19, 마 13:31-32), '구하라'(*zeteite*)(Q 12:31, 마 6:33)고 기록되어 있다.[37] 그러므로 바실레이

아는 기능적으로 보면 하나님의 왕적 통치, 왕적 존엄, 왕권 등을 의미하며, 지정학적으로는 하나님의 왕국이나 하나님의 나라 등을 지칭한다고 볼 수 있다.[38]

따라서 천국을 뜻하는 '하늘의 통치'(malkut shammaim)는 전적으로 '하나님의 통치'의 은유적 표현에 지나지 않는다. 하나님의 나라로서 천국은 천당과는 개념적으로 다른 것이 분명하다. 천당은 죽어서 가는 곳이지만, 천국은 현재 속으로 가까이 다가오는 것으로 주로 묘사되기 때문이다.[39] 팀 스태포드(Tim Stafford)가 지적한 것처럼 "하나님의 나라가 가까이 왔다는 메시지는 하나님의 나라가 무엇이고 왜 그것을 기다려야 하는지 이해하지 못하는 청중들에게는 아무런 의미가 없다."[40]

야웨 하나님이 이스라엘의 왕으로 자기 백성을 다스리신다는 것은 유대인의 뿌리 깊은 신앙이었다. 히브리어에서 왕이라는 뜻의 멜렉(melek)과 왕국(나라)이라는 뜻의 말쿠트(malkut)는 언어적으로 유사하였다. 하나님의 나라는 히브리 전통에서 등장하는 '야웨의 통치' 혹은 '하늘의 통치'(malkut shammaim)를 희랍어로 번역한 것에 지나지 않는다. 따라서 구약성서의 야웨 왕권 사상이 예수의 하나님 나라 선포의 뿌리인 것이다.

이스라엘의 하나님 "야웨가 왕이시다."는 것은 이스라엘 백성이 가나안 정착 이전부터 고백해 온 신앙이다. 출애굽 직후 '모세의 찬양'에서 이미 이스라엘을 구원하신 "여호와의 다스림이 영원무궁 하시도다."(출 15:18)고 하였다. 다윗은 "여호와는 영영토록 왕으로 좌정하시며, … 자기 백성에게 평강의 복을 주시는 분"(시 29:10-11)으로 찬양하였다. 고라자손의 시에서는 "하나님은 온 땅의 왕이며, … 하나님이 열방을 치리하시는 분"(시 47:7-8)라고 하였다. 이사야는 "여호와가 율법을 세우신 재판장이요, 여호와는 우리의 왕이시니 우리를 구원하실 것"(사 33:22)이라고 하였다. 다윗의 시편은 이러한 의미를 가장 잘 표현하고 있다.

주의 나라는 영원한 나라이니
주의 통치는 대대에 이르리이다.(시 145:13)

이스라엘 백성이 가나안에 정착하여 200년 동안 왕을 세우지 않고 내외의 위기에도 불구하여 사사시대를 지속한 것도 여호와 하나님이 '우리의 왕'이라는 야웨 왕권 신앙 때문이었다. 법궤가 약탈된 후 군사적 필요에 의해 왕정을 요구했을 때 기드온(삿 8:23-24)과 사무엘(삼상 8:7)이 이를 거부한 첫 번째 이유는 종교적으로 야웨가 왕이므로 다른 왕을 세우는 것이 용납되지 않았기 때문이다.

내가 그대들을 다스릴 것도 아니요,
내 자손이 그대들을 다스릴 것도 아닙니다. …
그대들을 다스리실 분은 야웨시오.(삿 8:23-24 공동번역)

야웨가 '왕'이라는 이스라엘의 야웨 왕권 사상은 '왕이 곧 신'이라고 주장하는 주변 국가의 신인(神人) 왕권 사상에 대한 반명제이다. 인간이 스스로 왕이라 자처하거나, 신적인 왕권을 행사해서도 안 된다는 선언이다.[41]

포로기 후기에는 다윗의 자손 가운데서 메시아가 나타나 유대의 왕권을 새롭고 완전하게 회복하리라는 기대가 팽배하였다.[42] 여기에서 추려볼 수 있는 메시아 상의 공통적인 요소는 다음과 같다.

- 새로운 왕은 하나님께서 다윗의 후손 가운데서 택하여 세울 것이다.
- 그는 백성들과 '평화의 계약'(겔 34:25, 37:26)을 맺어 백성들을 정의로 다스릴 '평화의 왕'(사 9:7 공동번역)이 될 것이다.[43]
- 그는 양 떼를 돌보는 목자(겔 27:23)로서 백성 위에 군림하여 강제하는 왕(meleck)이 아니라, 백성을 살피며 섬기는 목자와 같은 영도자(nasi)가 될 것이다.[44]
- 그는 군사적 위용을 과시하려고 군마를 타고 오는 것이 아니라, 겸손히 백성을 섬기는 목자처럼 어린 나귀 새끼를 타고 오실 것이다.(슥 9:9)

이와 유사한 내용의 메시아 왕에 대한 대망은 보다 후대의 문서인 「솔로몬의 시편」, 「에스드라하」, 「바룩하」, 「쿰란 제4동굴 언약 본문」, 그리고 「유대인의 18기도문」 등에도 기록되어 있다.[45]

예수의 하나님 아버지 나라 선포

세례 요한이 잡힌 후 예수는 갈릴리에서 하나님의 나라를 선포함으로써 메시아적 선교 사역을 시작하였다. 그리고 최초로 선포한 것은 하나님 나라의 도래이다.

요한이 잡힌 후 예수께서 갈릴리에 오셔서 하나님의 복음을 전파하여 이르시되 때가 찼고 하나님의 나라가 가까이 왔으니 회개하고 복음을 믿으라 하시더라.(막 1:15-16)

이때부터 예수께서 비로소 전파하여 가라사대 회개하라 천국이 가까왔느니라 하시더라.(마 4:17)

하나님의 나라는 예수의 최초 선포일 뿐만 아니라, 선포의 핵심이라는 것이 성서신학자들의 일치된 견해이다. 예수가 최초 선포에서 하나님 나라의 도래를 외쳤을 뿐만 아니라 복음서에 의하면 3년 동안의 공생애의 모든 활동과 설교, 교훈, 이적 등이 모두 하나님 나라와 깊은 관계를 맺고 있다는 점을 강조한다. 예수가 선포한 하나님 나라는 예수에 관한 모든 전승 양식에 모두 등장하는 예수의 가르침과 선교활동의 한 중심축이라고 할 수 있다.

그는 사역은 '하나님의 나라'로 시작하여 '하나님의 나라'로 끝마지셨다고 할 수 있다. 복음서의 증거에 따르면 예수께서는 친히 "내가 다른 동네들에서도 하나님의 나라 복음을 전하여야 하리니 내가 이 일을 위하여 보내심을 받았노라."(눅 4:43)고 함으로써 하나님 나라의 선포가 자신 삶의 궁극적인 목표임을 밝혔다.

예수는 자신의 모든 설교를 '하나님의 나라에 관한 말씀'(눅 8:11, 16:16, 마 13:19)으로 규정하셨으며, 그리고 그의 제자들에게도 하나님의 나라를 전파하도록 분부하셨다(마 10:7, 눅 9:2, 10:9). 더 나아가서 "내 아버지의 나라를 내게 맡김 같이 나도 너희에게 맡긴다."(눅 22:29) 하였다. 그리고 부활하신 후 승천하시기까지 40일 동안 지상에 계실 때에도 여전히 하나님의 나라에 대하여 말씀하였다(행 1:3).

예수의 하나님 나라 선포 가운데서 가장 중요한 표현은 하나님의 나라를 '아버지의 나라'로 표현하였다는 사실이다. 앞에서 살펴본 것처럼 '아버지의 나라로서 하나님의 나라'는 하나님께서 아버지와 같은 심정으로 자녀들을 돌보신다는 것을 뜻한다. 하나님의 나라가 하나님의 통치를 의미한다면 누가 어떤 모습으로 통치하시는가 하는 것이 가장 핵심적인 내용이 된다. 예수는 이에 대해 하나님께서 왕으로 다스린다는 유대교의 오랜 전통에 대한 새로운 대안으로 하나님이 아버지로 다스리는 '하나님 아버지의 나라'를 선포한 것이다.

예수 시대의 이스라엘 백성들은 잔악한 헤롯 왕이나 로마 총독의 지배를 받았기 때문에 이상적인 유대인의 왕을 고대하였다. 그래서 예수의 나심을 새로운 유대인의 왕의 나심으로 보았다. 그러나 예수는 '유대인의 왕'이 백성 위에 군림하는 전통적인 제왕적인 통치를 뜻하는 '유대인의 나라'가 아니요, '이방인 왕'이 백성들을 억압하고 수탈하는 제국주의의 식민지 통치를 뜻하는 '이방인의 나라'도 아닌 야웨 하나님이 아바(Abba) 아버지로서 다스리는 '하나님 아버지의 나라'를 선포하신 것이다. 예수는 당시의 유대인들과 달리 하나님을 '우리의 왕'으로 호칭하지 않고 '우리의 아버지'라고 호칭한 것이다.

제왕적 통치나 식민지 통치에서 기대할 수 없었던 새로운 삶의 근원적인 질서로서 하나님이 아버지로 다스리는 나라의 도래를 선언한 것이다. 마치 육신의 아버지처럼 "무엇을 마실까 무엇을 입을까"(마 6:25-34) 염려할 필요가 없도록 자녀들의 일상적인 의식주의 필요를 아시고 보다 좋은 것으로 채워주시며, 자녀들의 과실을 관대히 용서해주시는 아버지(마 6:15)가 되어 그의 자녀들을 친히 돌보고 다스리는 나라의 도래를 새로운 대안으로 선포하신 것이다.

아버지의 나라와 아버지의 뜻

하나님의 나라는 하나님이 아버지로 다스리는 것이다. 하나님의 나라에서는 그러므로 하나님 아버지의 뜻이 이루어져야 한다. 예수는 산상수훈 서두에서 기도에 대해 가르칠 때 하나님 나라의 이러한 의미를 제자들에게 분명하게 가르쳤다.

아버지의 나라가 오게 하시며

아버지의 뜻이 이루어지게 하소서

하늘에서와 같이 땅에서도.(마 6:10 공동번역)[46]

여기서 예수는 '아버지의 나라'와 '아버지의 뜻'을 대구로 사용하였다. 이러한 병행반복어법은 두 단어의 대구를 통해 앞의 단어의 뜻을 뒤의 단어가 설명하는 어법으로 유대인들이 흔히 사용하였고, 구약성서에도 여러 사례가 등장한다. 이런 어법에 비추어 보면 하나님 아버지의 나라는 하나님 아버지의 뜻이 이루어지는 것을 의미한다.

예수는 산상수훈의 결론 부분에서 하늘나라(천국)에 들어가는 자는 하늘에 계시는 아버지를 뜻대로 사는 자라고 하였다.

나더러 '주님, 주님' 하고 부른다고 다 하늘나라에 들어가는 것이 아니다. 하늘에 계신 내 아버지의 뜻을 실천하는 사람이라야 들어간다.(마 7:21 공동번역)

예수가 제자들에게 "아버지의 뜻대로 행하는 자는 내 형제요 자매요 모친"(막 3:35)이라고 한 것이나, 겟세마네에서 최후의 기도를 통해 "제 뜻대로 마시고 아버지의 뜻대로 하소서"(막 14:36 공동번역)라고 한 것도 이런 맥락에서 이해되어야 한다. 예언자들이 한결같이 주장하는 "순종이 제사보다 낫고 듣는 것이 수양의 기름보다 낫다."(삼상 15:22)고 선포한 것처럼 하나님 아버지의 말씀에 순종하여야 하나님 아버지의 뜻이 이루어지고 하나님 아버지의 왕권이 실현되는 것이다.

하나님의 나라와 아버지의 의

하나님 아버지의 나라는 하나님 아버지의 뜻이 실현되어야 하듯이 먼저 하나님 아버지의 의가 실현되어야 한다.

여기서도 '하나님의 나라와 하나님의 의'가 반복병행어법으로 나타난다. 하나님의 나라는 하나님의 의가 실현되는 것임을 분명히 하였다.

예수는 팔복에 관한 가르침에서 "**의를 위하여 핍박 받는 자**는 복이 있나니 **천국이 저희 것임이니라.**"(마 5:10, 참고 5:6)고 하였다. 이는 정치적인 의를 지칭하는 말이 분명하다. 그리고 "너희 의가 서기관과 바리새인보다 더 낫지 못하면 결단코 **천국에 들어가지 못**하리라."(마 5:20)고 하였다. 이는 율법적인 의를 가르치는 말씀이다.

예수 시대에는 하나님의 의에 관해서도 극단적인 견해들이 공존하였다. 열심당은 정치적인 의를 하나님의 의로 보았고, 바리새파와 에센파는 율법적인 의를 하나님의 의로 주장하였다.

(1) 열심당은 하나님의 의를 정치적인 의로 이해하였다.[47] 열심당은 마카비의 독립 무력항쟁의 정신을 이어받은 구국열사(눅 6:15, 행 1:13)이다. 이들은 이방 통치자들에게 황제의 상이 새겨진 동전으로 세금을 바치는 것은 제1계명을 범하는 우상숭배의 죄로 규정하였다. 1세기 중엽에는 자객들(sicarii, 행 21:38)이라 불리는 과격 열심당원이 4,000명 정도였다고 한다. 이들은 민족적 배신자나 로마인들에 대한 테러를 일삼았고, 로마인들은 이들을 강도라고 칭하였다.[48] 그래서 이들은 정치적인 입장에서 민족적이냐 반민족적이냐는 것이 의를 판가름하는 기준이었다.

이들의 입장에서 세리는 반민족적이요 그러므로 불의한 자들이었

다. 세리는 로마의 식민지 통치자들이 고용한 세금 수금원이었기 때문
이다. 이방 통치자들은 세수 확보를 위해 유대 지역으로 예루살렘을
제외한 11관구로 나누고 정기적인 인구조사를 시행하였다. 그리고 백
성들과 직접 접촉하지 않고 효과적으로 세금을 거두기 위해 세금청부
제도를 만들었다. 납세청부업자는 일 년간의 납세 총액을 약정하고
그 이상을 거두면 자신의 소유로 삼고 세수가 모자라면 자신이 물어내
야 했다. 그러므로 임의로 세금을 높이 부과하여 원성을 듣게 된
것이다.

  (2) 바리새파와 에센파는 하나님의 의를 율법적 의로 이해하였다.[49]
바리새파는 율법 중에서 "내가 거룩하니 너희도 거룩하라."(레 11:45)
는 명령을 문자적으로 준수하였다. 거룩이라는 말은 '정결하여 구분
된다.'는 뜻이다. 바리새파들은 성결의식을 일상생활에 적용시켜 식
사 전에 손을 씻는 의식 같은 것에 집착하였다. 따라서 이런 의식을
무시하는 부정하고 불결한 자들을 자신과 엄격히 구분하고 분리시켰
다. 그리하여 그들은 바리새파가 아닌 사람들과는 접촉하는 것조차
삼갔다. 비바리새파와 상종하지 않는 것을 그들의 종교적 의무로 여
겼다.

  에센파는 한걸음 더 나아가서 이스라엘의 정치와 예루살렘의 성전
도 모두 불의하다고 보았다. 에센파는 바리새파보다 더 율법을 엄격하
게 해석했으며, 높은 수준의 종교적 의(義)를 추구하였다. 광야에 금욕
적인 은둔 공동체를 만들고 스스로 거룩한 제사장 공동체라고 주장하
였다. 가입자들은 사유재산을 포기하고 공동체에 헌납하여야 하고,
철저한 금욕생활을 해야 하며, 공동체 외부의 사람들로부터 선물을
받거나 그들과 함께 식사를 하는 것도 금지되었다. 가입자들의 신앙과
생활 태도를 해마다 엄격하게 심사하여 등급이 주어졌다. 적어도 3년

이상이 되어야 정식으로 공동체 회원이 되었다.[50] 정회원이 아닌 사람은 공동식사에 참여할 수 없었다. 이처럼 에센파는 '죄인'들을 피해 광야로 은둔했으며, 철저한 금욕생활을 위하여 독신자들만 공동체의 일원으로 가입시켰고, 여자들의 가입은 아예 배제하였다. 이들의 금욕적인 견해에서 보면 창녀는 율법적으로 가장 불의한 자에 속하는 것이다.

그러나 예수는 달랐다. 예수는 세리와 더불어 먹고 마셨으며 "세리와 죄인의 친구"(마 11:19)로 비난 받고 있음을 스스로 인정하였으며 이를 개의치 않았다.

더 나아가서 예수는 열심당의 견해에서 볼 때 정치적으로 가장 불의한 죄인인 세리와 바리새파의 견해에서는 율법적으로 가장 불의한 죄인인 창기들이 하나님의 나라에 먼저 들어갈 것이라는 혁명적인 선포를 서슴지 않았다.

> 내가 진실로 너희에게 이르노니 세리들과 창기들이 너희보다 먼저 하나님의 나라에 들어가리라.(마 21:31)

예수가 선포한 하나님의 나라는 정치적으로 **"의를 위하여 핍박 받는 자"**(마 5:10, 참고 5:6)의 것이며, 율법적으로 "서기관과 바리새인보다 더 나은 의인"(마 5:20)이 들어가는 곳이다. 예수가 가르친 하나님의 의는 이러한 율법적인 의와 정치적인 의를 포함하면서도 이를 초월하는 것이다. 예수가 가르친 하나님의 나라를 이루기 위한 하나님의 의는 수평적인 의로서 정치적·율법적인 의를 배제하지 않는다. 그렇다고 해서 단지 정치적·율법적인 의로 제한된 것도 아니다. 하나님의 의는 이 양자를 포함하면서도 이 양자를 초월하는 의미를 지닌 것으로 보아야 할 것이다. 그러나 이와 동시에 하나님의 나라는 정치적으로 불의한 세리나 율법적으로 불의한 창녀일지라도, 죄인임에도 불구하고 죄인을 의롭게 하는 것이다. 이로써 복음에 나타나는 하나님의 의(롬 1:17)가 실현되는 것이다.

루터는 일찍이 나의 의와 하나님의 의를 두 종류의 의로 구분하고 나의 의로 내가 의롭게 되는 것이 아니라 하나님의 의로 내가 의롭게 된다고 하였다. 루터는 하나님의 의가 최후 심판 시가 아니라 지금 여기, 즉 예수 그리스도의 복음, 곧 예수 그리스도에 대한 믿음 안에서 나타난다는 사실을 어떻게 이해할 것인가를 고심하던 차에 "의인은 믿음으로 살리라."는 말씀과 "복음에는 하나님의 의가 나타났다."는 두 구절에는 깊은 관련성이 있음을 깨닫게 되었다.[51]

루터는 "하나님의 의가 복음에 나타나 있다."는 구절에 나타난 하나님의 의(Justitia Dei)를 능동적인 의(Justitia activa)와 수동적인 의(Justitia passiva)로 구분하였다. 전자는 의로운 하나님이 불의한 죄인을 벌하는 엄격한 법의 시행자임을 뜻한다. 반면에 후자는 하나님의 은총을 통해 불의한 죄인을 의롭게 하는 것을 말한다. '의인은 믿음으로 살리라.'는 바울의 표현을 통해 루터는 하나님의 의의 개념이 '의인을 의롭게 심판하는 것'이 아니라, 죄인을 하나님의 무한한 자비와 은총을 통해 '죄인을 그 죄에도 불구하고 의롭게 인정하는 인의(認義, Justification)'라는 의미로 받아들이게 된 것이다.

죄인을 죄인으로 심판하는 하나님의 능동적인 의는 최후 심판 시에 나타나는 것이지만, 죄인을 죄인임에도 불구하고 의롭다 인정하시는 하나님의 수동적인 의는 예수 그리스도의 십자가와 부활의 은총인 복음 안에 이미 나타난 것이다. 이 복음을 믿는 자에게는 하나님이 그 죄를 무조건 용서하시고 구원의 은총으로 죄인임에도 불구하고 의롭게 하시는 것이기 때문이다. "복음에는 하나님의 의가 나타나 믿음에서 믿음에 이르게 하며 따라서 의인은 믿음으로 살게 된다."(롬 1:17)는 말씀이 루터에게는 진정한 구원의 기쁜 소식으로 들린 것이다.

예수의 가르침과 바울의 가르침을 비교하여, 예수는 하나님의 나라를 선포하였고, 바울은 하나님의 의를 선포하였다고 그 차별성을 강조하는 학자들이 없지 않았다. 그러나 하나님 나라의 의는 수평적인 차원의 나의 의로서 정치적·율법적인 의와 수직적 차원의 복음적인 하나님의 의를 모두 포함하는 개념으로 이해해야 할 경우 이처럼 비연속성의 문제가 해결된다. 하나님의 나라를 나의 의와 하나님의 의가 동시에 이루어지는 것이며, 그것이 복음에 나타난 의라고 이해할 때 예수와 바울의 불연속성은 해소된다.[52] 하나님의 나라에서 실현되는 의는 나의 의와 하나님의 의를 배타적으로 대립시키지 않고 역설적으로 통합하는 개념이기 때문이다.

_04

은총의 복음과
은밀한 경건의 가르침

1) 은총의 복음을 선포하신 예수

복음의 구약성서적 의미

복음은 헬라어 '유앙겔리온'을 번역한 것인데, 이 용어는 '기쁜 소식', '좋은 소식', '아름다운 소식'을 의미한다. 전쟁에서의 승리 혹은 자녀의 탄생이나 새로운 왕의 등극을 알리는 경우에 쓰인 말이다.[53] 구약성서의 역사적 배경으로 볼 때 가장 기쁜 소식으로 알려진 사례는 다음 두 가지 경우에 해당한다.

첫째는 억압받는 백성들에게는 하나님이 이스라엘의 새로운 통치자로 등극하신다는 것이야말로 최상의 기쁜 소식이다. 이스라엘 백성들이 세운 왕들은 백성들을 섬기기보다는 백성을 종으로 부려서 백성들의 기대를 저버렸다. 그래서 하나님이 다스리는 이상적 통치에 대한 기대가 높았다. 이제 갈등과 전쟁은 끝나고 평화의 새 시대가 도래할 것이라는 소식이야말로 가장 기쁜 소식이 아닐 수 없었다.

산을 넘는 구원의 사자의 발이 얼마나 아름다우냐! 그는 평화를 통고하며 **좋은 소식**을 가져오고 구원을 전파한다. 그는 시온을 향하여 말하기를 그 대의 하나님이 왕이 되셨다고 한다.(사 52:7 공동번역, 참고 61:1)

너, 시온아. 높은 산에 올라 **기쁜 소식**을 전하여라. 너, 예루살렘아. 힘껏 외쳐 기쁜 소식을 전하여라. 두려워 말고 소리를 질러라. 유다의 모든 도 시에 알려라. 너희의 하느님께서 저기 오신다.(사 40:9 공동번역)

둘째로 가난한 백성들에게는 '여호와의 은혜의 해'인 희년(Year of Jubilee)이 왔다는 선포야말로 가장 기쁜 소식이었다. 희년이 되면 팔렸 던 가옥과 토지는 원소유주에게 돌아가고 모든 부채는 면제되고 종들 은 풀려나기 때문이다.[54]

주 여호와의 신이 내게 임하셨으니 이는 여호와께서 내게 기름을 부으사 가난한 자에게 **아름다운 소식**을 전하게 하려 하심이라. 나를 보내사 마음 이 상한 자를 고치며 포로 된 자에게 자유를, 갇힌 자에게 놓임을 전파하며 여호와의 은혜의 해와 우리 하나님의 신원의 날을 전파하여 모든 슬픈 자를 위로하라.(사 61:1-3)

요세푸스는 희년에 대하여 이렇게 설명한다.

50년째 되는 해를 히브리인들은 희년(Jôbel)이라고 불렀다. 희년이 되면 채무자들은 빚을 면제받게 되고, 노예들은 해방되게 되어 있다. 또 이때는 동족으로서 사형에 처해질 죄를 범한 사람들도 사형을 당하지 않고 노예 로 전락되는 벌을 받도록 되어 있다. 또한 땅을 원래의 소유자에게 다음과

같이 돌려주도록 되어 있다.[55]

누가는 희년의 복음 선포를 예수 메시아적 사역의 출발점으로 해석하였다. 예수가 가버나움 회당에서 읽은 이사야서를 인용하면서 '가난한 자에 대한 복음'은 주의 은총의 해 곧 '희년의 선포'(눅 4:18)라고 하였다고 한다.[56]

복음 자체이신 예수 그리스도

마가는 예수 그리스도에 관한 최초의 기록을 남겼는데, 그 첫 문장이 "하나님의 아들, 예수 그리스도 복음의 시작"(막 1:1)이라고 하였다. 이에 근거하여 소위 복음서라는 새로운 장르의 명칭이 유래하였다. 초대교회의 신앙고백의 핵심은 예수가 그리스도라는 것이다. 이는 저 유명한 베드로의 신앙고백에서 비롯한 것이지만 복음서와 요한문서와 바울문서 등 신약성경 전체를 관통하는 주제이기도 하다. 마가의 첫 구절은 크게 몇 가지 의미를 담고 있다.

첫째, 예수 그리스도는 복음을 선포하러 오신 분이다. 예수 그리스도가 전한 모든 말씀은 하나님의 구원을 가져오는 기쁜 소식이다. 마태는 이를 예수가 선포한 '천국 복음' 즉 하나님 나라의 복음이라고 하였다.

둘째, 예수 그리스도께서 이 땅에 오신 것 그 자체가 복음 즉 하나님이 베푸시는 구원과 희년의 기쁜 소식이다. 누가는 이 점을 강조하여 예수가 공생애를 시작하면서 가버나움 회당에서 이사야서를 낭독함으로써 자신의 기름 부음을 받은 그리스도로서의 사역의 핵심이 가난한 자들에게 '주의 은총의 해' 즉 희년의 복음을 선포하는 것이라고 밝힌 것이다.

복음을 선포하는 예수의 오심 그 자체가 복음 즉 기쁜 소식이라는 뜻이다. 복음서는 이처럼 '선포하는 자 예수와 선포된 자 그리스도' 사이의 역설적 통합이 이루어지고 있는 것이다. 그래서 초대교회는 그리스도의 복음(고전 9:12)이라는 말 외에도 다음과 같은 표현이 등장한다.

- **그 아들의 복음**(롬 1:9)
- **그리스도의 영광의 복음**(고후 4:4)
- **하나님의 은혜의 복음**(행 20:24)
- **평안의 복음**(엡 6:15)
- **구원의 복음**(엡 1:13)

이 모든 다양한 표현을 통해 전하려는 것은 복음이 "모든 믿는 자에게 구원을 주시는 하나님의 능력"(롬 1:16)이라는 사실이다.

셋째, 신약성서는 예수를 이 땅에 오게 하신 이도 하나님이요, 예수가 십자가 달려 죽도록 내어 주신 이도 하나님이며, 그리고 이 하나님께서 예수를 죽은 자 가운데서 살리셨다고 증언한다.

너희가 나무에 달아 죽인 예수를 우리 조상의 하나님이 살리신 것이라.(행 5:30)

예수가 그리스도라는 것은 십자가에 죽은 예수가 부활하신 그리스도라는 고백의 축약이다. 예수 그리스도라는 기표(記標)에는 십자가와 부활이라는 기의(記意)가 함축되어 있다. 따라서 "예수 그리스도 복음의 시작"이라는 선언 역시 십자가와 부활 사건 그 자체가 복음의 본질이라는 의미이다.

십자가와 부활이 복음의 시작이요 본질인 까닭이 무엇인가? 우선 당시의 유대인에게는 십자가는 저주요, 무익한 고통이었다. 그러나 예수께서 십자가에 달렸으나 하나님의 능력으로 부활하시므로 저주를 축복으로 만드신 것이다. 무익한 고난을 유익한 고난으로 만드신 것이다. 여기에 복음의 역설이 함축되어 있다.

진정한 복이 무엇인가? 그것은 부귀영화를 누리는 것이 아니다. 부귀영화를 얻어 누리면서도 무익한 고통에 벗어나지 못하고 오히려 그 부귀영화로 인하여 더 많은 고통을 당한다면 그것이 진정한 복이 될 수 없기 때문이다. 복을 받고도 복을 복으로 누리지 못하는 경우가 허다하다. 대통령의 아들이 된다는 것은 축복이지만 뇌물의 유혹을 떨치지 못해 줄줄이 감옥에 가기도 하였다. 축복이 오히려 저주가 된 것이다.

그렇다면 가장 큰 축복은 무엇일까? 그것은 저주를 축복으로 만들고 무익한 고통을 유익한 고통으로 만들어 주는 그 무엇이 아닐 수 없다. 아무리 부귀영화의 축복을 받았다 하여도 그 축복을 축복으로 누리지 못하고 그것으로 인해 오히려 무익한 고통을 당한다면 그것은 더 이상 축복일 수 없게 된다. 축복이 오히려 저주가 되는 것이다. 그렇다면 축복을 저주로 변하게 만드는 것이 무엇일까? 그 배경에는 죄라는 것이 도사리고 있다. 죄의 심각성이 여기에 있는 것이다. 창세기의 타락 기사처럼 죄는 하나님이 인간에게 주신 모든 축복을 저주로 만들고 유익한 고통마저 무익한 고통으로 만드는 것이다. 반면에 하나님의 의가 나타나면 모든 저주가 축복으로 바뀌고 무익한 고통이 유익한 고통으로 바뀌는 것이다. 죄인이 의인이 되는 구원의 역사가 일어나게 되고 죄가 자져오는 온갖 저주와 무익한 고통에서 벗어나 하나님이 주시는 참된 구원의 은총과 축복에 참여하게 되는 것이다. 그리하여 세상이 알지도 못하고 세상이 주지도 못하는 참된 평안(요 14:27)을 누리게 되는 것이다.

예수 그리스도의 십자가와 부활이 복음의 시작인 이유가 여기에 있다. 예수 그리스도의 부활은 십자가의 온갖 저주와 무익한 고통을 영원한 축복과 유익한 고통으로 바꾸고 "모든 믿는 자에게 구원을 주시는"(롬 1:16), "하나님의 능력이요 하나님의 지혜"(고전 1:24)이기 때문이다.

하나님 나라의 복음

예수가 선포한 복음은 하나님 나라의 복음이다. 마태는 이를 천국 복음이라고 하였다.

예수께서 온 갈릴리에 두루 다니사 저희 회당에서 가르치시며 천국 복음을 전파하시며 백성 중에 모든 병과 모든 약한 것을 고치시니.(마 4:23)

이 천국 복음이 모든 민족에게 증거되기 위하여 온 세상에 전파되리니 그제야 끝이 오리라.(마 24:14)

요한이 잡힌 후 예수께서 갈릴리에 오셔서 하나님 나라의 복음을 전파하여….(막 1:14)

천국 복음의 일차적 수혜자는 가난한 자들이다. 천국에 먼저 들어가는 자들이 바로 이들이다. 로기아 자료에 의하면 기쁜 소식은 특히 가난한 사람, 병든 사람, 약한 사람에게 해당된다(눅 7:22). 왕이신 하나

님은 혜택 받지 못한 사람들을 더 사랑한다. 예수의 종말론적 윤리는
자비의 윤리이다.[57] 종말론적 역전이 일어난 것이다. 예수 시대의 복음
은 가난한 자들에게 먼저 선포된 것이다.

> 소경이 보며 앉은뱅이가 걸으며 문둥이가 깨끗함을 받으며 귀머거리가
> 들으며 죽은 자가 살아나며 가난한 자에게 복음이 전파된다 하라.(마 11:5,
> 참조 눅 4:18)

예수의 최초 가르침은 천국 복음의 선포이다. "때가 찼고 하나님의
나라가 가까이 왔다."는 종말론적 메시지에 뒤이어 2개의 명령이 나온
다.[58] 회개하고 복음을 믿으라는 것이다.

회개하라

예수의 하나님의 나라 선포는 회개와 복음을 믿는 믿음과 깊은 관련
을 맺고 있다.

앞에서도 살펴본 것처럼 회개라는 말의 희랍어 메타노이아(metanoia)
는 '뜻'(noia)을 '바꾼다'(meta)는 의미이다. 구약성서에서는 히브리어
로 슈브(Sub)라는 단어를 사용하였는데, '그릇된 길에서 돌이켜 하나
님께 돌아오라.'[59]는 뜻이다.

1세기 유대인들은 '죄'를 개인적인 도덕적 실패로 보지 않았다. 이
스라엘은 하나의 거대한 민족적 가족공동체였다. 지도자의 개인적 죄
는 민족공동체의 수치가 되는 국가적 죄로 여겨졌다. 주기도문의 가르
침처럼 '우리의 죄'로 여겼다. 세례 요한과 예수의 하나님 나라 선포와
회개 운동도 이런 배경에서 이해되어야 한다.

하나님께로 돌아오라는 것은 자기 뜻대로 살거나 세상 풍조대로

살기를 멈추고 뜻을 바꾸어 하나님의 뜻대로 살기로 작정하고 "삶의 방향을 전환하라."[60]는 뜻이다. 예수가 "내 뜻대로 마옵시고 하나님의 뜻대로 하옵소서."(막 14:35 병행)라고 기도한 것은 이러한 배경에서 이해되어야 한다. 따라서 회개는 단지 개인이 도덕적인 잘못을 뉘우치는 것이 아니라 이스라엘 민족 전체가 불신앙에서 돌이켜 전적으로 하나님께로 귀의하는 신앙으로 전향하는 것을 의미한다.

복음을 믿으라

복음은 하나님이 통치하신다는 복된 소식이며, 구원과 평화와 희년을 선포하는 것(사 52: 7)이며, "만백성에게 미칠 구원의 기쁜 소식"인 것이다. 따라서 복음은 하나님의 의가 이루어지는 기쁜 소식을 의미한다. 따라서 복음을 믿으라는 선포는 복음에 나타난 하나님의 의를 믿으라는 의미로 해석되어야 한다.

그래서 바울은 "복음에는 하나님의 의가 나타나서 믿음으로 믿음에 이르게 하나니 기록된바 오직 의인은 믿음으로 말미암아 살리라 함과 같으니라."(롬 1:17)고 하였다.

팔복과 복음(Beatitue)의 내용

복음의 구체적인 내용은 저 유명한 팔복이 가르침(Superem Happiness)으로 전승되었는데 하나님 나라의 지복(至福)이라 할 수 있다(마 5:1-13).[61]

① 심령이 가난한 자(영적으로 갈급한 자)는 복이 있나니 천국이 저희 것임이요

② 애통하는 자는 복이 있나니 저희가 위로를 받을 것임이요

③ 온유한 자는 복이 있나니 저희가 땅을 기업으로 받을 것임이요

④ 의에 주리고 목마른 자는 복이 있나니 저희가 배부를 것임이요

⑤ 긍휼히 여기는 자는 복이 있나니 저희가 긍휼히 여김을 받을 것임이요

⑥ 마음이 청결한 자는 복이 있나니 저희가 하나님을 볼 것임이요

⑦ 화평케 하는 자는 복이 있나니 저희가 하나님의 아들이라 일컬음을
　 받을 것임이요

⑧ 의를 위하여 핍박을 받은 자는 복이 있나니 천국이 저희 것임이라.

이러한 복들(makarios)은 모두 하나같이 역설적이다. 예상을 뒤엎으며, 일상적인 가치를 뒤집는다. 니체가 지적한 것처럼 모든 가치에 대한 역설적이 재평가가 복음서 전체에 걸쳐 전해지고 있다.[62]

팔복의 표현 양식은 "…하는 자는 복이 있나니, …할 것이다."라는 조건과 결과의 양식으로 되어 있다. 결과적으로 주어질 팔복을 내용을 중심으로 나눠 보면 관계론적인 것으로 분석할 수 있다.

하나님을 보게 되는 것과 하나님의 아들이라 일컬음을 받을 것은 하나님과의 바른 관계의 복이요, 긍휼히 여김과 위로를 받는 것은 인간관계의 복이요, 땅을 기업으로 받고 배부르게 되는 것은 자연과 물질 관계의 복이다. 그리고 팔복의 처음과 마지막에 주어지는 것은 "천국을 차지하는 것"인데 이는 하나님의 나라 안에서 하나님과의 수직적 바른 관계, 이웃과의 수평적 바른 관계, 자연 또는 물질과의 순환적 바른 관계의 복을 누릴 수 있다는 의미로 해석할 수 있다.[63]

■ 하나님과 바른 관계의 지복

⑥ 저희가 하나님을 볼 것임이요

⑦ 저희가 하나님의 아들이라 일컬음을 받을 것임이요

■ 인간과 바른 관계의 지복

② 저희가 긍휼히 여김을 받을 것임이요

⑤ 저희가 위로를 받을 것임이요

■ 자연 또는 물질과 바른 관계의 지복

③ 저희가 땅을 기업으로 받을 것임이요

④ 저희가 배부를 것임이요

■ 삼중적 삼중관계의 지복

① 천국이 저희 것임이요

⑧ 천국이 저희 것임이라

이 팔복은 천지인의 삼중적 삼중관계를 드러내 보인다. 사람들에게 온유한 자(이웃과 바른 관계)가 땅을 차지하고(물질과 바른 관계), 하나님의 의에 대하여 주리고 목마른 자(하나님과 바른 관계)가 배부를 것이요(물질과 바른 관계), 사람들 사이에 평화를 위하여 일하는 자(이웃과 바른 관계)가 하나님의 아들(하나님과 바른 관계)이라 일컬음 받게 될 것이라고 하였다.

기복祈福이냐 선복宣福이냐?

한국인의 종교적 심성 속에 샤머니즘이 뿌리 깊다는 평가는 이미 상식이 되었다. 그리고 이러한 무속적 심성의 골자가 바로 기복신앙이다. 복이라는 말은 한국인에겐 가장 사용도가 높은 말이다. 우리 조상들은 지금도 그렇지만, 숟가락, 밥그릇, 이불과 베개, 노리개, 주머니 등등 손닿는 데마다 복(福)이라는 글자를 적어두고 완상(玩賞)하며 복 받기를 기원했다. 그리하여 소위 오복(五福)으로 알려진 수(壽), 부(富),

강령(康寧), 유호덕(攸好德), 고종명(考終命)을 바라고 바랐던 것이다.[64]

기독교가 전래되면서 기독교 신앙의 핵심인 유앙겔리온(Good News)이 우리의 기복신앙적 의미인 '복음'으로 번역되었고, "예수 믿으면 축복 받는다."는 의미로 수용되고 말았다. 그러나 예수께서 가르치신 산상수훈의 팔복만 보더라도 그것은 기복적인 의미의 오복과는 전혀 반대되는 개념이다. 가난하고, 애통하며, 의에 주리고 목마르고, 핍박받는 자가 복이 있다고 했으니 말이다. 그리고 "주는 것이 받는 것보다 복되다."(행 20:35)고 하였다. 바울은 "오직 하나님의 능력을 좇아 복음과 함께 고난을 받으라."(딤후 1:8)고 하였다.

그래서 쿨리진(V. Kuligin)은 『누가 예수를 믿으면 잘 산다고 했는가』라고 반문한다. 예수는 세속적인 인간의 기대와 달리 세상의 부와 번영 대신에 오히려 영적으로 가난하라, 욕구와 욕망을 절제하라, 온전히 헌신하라, 진정 자기 십자가를 지라, 기쁨으로 자신을 희생하라, 예수님처럼 사랑하라, 하나님처럼 용서하라, 자기를 부인하라고 가르쳤다는 것을 강조한다.[65]

기복신앙은 복을 기원하고 많이 받으려는 세속적인 신앙이다. 그러므로 자기중심적이고 이기적이고 세속적이고 물질적일 수밖에 없다. 그러나 예수가 가르치는 팔복은 받는 복이 아니라 주는 복으로서 자발적이고 이타적인 것이다. 물질적으로 부유하고 오래 살고 강건한 사람이 되는 것이 아니라, 영적으로 심령이 갈급하여 가난하거나, 정신적으로 마음이 청결하고, 도덕적으로 의에 주리고 목마른 자가 되는 것이다.

그러므로 예수가 가르친 복은 모든 종교의 보편적인 현상인 나 혼자 복을 받아 누리자는 기복신앙이 아니라, 많은 복을 받아 함께 나누고 베풀라는 선복신앙인 것이다. "복 많이 받아 누리는 것" 이상으로 중요한 것은 "복 많이 베푸는 것"이기 때문이다. 그러므로 의식 있는 기독교인들의 새해 인사도 이렇게 바뀌어야 한다. "새해 복 많이 베푸세요."라고.

이는 하나님께서 아브라함에게 '복의 근원'이 되게 하겠다고 약속하신 것과도 상응한다.(창 12:1-3)

- **땅의 축복**: 너는 너의 본토 친척 아비 집을 떠나 내가 네게 지시할 땅으로 가라.
- **자손의 축복**: 내가 너로 큰 민족을 이루고…
- **창대의 축복**: 네게 복을 주어 네 이름을 창대케 하려니…
- **복의 근원**: 너는 복의 근원이 될지라. 모든 족속이 너로 인하여 복을 얻을 것이라.

하나님이 약속하신 복은 두 가지로 나뉜다. 첫째는 세속적인 복으로서 땅과 자손의 축복이요, 둘째는 신앙적인 축복으로 이름을 창대케 하고 복의 근원이 되는 축복이다. 전자가 받아 누리는 복으로 기복(祈福)이라면, 후자는 나누고 베푸는 복으로서 선복(宣福)이라 할 수 있다.

복음과 삼박자 축복

그럼에도 불구하고 순복음 신학자인 조용기 목사는 예수의 교훈도 아니며, 바울의 가르침도 아닌 요한이 무명의 가이오 장로에게 보낸 짧은 편지의 인사말인 "네 영혼이 잘됨같이 범사가 잘되고 강건하기를 원하노라."는 성구를 기독교 신앙의 핵심으로 해석하여 삼박자 구원과 오중축복의 신학을 체계화하였다.[66]

예나 지금이나 편지의 인사말은 축복을 비는 것이며, 더군다나 인사

말 다음의 요한3서의 내용이 진리에 따라 사는 것을 강조하고 있다는 점을 전후문맥에서 분명히 파악해야 할 것이다. 그러나 이 인사말이 공교롭게도 오복의 내용과 합치하기 때문에 기독교 신앙의 구호로 한국 교회에서 통용되는 것이다. 여기에다 서구의 실용주의 심리학이 개발한 적극적인 사고방식, 즉 하면 된다는 신념이 "믿는 자에겐 능치 못함이 없다."는 또 다른 구호와 합치하여 기독교의 순복음으로 해석되어 새로운 한국 신학을 형성한 것이다.

이러한 순복음의 한국적인 기복 심성으로 성서를 재해석하여 기독교를 한국인에게 가장 쉽게 전한 공헌은 높이 평가되어야 할 것이다. 그러나 이제는 이 유리한 통로가 기독교 복음의 핵심을 일방적인 기복 신앙으로 고착시켰으므로, 이러한 왜곡과 극단화 양상의 새로운 정립이 오늘날 한국 신학이 직면해 있는 중요한 과제라 여겨진다.

2) 은밀한 경건을 가르친 예수

유대지도자들의 외식에 대한 비판

예수는 "화 있을진저 외식하는 서기관들과 바리새인들이여"라는 공식적인 문구를 통해 유대교의 종교적 위선적 가식성을 격정적으로 비판하였다.

- 천국 문을 사람들 앞에서 닫고 너희도 들어가지 않고 들어가려 하는 자도 들어가지 못하게 하는도다.(마 23:13)
- 교인 하나를 얻기 위하여 바다와 육지를 두루 다니다가 생기면 너희보다 배나 더 지옥 자식이 되게 하는도다.(마 23:15)
- 너희가 박하와 회향과 근채의 십일조를 드리되 율법의 더 중한바 의와

인과 신은 버렸도다.(마 23:23)

- 잔과 대접의 겉은 깨끗이 하되 그 안에는 탐욕과 방탕으로 가득하게 하는도다.(마 23:24)
- 회칠한 무덤 같으니 겉으로는 아름답게 보이나 그 안에는 죽은 사람의 뼈와 모든 더러운 것이 가득하도다.(마 23:25)
- 너희는 선지자들의 무덤을 쌓고 의인들의 비석을 꾸미며 가로되 만일 우리가 조상 때에 있었더면 우리는 저희가 선지자의 피를 흘리는 데 참예하지 아니하였으리라 하니.(마 23:27)

이와 같이 그들은 "사람에게 옳게 보이되 안으로는 외식과 불법이 가득"(마 23:28)한 자들이라고 비판하였다. 본훼퍼는 유대인의 종교성의 문제는 외적 가시성에 있다고 보았다.

은밀한 경건에 대한 가르침

예수는 종교적 경건의 은밀성을 누구보다도 강조한 것이다. 이 은밀성을 기독교인의 감춰진 삶 또는 '성도의 비밀훈련'이라고 하였다.[67] 마태복음 6장에는 유대교의 3가지 중요한 경건 생활 즉 기도와 금식과 구제에 관한 예수의 가르침을 전하고 있는데 예수는 유대교의 외적 가시성의 종교를 날카롭게 비판하고 그 대안으로 '은밀한 경건'을 제시하였다. 사람에게 좋게 보이는 것이 경건이 아니라 은밀한 가운데 그 진실 됨을 보시는 하나님 앞에서 바르게 행하는 것이 참된 경건이라는 것을 강조한 것이다.

(1) 예수는 기도의 사람으로서 기도에 대하여 가르쳤다. 은밀한 곳에서 은밀하게 기도하라(마 6:5-15)고 가르쳤다. 길거리에서 중언부언하지 말라고 하였다.[68]

(2) 예수는 구제할 때에 사람에게 영광을 얻으려고 회당과 거리에서 하지 말며, 오른손의 하는 것을 왼손이 모르게 하라고 하였다. "구제함을 은밀하게 하라. 은밀한 중에 보시는 너의 아버지가 갚으시리라."(마 6:4)고 하였다.

(3) 예수는 금식할 때에 슬픈 기색을 내지 말며(마 6:16), 머리에 기름을 바르고 얼굴을 씻음으로 사람에게 보이려고 금식하지 말라고 하였다. "오직 은밀한 중에 계신 네 아버지께 보이게 하라."고 하였다(마 6:18). 여기서 말하는 은밀함은 크립토스(kruptov")에서 유래한 단어인데 외모를 취하지 않고(롬 2.11 등) 그 중심을 보시는 히니님께 은밀히 드러내기 위해 사람들에게는 '감춘다'는 뜻이다.

정결과 부정에 관한 가르침

유대교의 일상적인 경건 생활에서 기도, 금식, 구제 다음으로 중요한 종교의식은 정결의식이었다. 정결과 부정에 대한 전통적인 터부를 준수하는 것으로 유대교인의 정체성과 자부심을 과시하였다. 그러나 예수와 그의 제자들은 달랐다.

제자들이 부정한 손 즉 씻지 아니한 손으로 음식을 먹은 일은 유대교의 정결의식 전통을 어긴 것이라 하여 논쟁이 일어났다. 예수는 "입으로 들어가는 것이 사람을 더럽게 하는 것이 아니라, 입에서 나오는 것이 그 사람을 더럽게 한다."(마 15:11-12, 막 7:14-15)고 하였다. 사람의 마음에서 나오는 것은 악한 생각 곧 음란과 도둑질과 살인과 간음과 탐욕과 악독과 속임과 음탕과 질투와 비방과 교만과 우매함이라고 하였다(막 7:21-22).

예수는 외적인 정결에 치중하고 내적인 정결에 무관심한 유대교의 태도는 창조신앙에 위배된다고 가르친다. "어리석은 사람들아, 겉을 만드신 분이 속도 만들지 않으셨느냐?(눅 11:40-41 공동번역)고 반문한다. 겉과 속을 모두 창조하신 창조신앙의 빛에서 볼 때는 겉과 속이 모두 하나님 보시기에 좋도록 정결하여야 하기 때문이다.[69]

역사적으로 많은 종교는 음식에 관한 터부(taboo)를 지켜왔으며, 구약성서나 유대교도 예외는 아니었다. 예수는 먹고 마시는 음식에 관한 터부를 지키는 것으로 종교적 경건을 주장하는 모든 종교적 이데올로기를 거부하였다. 예수는 "모든 음식은 다 깨끗하다."(막 7:19)고 주장하였다. 모세 율법의 아주 중요한 부분 즉 부정하고 정한 것과 먹을 생물과 먹지 못할 생물을 분별하라는 음식의 목록(레 11장)을 무효화시키는 것으로써 전향적인 가르침이 아닐 수 없다.[70]

예수는 종교의 깊은 경건은 내면성과 은밀성에서 비롯된다는 점을 강조하였다. 이는 유대교가 겉으로 율법의 법조문으로 따지고, 기도와 구제와 금식을 사람들에게 보이려고 행하며, 정결과 부정을 외적인 기준에 두는 일체의 가식성과 외식성을 비판한 것이다. 그리고 새로운 종교성과 영성으로서 중심을 보시는 하나님 앞에서의 경건한 은밀성을 강조한 것이다.

_05

하나님 사랑과
이웃 사랑의 가르침

하나님을 사랑하라

예수는 율법의 지엽적인 항목보다 그 골자를 가르쳤다. 율법의 가장 큰 계명 즉 율법서와 예언서의 골자를 가르쳤다. 그 골자는 하나님 사랑과 이웃 사랑이라 하였다(마 22:37).

'네 마음을 다하고 목숨을 다하고 뜻을 다하여 주님이신 너희 하느님을 사랑하라.' 이것은 가장 크고 첫째가는 계명이고 '네 이웃을 네 몸같이 사랑하라.'는 둘째 계명도 이에 못지않게 중요하다. 이 두 계명이 모든 율법과 예언서의 골자이다.(마 22:37-40, 참고 막 12:33, 눅 10:27)

마가에 의하면 한 서기관이 예수에게 이 두 계명을 지키는 것이 "모든 번제물과 희생제물을 바치는 것보다 훨씬 더 낫습니다."(막 12:33 공동번역)고 하였다고 한다.

구약성서에도 물론 하나님을 사랑하고(신 6:5) 이웃을 사랑하라(레 19:18)는 계명이 있지만 이 둘은 서로 아무런 직접적인 관련이 없이 신명기과 레위기에 따로 기록되어 있다. 그러나 예수는 이 둘을 하나로 결합시킨 것이다. 그리고 먼저 하나님을 사랑하는 것이 크고 첫째가는 계명이라고 하였다. 그러나 첫째 계명을 진지하게 지키는 자는 결국은 둘째 계명도 지키게 되는 것이다.

(1) 하나님을 사랑하는 것이 가장 크고 첫째가는 계명이다. 예수에게는 사람이 하나님과 맺는 관계가 일차적인 중요성을 가진다. 모든 사랑은 하나님에 대한 사랑에서 출발하기 때문이다. 하나님을 아버지로 고백하는 믿음은 하나님에 대한 사랑을 최우선시 한다는 뜻이기도 하다.

(2) 하나님을 사랑하여야 하는 이유는 하나님이 먼저 우리를 사랑하셨기 때문이다. 하나님께서 우리에게 하나님의 자녀가 되는 특권을 주셨기 때문에 우리도 이러한 은혜를 주신 하나님에 대하여 사랑으로 응답하여야 하는 것이다.

우리가 하나님을 사랑해야 하는 것은 하나님의 내리사랑 때문이다. 예수는 "하나님이 세상을 이처럼 사랑하사 독생자 주셨다."(요 3:16)고 하였다. 요한은 "사랑은 여기 있으니 우리가 하나님을 사랑한 것이 아니요 오직 하나님이 우리를 사랑하심"(요일 4:10)이라고 하였다.

(3) 하나님을 사랑하는 방식은 전인적인 것이다. 하나님을 향하여 마음과 목숨과 뜻을 다 바치는 것이다. 하나님을 마음으로 지정의를 다해 사랑하는 것은 하나님을 하나님으로 아는 것과 하나님을 마음(kardia)으로 가까이 느끼는 것, 하나님의 뜻(dianoia)을 알아 목숨(psyche)을 다해 복종하는 것이다. 틸리히는 하나님을 사랑하는 것은 하나님을 무조건적이며 영속적인 궁극적 관심의 대상으로 삼는 것이라고 하였다.

탕자의 비유와 하나님 아버지의 사랑

탕자의 비유(눅 15:11-32)는 하나님 아버지와 아들이 서로 사랑하는 방식을 구체적으로 설명해 주고 있다. 줄거리를 분석하면 다음과 같다.

작은 아들은 아버지의 재산 중 자기의 몫을 미리 달라고 한다. 집회서는 아들의 그러한 요구를 거절하라고 가르친다.

> 너는 아들이건 아내건 형제건 친구건, 네가 살아 있는 동안에는 아무에게도 권력을 양도하지 말아라. 너의 재산을 아무에게도 주지 말아라. 나중에 그것이 아쉬워 후회할 것이다.(집회 33:20)

작은 아들은 오직 자기 자신과 자신의 권리와 자유, 그리고 그 자유로 허락된 자기실현의 가능성만을 생각했다. 그는 아버지의 권리 특히 아버지의 감정에 대해 냉담하고 무감각했다. 그러나 아버지는 그 아들이 그 모든 재산을 탕진할지도 모른다는 사실을 알면서도 아들에게 재산을 나눠 주고 집과 아버지를 떠나가는 것을 허용한다.

아버지는 아들의 요구를 무시하고 아들을 강제로 집에 붙들어 두는 것이 오히려 부자관계를 더욱 악화시키는 것임을 알기 때문이다. 아버지는 재산을 포기하는 대신 아들의 자발적인 사랑을 회복할 수 있는 유일한 길을 선택한 것이다.

작은 아들은 그의 몫을 받아 집, 가족, 심지어 자기 나라와 동족으로부터 멀리 떠나가지만 결국은 자신의 무분별의 희생물이 되고 만다. 여기에서는 죄와 죄인의 호사와 비참함, 하나님으로부터 벗어난 삶의 달콤함과 처참함을 경험하게 된다.

(1) 그가 타국의 백성 중 하나에게 붙어 살았다는 것은 자기 민족

즉, 하나님 백성의 법과 질서를 내버렸다는 뜻을 내포할 것이다. 하나님의 백성 되기를 포기했다는 뜻일 것이다.

(2) 부정한 동물에 속하는 돼지를 치며, 돼지들과 함께 먹을 것을 나누어 먹는다는 것은—그런데 이것조차도 그에게 거절되었다. 사람이 모두 부정하다 여겨 거들떠보지도 않는 최악의 상태를 의미한다.

(3) 아들이 돌아오게 된 것은 고상한 동기 때문이 아니다. 아버지가 보고 싶다거나 자신이 아버지에게 행한 잘못을 뉘우친 것도 아니다. 단지 배가 고파서 궁핍함 때문에 자기 아버지 집의 풍족한 생활이 생각났기 때문이다.

(4) 집으로 돌아간다고 생각하니 그가 더 이상 아들로서 받아들여질 수 없다는 것이 자각되었다. 어쨌든 그는 하늘 즉, 하나님께 대하여 그리고 그의 아버지 앞에 자기가 저지른 짓으로 죄를 얻었음을 깨닫는다. 비로소 그는 자신의 잘못을 뉘우친다. 그는 단지 목숨만 유지할 수 있다면 어떠한 결과도 감수하겠다고 마음먹고 귀향을 결단한다. 여기서 굶어 죽는 것보다는 아버지의 집에서 품꾼으로 연명하는 것이 낫겠다고 판단한다.

(5) 아버지는 분명 이미 오랫동안 '잃은' 아들을 기다리며 목을 빼고 내다보고 있었다. 돌아온 아들에 대한 첫 번째 반응은 분노와 질책이 아니라 연민이다. 이것은 곧바로 행동으로 나타난다. 그 늙은이는 잃은 아들을 향해 달려간다. 당시의 상황으로는 비상한 일이다. 비방거리가 될 일이다.

(6) 목을 안음과 입맞춤은 용서의 표시이다(삼하 14:33, 창 45:5). 제일 먼저 그리고 아무 말 없이 행해진다. 그 순간 아들은 자기가 말하려고 마음먹었던 것을 모두 다 말할 수 없게 된다. 품꾼으로 일하겠다는 말을 차마 할 수 없게 된 것이다.

(7) 옷을 갈아입히고 반지를 끼우는 것은 그가 완전한 아들의 자격으로 다시 받아들여졌음을 분명히 하는 것이다. 아버지의 사랑은 이 인간 폐물을 통해 단지 응급조치로 회복하는 것이 아니라, 그 인간을 근본에서부터 새롭게 하여 그가 지금까지 해놓은 모든 것을 넘어서 그를 새롭게 세운다.

(8) 아들의 돌아옴과 아버지의 용서가 아들을 새로운 피조물로 만든다. 아들은 죽었다가 다시 살아난 것이다. 이 모든 일은 분명히 흥겨운 잔치로 축하하고 확인해야 할 일인 것이다.

이처럼 탕자의 비유에 의하면 아버지는 아들을 사랑하기에 그의 요구를 들어주고 아버지를 떠나는 것까지 허용한다. 아들은 마침내 아버지의 사랑을 깨닫고 아버지께로 돌아온다. 아버지와 아들 사이의 사랑의 관계가 회복되는 것이다.

네 이웃을 사랑하라

두 번째 계명은 "네 이웃을 네 몸과 같이 사랑하라."(막 12:31)는 것이다. 그러나 이 이웃 사랑의 명령은 "주 너의 하나님을 사랑하라."(막 12:30)는 명령 뒤에 온다.

예수는 하나님을 사랑하기 위해서는 먼저 이웃을 사랑하라고 명령한다. "예물을 제단에 드리다가 거기서 형제에게 원망들을 만한 일이 있는 줄 생각나거든 예물을 제단 앞에 두고 먼저 가서 형제와 화목하고 그 후에 와서 예물을 드리라."(막 5:22)고 하였다. 하나님과의 참된 화해는 이웃과의 화해와 불가분의 관계가 있음을 천명하였다. 하나님 사랑과 이웃 사랑은 동전의 양면과 같은 것이다. 이웃을 사랑해야 하는 이유는 그것이 보이지 않는 하나님을 사랑하는 구체적인 방식이기 때문이다. 요한은 이 점을 분명히 하였다. "보이는 형제를 사랑하는 것이 보이지 않는 하나님을 사랑하는 것"(요일 4:20)이라는 것이다.

(1) 이웃 사랑은 예수의 사랑을 본받아 서로 사랑하는 것이다. 예수는 사랑에 관한 새 계명을 가르쳤다. "내가 너희를 사랑한 것 같이 너희도 서로 사랑하라."(요 13:34). 사랑을 받아 본 사람이 사랑을 줄 수 있다. 브라운은 예수는 인간이 사랑받는 것을 알고 또 그가 사랑을 받을 때에만 사랑할 수 있다는 사랑의 순서를 새롭게 밝혀 주신 분이라고 하였다.[71] 사랑의 상호성은 대접의 상호성으로도 설명된다. 그러므로 "너희가 무엇이든지 남에게 대접을 받고자 하는 대로 너희도 남을 대접하라."(마 7:12)는 황금률도 이런 배경에서 밝혀질 수 있다.[72]

(2) 이웃 사랑은 '네 몸과 같이'라는 방식으로 사랑하는 것이다(레 19:18). 에리히 프롬은 자기 자신조차 사랑하지 않는 자가 이웃을 사랑할 수 없다고 하였다. 진정으로 자기를 사랑하는 것은 이웃 사랑을 통해 구체적으로 표현된다. 이웃을 배제하고 자기에게만 관심을 집중하는 이기주의(egoism)는 자기 자신에 대한 왜곡된 사랑이다. 이웃과 바른 관계를 맺지 못함으로써 이웃과의 단절이 이웃을 해치고 나아가 자신도 망치게 되는 것이다. 아내를 사랑해야 가정이 화목하고 그래서 내가 행복해지는 이치이다.

에리히 프롬은 진정한 자기 사랑으로서의 자애(self love)와 왜곡된 자기 사랑으로서의 이기주의(egoism)를 구분하였다. 사람들이 참으로 자기를 사랑하지 못하니까 이웃도 하나님도 사랑하지 못하는 것이다. 참으로 자기를 사랑하는 것이 바로 하나님을 사랑하고 이웃을 사랑하는 것이다. 그렇다면 어떻게 자신을 참으로 사랑할 수 있는가? 세상에는 여러 가지 이유로 자기 자신조차 사랑하지 못하는 사람이 많다. 나는 나이기 때문에 싫다고 느끼는 사람들이 더 많은 것이다.

이처럼 자존감이 낮은 사람일지라고 누군가 자신을 끝까지 사랑하고 용서하고 지지해 주는 사람이 있으면 자신도 사랑받는 존재라는 느낌을 갖게 되고 따라서 자기 자신을 사랑할 수 있게 된다. 우리가 흉악한 죄인일지라도 하나님의 사랑을 발견하는 순간 자기 자신을 참으로 사랑할 수 있는 구원의 길에 들어설 수 있는 것이다.

(3) 이웃 사랑은 이웃을 용서하는 사랑이다. "우리가 우리의 죄를 용서한 것 같이 우리의 죄를 용서하옵소서."(마 6:12)라는 주기도문의 가르침도 이런 맥락에서 이해된다. 예수님과 그분의 동시대인들에게 죄의 용서는 본질적으로 중요한 것이었다(막 10:17, 요 3:3).

> 너희가 사람의 과실을 용서하면 너희 천부께서도 너희 과실을 용서하시려니와 너희가 사람의 과실을 용서하지 아니하면 너희 아버지께서도 너희 과실을 용서하지 아니하시리라.(마 6:14)

그래서 예수는 "누가 너를 고소하여 그와 함께 법정으로 갈 때에는 도중에서 얼른 화해하여라."(마 5:25 공동번역)고 하였다. 누구든지 인간은 다른 사람에게 많은 빚을 지고 있으며 그것을 갚아야 할 처지인 것을 전제한다. 만일 용서를 빌지 않거나 용서해 주지 않으면 그는 최후 심판에서 자기가 진 빛의 대가를 몽땅 뒤집어 써야 할 것이다. 이처럼 이웃을 용서하는 화해의 사랑도 그 한계가 없는 것이다. 그래서 예수는 "일곱 번뿐 아니라 일곱 번씩 일흔 번이라도 용서하여라."(마 18:22)고 하였다.

(4) 이웃 사랑의 대상에는 차별과 한계가 없는 것이다. 이웃 사랑이 하나님의 사랑과의 만남에서 태동한 것이라면, 그러한 이웃 사랑은 한계가 없다. 예수는 이웃에 대한 관심을 극단까지 밀어붙였다. 예수는 사랑의 계명을 확대하고 강화하여 그것이 모든 사람들, 특히 이방

인과 원수들, 종교적으로 '죄인' 취급 받는 사람들과 수치스러운 오명을 쓴 사람들에게까지 미치게 했던 것이다. 사랑과 자비를 가르친 종교는 많지만, 예수의 가르침처럼 그렇게 포괄적으로 사랑의 울타리를 개방한 경우는 찾아볼 수가 없다.[73]

예수는 명백하게 이웃 사랑에서의 제의적 한계와 민족적 한계 모두를 폐기한다(막 3:1 이하, 눅 10:29 이하). 심지어 "원수를 사랑하고 너희를 박해하는 사람들을 위하여 기도하여라."(마 5:44, 눅 6:27, 35)고 하였다. 이웃 사랑이 원수에게도 제한 없이 적용되어야 한다는 선언이다.

(5) 이웃 사랑은 이웃에게 어떠한 마음의 상처도 주지 않는 철저한 사랑이다. 그래서 예수는 살인하는 자만 심판 받는 것이 아니라 형제를 노하게 하는 자마다 심판을 받는다고(마 5:21) 하였다. 예수는 인간에게 가해지는 가시적인 신체적 폭력만이 동료 인간을 상해하는 살인이 아니라, 인간에게 가해지는 불가시적인 언어적 폭력도 인간에게 치명적인 상해를 입히는 살인과 같은 것으로 규명하였다.

이웃에게 노하거나, 미련한 자라고 욕하는 것도 심판 받아 마땅한 일이라는 것이다. 그 처벌이 점점 상승되어 심판을 받고, 공회에 잡히고 지옥불에 들어가게 될 것이라고 경고하였다(마 5:22).

선한 사마리아인의 비유

예수는 이웃 사랑의 사례를 "선한 사마리아 사람의 비유"를 통해 가르쳤다.[74] 그러나 선한 사마리아인 비유는 오랫동안 알레고리칼하게 해석되어 왔기 때문에 그 본래의 이웃 사랑의 참뜻이 피상적으로 이해되었다. 어거스틴의 해석은 이러한 피상적 이해의 전형을 나타내 보여 준다.

• 여리고로 내려가는 사람 = 아담

• 예루살렘 = 평화스러운 하늘의 도시

• 여리고 = 우리의 주려야 할 운명을 상징하는 달(달과 여리고를 가리키는

  히브리어로 된 희곡이 있다.)

• 강도들 = 마귀와 그의 천사들

• 옷을 벗기는 것 = 그의 불멸성을 빼앗는 것

• 그를 때리는 것 = 죄를 짓도록 그를 설득하는 것

• 그를 거의 죽게 한 후 내버린 것 = 죄를 짓게 하여 영적으로 죽게 만들었

  으나 하나님을 아는 지식 때문에 아직 반쯤 살아 있는 것을 기리킨다.

• 제사장 = 구약의 제사장 제도(율법)

• 레위 사람들 = 구약의 사역자들(예언자들)

• 선한 사마리아 사람 = 그리스도

• 상처를 싸매는 것 = 죄를 억제하는 것

• 기름 = 선한 소망의 위로

• 포도주 = 활발히 일하라는 권고

• 짐승 = 그리스도의 몸

• 주막 = 교회

• 두 데나리온 = 사랑의 두 계명

• 주막 주인 = 사도 바울

• 선한 사마리아 사람의 돌아옴 = 그리스도의 부활[75]

이웃 개념의 혁명

율리히(A. Jülich)는 예수의 비유를 알레고리(Allegories)로 해석해 온
것을 방법론적으로 비판하여 비유해석의 새로운 장을 열었다. 그는
예수가 가르침의 방식으로 사용한 무수한 비유는 알레고리(유비 또는

풍유로 번역된다)가 아니라, "단 하나의 비교할 점(tertium comparationis)을 갖고 있는 직유(similitude)라고 정의하였다. 그러므로 하나하나의 비유는 단 하나의 목적 또는 실재를 표현해 주고자 하는 '단 하나의 그림'이다. 하나의 비유에는 여러 초점이 있는 것이 아니라, 하나의 중심점만이 있다는 점을 강조하였다.[76]

그리고 예수의 비유는 그 당시 교육 수준이 낮은 평민들에게 복음의 진리를 쉽게 전달하기 위하여 사용한 것이기 때문에 비유의 문자적인 배후에 어거스틴이 해설한 것과 같은 심오하고 다양한 교리적인 의미가 내포되었다고 해석할 수 없다고 하였다. 따라서 선한 사마리아인의 비유는 다음과 같이 해석되어야 한다.

첫째, 이 비유의 핵심적인 요점은 이전의 여러 알레고리적인 해석에서 시도한 것처럼 구원에 관한 구원사의 도표를 작성하거나 기독론적 초상을 발전시키려는 것이 아니다. 이 비유의 서론과 결론에서 하나의 주요한 핵심적인 내용으로 등장하는 것은 누가 나의 이웃인가? 누가 이웃으로 입증되었는가? 하는 점이다. 본문의 구조를 분석하여 볼 때 이러한 사실은 더욱 분명하게 제시된다. 본문은 두 개의 평행본문으로 구성된 논쟁설화이다. 두 부분은 각각 네 개의 요소로 구성되어 있다.

A. 25-28절

1) 율법사의 질문(25절): "제가 무엇을 하여야 영생을 얻겠습니까?"

2) 예수의 반문(26절): "율법에 무어라 기록되어 있느냐?"

3) 율법사의 대답(27절): "하나님을 사랑하고, 이웃을 사랑하라."

4) 예수의 명령(28절): "그것을 행하라 그리하면 살 것이다."

B. 29-37절

1) 율법사의 질문(29절): "내 이웃이 누구입니까?"

2) 예수의 반문(30-36절): "이 세 사람 중 누가 이웃이 되었느냐?"

3) 율법사의 대답(37상반절): "자비를 베푼 사람입니다."

4) 예수의 명령(37하반절): "너도 가서 이와 같이 행하라."

이 두 부분을 연결하는 핵심적인 주제는 이웃 사랑과 이웃이 누군가 하는 것이다. 첫 번째 부분은 이웃이 사랑의 대상으로 나타나고 두 번째 부분에서는 이웃이 사랑의 주체로 등장한다.[77]

둘째, 이 비유가 말해진 삶의 자리에서 볼 때 이 비유는 단순히 이웃을 도우라는 일반적인 도덕적 인도주의에 대한 교훈으로 해석할 수 없는 것이다. 불트만이 '자비롭지 못한 유대인과 자비로운 사마리아인과 대조'로 해석한 이래로 융엘은 '생명을 살리는 율법과 생명을 죽이는 율법'에 대한 대조로 해석하였다.[78] 그러나 제사장과 레위인이 강도를 만나 피를 흘리는 부정하거나 죽은 시체일지 모른다는 율법적인 생각 때문에 거리를 두고 피하여 갔다는 해석은 적절치 않다.[79] 사랑은 누구나 할 수 있고, 사랑은 대상이 따로 없고, 사랑은 감정이 아니라 의지와 행동이라는 가르침을 담은 소외된 계층에 대한 사랑의 교훈으로도 해석되지만,[80] 제사장과 레위인은 '이웃을 사랑하라'(레 19:18)는 율법을 이미 알고 있는 것으로 전제하여야 한다. 문제는 핵심은 누가 이웃인가? 이웃의 범위를 어떻게 한정하는가? 하는 보다 근원적인 의문을 제기한 것으로 해석하여야 한다.

1세기의 유대인들은 부정하고 불결하거나 "율법을 모르는 족속들"에 속하는 세리나 창녀나 사마리아인이나 로마인들과는 상종하지 아니하였다. 서로 다른 종교나 인종이나 계층에 속하는 집단 간의 신분의 장벽이 두터운 사회에서는 그 장벽이 사교적 터부에 의해 유지된다. 유대인의 최고의 종교적 의무는 죄인과의 접촉을 피하는 것이었다.[81]

특히 중동지역에서는 다른 집단에 속한 사람과는 식사나 잔치나 축제에 참여하지 않는 것을 철칙으로 여겼다. 자기네보다 낮은 신분의 사람이나 자기네가 못마땅하게 여기는 사람들과는 비록 예의상으로도 함께 먹고 마시는 일이 없었다. 히브리인들 역시 가족, 부족, 민족을 일종의 집단 인격으로 생각하였다. 자신이 속한 집단에 대한 절대적인 애착과 충성심은 엄격한 배타성으로 표출되었다.

이웃과 원수의 구별도 현저하였다. 이웃을 사랑하고 원수를 미워하라는 것(레 19:18)은 이러한 사회적 현상을 반영하는 명백한 계명이었다. 예수가 이웃뿐 아니라 원수라도 사랑하라고 명한 것(마 5:44)도 바로 이러한 배경에서 이해되어야 한다.[82] 쿰란 종파는 공공연히 "빛의 아들은 사랑하고 어둠의 아들을 미워하라고 가르쳤다." 그만큼 집단 간의 증오가 심각하였던 것이다.

따라서 이방인과 이단적인 사마리아인들은 이웃에 포함될 수 없었다. 이런 까닭에 율법사는 자신의 동족인 유대인만을 사랑함으로써 자신은 의롭다고 스스로 생각하고 있었다. 따라서 이러한 이웃 개념은 인종적, 성적, 문화적, 계층적인 차별을 극대화하는 요소로 작용하였다. 율법이 가르치는 이웃 사랑은 동일 집단의 범주를 벗어나지 못하는 집단이기주의에 지나지 않았다. 예수는 이러한 차별을 타파하기 위해 이 비유를 통해 이웃의 개념을 확장한 것이다.

그러므로 예수는 긍휼과 자비를 베풀라는 교훈보다도 이웃에 대한 편견과 교만을 철저히 부수는 혁명적인 이웃 개념과 무차별적 이웃 사랑이 새로운 대안적 지혜로 절실히 필요하였던 것이다.[83]

이웃 사랑의 구체적 방법

예수는 단지 율법의 틀 안에서 같은 친지나 친척 또는 동족 중에서 불쌍한 자만이 이웃이 아니라, 율법학자가 경멸하고 상종치도 않는 율법 없는 자들조차도 하나님의 복음의 은혜의 빛에서 보면 모두가 사랑과 구제의 대상이 되는 이웃이라는 새로운 대안적 이웃 개념을 제시하고 이웃을 도우는 구체적 방식을 쉽게 하나의 그림 언어로 가르친 것이다.

- 인면이 있거나 친지이기나 동족이든 이니든 간에
- 지금 재난을 당한 자 중에서
- 스스로 자신의 문제를 해결할 수 없어서
- 누군가의 도움이 절실히 필요한 자는 모두 너의 이웃이므로
- 그들의 이웃이 되어 그들의 고통에 연민을 느끼고
- 그들 가까이 가서 우선적인 조치로서 구체적으로 도움을 주고(기름과 포도주로 상처에 붓고 싸매고)
- 스스로 자립할 수 있도록 끝까지 철저하고 온전하게 도와주라(주막에 데려가 비용을 모두 지불하고 돌아갈 때까지 돌보라 지시)

예수는 이 비유를 통해 이웃 사랑의 구체적인 방법을 제시한다.

(1) 이웃의 고난에 대해 '불쌍히 여기는 마음을 갖는 것'이다. 놀란(A. Nolan)에 의하면 "불쌍히 여겼다."[84]거나 "민망히 여겼다."[85]는 단어는 예수의 병자 치유 기사의 여러 병행구에서 나타난다고 한다. 여기에 사용된 '스프랑크니조마이'(splagcnivzomai)라는 동사는 '스플랑크논'(splagcnon)이라는 명사에서 파생한 것인데, 이 말은 애, 창자, 내장을 뜻한다. 예수는 병자들의 고통을 자신의 고통처럼 여기는 '애간장이

타는 듯한 사랑의 심정'에서 병자들에게 가까이 가고 그들을 치유한 것이다.[86] 강도를 만나 쓰러진 병자에게도 이 단어가 사용된 것이다. 고난당하는 이웃에 대하여 애간장이 타는 마음이 있어야 한다는 교훈이다.

(2) 이웃에게 가까이 다가가는 것이다. 본문에 의하면 제사장, 레위인과 사마리아인이 똑같이 그 길로 '내려가다가' 강도 만난 자를 똑같이 '보았다'. 그러나 제사장과 레위인은 바로 그 길로 내려가다가 그 사람을 보고는 피해서 지나가 버렸다(눅 10:31-32 공동번역). 그런데 그 길을 가던 어떤 사마리아 사람은 그의 옆을 지나다가 그를 보고 가엾은 마음이 들어 가까이 간다. '피하여 지나가는 것'(ajntiparevrcomai)과 '가까이 다가가는 것'(e[rcomai)이 분명한 대조를 이룬다.[87] 안티파렐센이라는 동사에서 파라(para)는 '지나간 것'을 암시하고 안티(anti)는 '반대편 길'로 간 것을 암시한다. 사랑은 도움이 필요한 사람들을 피해서 가는 것이 아니다. 가까이 다가가는 것이고 가까이 있어 주는 것이다.

(3) 이웃 사랑은 이웃을 돕는 구체적인 수단을 제공하는 것이다. 사랑은 말로만 하는 것이 아니다. 자신이 가진 것 중에 기름과 포도주로 상처에 붓고 싸매어 주었다. 자신의 나귀에 태워 주막까지 데려가고 필요한 것까지 아낌없이 주었던 것이다.

(4) 이웃이 스스로 자기 문제를 해결할 수 있도록 돌보아 주는 것이다. 강도 만난 자를 주막으로 데려가서 온전히 치료받을 수 있도록 그리하여 자신의 문제를 자기 스스로 해결할 수 있도록 돕는 것이 사랑의 구체적인 실현인 것이다.

(5) 남은 과제는 개인적인 이웃 사랑의 실천을 어떻게 사회화·제도화할 것인가 하는 문제이다. 선한 사마리아인처럼 우연히 길을 가다가

강도 만난 자를 보고 불쌍히 여기고 가까이 가서 응급조치하고 끝까지
온전히 도와주는 것도 중요하지만 이 이웃 사랑의 가르침을 오늘날
사회 속에서 실천하기 위해서는 새로운 관점이 요청되기 때문이다.
오늘날 우리가 사는 세계에는 우리가 만나지 않았지만 그리고 만날
수 없지만 도처에 여러 형태의 강도 만난 자들이 즐비한 것이다. 이들
보이지 않는 이웃을 돕기 위해서는 이웃 사랑을 제도하는 사회복지
정책을 확대하고 사회 구제와 구조의 시스템을 강화하는 이웃 사랑의
제도화와 세계화가 요청되는 것이다.

_06

예수의 가르침의
대안적 전향적 특징

스타인(R. H. Stein)은 예수의 가르침은 자료가 산만하고, 체계가 불완전하고, 모순된 가르침이 많으며, 불가능한 가르침이며, 보편성과 대중성을 결여하고 있다고 비판하였다.[88] 물론 그러한 측면이 전무한 것은 아니지만 이러한 주장 역시 예수의 가르침의 내용과 방식을 현대적인 기준에 입각하여 피상적으로 이해한 데서 비롯한다.

교육은 "교사와 학생의 인격적 만남을 통해 태도의 바람직한 변화를 이루는 것"이라고 정의된다. 단지 많은 체계적인 지식을 전하는 것이 교육의 궁극적인 목적이 아니라는 것을 현대 교육학자들이 새롭게 깨달은 것이다.

예수의 교수 내용과 방법이 랍비들처럼 교재를 가지고 체계적으로 가르치는 것이 아니었다. 예수의 가르침은 새롭고 권위 있으며 대안적이고 전향적인 특징을 가지고 있었다. 그래서 서기관들의 스타일과 대조되었고, 결과적으로 청중들이 모두 놀라고 기이하게 여길 정도로 삶의 변화를 일으킨 것이다.

새로운 가르침

예수의 가르침은 그 내용과 방식에서 전적으로 새로운 것이었다. 예수의 가르침은 구약의 예언자나 당시의 서기관이나 랍비들과 달리 권위 있고 새로운 것(막 1:22 이하)이었다. 그의 가르침의 권위와 새로움은 그가 가르친 내용을 통해 이미 밝혀진 것이다.

앞에서 살펴본 것처럼 예수는 하나님이 아버지 되심과 하나님 아버지께서 아버지의 뜻과 아버지의 의를 통해 모든 인간을 다스리신다고 가르치신 것이다. 그리고 "네 아버지가 자비하심같이 너희도 자비하라."(눅 6:36)고 가르쳤다. 그리고 유대교의 삼대 기둥인 율법, 안식일, 성전에 대한 후기 유대교의 율법주의의 평균적 의식을 전복시키는 새로운 대안적 지혜의 교사로 등장한 것이다.

예수의 가르침의 새로움은 그가 사용한 언설 양식에서 찾아볼 수 있다. 예수는 그의 말의 권위를 드러내기 위해 "진실로 내가 네게 말한다."는 양식을 사용하였다. 이는 예수의 본래의 말(ipsissima vox)로서 유대문학 전체나 신약성서 이외에 다른 유비가 없는 새로운 언설 양식임이 널리 주장되고 있다.[89] 이 독특한 아멘 양식(Amen Formular)은 예언자들은 메신저 양식(Messenger Formular) 즉, "야웨가 이렇게 말했다."와 유비되는 양식으로서 예외 없이 예수 자신의 말씀을 소개하거나 보증하는 데 사용되었다.[90] 멘슨은 아멘 양식은 "주가 이렇게 말했다."는 구약의 에인 양식에 대한 대안으로 사용되었다고 하였다.[91]

권위 있는 가르침

예수의 "가르치시는 것이 권세 있는 자와 같고 서기관과 같지 아니하였다."(막 1:22, 마 7:28-29)고 한다. 권세는 랍비 전통에서는 '영의 입'으로 말한다는 의미이다.[92] 예수가 권위에 대한 질문을 받고 "요한의 권세는 하늘로부터인가 사람에게서 온 것인가?"(막 11:27-33) 반문하였는데, 보른캄에 의하면 이는 역사적 진정성을 분명히 담보하는 사실이라고 한다.[93] 그러나 예수는 자신의 독특한 하나님 체험과 성령 체험을 통해 자신이 지닌 하나님의 아들로서의 영적 권위와 권능을 가지고 가르치고, 천국 복음을 선포하고, 모든 병자와 약자를 치유한 것이다.[94] 심지어 "인자는 땅에서 죄사하게 하는 권세가 있다."(막 2:10, 눅 5:24)고 선언하였다.

예수의 가르침의 권위는 직업적인 훈련이나 공식적인 위임이나 전통을 계승한 권위가 아니라 그의 인격의 영적 역동성에서 비롯된 것이다.[95] 놀란(A. Nolan)은 "예수는 권위를 진리로 삼지 않았다. 진리를 권위로 삼았다."[96]고 하였다. 구약의 예언자는 야웨 말씀의 단순한 대언자에 불과했으며 야웨의 권위에 의존하여 가르쳤다. 예수의 이러한 영적 권위는 '예수의 인격과 활동의 전체 비밀'을 포함하고 있다.

조화로운 진리의 가르침

예수는 율법을 새롭게 가르쳤을 뿐만 아니라 조화롭게 가르쳤다. 예수 시대에도 유대교의 여러 가르침이 있었으나, 그들의 가르침의 가장 큰 문제는 그 내용과 방식이 일방적이었다는 점이다. 열심당은 하나님의 나라를 순전히 현세적인 유대 왕국의 재건으로 보았고 반면에 에센파는 초월적이고 묵시적인 것으로 이해하였다. 하나님의 의에 대해서도 바리새파는 율법적인 의만 강조하고, 열심당은 정치적인 의만 강조하였다.

그러나 앞에서 살펴본 것처럼 예수는 달랐다. 하나님 나라의 시간성에 대해서 현재성과 미래성을 조화롭게 가르쳤으며, 하나님 나라의 공간성에 대해서도 영적인 면과 정치적인 면의 조화 있는 가르침이었다.

이 외에도 예수는 제단에 예물을 바치는 것과 형제와 화목하는 것(마 5:17), 하나님께 드리는 것과 부모님께 드리는 것(막 7:11), 회향과 박하와 근채의 십일조를 드리는 것과 의와 인과 신을 행하는 것(마 23:23), 하나님을 사랑하는 것과 이웃을 사랑하는 것(마 22:37)을 조화롭게 실천하여 "이것도 행하고 저것도 버리지 말라."고 가르친 것이다. 그러나 "율법의 더 중요한 것"을 우선 행하도록 하였다.

자유롭게 하는 진리를 가르침

전통적으로 예수는 '완전한 진리의 모든 부분을 가르치신' 예언자라고 가르쳐 왔다.[97] 진리가 무엇인가? 진리에 대한 다양한 정의가 제시되었다.[98] 진리가 무엇이냐는 빌라도의 질문에 대해 예수는 "내가 곧 진리이다."(요 14:6)고 하였다. 그렇다면 예수는 어떤 의미에서 진리 자체인가? 예수는 이에 대해 "진리를 알지니 진리가 너희를 자유케 하리라."(요 8:33)고 하였다. 따라서 예수는 자유하게 하는 진리 자체이다. 오늘날 문제가 되는 것은 진리의 기능에 관한 것이다. 자유와 해방을 가져오는 기능을 하는 것이 진리이다.[99]

더 이상 참이냐 거짓이냐를 따져 묻지 않고 기능적인 면에서 억압하느냐 해방하느냐, 소외시키느냐 인간화시키느냐를 문제 삼아야 한다.[100]

말씀이 육신이 되신 예수가 진리 자체인 것은 그가 가르치신 말씀과 진리는 인간을 위한 진리이며, 그런 의미에서 인간을 억압하는 율법이 아니라 인간을 자유하게 하는 복음이기 때문이다. 예수가 선포한 복음은 불의와 압제를 폭로하고 자유와 해방을 선포하기 때문에 구원에 관한 완전한 진리이다. 예수는 참 예언자로서 자유롭게 하는 온전한 율법을 새롭게 해석하고 자유와 해방의 복음을 선포하였다. 예수가 가르친 율법과 예수가 선포한 복음이 참된 길이요 진리요 생명인 것은 그것이 자유롭게 하는 진리(요 8:33)이기 때문이다.

프레이리는 교육의 목적은 인간의 자유와 해방을 신장시키는 인간화에 있다고 하였다. 그는 대화를 통한 문제제기식 교육(problem posing education)과 일방적인 전달을 통한 지식축적식 교육(banking theory education)으로 나누고 전자야말로 진정한 인간화 교육의 방식이라고 하였다.[101] 프레이리는 예수 그리스도처럼 살며 가르치기는 것을 자신의 목표로 삼았다고 한다. 예수야말로 대화를 통해 인간의 궁극적인 구원의 문제를 제기하고 인간화의 길을 제시한 위대한 스승이기 때문이다.

폭로하는 진리의 가르침

예수가 가난한 자에게 선포한 복음이 진리인 것은 예수가 불의한 현실을 폭로하여 드러내고 자유와 해방의 기쁜 소식을 선포했기 때문이다. 왜냐하면 "민중이 당하는 굶주림과 압제와 불의를 은폐하거나 정당화하는 것이 거짓이고, 이러한 민중 상황을 드러내는 것이 진리"[102]이기 때문이다.

예수는 "너희는 그저 '예' 할 것은 '예' 하고 '아니오' 할 것은 '아니오'만 하여라. 그 이상의 말은 악에서 나오는 것이다."(마 5:37 공동번역)고 하였다. 따라서 복음의 진리 선포(announcement)와 불의한 현실에 대한 규탄(denouncement)은 동전의 양면과 같아서 이러한 복음의 근본적인 요청은 정치적인 마찰을 불러일으키게 된다.[103] 구티에레즈가 평가한 것처럼 "예수의 증거와 메시지가 담고 있는 구원이 워낙 철두철미한 성격을 띠고 있기 때문에 그 증거와 메시지가 정치적인 차원을 갖게 된 것이다."[104] 예수는 단지 불의한 현실을 폭로하지만은 않았다. 다른 한편으로 "그의 교훈은 치유를 부르고 그의 진리는 구원을 약속"[105] 하였다. 그러므로 그가 선포한 복음은 치유와 구원에 이르게 하는, 자유롭게 하는 진리인 것이다.

언행일치의 가르침

예수는 자유롭게 하는 진리를 단지 가르치기만 한 것이 아니라, 가르친 대로 사시고 사신 대로 가르쳤다.[106] 이런 의미에서 예수는 구약의 모든 약속을 통합하여 성취한 예언자일 뿐만 아니라, 이론과 실천이 대립된 인간 삶의 현실 속에서 유일무이하게 바른 진리(orthodoxy)와 바른 실천(orthopraxy)을 자신의 삶을 통해 통합시킨 언행일치의 예언자인 것이다.

당시의 서기관이나 랍비는 모세의 권위에 의존하여 율법을 해석하였으나 그들은 말과 행동이 일치하지 않는 위선자와 외식하는 자들이었으므로 그들의 가르침은 아무런 권위를 가지지 못하였다. 그럼에도 불구하고 예수의 권위 있는 새로운 가르침은 서기관과 바리새인들부터 몰이해와 원망과 욕설과 더불어 신성모독이라는 비난을 받기도 하였다. 예수는 오히려 그들의 언행불일치의 위선과 기만을 신랄하게 비난히였다. "그들은 밀만하고 실행하지 않는다."(마 23:3)는 것이다. 예레미아스도 이러한 서기관들의 죄는 한 가지 비난으로 요약된다고 하였다. "그들은 하나님의 뜻을 알고 설교하지만 그러나 스스로는 그것을 지키지 않았다."는 것이다.[107]

예수는 하나님의 진리의 삶을 살았기 때문에 그 자신이 언행일치의 인격적인 삶을 통해 당시의 율법학자나 랍비와 달리 새로운 가르침을 제시한 카리스마적인 권위를 지닌 예언자로 등장한 것이다. 예수는 자신이 언행일치의 삶을 사셨을 뿐만 아니라, 또한 제자들을 불러 모아 자신의 언행일치의 삶을 본받아 언행일치의 삶을 살 것을 요구하였다. 랍비적 제자직은 '율법을 배우는 것'이었으나, 예수의 제자들의 제자직은 예수의 종말론적 선교에서 '예수를 따르는 것'이었다.[108]

예수를 따르는 것은 모든 족속에게 예수가 "분부한 모든 것을 가르쳐 지키게 하라."(마 28:20)는 지상명령을 실천하는 것이다. 예수의 제자가 된다는 것은 예수처럼 언행일치의 실천적인 삶을 사는 것을 의미한다. 따라서 제자들에게 복음의 진리를 가르치고 철저히 준행하도록 촉구한 예수의 예언운동은 강한 실천적인 의미를 함축하고 있다.

동서양을 막론하고 교육의 마지막 목표는 언행일치였다. 소크라테스도 지행일치합일을 가르쳤고 공자도 덕행합일을 가르쳤다. 그러나 그들도 말과 행동에 완전히 일치하였다고는 볼 수 없다. 그러나 복음서는 예수가 "가르친 대로 사시고 사신 대로 가르쳤으며", 예수는 그가 말한 그대로 "다 이루었다."(요 19:30)고 한다.[109]

대안적 전향적 진리의 가르침

보그(M. J. Borg)는 예수는 그 시대의 관습적인 지혜를 뒤집는 '전복적 지혜의 교사'라고 하였다.[110] 보그도 예수는 이스라엘 재활동 운동의 창제자로서 유대교 4대 종파 양극 논리 즉 ① 의인 대 죄인, ② 유대인 대 이방인, ③ 남자 대 여자, ④ 부자 대 가난한 자를 극복한 대안적 지혜를 가르친 자라고 하였다. 그러나 예수는 단지 그 시대의 관습적인 지혜를 뒤집은 것이 아니라 새로운 대안으로서 전향적인 의식을 제시하고 몸소 실천한 분이다.

인간의 의식을 그 시대의 한계를 벗어나지 못하는 평균적 의식(the

average consciousness)과 시대에 앞서가는 전향적 의식(the advanced consciousness)으로 구분한 켄 윌버(K. Wilber)의 용어로 말하면 예수는 시대에 앞서가는 '전향적인 의식'의 교사라 보아야 할 것이다.[111]

예수는 공생애를 시작하면서 가버나움 회당에서 읽은 이사야 61장 1절의 내용을 통해 자신의 사역 목표를 제시한다.

주님의 성령이 나에게 내리셨다. 주께서 나에게 기름을 부으시어 가난한 이들에게 복음을 전하게 하셨다. 주께서 나를 보내시어 묶인 사람들에게는 해방을 알려 주고 눈먼 사람들은 보게 하고, 억눌린 사람들에게는 자유를 주며 주님의 은총의 해를 선포하게 하셨다.(눅 4:18 공동번역)

이 구절의 핵심 내용은 마리아 찬가(눅 1:45-55)와 누가복음 6장 20-21절의 말씀 자료에도 드러나 있다. 예수의 전향적인 가르침은 율법주의적인 외식하는 종교에서 주님의 두려워하는 자들에게 자비를 베푸는 '자비와 은혜의 종교'로, 강자의 억압의 정치에서 보잘것없는 약자가 존중받는 '섬김의 정치'로, 부자의 착취의 경제에서 배고픈 가난한 자가 배불리 먹는 '평등의 경제'로 일대 변혁이 일어나는 종말론적 구속사의 대안이라고 할 수 있다. 이 주제를 하나님 나라와 유대교의 성전체제(7장), 하나님 나라와 로마의 식민지 정치제도(8장), 하나님 나라와 대안적 경제제도(9장)에서 자세히 다루려고 한다.

하나님 나라의 복음과 유대교 성전체제

_01

하나님 나라와
대안적 종교제도

하나님 나라의 다의적 의미

많은 신약성서학자들의 주장처럼 예수가 선포한 하나님 나라는 일의적인 표식(sign)이 아니라 다의적인 상징(symbol)이다. 하나님 나라는 종교적인 상징으로서 '하나님의 다스림'을 뜻하지만, 호슬리(R. A. Horsley)가 잘 지적한 것처럼 정치적·경제적 상황과 분리된 종교적 상징만을 의미하지 않는다.

종교는 경제학이나 정치학 같은 보다 물질적이고 사회적인 영역과 분리된 삶의 영역이라는 우리의 가정은 현대의 개인주의적 경향에 전적으로 관련되어 있다. 더욱 중요한 것은 전통적인 역사적 사회에서 삶이 종교, 정치, 경제와 같은 각기 다른 영역으로 분리되어 있는 일은 없었다.[1]

그리고 예수 시대는 갈등의 시대였다. 가장 큰 갈등은 유대 종교지도자들과 일반인들의 종교적 갈등, 통치자와 대중 사이의 정치적 갈등, 그리고 부자와 가난한 사람들의 경제적 갈등이 심각하였다. 예수

가 선포한 하나님의 나라가 복음이요 기쁜 소식인 것은 종교적으로
배제되고 차별받는 사람들과 정치적으로 억압받고 고난당하는 사람,
그리고 경제적으로 착취당하고 소외된 이들에게 새로운 대안으로 제
시된 것이기 때문이다.[2] 차별의 종교, 억압의 정치, 착취 경제의 악순환
속에 있는 식민지 백성들의 구체적인 역사적 상황에서 유대교 4대 종
파를 통해 다양한 종교적 대안들이 제시되었지만 예수의 하나님 나라
복음 선포야말로 전향적이고 혁신적이고 실제적인 대안이었다.[3]

그러나 복음이 모든 사람들에게 기쁜 소식이 된 것은 아니었다. 헤
롯과 같은 통치자에게는 심히 분노를 촉발하는 소식이었고(마 2:16),
부자 청년에게는 근심스러운 소식이었고(마 19:22), 유대의 종교지도
자에게는 참지 못할 신성모독이었다(막 2:7, 14:64). 따라서 하나님 아버
지의 나라 선포는 이러한 배경에서 이해되어야 한다.

(1) 예수는 하나님을 아버지로 고백하고 가르쳤다. 하나님 아버지
와의 바른 관계를 회복하는 것이 중요하기 때문에 예수의 하나님 나라
선포가 하나님 아버지께로 돌아가는 회개의 요청이 포함된 것이다.
'탕자의 비유'는 이런 맥락에서 이해되어야 한다.

하나님을 어떤 분으로 믿느냐에 따라 종교제도가 달라진다. 하나님
을 아버지로 고백하고 하나님 아버지의 나라를 선포한 것은 율법과
안식일과 성전체제 중심의 유대교의 종교제도 전반에 대한 비판적 대
안과 전향적인 의식을 담고 있음을 밝히려고 한다(제7장 하나님 나라 복음
과 유대교의 성전체제).

(2) 예수는 제자들에게 '나의 아버지는 너희의 아버지'라고 가르쳤
다. 그러므로 모든 제자들에게 하나님은 우리 아버지이고 남녀 제자들
은 모두 단순한 동료요 가까운 이웃이 아니라 하나님을 아버지로 섬기
는 새로운 가족으로서 형제자매가 되는 것이다. 따라서 형제자매는

상대방을 지배하고 억누르는 수직적 관계가 아니라 서로 돕고 보살피고 섬기고 사랑하는 관계인 것이다. '선한 사마리아인의 비유'와 '제자들의 발을 씻기신 예수의 모범'은 사람에 대한 사람의 바른 관계를 가르친 것이다. 이러한 섬김과 사랑의 형제관계는 인간과 인간 사이에 폭압적 지배와 폭력적 대응의 악순환이 전개되는 정치적인 갈등에 대한 대안으로 전향적인 의식이 아닐 수 없다. 이런 관점에서 하나님의 나라와 당시 로마의 식민지 정치제도의 관련성을 살펴보려고 한다(제8장 하나님의 통치와 로마의 식민지 통치).

(3) 하나님 아버지의 나라 선포가 기쁜 소식인 것은 그것이 '가난한 자들에게 복음'이었기 때문이다. 하나님 아버지는 먹을 것과 입을 것을 공급하시고 자녀들을 돌보시고 좋은 것으로 채워 주시는 분이다. 따라서 예수의 하나님 나라 비유에는 가난한 자와 부자에 대한 대조가 아주 여러 번 등장한다. 하나님의 나라는 단순히 정치적인 상징일 뿐만 아니라 경제적인 상징이기도 하다. 천국잔치에는 가난한 자들이 먼저 초청된 것이다. 따라서 하나님의 나라와 당시의 경제제도와 관련성을 살펴보려고 한다(2권 9장 "하나님의 나라와 가난한 사람들").

예수가 선포한 하나님 아버지 나라에 대한 신앙은 하나님과 하나님이 창조하신 인간과 자연에 대한 삼중적 관계를 함축하고 있다. 거시적으로 보면 하나님과의 바른 관계는 바른 종교제도로 구현되고, 이웃과의 바른 관계는 정치제도를 통해 실현되며, 자연 또는 물질과의 바른 관계는 경제제도를 통해 확립되는 것이기 때문이다.

하나님의 나라와 유대교 종교제도

포로 후기 유대교의 세 가지 기둥이라 할 수 있는 가장 중요한 종교제도는 율법과 안식일과 성전 제사라고 할 수 있다.[4] 예수는 유대인으로서 유대교의 종교적 전통과 불가분의 관계를 가지고 있다.

예수와 그의 후계자들은 유대교의 경전인 구약성서를 그대로 수용하였다는 점에서 유대교와 종교적 연속성을 가진다. 그러나 하나님 나라의 복음을 선포한 예수의 가르침은 이러한 유대교의 종교제도와 정면으로 충돌하게 되었다.

그러므로 초기의 예수 운동은 유대교와의 연속성과 불연속성의 갈등이 생기게 된 것이다. 예수 운동은 점차 유대교와의 근본적인 차별성을 강조하는 쪽으로 나아갔다. 예수 운동의 추종자들은 자신들을 유대교의 새로운 일파로 자리 매김하지 않고 유대교와 전적으로 다른 새로운 종교의 창시로 여겼다.[5]

따라서 초기 기독교인들은 예수를 그리스도라 고백함으로써 예루살렘에서 큰 박해를 받아 유다와 사마리아와 다메섹으로 쫓겨 갔으며(행 8:4) 후에는 회당에서 축출당하는 것(요 9:22)을 감수하여야 했다. 초대교회는 예수의 가르침에서 유대교와의 근본적인 차별성을 더욱 확실히 발견한 것이라고 볼 수 있다. 바울은 이를 복음과 율법의 대립으로 규정하였다.

예수와 유대교의 차별성의 강조는 예수의 종교적 체험에서 비롯된 것이었다. 예수는 하나님을 아버지로 체험하였고 하나님께서 아버지로 다스리는 하나님 아버지의 나라를 선포하였다. 이러한 하나님 체험과 하나님 나라 선포에 비추어 볼 때 후기 유대교의 종교제도의 근간을 이루고 있는 율법주의나 안식일의 맹목적인 준수 및 성전 중심의 제사 종교의 근본적인 모순이 드러나게 되는 것이다.

유대교와 기독교의 연속성과 불연속성

예수와 그의 추종자들은 구약성서를 수용하였지만 구약성서의 많은 부분들을 새롭게 해석하였다는 사실이다. 예수는 구약의 율법이나 예언자와 묵시가의 전통과 다르게 하나님의 아들 됨을 주장하고 하나님 아버지의 나라를 선포한 것이다. 그리고 율법 및 안식일 논쟁과 성전 정화 및 성전 멸망을 예고함으로써 후기 유대교의 종교제도와 성전체제 전반을 전복시키고 모독하는 자로 여겨졌던 것이다. 이러한 비판이 예수에 대한 유대교의 적대감을 증폭시켰으며 예수의 죽음의 한 원인이 되었다. 따라서 구약성서와 신약성서, 유대교와 기독교의 연속성과 불연속성의 대한 문제가 제기된다.

예수의 복음과 구약성서의 율법 사이의 연속성과 불연속성은 변증법적 관계로 보아야 한다. 이런 입장에서 예수의 가르침의 가장 큰 특징은 초기 이스라엘 계약공동체의 율법에 대한 전향적 의식을 후기 유대교가 율법주의로 전도시킨 것을 비판하고 이를 다시 전향적인 앞선 생각으로 재해석한 것이라고 할 수 있다. 이 문제를 해결할 수 있는 논리적 방법으로서 켄 윌버(Ken Wilber)가 인간의 의식을 시간의 축으로 나누어 제시한 평균적 의식(average consciousness)과 전향적 의식(advanced consciousness)이라는 개념[6]과 칼 마르크스가 제시한 상부구조의 부정적 이데올로기로서의 전도된 허위의식(distorted consciousness)을 종합하여 인간 의식의 세 가지 차원으로 설명하려고 한다.

프로이드는 인간의 의식을 공간의 축으로 구분하여 현재의식, 잠재의식, 무의식으로 나누었으나, 윌버는 인간의 의식을 시간의 축으로 나누어 시대에 앞선 생각으로서의 전향적 의식과 시대에 편승하는 평균적 의식으로 나누었다. 그러나 우리는 여기에 하나를 더 첨가하여 시대에 뒤진 전도된 의식을 포함시키려고 한다. 전도된 의식이라는 개념은 마르크스에 의해 제시된 것으로서 지배의식, 적대의식, 허위의식으로 규정되는 부정적 의미의 이데올로기로서의 상부구조를 지칭하는 말이다. 따라서 시간을 축으로 하여 인간의 의식을 셋으로 나누고 이를 방법론으로 하여 예수의 율법 이해에 적용하면 다음과 같은 설명이 가능할 것이다.

(1) 구약성서에 율법이나 안식일이나 성전제도가 생긴 것은 그 당시의 고대 근동 종교의 율법이나 안식일이나 성전제도의 '평균적인 의식'(보통 생각)에 비해서는 '전향적인 의식'(앞선 생각)이었다.

(2) 그러나 후기 유대교에 와서는 이러한 종교제도들이 율법주의적으로 시행되어 그 진정한 전향적인 의미가 크게 훼손되고 본말이 뒤바뀐 허위적인 '전도된 의식'(거짓 생각)으로 전락한 것이다.

(3) 따라서 예수는 율법과 안식일과 성전 제사의 본래적인 의미의 전향적 의식을 재발견하고 후기 유대교에 의해 전도된 의식을 재해석하여 그 본래의 전향적 의식(앞선 생각)으로 재진술한 것이다.

유대인들은 621개의 율법이 있다고 하였지만 이 중에 가장 중요한 것은 '영원한 타당성'을 지니는 십계명이고, 그 외의 세 법전에 나타나는 수많은 제의와 형벌에 관한 율법은 시대마다 그 적용이 달라질 수 있는 십계명의 '한시적 시행령'이라고 할 수 있다. 예를 들면 제사에 관한 율법이나 음식에 관한 규례나 각종 형벌에 관한 규례는 그 당시 한시적으로만 타당한 율법이기 때문에 그 율법들은 신약시대 이후에는 폐기된 것으로 보아야 한다.

_02

예수와
율법 논쟁

1) 구약성서에 나타난 율법의 앞선 생각

구약 율법의 앞선 생각

예수는 율법과 선지자의 시대가 끝나고 하나님 나라의 복음이 선포되기 시작하였다고 선언하였다.

율법과 선지자는 요한의 때까지요 그 후부터는 하나님 나라의 복음이 전파되어 사람마다 그리로 침입하느니라.(눅 16:16)

예수가 구약성서를 받아늘이면서도 "왜 구약성서의 율법을 새롭게 해석했는지"를 이해하기 위해서는 구약성서에서 율법의 전향적 의미를 바로 이해하는 데서 출발하여야 한다.

구약성서에는 시내산 계약법전(출 20-23장), 신명기 법전(신 12-26장), 성결법전(레 17-26)으로 구성된 주요한 세 개의 법전이 있다.

구약성서의 많은 율법들이 고대 근동의 함무라비 법전 등에 나타는 그 당시의 평균적인 율법과 유사성이 있다는 주장이 제기되기도 하였다. 그러나 양자를 보다 자세히 비교해 보면, 구약성서의 율법들은 당시의 고대 근동의 평균적인 율법보다는 훨씬 앞선 전향적인 의식이라는 것이 드러난다. 이런 관점에서 이스라엘의 전향적 율법과 고대 근동의 평균적 법률 사이의 차이점을 살펴보려고 한다.[7]

(1) 법 제정의 일방성이다. 고대 근동의 법률들은 왕이 백성에게 일방적으로 부과한 규정이 대부분이었다. 따라서 함무라비 법전도 명목상으로는 백성들의 행복의 증진과 고아와 과부를 위한 법을 지향하지만, 실제로는 법의 주요 보호대상이 왕과 지주와 노예 주인 등을 비롯한 지배계층이었다. 인간의 인권과 생명보다는 재산이나 소유권을 중시 여기는 규정들이 많은 것을 보아 알 수 있다. 왕명을 어긴 죄(33-35조), 왕궁의 물건을 훔친 죄(6조, 8조), 종이 도망가도록 돕거나 숨긴 죄(15-16조)를 사형으로 다스렸다.[8]

그러나 이스라엘의 법전은 하나님과 이스라엘 백성 사이의 계약관계에 근거한 계약조문이다. 따라서 히브리 노예들을 애굽의 압제에서 구원하고 그들과 계약을 맺은 계약법의 일차적인 보호대상은 가난하고 힘없는 자들이며, 인간의 생명을 소중히 여기고 재물과 소유권은 그 다음에 둔다. 따라서 절도죄 정도를 사형으로 규정하지 않는다.

(2) 법 적용의 차별성이다. 함무라비 법전에는 귀족, 자유인, 노예 등의 엄격한 사회적 계급에 따라 그 법이 다르게 적용되었다.[9] 피해자의 사회적 신분에 따라 형벌이 다르다. 평민이 이유 없이 종을 때리면은 10세겔로 보상해야 하지만, 종이 주인을 때리면 귀를 자르게 하였다(205조). 동태보복의 탈리오 법칙은 같은 계층에게만 적용되었다.

그러나 성서의 율법에서는 법 적용에서 신분상의 차별이 없다. 법 앞에 모두가 평등하였다.

(3) 노예를 법적으로 제도화하였다. 함무라비 법전에는 노예는 자유할 수 없게 하였다.

그러나 성서에는 채무로 인한 일시적인 예속을 인정하였지만 영구적인 노예제도 자체는 금지하였다. 이집트에서 이스라엘 백성 모두가 노예였던 것을 상기하여 다시는 노예를 부리지 말고 노예가 되지도 않게 하였다(레 19:34). 물론 이러한 규정이 후대에 와서 철저히 지켜지지는 않았지만, 1865년까지 미국에서 노예제도 존폐 여부로 남북전쟁이 계속된 것에 비추어 보면 전향적인 의식이라 할 수 있다.

(4) 무죄한 자의 대리 처벌이다. 앗시리아의 법전에는 처녀를 강간하였을 경우 가해자의 아내가 피해자의 집에 가서 살아야 했으며(55조), 함무라비 법전에는 임신한 여인을 때려 유산시키고 죽게 한 경우에는 가해자의 딸을 사형에 처하였다(201조). 목수가 집을 짓다가 집주인을 죽이면 건축업자를 죽였지만, 주인 아들을 죽인 경우 그 목수가 아닌 목수의 아들을 죽이도록 하였다(229-231조).

그러나 이스라엘 율법은 이러한 연좌제의 대리 처벌을 엄격히 금한다. '죽을 사람은 죄 지은 그 사람'(신 24:16)이라는 원칙이 분명하였다.

(5) 형벌의 잔인성이다. 함무라비 법전에는 아버지를 때린 아들의 손을 자르게 하였다(202, 205조). 양자가 양부모를 정식으로 모욕한 경우 혀를 잘랐다(192조). 다른 사람의 아내와 입맞춤을 한 남자는 면도날로 아래 입술을 잘렸고(9조), 성범죄자들을 대개 거세를 당하였다(15, 19-20조).

그러나 성서는 극히 드문 단 한 번의 예외(신 25:11-12)를 제외하면 신체 절단의 가혹한 처벌은 거의 없다.

(6) 성범죄에 관한 것이다. 히타이트 율법은 신전 매음과 통간뿐만 아니라 수간(獸姦), 근친상간, 동성애 같은 것마저 허용하였다.

그러나 성서의 율법은 성적인 문제에 관하여 아주 엄격하였다. 이런 것들을 범한 자들은 모두 사형으로 다스렸다(레 18:1-30). 성적 순결과 도덕성의 차원을 한 단계 높인 것이다. 신약성서에 와서 예수는 마음으로 '음욕을 품는 것마저 간음'(마 5:28)이라고 규정하였던 것도 이런 배경 하에서 이해되어야 한다.

(7) 율법은 대부분 종교적인 것이 아니라 세속적인 것이었다. 함무라비 법전에는 종교적인 내용은 극소하며 왕명을 어기거나, 사회에 피해를 끼치거나, 소유권 분쟁이나, 범죄 행위의 처벌에 관한 내용이 대부분이었다. 도덕적 원칙이나 종교적 신앙의 기준은 극히 제한된 내용만이 명시되어 있다.

그러나 구약성서의 경우는 1에서 4계명이 강조한 것처럼 하나님과의 바른 신앙적 관계가 우선이었고 '한 분 하나님을 사랑하라'(신 6:4)는 것이 쉐마로 강조되었다.

(8) 히브리의 율법은 한걸음 더 나아가 야웨의 명령에 순종하면 축복을 누리고, 불순종하면 징벌 받는다는 철저하고 단순한 신앙을 강조하였다. 제사의 종교가 아니라 순종의 종교임을 밝힌다(신 30:15-20, 11:26-32). 축복과 저주가 자연의 마력이나 자연적 운명, 신에 대한 대접 여하에 달려 있는 것이 아니라 하나님의 말씀인 토라에 대한 인간의 자발적인 복종에 달려 있음을 강조한다.

구약 율법의 법정신

함무라비 법전과 구약성서의 율법을 비교함에 있어 중요한 것은 세세한 조항이 아니라 양자의 율법이 함축하고 있는 기본적인 법정신이다. 모든 법률에서 가장 중요한 것은 그 법정신이기 때문이다. 구약성서의 법정신은 십계명에 가장 잘 나타나 있으며, 이 법정신에 따라 구약성서의 세 법전이 그 시행령으로 이루어진 것이다. 구약성서 율법의 법정신은 다음 두 가지로 요약할 수 있다. 즉, 하나님을 사랑하고 이웃을 사랑하라는 것이다.[10]

(1) 신명기법전은 이스라엘의 신앙 대상은 한 분이신 하나님이며(monotheism), 그분을 섬기는 방식은 전인적으로 그를 사랑하는 것이다. 그를 사랑하는 것은 그의 계명을 지키는 것임을 강조한다(신 6:4-5).

네 하나님 여호와를 사랑하여 그 직임과 법도와 규례와 명령을 항상 지키라.(신 11:1, 7:9, 30:16 등)

따라서 세 법전은 모두 다신론적 우상숭배나 주술적 종교제의를 철저하게 배격한다. 우상숭배자는 돌로 쳐 죽이고, 우상을 숭배하는 도시와 주민은 불과 칼로 진멸하게 하였다. 인신 제사나 각종 주술적 제의를 발칙한 것으로 엄격하게 금지한 것이다. 다신론적 우상숭배와 다산과 풍요의 주술적 제의를 수용하면 히브리 하나님의 사랑과 정의의 계명이 흐려지고 마침내 이방의 자연종교의 정치적 억압과 경제적 착취와 문화적 방종을 부추기기 때문이었다.

(2) 성서의 율법은 고대의 율법에서는 찾아보기 힘든 높은 수준의 정의와 자비의 실천을 통한 이웃 사랑을 강조한다. 가난한 약자들에게 무한한 사랑과 정의를 베푸시는 하나님을 사랑하고 그 명령을 지키는 것은 이웃을 사랑하는 것임을 명시하고 있다.

너희의 하나님 여호와는 신의 신이시며, 주의 주시오…
고아와 과부를 위하여 신원하시며
나그네를 사랑하사 그에게 식물과 의복을 주시나니.(신 10:17-18)

따라서 사회적 약자나 가난한 자나 신체장애자를 위한 인도주의적 규례를 도처에서 찾아볼 수 있다. 구약의 율법들은 메소포타미아의 함무라비 법전과 많은 점에서 유사하다. 그러나 양자 사이에 결정적인 차이점이 있음을 신명기는 이렇게 적고 있다.

> 오늘 내가 너희에게 선포하는 이 율법과 같이 그 규례와 법도가 공의로운 큰 나라가 어디 있느냐. 오직 너는 스스로 삼가며 네 마음을 힘써 지키라. (신 4:8-9)

따라서 이스라엘 백성들은 이러한 전향적 율법이 그들에게 명령되었다는 사실 자체가 이스라엘의 최고 축복으로 여겼다(신 10:13). 시편은 율법의 이러한 본래적인 앞선 생각을 유감없이 강조하였다.

> 여호와의 율법은 완전하여 영혼을 소성케 하고 여호와의 증거는 확실하여 우둔한 자로 지혜롭게 하며 여호와의 교훈은 정직하여 마음을 기쁘게 하고 여호와의 계명은 순결하여 눈을 밝게 하도다.(시 19:7-8)

2) 후기 유대교의 율법주의와 예수의 새로운 대안

후기 유대교의 율법주의

예수 당시의 유대 지도자들 대부분은 모세의 율법을 최고의 진리로 가르쳤다. 율법에 대한 그들의 권위 있고 공식적인 해석도 율법처럼 중요하게 전승되었다. 그러나 율법을 연구하고 가르친 서기관, 율법학자, 바리새파, 장로들은 그들이 자랑하는 율법의 지식을 통달하였으나 그들이 알고 있는 율법을 그대로 지키는 일은 등한시하였다. 자기들의 편의에 의해 율법을 자의적으로 해석하여 제멋대로 지킨 것이다. 그래서 예수는 이들을 비판하기를 "그들이 너희에게 말하는 것은 무엇이든지 다 실행하고 지켜라. 그러나 그들의 행실은 따르지 말아라. 그들은 말만 하고, 실행하지는 않는다."(마 23:3 공동번역)고 한 것이다.

뿐만 아니라 후기 유대교 지도자들은 율법의 지식을 독점하였고 '율법을 모르는 족속들'(요 7:48)을 억압하였다. 그들은 군왕들처럼 전제 권력을 가지지 않았지만, 놀란(A. Nolan)이 잘 지적한 것처럼 "그들에게는 율법이 지배하고 억압할 수 있는 권력이었다."[11]

그들은 서전(書傳)과 구전(口傳)으로 전해진 율법의 신적 권위를 앞세워 백성들의 종교생활과 세속생활의 온갖 세부사항을 규제하였다. 제사장과 서기관과 율법학자들을 비롯한 유대교의 종교지도자들은 '율법을 아는 것'을 '율법을 모르는 자'를 차별하고 적대하는 특권으로 여겼다. 먹고 살기도 바쁜 가난하고 무지한 일반 백성들에게는 율법이 무거운 짐이 되었다.

예수는 이러한 상황을 간파하고 "그들은 무거운 짐을 꾸려 남의 어깨에 메어주고 자기들은 손가락 하나도 까딱하지 않는다."(마 23:4)고 책망하고 "고생하며 무거운 짐을 지고 허덕이는 사람은 다 내게로 오너라. 내가 편히 쉬게 하리라. 나의 짐은 쉽고 나의 멍에는 가볍다."(마 11:28-30 공동번역)고 한 것이다. 예수는 아주 강력하게 율법의 억압적인 성격을 비판한 것이다.

그러므로 예수가 공생애 동안 율법 논쟁을 제기한 것은 후기 유대교에서는 율법이 더 이상 "영혼을 소성케 하고, 지혜롭게 하며, 정직하여 마음을 기쁘게 하고, 순결하여 눈을 밝게"(시 19:7) 하는 역할을 할 수 없게 되었기 때문이다. 율법의 전향적인 의식이 율법주의의 전도된 의식이 되고 만 것이다. 이런 의미에서 한스 큉의 다음 말은 큰 의미를 지닌다.

율법이란 하나님의 뜻을 알려줄 수 있는 만큼 하나님의 뜻을 은폐하는 수단이 될 수 있다. 그래서 자칫 **율법주의자**를 낳기 쉽다.[12]

예수가 율법을 새롭게 해석한 것은 이러한 율법주의를 비판하고 율법 법정신의 전향적인 의미를 새롭게 회복한 것으로 보아야 한다. 따라서 율법과 율법주의는 구분되어야 한다.

6반제의 새로운 대안

예수의 하나님 나라 복음 선포는 구약성서의 율법에 대한 새로운 해석으로 이어진다. 예수는 하나님의 아들로서 하나님과 같은 권위를 가지고 율법을 새롭게 해석한 것이다.

마태복음(5:21-48)은 예수가 "옛 사람은 이렇게 말했으나… 진실로 내가 네게 말한다."라는 형식으로 여섯 가지 새로운 율법을 가르쳤는데, 이는 구약의 율법에 대한 6반제(anti-these)라고 한다.[13]

① 살인하지 말라.(출 20:13 제5계명) → 형제에게 노하거나 욕하지 말라. (마 5:22)

② 간음하지 말라.(출 20:14 제6계명) → 여자를 보고 음욕을 품는 자마다 마음에 이미 간음하였느니라.(마 5:28)

③ 아내를 버리려거든 이혼증서를 주라.(신 24:1) → 음행한 연고 없이 아내를 버리지 말라.(마 5:32)

④ 헛맹세를 하지 말라.(레 19:12) → 도무지 맹세하지 말라.(마 5:34)

⑤ 눈은 눈으로 이는 이로 갚아라.(출 21:24, 레 24:20, 신 19:21) → 오른편

뺨을 치거든 왼편도 돌려대라.(마 5:40)

⑥ 이웃을 사랑하고 네 원수는 미워하라.(레 19:18) → 원수를 사랑하고 핍박하는 자를 위해 기도하라.(마 5:44)

위의 6가지 반제 중에 ③과 ④는 분명히 율법의 폐기로 해석되지만, 나머지는 율법의 강화로 해석된다. 무엇보다도 예수는 바리새파적인 어법과는 달리 그의 말씀에 모세와 율법의 권위를 넘어서는 요구를 부여한다. 하나님께서 모세에게 준 십계명을 포함한 율법을 폐기하거나 강화하여 새롭게 제시하는 것은 모세 이상의 권위 즉, 하나님과 같은 권위를 암시하는 것으로써 사람들에게 놀라움을 자아내게 하였다.[14]

케제만은 모세의 권위에 대한 예수의 도전은 메시아의 범주 안에서 이해될 수 있다고 하였다.[15] 스타인은 예수가 이런 선언을 할 수 있었던 것은 그분의 하나님 아들로서의 정체성 때문이었다고 한다.[16] 하나님을 아버지로 체험한 예수는 하나님의 아들이라는 자의식을 가지고 하나님의 나라를 아버지의 나라로 선포하였다. 예수가 선포한 이러한 천국복음은 율법주의에 대한 도전이 아닐 수 없었다. 예수는 하나님의 권위와 권능에 힙 입어 율법에 대한 새로운 해석을 선포한 것이다.

예수가 산상수훈에서 여섯 반제를 통해 율법을 새롭게 해석하고 안식일과 성선에 대하여 새로운 가르침을 제시한 핵심적인 성격이 무엇인가 하는 것이 논의되어 왔다.

산상수훈의 일부 가르침을 터툴리안은 이중 차원 윤리로 해석하여 모든 것을 버리고 자기 십자가를 지고 예수를 따르는 절대 순종과 절대 청빈의 무소유(막 10:21) 그리고 가족(눅 14:26)을 버리고 결혼(마 19:11) 하지 않는 절대 순결의 윤리는 성직자에게만 해당되는 덕목으로 규정하였다. 평신도에게 적용되는 것은 윤리 황금률(마 7:12)과 이중 사랑의 계명(막 12:28-34)이라고 하였다.[17] 예수의 윤리적 가르침에 대해 톨스토이는 '사랑의 완전주의'로, 니버(R. Niebuhr)는 기독교 현실주의의 입장에서 '불가능한 가능성'(Impossible Possibility)으로 해석하였다.[18] 본회퍼는 '그리스도인의 비범성'으로, 한스 큉은 '사랑의 철저성'으로 해석하였으나 종말론적 입장에서 슈바이처(A. Schweitzer)는 '종말론적 중간시대의 비상윤리'(Interim Ethic)로서 '생명 경외와 사랑의 신비주의'로 해석하기도 하였다.[19]

예수가 선포한 율법에 대한 새로운 해석의 대표적인 사례로 제시되는 여섯 가지 율법에 대한 반명제(마 5:21-48)를 통해 예수가 유대교의 평균적인 의식으로 정착된 율법주의를 어떻게 전향적으로 극복하였는지 살펴보자.

(1) 예수가 의도한 것은 단순히 율법을 폐지하거나 율법의 내용을 가감 수정하여 새로운 율법으로 대치하려고 한 것이 아니었다. 율법의 근본정신을 강화하기 위해 율법의 의미를 부분적으로 심화시키기도 하고, 부분적으로 교정하거나 폐기하여 그 법정신이 더욱 철저히 드러나게 하려고 한 것이다. 이런 관점에서 예수는 서기관과 바리새인들이 율법을 율법주의로 전도시키는 형식적인 율법 실천과 하나님의 본래적인 뜻에 대한 무지와 위선적 거짓 그리고 자기 의를 자랑하는 교만 등을 책망하였다.

예수가 "내가 율법이나 선지자를 없애러 온 줄로 생각하지 말라 없애러 온 것이 아니라 오히려 완성하러 왔다."(마 5:17 공동번역)라고 한 것은 이런 배경에서 이해되어야 한다. 예수는 옛 율법을 폐기하려는 것이 자신의 목적이 아님을 분명히 한 것이다. 율법을 지키는 것은 율법의 법정신을 지키는 것이라는 점을 강조한 것이다. 단순히 율법을 문자적으로 해석하고 형식적으로 지키는 것이 오히려 율법의 법정신을 크게 위반할 수 있다고 본 것이다.

엄격한 의미에서 율법과 율법주의는 다르다. 예수는 율법이 전도된 율법주의를 폐하고 율법의 본래 전향적인 의식을 완전케 하려 했던 것이다. 그래서 타이쎈은 "예수는 토라를 해석·비판·폐지한 것이 아니다. 그것을 '뛰어넘은 것'이다. 하나님의 뜻은 인간이 그 계명을 행함으로 실현할 뿐 아니라, 그 계명이 인간 의지의 가장 깊숙한 부분까지 파고들어 결정적인 영향력을 행사할 때 비로소 성취될 수 있다."[20] 고 하였다.

(2) 예수가 "너희가 율법학자들이나 바리새파 사람들보다 더 옳게 살지 못하면 결코 하늘나라에 들어가지 못한다."(마 5:20 공동번역)고 한 것은 율법에 대한 바리새인들의 열심을 인정하면서도 그들이 율법을 아는 것을 하나의 특권으로 여기고 율법을 문자적이고 형식적으로 준수하여 위선적인 자기의 의를 주장하는 것을 비판한 것이다.

예수는 율법을 지키는 목적이 인간이 '자기 의'를 실현하기 위함이 아니라 '하나님의 의'를 이루기 위함인 것을 강조한 것이다. 그래서 "너희는 먼저 하나님의 나라와 하나님께서 의롭게 여기는 것을 구하라."(마 6:33 공동번역)고 한 것이다.

따라서 율법을 문자적으로 기계적으로 지키는 것보다 율법의 문자에 내새된 하나님의 뜻을 발견하는 것도 중요하지만, 그 뜻을 실천하는 것이 더 중요하다. 그러므로 예수는 "하늘에 계신 내 아버지의 뜻을 실천하는 사람이라야 [하늘나라에] 들어간다."(마 7:21) 한 것이다. 예수는 성문화된 율법의 문자 배후에 깔려 있는 하나님의 본래적인 뜻을 밝히며 이 뜻에 철저히 부합된 실천적인 삶을 요청한 것이다.

(3) 예수는 율법의 근본적인 의도를 제기하였다. 율법은 인간을 억

압하기 위해 제정한 것인가? 인간의 해방을 위해 제정한 것인가? 예수 시대의 후기 유대교에서는 율법이 그 원래의 의도와는 달리 '율법을 모르는 족속들'(요 7:48)을 차별하고 억압하는 가르침으로 전락한 것을 예리하게 지적한 것이다. 그리고 '율법에 내포된 자유롭게 하는 진리'를 구원의 기쁜 소식인 복음으로 드러내어 선포한 것이다. 그래서 요한은 "율법은 모세로 말미암아 주신 것이요 은혜와 진리는 예수 그리스도로 말미암아 온 것이라."(요 1:17) 한 것이다.

이런 의미에서 야고보는 '자유케 하는 온전한 율법'(약 2:25)을 역설한다. 온전한 율법은 인간을 억압하지 않고 자유롭게 하기 때문이다. 그래서 토마스 아퀴나스도 '억압하는 율법'과 '자유하게 하는 율법'을 구분한 것이다.[21] 바울이 "의문(儀文)을 죽이는 것이고 영은 살리는 것"(고후 3:6)이라고 한 것도 이런 배경에서 이해된다.

(4) 6반제는 구약의 율법 자체에 대한 반대가 아니라, 바리새적 유대교의 율법 해석에 대한 반대라고 보아야 할 것이다. 유대인들은 어떤 율법은 다른 율법보다 더 중요한 것으로 해석하였다. 그래서 예수는 "'박하와 회향과 근채의 십일조'를 바치라는 율법은 철저히 지키면서도 '정의와 자비와 신의' 같은 아주 중요한 율법은 대수롭지 않게 여긴다."(마 23:23 공동번역)고 비판한 것이다. 10분의 1 세를 바치는 것도 소홀이 해서는 안 되겠지만 정의와 자비와 신의도 실천해야 한다고 강조한 것이다.

예수는 유대인들이 율법에 드러난 하나님의 본질적인 의도를 깨닫지 못하고 율법의 중요한 본말을 왜곡하고 있다는 사실을 알려준다. 율법에 대한 올바른 이해는 율법의 실제적인 중심을 사랑과 자비로 보는 율법에 대한 '예언자'적 시각으로 읽어야 된다고 주장한 것이다.

(5) 예수가 "율법의 일점일획이라도 반드시 없어지지 아니하고 다

이루리라."(마 5:18, 눅 16:17)는 말씀을 통해 율법의 자구를 극단적으로 고집함에도 불구하고, 이 말씀의 본의는 "율법의 한자 한자 배후에 있는 본래의 뜻은 다 이루어야 한다."는 의미로 이해되어야 한다. 율법의 지극히 작은 하나라도 다 하나님의 놀라운 뜻이 함축되어 있으므로 율법을 통해 하나님의 뜻을 깨닫기를 요청한 것이다.

(6) 예수는 유대인 지도자들이 "하는 일은 모두 남에게 보이기 위한 것이다. 그래서 이마나 팔에 성구 넣는 갑을 크게 만들어 매달고 다니며 옷단에는 기다란 술을 달고 다닌다."(마 23:5 표준새번역)고 지적하였다. 그래서 예수가 "너희 착한 행실을 보고 하늘에 계신 아버지를 찬양하게 하여라."(마 5:16)고 한 것은 율법을 지키는 목적이 인간의 칭찬을 받기 위함이 아니라 하나님의 영광을 드러내기 위함임을 분명히 한 것이다.

기도와 구제와 금식을 사람들에게 보이게 하지 말고 은밀한 가운데 보시는 은밀하신 하나님께 보이기 위하여 행하여야 한다고 가르친 말씀도 이런 배경에서 이해되어야 한다. 인간에게 칭찬을 받으려고 인간에게 보이려고 행한 것이 이미 인간으로부터 상급을 받은 것이며, 하나님에게 보이려고 은밀하게 행한 것은 은밀한 가운데 계시는 하나님께서 반듯이 갚아 주신다고 한 것이다.

율법의 제3용법

종교개혁자들이 율법의 행위로 의롭게 되는 것이 아니라 믿음으로 의롭게 된다고 가르쳤기 때문에 많은 기독교인들이 율법에 대한 오해를 가지고 있다. 그래서 루터는 "복음과 율법에 관하여"라는 논문을 통해 복음과 율법을 배타적으로 보는 것을 반대하였다. 루터는 율법의 행위와 인간의 공으로 의롭게 되는 전제와 조건이 되는 것을 반대한 것일 뿐, 복음의 은총에 따라 의롭게 된 신자들의 결과와 과제로써 말씀에 순종해야 하는 행위를 부정한 것은 아니다. 따라서 예수는 무율법주의자나 도덕폐기론자는 아니다.[22]

루터와 츠빙글리와 칼빈은 율법의 제3용도를 가르쳤다.[23] 특히 「일치신조」(1577)는 율법의 제3기능을 다음과 같이 설명한다.

> 율법은 세 가지 이유 때문에 사람에게 주어졌다. 1) 무법하고, 불순종하는 사람들을 향하여 외적 훈련을 유지하기 위하여, 2) 사람들로 하여금 그들의 죄를 깨닫게 하기 위하여, 3) 거듭났으나 아직도 육체 가운데 거하고 있는 이들로 하여금 그들의 전 생애를 모범적이고 통제할 수 있게 하기 위한 명확한 규범을 주기 위하여.[24]

율법의 제1용도는 시민적·정치적 용도이다. 성서의 많은 율법은 당시의 정치 사회적 질서와 평화를 유지하기 위한 용도로 주어진 것이다. "율법은 옳은 사람을 위하여 세운 것이 아니요 오직 불법한 자와 복종하지 아니하는 자와 경건하지 아니한 자와 죄인과 거룩하지 아니한 자와 망령된 자와 아버지를 죽이는 자와 어머니를 죽이는 자와 살인하는 자, 음행하는 자와 남색 하는 자와 인신매매를 하는 자와 거짓말 하는 자와 거짓 맹세하는 자와 기타 바른 교훈을 거스르는 자를 위함"(딤전 1:9-10)이라 하였으니 이러한 율법이 없다면 이 세계는 무정부적인 무법천치가 되고 말 것이다.

율법의 제2용도는 신학적·영적 용도이다. "죄가 율법 있기 전에도 세상에 있었으나 율법이 없었을 때에는 죄를 죄로 여기지 아니하였다."(롬 5:13)는 말씀처럼 율법을 통해 선악이 구분되고 죄가 죄로 드러나게 된다. 그리고 "율법은 진노를 이루게 하나니 율법이 없는 곳에는 범법도 없다."(롬 4:15)는 말씀처럼 율법이 있기 때문에 율법을 범하는 범법이 생겨난다. 따라서 율법의 행위로는 의롭게 될 수 없으므로 "무 릇 율법 행위에 속한 자들은 저주 아래"(갈 3:10)에 있게 되기 때문에 율법은 율법주의적 정죄의 성격을 띤다. 그러므로 "그리스도께서 우 리를 위하여 저주를 받은바 되사 율법의 저주에서 우리를 속량"(갈 3:13)하신 것이다.

율법의 제3용도는 복음적·규범적 용도이다. "율법은 사람이 그것 을 적법하게만 쓰면 선한 것"(딤전 1:8)이라고 하였다. 예수 그리스도께 서 율법을 새롭게 해석하고 복음을 선포하였는데 예수가 선포한 복음 역시 예수를 믿고 따르는 자들이 지켜야 할 새로운 규범으로 제시된 것이다. 하나님을 사랑하고 이웃을 사랑하는 것이 율법과 선지자의 강령(마 22:40)이며 "그러므로 사랑은 율법의 완성"(롬 13:10)이라고 하 였다. 이처럼 복음은 "자유하게 하는 온전한 율법"(약 1:25)이라 할 수 있으며, 이는 율법과 대립되는 개념이 아니라 강압적이고 형식적이고 문자적으로 지키는 율법과 달리 자원하여 마음에 새겨 신실하게 지키 는 새로운 자유하게 하는 복음적 규범이 되는 것이다.

제3용도의 개념은 복음의 영역 안에서의 율법의 적극적이고 권고 적 역할이며 또 신앙 가운데 있는 인간에게 항상 그리스도의 이름으로 성취할 수 있고 성취해야 할 신앙의 과제를 지시해 주는 것이다. 이 제3용도의 득수성은 죄인이 아니라 의로워진 인간이 성취할 수 있는 것에 대한 지시다. 그리고 율법의 제3용도는 칭의와 성화의 관계를 새롭게 설정한 주제이다. 루터가 강조한 것처럼 좋은 나무가 좋은 열 매를 맺듯이 의로운 행위가 사람을 의롭게 하는 것이 아니라, 믿음으 로 의롭게 된 사람이 의로운 행위를 할 수 있다는 것이다. 따라서 의로 운 행위는 구원의 조건이나 전제가 아니라 구원받은 자의 과제와 응답이라고 볼 수 있다. 칼빈은 하나님의 영이 그 영혼 속에 거하고 주관하시는 신자들에게는 율법이 오히려 하나님의 뜻을 이해할 수 있는 훌륭한 도구라고 하였다. 율법을 통해 주의 뜻에 복종하겠다는 열성과 힘을 얻을 수 있다고 하였다. 이처럼 복음 역시 실제로는 새로운 신앙의 규범으로 주어진 것이다.

따라서 바울이 말한 것처럼 '믿음이 율법을 파기'하는 것이 아니라 '율법을 굳게 세우는 것'(롬 2:3)이다. 칼빈은 율법을 전폐하려는 자는 율법을 오해한 자라고 하였다. 율법이 더 이상 우리를 정죄하지 않는다는 의미에서 예수를 통해 율법이 폐기되었으므로 율법의 완성이 복음이라고 한 것이다.

_03

예수와
안식일 논쟁

1) 구약성서와 후기 유대교의 안식일

창조의 질서로써 안식일

안식일에 관한 유대인과 예수 사이의 여러 논쟁을 이해하기 위해서는 우선 구약성서에서 창조의 질서로 세워진 안식일의 전향적인 의미를 이해하는 데서 출발하여야 한다.

인간은 창조의 마지막 단계에 가서 만들어졌고, 인간이 창조된 다음 날, 즉 일곱째 날에 안식하심으로 인간 창조의 궁극적 목적이 인간의 참된 안식을 위한 것임을 시사한다.

하나님이 일곱째 날을 복 주사 거룩하게 하셨으니 이는 하나님이 그 창조하시며 만드시던 모든 일을 마치시고 이 날에 안식하셨음이더라.(창 2:3)

창세기의 안식일에 관한 기사는 바벨론의 창조신화와 비교해 볼 때 그 전향적인 의미를 바로 이해할 수 있다.[25] 바벨론의 창조신화에서는 안식일이 신의 진노의 날로 여겨지기도 하였다. 무엇보다도 바벨론의 창조신화 "에누마 엘리쉬"는 인간의 노동을 부정적으로 묘사하고 있다. 상급신들 사이에 전쟁이 일어나자 반역을 일으킨 킨구(Kingu)를 죽이고, 그 반역자의 피로 인간을 만들고 그들에게 하급 신들의 불쾌하고 힘든 노동을 대신 맡겼다고 하였다.

그의 피로 사람을 만들었다.
신들의 노역을 감당시켰고, 신들을 쉬게 했다.[26]

〈길가메시 서사시〉(Gilgamesh Epic)도 하급 신들을 강제 노동에서 면해 주기 위하여 인간을 만들었다고 한다. 산파 신 닌투로 하여금 반역을 주도한 하급 신들의 우두머리 웨일라를 죽이고, 그 살과 피와 흙을 섞어 인간을 만들고 인간에게 하급 신의 노동을 대신 담당하게 하였다는 것이다.

그녀(벨레트-일리)가 인간적인 사람을 만들어서
그 사람이 이 멍에를 지게 합시다.
그가 멍에를 지고, 신들의 노역을 맡게 합시다.[27]

그러나 창세기는 다르다. 인간은 하급 신들의 강제 노동을 대역(代役)하기 위하여 창조된 것이 아니다. 인간은 하나님의 형상으로 창조되어 하나님이 창조한 에덴동산을 경작하고 관리하도록 부름을 받았다. 하나님이 인간을 땅의 흙과 하나님의 생기로 만들고 하나님의 동산으로 인도하여 그곳 땅에서 나는 열매를 먹으며, 그 땅을 가꾸고 관리하며 사는 존재로 창조하신 것이다. 그곳에서의 노동은 더 이상 생존을 위한 땀 흘림의 고역도 아니며 저주스러운 착취도 아니다. 자신의 삶의 기쁨과 환희를 가꾸고 지켜 가는 축복된 일이며, 동료 인간들과 협력하여 생존을 이어가는 유일한 장이기도 하다. 그러므로 에덴동산은 낙원의 동산이요 하나님의 동산으로 환희가 넘치는 곳이다. 억압과 착취, 그리고 노동의 불평등이 사라진 평화의 동산이다(사 51:3).

이집트에서의 노예생활과 바벨론에서의 포로생활을 통해 강제 노동의 처절한 고통을 겪은 히브리 민족들에게 인간이 절대군주의 반역적인 피지배자로서 강제 노동에 동원되기 위하여 반역자의 피로 창조된 것이라는 바벨론의 신화를 받아들일 수 없었다.

그래서 창세기는 모든 인간은 하나님의 형상과 하나님의 생기로 창조된 존엄한 존재인 것을 선언한다. 그리고 인간 창조의 궁극적인 목적은 하급신의 노동을 대신하기 위함이 아니라 인간을 창조하신 하나님의 안식에 참여하기 위함인 것을 고백하였다. 이러한 창조신앙에 나타난 안식일에 대한 전향적인 의식은 십계명의 계약조문에도 그대로 드러난다.

엿새 동안 힘써 네 모든 생업에 종사하고 이렛날은 너희 하느님 야웨 앞에서 쉬어라. 그 날 너희는 어떤 생업에도 종사하지 못한다. 너희와 너희 아들 딸, 남종 여종뿐 아니라 가축이나 집안에 머무는 식객이라도 일을 하시 못한다.(출 20:9-10 공동번역)

끝없는 노동의 고통과 지겨움과 우매함에서 벗어나 노동과 안식의 교체를 맛보는 안식일은 모든 인간들이 노동으로부터 자유로운 상태에서 쉬면서 생명의 참된 안식을 주신 창조주 하나님께 감사의 예배를 드리고, 더불어 살아가야 할 생명의 본래적 질서를 깨닫고 새롭게 살아갈 힘을 받는 날로 지켜진 것이다. 이러한 안식은 남녀노소와 노예와 이방인뿐 아니라 가축과 식물을 포함하는 모든 피조물에게 적용되는 창조의 새로운 질서인 것이다(신 5:12, 15).

애굽에서 그리고 바벨론에서 1년 365일 하루도 빠짐없이 강제노동에 시달린 뼈아픈 경험을 한 유대인들에게는 안식일 준수 율법은 일시적인 휴식이긴 하지만 말 그대로 강제 노동으로부터 해방되는 기쁜 소식이었다. 예언서에서도 안식일은 휴일이고 즐거운 축제일(사 1:13, 호 2:13)이었다. 안식일에는 성소를 찾아갔고, '하나님의 사람'을 방문하였다(왕하 4:23). 이날에는 일상의 힘든 일을 중단하였고, 장사도 쉬었다(암 8:5)고 한다.

후기 유대교의 안식일 규정

기원전 587년 예루살렘 성전이 소실되고 이스라엘 백성들이 바벨론의 포로로 잡혀간 이후로 안식일 준수가 더욱 엄격하여졌다. 성전 중심에서 안식일 중심의 종교로 바뀌어 갔다.

특히 포로 후기 마카비 시대에 와서 안식일에는 생존과 직결된 전투도 하지 않았다. 적을 추격하다가도 안식일이 되면 추격을 중지하였다.[28] 이 사실을 간파한 시리아 군대가 안식일을 기해 총공세를 하였고 마카비 군대의 참모들은 안식일을 지킬 것인가? 응전할 것인가? 논란 끝에 안식일을 지켜 적의 공격에 대하여 군사적 대응 조치를 포기함으로써 그날 1,000명의 유대인들이 살해되는 비극을 겪기도 하였다.[29]

안식일을 일하지 않는 날로 규정하였기 때문에 안식일에 해서는 안 되는 일에 관한 세부 규정을 정하는 것이 불가피하게 되었다. 그래서 후기 유대교의 랍비들은 미쉬나에서 안식일에 금지된 일에 관하여 39개의 항목을 따로 정하였다.

씨 뿌리는 일, 밭가는 일, 수확하는 일, 곡식단 묶는 일, 타작하는 일, 키질 하는 일, 곡식 고르는 일, 맷돌질, 체질하는 일, 반죽하는 일, 빵 만드는 일, 양털 깎는 일, 표백하는 일, 짐승털 다듬는 일, 염색하는 일, 물레 돌리 는 일, 끈으로 고쳐 매는 일, 바늘귀 꿰는 일, 모직물 직조하는 일, 분류하 는 일, 끈 매는 일, 푸는 일, 바느질하는 일, 찢는 일, 사냥하는 일, 짐승을 잡는 일, 가죽 벗기는 일, 고기를 소금에 절이는 일, 가죽을 처리하는 일, 닦는 일, 자르는 일, 글씨 쓰는 일, 지우는 일, 건축하는 일, 허무는 일, 나르는 일, 불 켜는 일, 불 끄는 일, 안식일 전에 시작했던 일을 끝마치는 일, 책을 들고 있는 아이를 안아 주는 일(안식일에 아이를 안아 주는 것은 괜찮지 만, 책을 들고 있는 아이를 안아 주는 것은 아이의 손에 들려 있는 책을 이동시키는 일을 하는 것이기 때문이다.).[30]

신약성서에는 안식일에는 침구를 운반하지 않았고(요 5:10), 환자를 돌보지 않았고(막 3:2), 곡식의 이삭을 따지 않았고(마 12:2), '안식일 거리'(2000보 정도) 이상을 가지 않았다(행 1:12). 안식일을 문자적으로 해석하여 '단지 일을 하지 않는 날'로 여겼기 때문이다.

유대인들은 "아무 일도 하지 말라."(출 2:10)는 말씀과 "그 날을 더럽 히는 사람은 반드시 죽여야 한다."(출 31:14)고 한 말씀을 문자적으로 적용함으로써 안식일의 전향적인 의미를 전도시킨 것이다. 아무 일도 하지 말라는 무노농은 문자적으로 철저히 지켰으나, 안식일을 범한 자의 처형을 문자적으로 철저히 지키는 것은 현실적으로 불가능하였 다. 그래서 후대에 와서 안식일과 그 축제를 모독하는 사람이 있다면 죽이지 말고, "그를 구금하라. 만일 그가 자신의 잘못으로부터 벗어나 면, 칠 년까지 그를 구금했다가 그 다음에는 공동체로 돌아오게 하라." 고 가르쳤다.[31]

예수 시대의 유대인 역시 안식일의 노동 금지의 규정을 철저히 준수한 것으로 알려져 있다. 안식일 준수에 대해 외부인들은 감탄[32]과 조롱[33]을 동시에 보냈다. 유대인들은 안식일의 금지 사항을 잘 알고 이를 철저히 지키는 것을 마치 무슨 종교적 특권으로 여겼다. 건강상의 이유나 직업상의 이유로 안식일을 지키지 못하거나, 안식일의 세부 금지 사항을 잘 몰라 지키지 못하는 "율법을 알지 못하는 무리는 저주 받은 자"(요 7:49)로 취급하고 차별과 적대의 대상으로 여겼다.

유대인들은 외국 군대에 편입되어 복무하는 것에서도 제외되었다. 군인일지라도 안식일에는 허용된 거리 이상 행진도 하지 않고 무기도 나르지 않았기 때문이다.[34] 요세푸스에 의하면 일부 극단적인 에센파는 안식일을 일하지 않는 날로 여겨 아무도 없는 한적한 곳에 가서 약 30cm가량의 구덩이를 파고 몸을 옷으로 감싼 후에 파놓은 흙으로 몸을 덮고 구덩이 안에 들어가 편히 누워 있었다고 한다.[35] 그렇게 하는 것이 일을 하지 않는 최선의 방식으로 여긴 것이다.

안식일에 일을 할 수 있도록 면제되는 두 경우가 있었다. 자기 자신의 생명이 위험할 경우와 다른 사람의 생명이 위험할 경우다. 이러한 경우에는 자신을 구하거나, 때에 따라 적을 죽이거나,[36] 이웃이나 짐승을 위험에서 구하는 일이 허용되었다.[37] 병을 고치는 일은 병세가 악화되어 생명이 위태로운 경우 안식일을 지킬 수 없다고 생각하여 치료가 허용되었다. 이러한 안식일 계명의 완화는 인도적인 경향을 띤 지혜로운 토라 해석에 근거한다.[38]

예수의 입장에서 볼 때 하나님의 아버지께서 허락하신 참된 안식을 단지 엄격한 노동 금지의 율법주의로 전락시킨 유대교 지도자들과 부딪히지 않을 수 없었던 것이다. 전체적으로 볼 때 초기 이스라엘 계약 공동체의 앞선 생각이었던 안식일이 후기 유대교에 와서 노동 금지의 율법주의로 전락하였으므로 예수와 유대지도자들 사이의 안식일 논쟁은 불가피한 것이었다.

2) 안식일의 새로운 해석과 전향적 의미

안식일에 무슨 일을 해야 하는가?

예수는 공생애 동안 안식일에 병자를 고치고 그의 제자들이 안식일에 밀 이삭을 따 먹은 것으로 인해 논쟁이 제기되었다. 예수가 안식일에 병자를 치유한 일이 세 번 기록되어 있다. 손 마른 지의 치유,[39] 열여덟 해 동안이나 꼬부라져 펴지 못하는 여인의 치유(눅 13:10-17), 수종병자의 치유(눅 14:1-6)가 그것이다.

유대인들이 안식일을 지킬 열심은 있었으나, 안식일의 참된 정신을 알지 못했다. 유대인 지도자들은 예수가 안식일에 병 고치는 것을 보고 "안식일에 병 고치는 것이 옳은가?"(마 12:10)는 질문을 제기하였다. 무엇보다도 유대인들은 "안식일에 무슨 일을 하지 말아야 하는지"에 대한 부정적인 관심에 집중하였다. 그러나 예수는 "안식일에는 무슨 일을 해야 하는지" 긍정적인 과제를 반문한 것이다. 유대인들은 하지 않아야 될 일을 따졌지만, 예수는 안식일에 해야 할 적극적인 과제를 제시한 것이다. 예수는 오히려 "안식일에 선을 행하는 것과 악을 행하는 깃, 생명을 죽이는 것과 살리는 것, 어느 것이 옳으냐?"(막 3:4, 눅 6:9)라고 반문하고 "안식일에 선을 행하는 것은 옳다."(마 12:12)고 가르쳤다.[40]

안식일에 일하지 말라는 것은 타자에 의한 강제 노동으로써의 일이나 생계유지를 위한 개인적인 일을 금지한 것이지, 하나님의 선한 일이나 이웃을 위해 생명을 살리는 일까지 금한 것이 아님을 밝힌 것이

다. 안식일을 '거룩하고 복된 날'(출 20:11)이라고 한 것은 이처럼 생명
을 살리는 거룩한 일을 하는 복된 날이라는 뜻으로 해석할 수 있다.

안식일은 누구를 위해 있는가?

안식일에 배고픈 제자들이 밀 이삭을 자르고 그것을 비벼서 먹은
것(막 2:25-26 병행)이 비난의 대상이 되었다. 배고픈 사람이 다른 사람
의 밭에서 밀 이삭을 손으로 잘라서 비벼 먹는 것은 율법으로 허용된
일이지만(신 23:25), 안식일에 이삭을 비벼 먹는 것은 추수에 해당하는
노동 행위로서 당시의 안식일 법에 위반된다고 보았기 때문이다.[41]

예수는 안식일에 배가 고파서(결국 죽을 수도 있는) 이삭을 따먹은 것은
안식일 준수 여부의 문제가 아니라, 보다 본질적인 죽고 사는 생명의
문제라고 본 것이다. 그러므로 배고픈 사람에게 먹을 것을 주는 것은
안식일에 관한 모든 규정에 우선하는 안식일의 정신이라는 것이다.
그래서 다윗이 그의 굶주린 군사들에게 제사장들만이 먹을 수 있는
제단의 진설병(陳設餠)을 먹게 한 구약의 사례(레 24:5-9, 삼상 21:1-7)를
제시한 것이다.

예수는 "안식일이 누구를 위해 있는가?"라는 근원적인 문제를 제기
하였다. "사람이 안식일을 위해 있는 것이 아니라, 안식일이 사람을
위하여 있다."[42](막 2:27)고 선언한다. 안식일의 목적이 주객전도된 것
을 비판한 것이다.

타이쎈과 메르츠는 이 말씀은 인간의 창조(창 1:26-27)와 안식일의
창조(창 2:1-2)의 순서에 근거하여 원칙적으로 인간이 안식일보다 우위
에 있음을 주장하는 것 같다고 하였다.[43] 그러나 이것은 창조 순서의
문제가 아니라, 창조 목적과 관련된 문제이다. 창조의 궁극적인 목적
은 모든 인간과 만물이 하나님의 안식에 참여하는 것이기 때문이다.

인자는 안식일의 주인이다

예수는 놀랍게도 하나님과 같은 권위를 가지고 "인자는 안식일의 주인"(마 2:28 평행)이라고 선언한다. 타이쎈은 예수는 안식일 논쟁 배후에는 세 가지 정도의 모티브가 있다고 하였다.[44]

① 사람 돕는 것을 다른 (제의적인) 계명보다 우선시하는 **윤리적 모티브**
② 안식일 치유를 통해 사탄의 족쇄에서 벗어난 경우(눅 13:16)에서 나타나는 **종말론적 모티브**
③ 예수가 다윗과 비견될 만한 권능을 과시하는(막 2:25 26) **메시아적 모티브**

예수는 종말론적 메시아적 권위를 가지고 자신이 안식일의 주인이라고 선언한다. 안식이란 무엇인가? 편히 쉬는 것이 아닌가? 에센파처럼 안식일 하루 종일 먹지도 않고, 화장실에 가지도 않고, 병든 아이를 의사에게 데려 가지도 않고, 그리고 조그마한 웅덩이에 들어가서 하루 종일 꼼짝하지 않고 누워 있으면 영혼과 마음과 몸이 참으로 편히 쉴 수 있을까? 안식의 본질적인 의미와 원래의 진정한 법 정신이 문자적인 노동 금지라는 율법주의의 외적 형식으로 변질되고 왜곡된 것이다.

예수는 "수고하고 무거운 짐진자들아 다 내게로 오라 내가 너희를 쉬게 하리라."(마 11:27)고 하였다. 이처럼 예수는 자신이 수고하고 무거운 짐진자들에게 참된 안식을 주기 위해 이 땅에 오신 분으로 선언한 것이다. 이런 의미에서 예수는 안식일의 주인이라고 할 수 있는 것이다.

요한이 전한 예수의 말씀에 의하면 예수는 세상이 알지도 못하고 세상이 주지도 못한 참된 평화와 안식을 주시기 위해 이 땅에 오신

분이라고 한다.

나는 너희에게 평화를 주고 간다. 내 평화를 너희에게 주는 것이다. 내가 주는 평화는 세상이 주는 평화와는 다르다.(요 11:27)

안식일의 전향적 의미

지금도 유대인들은 안식일(Sabbath)에 해서는 안 되는 일 39가지를 지킨다고 한다. 유대교인 상점 대부분이 문을 닫고 대중교통의 운행도 중지된다. 안식일에는 불을 끄거나 켜지 못한다. 그래서 지금도 보수적인 유대인은 안식일에는 전화도 받지 않고 TV도 보지 않는다고 한다. 히브리 대학에서 공부한 어떤 교수의 경험담이다. 하루는 안식일 사이렌(금요일 오후 7시)이 울리자 어떤 유대인이 아파트 앞에 나와서 소리소리 지르더라는 것이다. "이방인이 없느냐, 이방인이 있으면 좀 도와 달라. 깜빡 잊어버리고 가스 불을 끄지 않아 냄비가 다 타고 불이 날 지경이다."고 외친 것이다. 유대인은 안식일에 불을 끌 수 없으니 이방인이 불 끄는 일을 도와 달라는 것이었다.

최근 보도에 의하면 이스라엘의 정통파 유대교인들이 안식일에 승강기 이용을 금지한 고위 랍비의 율법 해석으로 토요일마다 고층 건물을 오르는 데 어려움을 겪고 있다고 한다. 정통파 유대교 지도자들은 전자제품의 스위치도 켜거나 꺼서는 안 된다고 교시하고 있기 때문이다. 다만, 지난 수십 년간 탑승자가 버튼을 누르지 않아도 매 층마다 자동적으로 서는 특별 승강기에 대해서는 사용을 허가해 왔다.[45]

안식일은 무엇을 하는 날인가? 단지 노동 금지의 규칙을 엄격히 지키는 날에 지나지 않는가? 안식일의 본래의 의미와 법 정신을 다시 살펴볼 필요가 있다.

(1) 우선 하나님의 안식에 참여하는 날이다. 하나님 앞으로 나아가 하나님께 예배드림으로써 하나님과 바르고 편한 사랑의 관계를 맺는 날이다. 이를 통해 하나님과 바르고 편한 관계를 회복하고 강화하고 지속한 것이다.

(2) 안식일은 모든 사람이 함께 모여 예배를 드리는 날이다. 남녀노소 할 것 없이 주인이나 종이나 손님들도 함께하는 날이다. 그래서 예수는 "예물을 제단에 드리려다 거기서 네 형제에게 원망들을 만한 일이 있는 것이 생각나거든 예물을 제단 앞에 두고 먼저 가서 형제와 화해하고 그 후에 와서 예물을 드려라."(마 5:23 24)고 하였다. 이웃과 바른 관계를 가진 후에 하나님과 바른 관계를 가져야 한다는 뜻이다.

(3) 모든 인간이 예외 없이 노동으로부터 편히 쉬는 날이다. 이 날에는 가축도 쉬는 날이며, 땅도 쉬어야 한다. 자연과 바른 관계를 맺는 날인 것이다. 이러한 안식일 정신에서 생겨난 것이 안식년(레 25:5)이다. 매 7년째에는 땅을 쉬어 안식하게 하고, 씨 뿌리는 일이라든가, 열매를 거두는 일, 그리고 만일 휴식 중인 경작지에 자생(自生)의 열매가 생기면 그 땅의 주인이 아니라 빈민의 식물(食物)로 할 것이 규정되었다.

본래 토지는 하나님의 소유이므로 토지도 하나님의 안식에 참여해야 한다는 신앙에서 유래한 것이다. 이 해에는 채무(債務)의 탕감도 행해졌다.[46] 자연과의 바른 관계뿐 아니라 물질과의 바른 관계도 회복하고 강화하고 지속한 것이다.

(4) 이날에는 하나님께 예물을 바치는 날이다. 이를 통해 우리는 물질이 많거나 적거나 하나님이 주신 것으로 여기고 감사하는 물질에 대한 바른 관계를 맺는 날인 것이다. 일곱 번째 안식년 다음 해인 희년도 이러한 정신에서 생겨난 것이다. 희년에는 팔렸던 토지나 가옥은

원소유주에게로 무상으로 돌아가고, 노예는 모두 무조건 해방하도록
하였다.[47] 그래서 희년은 물질과 바른 관계, 사람과 바른 관계를 회복
하는 기쁨의 해였던 것이다.

안식일의 본래적 의미는 하나님과 바른 관계, 이웃과 바른 관계,
물질과 바른 관계를 맺으면 나와 내 자신이 바른 관계를 맺을 수 있다
는 것이다. 그렇게 사는 것이 복되고 거룩한 삶이라는 것이다. 그렇게
살면 편할 수 있고, 세상이 알지도 못하고 세상이 주지도 못하는 참된
평화와 안식을 누릴 수 있다는 것이다. 이것이 바로 안식일의 정신이다.

안식의 창조와 전향적 노동관

인간이 안식을 위하여 창조되었다는 성서의 가르침은 전향적인 노
동관을 함축한다. 헤겔은 그의 『정신현상학』에서 노동의 주종관계를
분석하였다.[48] 주인은 종의 노동을 점유한다. 종은 그 자신의 노동과
생산물로부터 소외된다. 주인이 그에게 강제 노동을 시키고 그 생산물
을 독점하기 때문이다. 이스라엘 백성들이 경험한 노동의 부정적인
측면이 바로 이러했던 것이다. 그리고 신들의 노동을 대신하기 위해
인간이 창조되었다는 바벨론 신화는 노동의 주종관계를 정당화하는
이데올로기를 대변하였던 것이다.

그러나 창세기는 노동을 끝없는 고역과 한없는 착취의 저주로 보려
는 평균적 의식을 거부한다. 노동을 에덴동산, 즉 기쁨의 동산을 돌보
는 것과 관련시켰고, 노동의 진정한 목적이 인간으로 하여금 하나님의
참된 안식에 참여하게 하기 위한 것임을 선포하였다.

마르크스는 자본주의 사회로 이행되면서 봉건사회 노동의 주종관
계가 자본자와 노동자의 주종관계로 바뀌고 여전히 유급 노동자는 노
동에서 소외에 시달리게 된다고 하였다.[49] 노동으로부터 노동자의 소

외가 다른 모든 형태의 자기 소외의 근저에 있다고 보았다. 노동이 착취의 수단이 되면 자본가는 반인간적이 되고 노동자는 비인간적이 되는 것이다.

그러나 진정한 노동은 하나님의 명령으로서 자아의 표현과 실현이며, 동료 인간과의 협력을 통해 사회적 관계를 맺는 것이며, 자연을 돌보며 자연의 소산을 취하고 자연과의 순환적인 관계를 맺는 것이다. 이러한 삼중적 삼중관계의 회복과 강화를 이루는 안식일을 통해 노동과 안식의 교체가 가져다주는 노동의 참된 가치를 맛볼 수 있다.

안식일의 이러한 전향적 의미는 예수와 바리새파 사이의 안식일 논쟁에서 극명하게 드러난다. 바리새파는 안식일을 문자적으로 해석하여 일체의 노동으로부터 이탈로 해석하였다. 그러나 예수는 안식일은 인간을 위해 있는 것(막 2:27)이며, 안식의 참된 정신은 노동의 금지가 아니라 '선한 일과 생명을 살리는 일'(눅 6:9)을 더욱 열심히 하는 것이라고 하였다. 노동이 인간을 착취하고 생명을 위협할 때 그것은 저주가 되지만, 노동을 통해 선을 행하고 생명을 살린다면 그러한 노동은 하나님의 축복인 것이다.

노동을 통해 선을 행하고 생명을 살린다는 것은 단순히 임금을 바라는 의무 노동이 아니라 대가를 바라지 않는 자원봉사의 노동을 통해 더욱 구체적으로 드러난다. 노동의 진정한 해방과 기쁨은 이처럼 자발적인 봉사의 노동을 통해 실현된다. 봉사의 삶을 사는 사람치고 불행한 사람은 없다고 한다. 자원봉사의 노동은 노동에 따르는 고역의 굴레와 안식에 따르는 안일의 무료함에서 벗어나 노동의 참된 환희와 창조적 가치의 신성함을 발휘하는 길이기 때문이다.

_04

예수와
성전체제의 대결

1) 이스라엘 성막의 본래의 전향적인 의미

초기 이스라엘의 성막

예수는 유대교의 성전체제와 대결국면을 회피하지 않은 것이 분명하며, 결국은 성전 당국자에 의해 죽음으로 내몰리게 된다. 예수의 이러한 성전제도에 대한 비판을 이해하려면 구약성서의 초기 이스라엘 계약공동체의 성막제도에 관한 앞선 생각이 세 번에 걸친 성전 건축을 통하여 특히 예수 시대의 유대교에 의해 어떻게 전도되었는지를 먼저 살펴보아야 할 것이다.

초기 이스라엘 계약공동체는 광야 40년과 사사시대 200여 년 동안 이동식 천막인 성막(聖幕, tabernacle)을 가장 중요한 종교적 상징으로 삼아 왔다.[50]

성막은 하나님께서 이스라엘 '백성들 가운데서 살고자', '저희 가운데 내려와 머물고자'[51] 지으라고 하였다. 그래서 이스라엘 백성 전체가 성막 건설에 참여하였다. 사실상 그분이 머무는 곳은 나무로 만든 구조물이 아니라 출애굽 백성들의 공동체이다. 성막은 계약공동체의 '만남의 장막'(會幕, 출 33:7-11 공동번역)으로 일종의 집회 장소였으며, 수시로 모여 계약정신을 회상하고 강화하고 다짐하였다.

일반적으로 고대의 성소는 신들이 머무는 거처로 이해되었다. 이스라엘에서는 이런 생각은 날카롭게 비판되었다. 하나님은 성막 안에 살지 않고 '이스라엘 백성들 가운데' 머무르신다(출 25:8, 29:45-46). 성전과 이스라엘 백성 사이의 관계를 새롭게 설정한 결정적인 기록을 「마카베오하서」에서 찾아볼 수 있다.

그러나 주님께서는 성소를 유지하기 위해 백성을 택하신 것이 아니라 백성의 복리를 위해 성소를 택했던 것이다.(마카베오하 5:19 공동번역)

그러므로 성막은 한곳에 고정되어 있지 않고 이스라엘 백성들이 옮겨 감에 따라 세겜, 베델, 여리고를 거쳐 실로의 성소에 머물렀던 것을 알 수 있다.[52]

계약공동체가 가나안에 정착한 후, 사무엘 시대에 블레셋 군대의 침략으로 실로에 있던 법궤가 빼앗기는 위기를 겪음으로써 군주제의 도입을 자극하였다. 사울에 이어 왕이 된 다윗은 예루살렘에 자신의 궁성을 짓고 법궤를 그곳으로 옮겨 왔다. 그리고 법궤를 안치할 성전 건축을 계획히였으나 하나님은 성전 건축을 저지하였다. "나의 거할 집을 건축하지 말라."(대상 17:4)고 한 것이다.

그러나 훗날 솔로몬이 성막의 구조에 따라 성전을 건축하여 봉헌하면서 성전은 '하나님을 모시는 곳'이 아님을 이렇게 고백하였다.

저 하늘, 저 꼭대기 하늘도 주를 모시지 못할 터인데 소인이 지은 이 전이

야말로 말해 무엇 하겠습니까?(왕상 8:27 공동번역)

초기 이스라엘 계약공동체는 성전 건축으로 인해 성전에 제한적으로 묶여 있는 국지신(局地神)이 아니라 조상들과 함께 이곳저곳 동행하시는 이동신(移動神) 하나님에 대한 신앙의 전통이 흐려질 것을 우려하였던 것이다.[53]

고대 사회에서 중앙 성전은 종교와 정치, 경제의 중심지였다. 이스라엘의 경우도 예외는 아니었다. 그래서 솔로몬이 성전을 세우려고 했을 때 많은 보수적인 유대 종교지도자들이 이를 반대하여 소위 반성전 전승으로 전해 오고 있다. 예언자 예레미야는 누구보다도 성전체제의 부정적인 측면에 대하여 맹렬히 공격한다.

'이것이 주의 성전이다. 주의 성전이다. 주의 성전이다.' 속이는 자들의 말을 너희는 믿지 말라. 너희가 모든 생활과 행실을 바르게 고치고 이웃끼리 정직하게 살면서, 나그네와 고아와 과부를 억압하지 않고 이곳에서 죄 없는 사람을 살해하지 않으면, 이곳에서 너희가 머물러 살게 하겠다. (렘 7:4-7 표준새번역)

초기 이스라엘 제사장 신분

이스라엘의 제의가 독특한 것처럼 이스라엘의 제사장 신분도 고대근동의 다른 제사장 집단과는 결정적으로 다른 면모를 보여 준다. 제사장의 역할은 제물을 드리는 것으로 끝나지 않는다. 평민에 의해서도 제물이 드려졌기 때문이다. 제사장의 가장 중요한 역할은 토라를 선포하고 가르치는 것(신 33:10)이다.

야웨의 계약법의 전승자요 집행자로서 하나님의 뜻을 묻고 신의 결정을 중재하는 일(삼상 14:18f, 36f, 30:7f)과 거룩하고 속된 것, 정결한 것과 부정한 것에 대하여 가르치는 일(학 2:10ff, 레 10:10f, 13:8ff)을 수행하였다. 율법과 계명을 지키도록 가르치는 것이 제물을 바치는 것보다 더 중요하게 여겨졌기 때문이다.

> 율법을 지키는 것은 곧 많은 제물을 바치는 것이며
> 계명을 지키는 것은 곧 평화의 제물을 바치는 것이다.
> 남의 은혜에 보답하는 것은 고운 밀가루 제물을 바치는 것이며
> 남에게 자선을 베푸는 것은 찬미의 제사를 드리는 것이다.
> 악을 물리치는 것은 주님을 기쁘게 해드리는 것이며
> 불의를 멀리하는 것은 속죄의 제사를 드리는 것이다.
> — 집회서 35:1-5 공동번역

제정일치의 경향이 강한 고대 사회일수록 제의의 중앙 집중화와 제사장의 신분상 특권이 보장되었다. 그러나 이스라엘에서는 다른 고대 근동의 대사원처럼 실제로 위력 있는 사제단을 구성하지 않았고, 사제들의 전담 관할권이 미약했으므로 사제계급의 정치적 영향력이 대단치 못했다.[54] 제사장의 신분에 관한 초기 전승은 제사장과 레위 지파에게는 특권은 고사하고 모든 백성이 누리는 토지 분배의 혜택도 배제되어 아무 분깃과 기업(상속재산)도 없었음을 전해 주고 있다(신 10:9, 18:1).[55]

2) 솔로몬의 성전 건축과 성전체제의 등장

솔로몬의 성전 건축

솔로몬 시대부터 성전(BC. 950)은 가장 중요한 사회적 기구였다. 솔로몬은 왕이 된 지 4년째 되던 해에 예루살렘에 야웨의 성전을 짓기 시작하여 7년 만에 완성하였다(왕상 6:1). 성전은 법궤를 안치하기 위하여 세워졌으나 왕실의 신전 역할을 하였고, 법궤는 일반 대중의 시야에서 사라졌다(왕상 6:23-28). 성전의 대제사장은 왕이 임명하고 왕실의 각료가 되었기 때문에 권력의 중앙 집중화의 방편이 되기도 하였다. 성전은 성막을 모델로 하여 현관과 본당 지성소로 구성되어 있으며, 그 크기는 폭과 길이와 높이가 35m, 10m, 15m 정도였다. 성전은 외국의 건축가(왕상 7:13f)가 설계한 것으로 이교적 요소가 가미된 이교의 '새로운 풍조'를 나타내는 주요한 상징이었다. 그리하여 성전을 천상의 하나님 처소를 모방한 것, 즉 대우주의 축소판으로 천상계와 지상계가 만나는 곳이라는 의식이 퍼지게 되었다.[56]

솔로몬은 다윗이 시도하려다가 예언자 갓의 저지로 불발에 그친 인구조사와 수세관 임명을 강행하였다. 다윗 시대에는 없었던 서기관과 관리장과 궁내대신, 그리고 12지방장관(수세관)까지 두었다. 초기 이스라엘 계약공동체의 12지파 연합 체제를 12징세 구역체제로 대체하고, 왕실 감독관인 지방 장관을 파견하여 중앙 집권적인 통제를 강화한 것이다.[57] 갓월드(N. K. Gottwald)가 말한 지방 분권적이며 지방자치적인 '느슨한 지파연합'이 해체되고 사사시대 계약공동체의 정치적 이상이 무너지고 만 것이다.[58]

이러한 과세정책은 자신의 재원을 늘릴 목적으로 시행되었지만, 최종적으로는 옛 지파연합의 저항을 무산시키려는 의도도 없지 않았다.

토지를 과세구역으로 나누는 것이 보다 합리적이라는 명분하에 옛 지파의 경계선을 없애 버리고 토지를 조세구역에 따라 재분배한 것이다. 지파연합체제의 지방 분권의 정치적 자율과 토지 분배의 경제적 평등의 질서를 뒤엎어 버린 것이다. 이로 인해 솔로몬은 대지주로서 광활한 토지를 소유하게 된다.

중앙집권적 성전체제

솔로몬 왕국은 고대 이스라엘 지파동맹 사회에서 아시아적 생산양식의 사회로의 이행기에 형성되었다. 따라서 성전은 종교적으로 거룩함의 이데올로기가 되고, 경제적 착취의 수단이 되고, 정치적 억압의 장소가 되었던 것을 반영한다.[59] 매우 탁월한 구약학자인 월터 브루지만의 말에 따르면, 성전제도에 근거한 고대 지배체제의 사회구조는 다음과 같은 세 가지 특징을 갖고 있었다고 한다.[60]

(1) 성전이 경제적 착취의 중심이 되었다. 솔로몬 왕국은 세금과 공납제도의 신설을 통하여 소위 백성들의 잉여 생산을 구조적으로 착취하였다, 성전이 여기에서 결정적인 역할을 하였다.[61] 성전은 곧 이스라엘 경제력의 중심이 되어 갔다. 또한 열왕기상 21장에 등장하는 나봇의 포도원에 관한 이야기에서 볼 수 있듯이 토지의 사유화 과정이 진행된다.

(2) 성전이 정치권력의 중심이 되었다. 아시아적 생산양식의 경제구조와 더불어 형성된 절대 군주 중심의 다윗 왕조의 출현은 이스라엘 사회에 계급 분화를 초래하였다. 군인과 행정관료 그리고 성전 중심의 사제관료 등 군주국가의 계급 출현이 그 대표적인 예이다. 국가계급은 왕의 권력과 경제적 착취를 폭력과 종교적 제의를 수단으로 하여 보장된다. 성전의 우두머리인 대제사장은 동시에 최고 의결기관인 산헤드

린의 의장이 되었다.

(3) 성전이 지배 이데올로기의 중심 역할을 하였다. 다윗 왕조에 의해서 추진된 정치적, 경제적 권력의 집중화는 다윗의 도시 예루살렘을 중심으로 진행되었다. 예루살렘은 팔레스틴의 중심이 되었다. 이에 상응하여 솔로몬의 성전 건립은 두 가지 의도에 의해서 추진되었다. 그것은 한편으로 이방신 숭배를 억압하고 유일신 야웨를 국가 신으로 승격시키는 일이었다. 그것은 다른 한편으로 야웨 종교 예배를 성전에 국한시키려는 '제의의 중앙 집중화'의 의도가 담겨 있었다. 그러자 12지파에 흩어져 제의를 담당하였던 레위 지파는 극빈자로 전락하게 되었다. 마치 오늘날의 서울의 대형 교회와 지방의 미자립 교회의 양극화 현상과 비슷한 일이 일어난 것이다.[62]

(4) 안티오커스 에피파네스 IV세가 기원전 167년 예루살렘 성전을 약탈한 후 예루살렘 성전에 제우스 신상을 세우고 제우스 신을 섬기는 희생제사를 강행하게 하였다. 164년 마카비 독립전쟁 이후 100여 년간 예루살렘 성전과 유대 왕정을 회복하였으나 기원전 63년 로마의 폼페이 장군이 예루살렘 성전을 점령한 후 또다시 예루살렘 성전에서 제우스 신을 위한 희생제사를 시행하도록 강요하였다. 유대인들은 성전 권력을 유지하기 위한 대타협으로 예루살렘 성전에서 야웨 하나님을 위한 희생제사와 더불어 매일 제우스 신을 위한 희생제사를 거행하였다. 거룩한 하나님의 전에서 공식적인 우상숭배가 자행되어 온 것이다. 이러한 사정은 신약성서의 헤롯 시대에 극에 달하였다.

3) 후기 유대교 성전체제의 특권

헤롯의 성전 확장

헤롯은 기원전 19/20년부터는 자신의 영광을 드러내고 백성들의 환심을 사기 위해 성전을 배로 확장하여 개축하는 공사를 시작하였다. '마차 1000대와 건축 숙련공 10,000명'을 동원하고 수많은 석공과 목공을 훈련시키고 많은 재정을 투입하여 대대적인 건축 사업을 전개하였다.[63] 성전 건축이 끝나자 이 일에 동원된 18,000명 이상의 노동자가 실직할 정도로 많은 인원이 동원되었다.[64]

성전은 헬라식으로 개축된 것이었다. 성전 주위에는 회랑을 만들고 '헤롯이 아랍에서 가져온 것과 다른 야만국 등에서 빼앗거나 헌납받은 약탈물을 전시'[65]하였다. 무엇보다도 경건한 유대인들을 자극한 것은 성전 회랑 정문에 로마의 태양신을 상징하는 거대한 독수리 상을 막대한 비용의 금으로 만들어 세운 것이었다. 이는 종교적으로는 우상숭배를 금지한 제2계명을 어긴 신성모독인 동시에 로마의 식민지 지배를 상징하는 국가적 모욕이었다.

헤롯 말년에 그의 건강이 악화되자 이 "멸망의 가증한 것이 서지 못할 곳에 선 것"(막 13:14)을 보고 기회를 노려 온 당시의 유명한 율법교사였던 사리파의 아들 유다(Judas ben Saripha)와 마르갈라의 아들 맛디아(Mattias ben Margala)는 '모욕당한 하나님의 영광을 복수'하기 위해 죽음을 각오하고 젊은이들을 이끌고 독수리 상을 끌어내려 산산이 부수어 버렸다. 결국 그들은 모두 체포되어 헤롯의 명에 따라 화형에 처해졌다.[66]

예수 시대의 예루살렘 성전도 예외 없이 종교적, 정치적, 경제적 중심지였다. 예루살렘 성전은 종교적 부정과 정치적 억압과 경제적 착취의 상징으로 여겨졌다. 예수 시대 유대교의 여러 갱신운동은 목표와 전략이 서로 상이하였지만 성전체제를 비판하고 성전 정화를 위해 탈성전 운동을 전개한 점에서 서로 간의 공통점이 많았다.

기원후 41년에는 갈리굴라(Caligula) 황제는 시리아의 신임 총독 페트로니우스(Petronius)에게 예루살렘 성전에 제우스의 화신(化身)인 자신의 상을 세우라고 명하였다. 수천 명의 유대인들이 이에 항의하여 비무장 시위를 벌였으나 페트로니우스가 이들을 진압하였다. 갈리굴라의 암살로 인해 사안이 종식되었다. 이처럼 예수 시대의 예루살렘 성전은 우리의 상식과 달리 제우스를 상징하는 독수리상이 세워졌고, 로마 군인들이 상주하였으며 야웨 하나님을 위한 제사와 더불어 제우스를 위한 희생제사가 동시에 시행되고 있었다. 후기 유대교는 그들의 종교권력을 유지하기 위해 우상숭배의 대타협을 감행한 것이다.

제13장에서 살펴보겠지만 유대교의 4대 종파 중에서 에센파, 열심당, 그리고 세례자 요한의 회개 운동은 분명히 예루살렘 성전체제의 기득권과 부패를 거부하는 반성전(反聖殿) 운동에 뜻을 같이하였다.

성전의 제사 계급

제정일치의 경향이 강한 고대 사회일수록 제의의 중앙 집중화와 제사장의 신분상 특권이 보장되었다. 그러나 이스라엘에서는 다른 고대 근동의 대사원처럼 실제로 위력 있는 사제단을 구성하지 않았고, 사제들의 전담 관할권이 미약했으므로 사제계급의 정치적 영향력이 대단치 못했다.[67] 제사장의 신분에 관한 초기 전승은 제사장과 레위 지파에게는 특권은 고사하고 모든 백성이 누리는 토지 분배의 혜택도 배제되어 아무 분깃과 기업(상속재산)도 없었음을 전해 주고 있다(신 10:9, 18:1).[68]

　그러나 예수 당시의 성전과 거기에 속한 제사장은 이상적인 제사장의 역할과 제사의 기능과는 거리가 멀었다. 예루살렘 성전에도 거대한 제사장 계급제도가 생겨났다. 대제사장 1명 외에 성전수비대장과 제사장 34명이 있었는데, 제사 담당 24명, 성전 감독 담당 7명, 경리 담당 3명으로 구성되었다.

　(1) 대제사장은 이스라엘 전체 공동체를 위하여 속죄할 권한을 지니고 있기 때문에 1년에 한 번 대속죄일에 하나님의 계시를 듣기 위해 세 번 지성소를 출입할 수 있는 특권이 있었다.[69] 헤롯 시대와 로마 속국 시대에는 기름을 붓는 의식(출 29:7 등)을 행하지 않고 그 대신 서품식으로 대체하였는데 여덟 부분으로 된 화려한 대제사장의 복장인 에봇을 입었다.[70] 대제사장은 언제라도 제물을 바칠 수 있었고, 성전 성물 분배 시 자기 몫을 스스로 선택할 수 있었다. 그리고 대제사장은 죽으면 바로 그날 피의 복수를 면하기 위해 도피성에 도망가 있던 살인자들도 자유의 몸이 되어 고향으로 갈 수 있었다.[71]

　총독 정치가 시작된 후 왕이 없던 시대에는 대제사장이 산헤드린의 의장이 되었으며 로마인에 대해 백성들을 대표하는 첫 번째 대변자이었다.

　(2) 성전수비대장(the commander of the temple)은 제의의 최고 감독관이었으며 동시에 최고의 정치권력을 가졌다. 따라서 그는 성전에서 치안과 경비를 책임졌으며, 그의 산하에 레위인들로 구성된 경비대가 있었다.

　(3) 7명의 성전 감독관(supervisor)은 성전의 열쇠를 보존하고 일반인들의 성전 앞 광장에 대한 접근을 통제했으며, 질서가 유지되는가를 감시했다.

　(4) 3명의 출납 담당 제사장은 성전의 수입과 재산, 간단히 말해

성전의 모든 재정을 관리하는 책임을 맡았다.

(5) 24명의 제사 담당 제사장은 유대 전역이 24개로 나눠진 성전 순례 관구에 소속한 제사장으로서 순번에 따라 해당 관구에 속한 사제와 레위인과 소수의 주민 대표들을 성전에 파견하여 직무 교대를 수행하였다.[72] 제사장 외에 일반 사제 약 7,200명(300명씩 24개 조) 정도의 거대한 사제계급이 형성되었다.[73]

(6) 그 외에 악사인 레위인, 성전 경비병(수문장과 형리 포함), 성전 청소 등을 담당하는 잡일꾼이 약 9,600명(400명 24개 조)에 달하였다.[74] 예수를 체포한 자들이 바로 이 성전 경비병(막 14:43 병행)이었다.

그러므로 성전에 기거하는 상류층 제사장과 전국에 흩어져 있는 평범한 일반 사제들 사이에는 엄청난 사회적·신분적 격차가 있었다.[75] 그리고 "사제와 레위인의 직위는 세습되었으며 세습 외의 다른 방법을 통해서는 이 직위를 차지할 수 없었기 때문에 가문의 순수성을 보존하는 일을 사제와 레위인에게 매우 중요하였다."[76]고 한다.

성전 순례와 성전 제사

유대인의 종교력에는 주를 단위로 하는 안식일, 월을 단위로 하는 월삭(매달 초하루), 삼대 순례의 절기인 유월절, 오순절(칠칠절), 장막절(초막절)이 있었다. 그리고 신년을 기념하는 나팔절, 속죄일, 수전절과 같은 연례적인 절기들이 있었다.

매일 성전에서는 율법(출 29:38-42, 민 28:1-8)에 따라 하루에 두 번 즉, 아침 일출 시와 오후 3시에 희생제사를 드렸다. 제사장은 자신의 몸을 침수하여 씻는 정결의식을 행한 후 어린 양을 제단에서 불살랐고, 포도주를 제단에 붓는 관제를 드렸다. 희생제사가 진행되는 동안 레위 족속의 찬양이 이어졌으며 일반 제사 참여자들은 기도를 드리게 하였다. 찬송이 끝나면 나팔을 불어 제단을 향해 절을 하게 하고 제사장들과 함께 축도와 십계명 그리고 쉐마를 암송하게 하였다. 안식일과 명절에는 속죄제, 서원제 또는 감사제를 바치러 오는 무수한 순례자들을 도와 제사장들이 분주히 제사를 드려야 하였다.

로마의 지배를 받으면서부터는 매일 두 번씩 '황제와 로마 제국을 위해' 드리는 희생제사가 추가되었다. 어린 양 두 마리와 소 한 마리로 드리는 이 희생제사는 로마에 대한 충성의 표시였으며, 필로에 의하면 로마 황제 아우구스도가 희생제사의 비용을 제공하였다고 한다.[77] 주후 66년 로마에 대한 항쟁이 시작되면서 최초로 한 것은 로마의 가이사 황제를 위한 희생제사의 폐지였다. 요세푸스는 "이것은 로마인들과 실제적으로 싸움이 시작되게 한 행위였다."[78]고 하였다. 이처럼 예수 당시의 예루살렘 성전에서는 제2계명을 어기면서까지 야웨 하나님에 대한 제사와 더불어 이방신이 로마 황제에 대한 제사를 드리고 있었다. 우상숭배의 극에 이른 것이다.

성전의 종교적 차별

성전은 거룩한 차별의 상징이었다. 부정하고 불결한 자들은 성전 출입이 차단되었다는 것이다.

요세푸스는 성전 내에 분리의 벽이 있어서 정결한 자만이 들어올 수 있었다고 한다.

성전 본당과 제단 둘레에는 낮은 돌로 된 분리벽(parapet)이 있었는데 높이 1큐빗 남짓 되었고, 제사장과 일반인들을 구분하는 벽으로 우아했다. 유대인들은 임질이나 문둥병에 걸린 사람들은 모두 도시 밖으로 내쫓아 버렸으며, 월경 중인 여성들도 성전에 들어갈 수 없었다. 월경이 끝났을 때에도 앞에서 언급한 경계지역은 지나갈 수 없었다. 남자도 완전히 깨끗하지 않은 사람은 안 뜰에 들어갈 수 없었고, 제사장도 완전히 정결 예식을 거치지 않았을 경우 들어갈 수 없었다.[79]

그리고 이방인의 뜰과 성전 사이의 난간(hel)에는 "이방인은 거룩한 곳에 들어올 수 없다."는 경고문을 헬라어와 라틴어로 새긴 돌이 있었다.[80] 유대인이나 이방인, 할례자나 무할례자, 자유인이나 노예를 차별하지 않아야 한다고 확신한 바울은 이방인 드로비모를 데리고 성전의 이방인 경계선을 넘어 들어간 것이 화근이 되어 체포되었다. 바울이 '헬라인을 데리고 성전에 들어가서 거룩한 곳을 더럽혔다.'(행 21:28-29)는 죄목으로 체포되어 결국 로마로 압송된 것이다.

미쉬나(*Mi. Kelim*. I. 6-9)에 의하면 성전 내의 부정한 자와 이방인을 위한 차별적 공간 외에서 이스라엘 전 지역을 지성소를 중심으로 공간적으로 10단계로 나누어 위계적인 거룩한 차별의 체제를 만들었다고 한다.[81]

1. 지성소
2. 성전 본체
3. 번제단과 성전 본체 사이의 제의 처소
4. 사제들의 뜰(예배 장소)
5. 이스라엘 남자들의 뜰(참배 장소)
6. 이스라엘 여성들과 어린이들의 뜰(참배 장소)
7. 헬(hel): 이방인의 출입 금지 계단(난간이 달린 테라스)
8. 예루살렘 성전이 있는 (시온) 산
9. 예루살렘 도성

10. 이스라엘 땅(전 국토)

유대인들에게 성결의 계급구조는 공간뿐 아니라 '시간'에도 적용된다. 유대인들의 성스러운 축제에 관련한 절기를 보면 성결의 정도에 따른 시간의 계급화가 매우 정교하게 체계화되어 있음을 알 수 있다. 창세기에는 낮과 밤을 구분하고, 노동의 날로부터 안식의 날을 분리시켰다. 미쉬나의 '절기'에 대한 분류는 성스러운 시간들의 위계적 차별화의 목록을 제시한다.[82]

1. 안식일(Shabbath & Erubin)
2. 유월절(Peshaim)
3. 대속죄일(Yoma)
4. 초막절(Sukkoth)
5. 출제의 날들(Yom Tob)
6. 신년축제(Rosh ha-Shana)
7. 금식의 날들(Taanith)
8. 부림절(Megillah)
9. 중간 축제의 날들(Moed Katan)

후기 유대교의 거룩함의 차별적 등급은 공간과 시간에 이어 인간에게도 적용된다. 유대인 역시 거룩함의 정도에 따라 다음과 같이 열 가지 계층구조로 나뉜다.

1. 제사장
2. 레위인

3. 이스라엘 사람

4. 개종자

5. 해방 노예

6. 결함이 있는 사제들

7. 성전 노예들

8. 사생자(私生子)

9. 고환에 상처받은 자

10. 성기가 없는 자(*t. Meg* 2.7)

보그(M. Borg)는 당시 유대 종교의 지배적 정서와 패러다임은 정결로 이해되는 거룩성이었다고 한다. 거룩성은 장소나 사물, 시간들 사이뿐 아니라 개인들이나 집단들 사이에서 예리한 경계를 형성하고 있는 정결체계로 규정된 종교체제를 탄생시켰다. 그리하여 가난한 자, 병이 들어 부정하고 불결한 자, 민족을 배반하여 정치적으로 불의한 자로 취급받는 세리, 율법적으로 불의한 자로 여긴 창녀, 율법을 모르는 족속으로서 이방인, 그리고 무할례자로서 여성 등은 비거룩성이라는 이름으로 거룩한 성전의 출입을 제한하였다.

무엇보다도 성전 제의를 통해서 치유와 사죄의 구원이 절실하게 필요한 병자와 죄인들의 성전 출입이 원천 봉쇄되었다는 것은 심각한 문제가 아닐 수 없다. 그래서 무수한 병자들이 성전 미문 앞에서 구원의 손길을 기다렸던 것이다. 성전은 더 이상 "뭇 백성이 기도하는 집"(막 11:17, 사 56:7)이 아니라, 소수의 거룩한 사람들만의 소굴이 되고만 것이다.

그러나 예수는 달랐다. 그가 선포한 하나님의 나라에서는 성전 제사에서 배제된 자들이 우선적으로 들어갈 수 있다고 주장은 성전제도의 근본 모순에 대한 도전이었던 것이다. 성전 제사와 상관없이 하나님 나라의 복음을 믿는 자들에게 구원이 선언되었던 것이다. 놀란(A. Nolan)은 예수가 특별히 관심을 가졌던 자들은 명단을 자세히 나열하였는데, 이들은 대부분은 성전 제사에서 배제된 자들이었다.

가난한 사람, 눈먼 사람, 절름발이, 불구자, 나병 환자, 굶주리는 사람, 불쌍한(우는) 사람, 죄인, 창녀, 세리, 마귀 들린(더러운 악령에 사로잡힌) 사람, 박해받는 사람, 억눌린 사람, 묶인 사람, 어려운 일을 하고 무거운 짐을 진 사람, 율법을 모르는 처한 족속, 군중, 보잘것없는 사람, 가장 작은 사람, 맨 끝자리의 사람, 어린아이, 이스라엘 집 안의 길 잃은 양들이다.[83]

성전과 정치적 억압

솔로몬 이후 성전은 왕실의 신전 역할을 하였고 제의의 중앙집중화를 통해 권력의 중심부가 되었다. 그리하여 예루살렘 성전은 중앙 성소인 동시에 이스라엘의 정치생활의 중심이었다. 다윗 왕은 첫 번째 성전을 계획하였고 솔로몬 왕은 그것을 건설했으며, 포로기 이전의 위대한 후계자들인 히스기야 왕과 요시아 왕은 성전을 복구시켰다. 마카비 형제들은 성전을 정화시킴으로써 다윗 왕가와는 아무 연관이 없음에도 불구하고 100년 동안 헤스몬 왕가를 이어갔다. 헤롯 왕은 로마인들로부터 왕위를 임명받아 성전을 재건함으로써 아름답게 만들고 싶어 했다. 이처럼 성전과 왕권은 맞물려 돌아갔던 것이다.[84]

왕정을 회복하지 못했던 포로기 후기에 제사장과 귀족인 장로들과 율법학자로 구성된 민회(民會)[85]에서 유래한 산헤드린이 성전을 관장하였다. 그러나 로마의 지배를 받게 되면서 로마의 원로원을 모방한 산헤드린으로 불렸다. 헤롯은 그의 통치 기간 동안 산헤드린을 해산하였으나 그의 사후 총독 정치가 시작되면서 산헤드린의 위상이 더 강화되었다.

예수 시대에는 산헤드린이 성전의 관리권을 행사하였다. 예루살렘의 최고 의결기구인 산헤드린은 대제사장들과 백성의 지도자들, 장로들, 율법학자들을 포함하는 71명으로 구성되었으며 대제사장이 의장이었다(막 11:27, 행 4:5). 그러나 로마 총독들은 산헤드린을 통제함으로 성전에 대한 권한을 행사하려고 하였다. 초대 총독 코포니우스는 사두개파에 속하는 안나스(Annas)를 대제사장으로 임명하였다(요 18:13). 총독들은 유대의 통치를 원활히 하기 위하여 유대 사회의 최고 지도자인 대제사장 임명권을 행사하였지만, 세금과 치안 및 중요한 법령을 반포하는 제의적인 행정과 사법은 유대인들의 자치 기구인 산헤드린에 위임되었다.[86]

그리하여 산헤드린은 유대교 전체를 대표하여 성전과 제의와 모든 축제일를 관장하고 사제와 레위인을 감독하였으며, 유대 내의 내정과 사법과 행정을 관장하였다. 그리고 성전 관리를 위해 성전 경비대와 성전 창고 책임자를 두었다.

성전과 경제적 착취

솔로몬이 성전을 건축하면서부터 성전은 경제적 착취의 구실이 되었다. 성전 건축이라는 명분으로 엄청난 세금을 거두어 들였고, 많은 사람들은 강제노동에 동원하였다. 예수 시대에도 예외는 아니었다.

(1) 헤롯에 의해 재건된 성전 역시 금으로 사치스럽고 화려하게 장식하여 황금빛으로 번쩍였다고 한다.

성전문들 가운데 9개는 완전히 금과 은으로 덮여 있으며, 문설주나 상인 방(上引枋)도 역시 금과 은으로 덮여 있었다.[87]

성전의 거대한 앞 벽 55평방미터를 금화 두께의 금판을 입히고 성소와 현관 사이의 벽과 문도 금판을 입혔다. 성소의 탁자와 촛대를 비롯한 기물도 금으로 만들어졌다. 지성소 역시 사면 벽이 금으로 덮였으며, 성전 지붕도 금으로 덮은 다음 새들이 앉지 못하도록 '뾰족한 금 못'을 꽂았다.[88]

성전의 외부는 눈으로나 마음으로나 감탄을 자아내지 않을 수 없을 성도로 아름다웠다. 왜냐하면 사면이 거대한 금판으로 덮여 있었기 때문이다. 태양이 뜨면 반짝반짝 멋지게 반사를 하고 있어 눈부셔서 눈을 돌리지 않을 수 없었다.[89]

예루살렘 성전에 금이 얼마나 많았던지 기원후 70년 유대전쟁에서 승리한 로마가 성전의 금을 모두 약탈하자 당사 로마에는 엄청난 공급 과잉으로 금값이 폭락하여 이전 가격 절반으로 거래되었다고 한다.[90]

(2) 대제사장은 여덟 부분으로 된 화려한 대제사장의 복장인 에봇을 입었다.[91] 금실과 청실로 수놓고 12가지 보석으로 장식한 에봇의 가격을 황소 100마리의 값에 해당하는 1만-2만 데나리온 정도였으니 일용 노동사 한 사람의 평생 임금보다 많은 액수였다. 보통 사람들이 4-5년 입는 겉옷의 가격이 4데나리온 정도였으니, 이보다 2500-5000 배나 비싼 제사장의 복장만 보아도 압도당할 지경이었을 것이다.[92]

(3) 예수 시대에 예루살렘 성전은 이미 오래전부터 희생제물을 바칠 수 있는 이스라엘의 유일한 장소였다. 유월절과 오순절과 장막절은 중요한 순례 절기로써 유대인 성년 남녀는 일 년에 세 번 성전을 순례

하도록 했다(출 23:17, 신 16:16). 먼 곳에 살거나 가난한 사람은 일 년에 한 번 또는 평생에 한 번이라도 성전 순례를 하도록 하였다.[93]

(4) 성전 제사는 재산의 정도에 따라 소와 송아지, 양이나 염소, 그리고나 비둘기로 희생제물을 바쳐야 했다. 그리고 그 동물은 흠 없는 것이어야 했고,[94] 제사장이 검사한 후 거룩한 제물로 성별한 것이어야 했다. 성전에 바쳐질 소가 정결한지 검사하는 비용은 1/4데나리온이었고 양이나 염소의 겨우는 1/6데나리온이었다.[95] 그리고 유월절 희생제물의 도살은 예루살렘에서만 허용되었다. 따라서 순례자들은 예루살렘 현지에서 희생제물로 드릴 가축을 구입하였다. 예를 들어, 갈릴리 사람이 양을 제물로 바치기를 원한다면, 양을 끌고 성전까지 140km 내외를 운반하는 동안 양이 병들거나 흠이 생겨 불결한 것으로 판명되는 위험을 감수하는 것보다는 물가가 3-5배는 비싼[96] 예루살렘에서 구입한 양으로 흠결 여부를 검사받는 것이 훨씬 경제적이고 편리한 것으로 인식되었기 때문이다.[97]

(5) 요세푸스는 기원후 66년 유월절 기간 동안 10명 이상의 가족이 한 조가 되어 희생한 짐승의 수가 255,600마리라고 하였다. 그리고 병자와 불결한 자는 유월절에 함께 먹을 수 없으므로 참가자들의 수를 계산하면 최소한 2,700,000명에 달한다고 하였다.[98] 그러나 예레미아스는 요세푸스의 기록은 과장이라고 평가한다.[99] 특히 유월절은 최대의 순례절기로 지켜졌다. 예레미아스는 당시 예루살렘의 상주인구가 55,000명이었으나 유월절 순례 인구는 125,000명이었다고 추산한다.[100] 당시의 예루살렘 성전의 총 면적이 3,290평방미터 이며 성전 방문자들이 10명씩 모여 유월절 만찬을 베풀고 한 마리씩 유월절 양을 잡았다면 유월절에 희생된 양은 모두 18,000마리라고 추산하였다.[101]

(6) 예루살렘 성전에는 거대한 가축시장이 형성되어 있었다. 성전

구역이 거룩한 장소임에도 불구하고 이방인의 뜰 앞에서 "소와 양과 비둘기를 파는 장사꾼들"(요 2:14)을 통해 희생제물의 거래가 매우 활발하게 이루어졌다. 스가랴도 성전의 상인을 언급하였다(요 14:21). 예루살렘 성전 구역에서 랍비 바바(Baba)는 3000마리의 가축을 성전 언덕에 진열해 놓고 팔았다고 한다.

(7) 성전에 매년 바치는 성전세와 십일조도 상당하였다. 대제사장을 제외한 20세 이상의 유대인 장정은 성전의 통상적인 기능과 유지를 위해 매년 반 세겔 이상의 '성전세'를 내야 했다(마 17:24).[102] 성전세 반 세겔은 갈릴리의 마을과 같은 지방 현지에서도 자빌직으로 바친 것 같다(마 17:24-27참조). 세리들은 매년 지방을 순례하며 성전세 등을 징수했고 이방에 흩어져 있는 디아스포라 유대인들의 성전세를 걷기 위한 세무서도 세워졌다. 유대인 성인 남자는 일 년에 세 번 있는 순례 축제 중 하나에는 규칙적으로 참여했다. 순례자들은 반 세겔의 성전세를 바쳐야 성전 출입이 가능하였다(눅 2:41 이하).

(8) 복음서에 등장하는 환전상들 역시 의도적으로 생겨난 것으로 볼 수 있다.[103] 당시의 여러 나라 주화에는 자국의 황제나 왕의 형상을 새겨 놓았다. 이러한 주화는 "우상을 만들지 말라."는 십계명을 위반하는 것이기 때문에 성전세로 받을 수 없었다. 따라서 이방에 흩어져 있던 유대인 순례객이나 이방인들 중에는 자신이 거주하는 나라의 황제나 위인의 형상이 새겨진 주화를 성전이 용인하고 있는 성전 주화로 바꿀 수밖에 없었다. 따라서 수요와 공급의 법칙에 따라 환전상들에 의해 환전 수수료가 부과된 것이다.[104] 그래서 센더스는 "제물의 매매와 환전 없이 희생제의가 지속될 수 없었을 것"[105]으로 추정한다.

(9) 예루살렘에는 성전에 필요한 각종 제사용품이나 제사에 필요한 기물을 공급하는 수공업이 발달하였다. 진설병과 흠양제물 제조업자,

매년 2개의 성전 휘장 직조공, 관리 및 사제들의 예복을 만드는 성전 제단사, 성전 우물 감독, 성전 소속 의사 그리고 성전 이발사 등이 성전과 관련한 직종으로 생계를 유지하였다.[106]

또한 순례자들을 위한 숙박시설과 기념품 가게들이 즐비하였다. 예루살렘에는 가축시장 외에도 곡물시장, 과일시장, 목재시장과 노예들을 전시하고 판매했던 특별한 경매석도 있었다.[107] 성전 광장에도 이런 상점들이 가득 차 있었다. 성전에서 멀지 않은 감람산에도 상점이 있었다. 믹달 헤아야라는 곳에는 이런 상점이 300개나 줄지어 있었다고 한다.[108] 이런 상점들은 대제사장 가문의 소유였다. 요세푸스는 대제사장 아나니아(AD. 47-55)를 '교활한 상인'이라고 묘사하였다.[109] 그러므로 성전과 관련한 직업에 종사하는 자들이 숫자 어마어마하였을 것이다.

(10) 예루살렘 성전은 성전 제사용 희생제물 거래, 환전, 기부금, 십일조, 토지 수입 등에서 유입되는 자금으로 오늘날의 은행 같은 역할까지 수행하였다. 페르시아 제국에서는 지방 성전이 은행 및 통화 중심지로 발전하였는데, 예루살렘 성전 역시 화폐를 교환하고 개인 자금을 보관하거나 대여하는 등 은행 업무를 맡아 보았다.[110]

예루살렘의 성전 금고에 말할 수 없이 많은 돈이 가득 차 있었는데,[111] 이 돈은 제사용이므로 왕이나 총독이 마음대로 가질 수 없었다.[112] 마카비 독립 전쟁 직전 헬라의 헬리오도로스가 성전 금고의 돈을 몰수하려는 계획을 감행하자 예루살렘 성전의 제사장들은 하나님께 "이 돈을 맡긴 사람들을 위해 그 돈을 완전하게 지켜 주소서."[113]라고 하나님께 기도했다고 한다.

성전이 부의 축적 수단으로 전락하자 유대교의 많은 가난한 사람들은 성전을 부패와 경제적인 착취의 상징으로 간주하였으며, 열심당들이 66년 유대-로마 전쟁 초기에 성전을 장악하였을 때 그들의 첫 번째 행동 가운데 하나가 그곳에 보관된 빚 문서를 불태우는 일이었다.[114]

예수 시대의 예루살렘 성전은 이처럼 종교적 차별과 정치적 억압과 경제적 착취의 상징이 되었다. 고대 유대 팔레스틴의 사회는 정치 경제적 생활로부터 종교를 분리시킬 수 없었다. 예루살렘 성전은 종교 체제였을 뿐 아니라 경제적이고 정치적인 체제였기 때문이다. 특히 예루살렘 성전과 고위 제사장들의 종교적 특권은 정치적 특권과 경제적 특권을 정당화하는 데 기여하기도 했다.

3) 예수의 성전체제와 대결

예수가 12세에 성전을 방문한 후 공생애를 시작하면서 시험을 받을 때에 사탄이 예수를 거룩한 성으로 데려다가 성전 꼭대기에 세운 것(마 4:5)으로 기록되어 있다.

요한복음에 의하면 예수는 공생애 동안 세 번에 걸쳐 유월절을 기해 성전을 방문한 것으로 기록되어 있다. 예수가 회당뿐 아니라 성전에서도 항상 공개적으로 가르쳤고 "은밀히는 아무것도 말하지 아니하였다."(요 18:20) 한다. 성전에서의 예수가 가르친 것 중에서 성전과 관련된 논쟁적인 주제들이 적지 않다.

성전보다 큰 이

제자들이 안식일에 밀 이삭을 먹은 일로 바리새인들과 논쟁하는 과정에서 예수는 다윗이 시장에서 제사장만이 먹을 수 있는 진설병(陳設餠)을 먹은 것을 예로 들어 '성전 안에서 안식을 범하여도 죄가 되지 않는다.'고 감히 주장하면서 자신을 가리켜 "너희에게 이르노니 성전보다 더 큰 이가 여기 있느니라."(마 12:6) 하였다. 이어서 "자비를 원하고 제사를 원치 않는다."(마 12:7)는 말씀을 통해 성전 제사를 격하시켰다. 그리고 성전 지도자들이 회당과 잔치의 상석에 앉고 과부들의 전 재산을 가로채고 있다(마 12:38-44)고 책망하였다.

특히 예수가 마지막 주간에 성전 정화 이후 성전을 방문하여 성전 파괴를 경고하기 전에 가장 큰 계명에 대해 질문 받았을 때 "마음을 다하고 지혜를 다하고 힘을 다하여 하나님을 사랑하는 것과 이웃을 자기 몸처럼 사랑하는 것이 전체로 드리는 모든 번제물과 기타 제물보다 낫다."(막 12:33)고 가르쳤다. 제사보다 순종이, 제사보다 자비가 낫다는 예언자의 전통을 이어받아 "하나님 사랑과 이웃 사랑이 제사보다 낫다."고 새롭게 가르친 것이다. 이처럼 예수가 제사장 중심의 성전 제사체제를 정면으로 비판한 것은 지금 우리가 상상하는 것 이상으로 후기 유대교의 근간을 흔드는 엄청난 도전이 아닐 수 없었을 것이다.

예수는 성전으로 맹세한 것은 지키지 않아도 되지만 성전의 금이나 예물로 맹세하면 지켜야 한다는 당시의 관행도 거부하였다. 예수는 "거룩하게 하는 것이 금이냐 금을 거룩하게 하는 것이 성전이냐", "예물이냐 예물을 거룩하게 하는 것이 제단이냐"고 반문하였다. "성전으로 맹세하는 자는 성전과 그 안에 계신 이로 맹세하는 것"(마 23:21)이라고 하였다. 진정으로 거룩하게 하는 것은 성전이 아니라 성전에 계시는 하나님 아버지라고 선언한 것이다.

성전 입성

예수는 그의 공생애 마지막 유월절을 일주일을 앞두고 나귀를 타고 예루살렘을 입성하였다.[115] 예수가 공생애 정점에서 예루살렘에 공식적으로 입성하는 사건은 4복음서에 모두 기록되어 있다.[116]

캐치폴(D. R. Catchpole)은 성전 입성 이야기는 유대문학에 등장하는 "승리한 영웅의 환호 속에 입성하는 이야기"와 그 양식이 일치한다고 하였다.

① 승리의 쟁취와 그에 상응하는 지위
② 공식적 입성
③ 하나님에 대한 기도뿐 아니라 인사 또는 환호를 동반하는 환영
④ 성전 입성
⑤ 긍정적인 제사 혹은 부정적인 (정화) 제이

솔로몬을 이스라엘의 왕으로 세우는 의식에서 이러한 패턴이 발견된다(왕상 1:32-40). 그리고 알렉산더 대왕, 아폴로니우스, 유다 마카비, 요나단, 시몬, 마르쿠스 아그립바, 아켈라오 등의 기록에서도 이와 유사한 즉위식이 보인다.[117]

그러나 예수의 입성은 이러한 승리의 왕들의 입성과 전적으로 다른 측면이 묘사된다. 역대의 왕들이 즐겨 애용하던 병거나 준마가 아닌 어린 나귀를 타고 예루살렘으로 들어서는 예수의 행렬은 결코 장엄한 모양새는 아니었다. 예루살렘으로 입성하는 자 중에서 '말을 타고 입성하는 자'와 '나귀를 타고 입성하는 자'는 질적으로 다른 지도자의 특성을 상징한다. 전자는 군사적 위용을 갖추고 권력을 시위함으로써 백성을 종으로 삼아 그들의 복종을 획책하려는 군사 통치자의 모습이다. 반면에 후자는 겸손하고 온유하여 참된 평화를 가져오는 목자와 같은 지도자로서 백성의 종이 되어 백성을 양과 같이 섬기는 지도자의 모습인 것이다.

스가랴는 나귀를 타고 입성하는 평화의 왕과 말을 타고 입성하는

전쟁의 통치자를 잘 비교하고 있다.

> 시온의 딸아 크게 기뻐할지어다. 예루살렘의 딸아 즐거이 부를지어다.
> 보라 네 왕이 네게 임하나니 그는 공의로우시며 구원을 베풀며 겸손하여
> 서 나귀를 타나니 나귀의 작은 것 곧 나귀새끼니라. 내가 에브라임의 병거
> 와 예루살렘의 말을 끊겠고 전쟁하는 활도 끊으리니 그가 이방 사람에게
> 화평을 전할 것이요.(슥 9:9-10)

'에브라임의 병거와 예루살렘의 말'은 지명이 각각 북왕국과 남왕국
의 수도를 의미하며 '병거와 말'은 무력과 전쟁으로 권력의 최고 위치
를 차지하던 당시의 왕권체제를 의미한다. 그런데 새로 임할 왕은 그
모든 무력적 권위의 도구들을 버리고 이전 왕과는 다른 모습으로 등장
할 것이라고 스가랴는 전한다. 군사적 위용이 넘치는 병거와 말을 대
신하여 새로 오실 왕이 선택한 승차 도구는 나귀라는 것은 많은 의미를
내포하고 있다. 나귀는 발전된 군사 기술이나 직업 군인들이 생기기
전의 평등시대 지도자들이 애용하던 것이다.[118]

나귀를 타고 입성하는 예수와 그 일행에게 예루살렘 사람들은 자기
겉옷과 종려나무 가지를 길에 펴며 외쳤다.

> 호산나 찬송하리로다. 오는 우리 조상 다윗의 나라여 가장 높은 곳에서
> 호산나.[119]

이 광경은 예후가 혁명을 일으키자 그의 추종자들이 그들의 겉옷을
벗어 깔고 예후의 왕 됨을 선언한 것(왕하 9:13)을 연상시킨다. 자신의
몸을 감싸고 있는 의복을 벗어 누군가가 밟도록 허용한다는 것은 그에

게 절대적 주권이나 왕권을 인정하는 상징적 행위였다.[120] 나귀를 타고 입성한 예수의 모습은 이스라엘이 고대하던 이상적인 통치자의 행차를 상징한다. 백성들의 환호는 백성 위에 군림하여 무력으로 짓밟는 왕이 아닌 백성의 목자로서 이스라엘을 섬기는 이상적인 왕이 등장하여 새로운 정치질서가 이루어질 것이라는 염원을 반영한다.[121]

이처럼 예수를 '호산나'로 환대한 민중들이 닷새가 못 되어 빌라도 총독이 유월절 특사를 정할 때 예수를 십자가에 못 박고 대신 바라바를 놓아주라고 택한 이유는 무엇일까? 예수를 '호산나'로 맞이한 것은 예루살렘에 살던 이들이 아니라, 예수와 함께 예루살렘으로 오던 순례자들이었다는 사실(막 11:8 이하)에 주목해야 한다. 순례자들은 새로운 메시아의 도래에 대해 매우 우호적이었다.

성전 정화

성전 입성 다음 날 다시 예수께서 성전으로 들어가서 성전 안에서 매매하는 자들을 내어 쫓았다.[122] 성전에서 돈 바꾸는 자들의 상과 비둘기 파는 자들의 의자를 둘러 엎으셨다(마 11:15).[123] 그리고 대제사장과 서기관들에게 '만민의 기도하는 집'[124]인 성전을 '강도의 소굴'(막 11:17)[125]로 만든 것을 책망하였다.[126] 무엇보다도 성전에서의 착취와 비리도 묵과할 수 없는 일이지만 거룩한 성전 경내의 상행위는 참된 종교의 품위를 저하시키는 것이었다. 제사제들의 주도하에 관행적으로 자행되는 이 매매 행위 전체는 그 자체로 충격적인 신성모독이었다. 그러므로 예수의 성전 정화 행위의 일차적 목표는 '하나님의 거룩한 명예'를 회복하기 위한 것이었다.

성전에서 예수가 취한 두 번째 행동은 성전을 가로질러 '기구'를 운반하는 것을 금지시킨 것이다(막 11:16). 여기서 기구(skeu'o")는 성전 제사에 사용되는 도구를 뜻하는 특수한 용어라고 한다. 사람들이 성전을 가로질러 종교 의식상 필요한 도구들을 운반하는 것을 금지시킴으로써 예수는 예루살렘 성전에서 더 이상 종교의식을 수행하지 못하도록 행동을 취한 것으로 해석된다. 켈버(W. H. Kelber)에 의하면 예수의 이러한 두 가지 행동은 성전의 상업적 기능과 더불어 종교적 기능의 폐쇄를 뜻한다고 한다.[127]

예수의 성전 정화 사건에 대해서는 여러 학자들이 다양하게 해석하였는데 네 가지 범주로 분류하여 설명할 수 있다.[128]

(1) 성전 정화는 성전의 상업적인 부정들이나 또는 성직의 부정들을 정화하고자 의도된 종교적 사건이라는 해석이다.

예레미야스는 '성전 정화'가 예언자의 전통에 따라 사제계급을 향한 저항이었다고 주장한다. 성전 제사가 사제들에 의해 오용되고 남용되는 것에 대해 비판하고 이를 정화하려고 상징적인 행동을 한 것은 예언자들의 전승에도 종종 나타나는 주제이다.[129] "사제계급이 이익을 남기는 사업을 수행함으로써 자신들의 소명을 오용했기 때문에"[130] 예수가 이를 정화하려고 하였다는 주장이다.

(2) 트라우트만(M. Trautmann)은 예수가 정치와 경제를 성전과 결합시키고 있는 사두개파의 사제권에 반대하였으며 나아가 제사와 제의를 수단으로 한 속죄의 신학도 반대했다고 주장한다.[131] 예수가 "내가 긍휼을 원하고 제사를 원치 아니하노라 하신 뜻이 무엇인지 배우라. 내가 의인을 부르러 온 것이 아니요 죄인을 부르러 왔노라."(마 9:13, 참조 12:7) 하신 말씀을 배경으로 볼 때 성전 제사를 통해 죄사함을 받는다는 유대교의 전통적인 속죄신학에 대한 반대가 예수의 성전 정화 동기라는 것이다.

(3) 성전의 활동 범위에 이방인들을 포함시키고자 의도된 메시아적

사건이라는 해석이다. 예수는 성전이 강도의 소굴이 아니라, "만민이 기도하는 사람의 집"(마 11:17)이라고 하였다.[132] 여기서 '만민'(pa'sin toi'" e[qnesin)이라는 말은 '이스라엘 족속'뿐 아니라 '모든 이방인들'도 포함된다는 뜻이다. 성전 경내에서 장사 행위가 벌어졌다며 이방인의 뜰에도 예외는 아니었을 것이다. 무엇보다도 성전 제사에서는 이방인들이 전적으로 배제되었기 때문에 예수가 유대인과 이방인들이 차별 없이 참여할 수 있는 '만민이 기도하는 집'이라는 새로운 대안을 제시한 것이라는 해석이다.

(4) 성전의 상업 활동과 성직 활동이 입제직이고 착취석이기 때문에 이를 전복하려는 의도된 정치적 행위라는 해석도 제기되었다. 브랜든(S. G. R. Brandon)은 예수의 성전 정화는 열심당의 기습적인 시위의 전형(典型)이라고 하였다.[133] 예수의 성전 정화에는 그의 추종자들 몇몇이 가담했을 것으로 상상할 수도 있다. 좌판 몇 개 뒤집었다고 생각하는 것이 가장 타당하다. 그렇다면 이러한 잘못된 관행을 종식시키려는 것이 예수의 성전 정화의 의도였을까? 그런 의도였다면 예수가 성전의 실질적인 기능을 중단시키는 데 성공하지 못한 것이 자명하다. 그러나 헹엘(Martin Hengel)이 지적하였듯이 성전 예배의 필수적인 장사를 중단시키려면 군대를 동원하여야 했을 것이며, 따라서 예수가 군사적인 영향력을 행사하려고 시도한 것으로는 볼 수 없다고 주장한다.[134]

(5) 호슬리(R. A. Horsley)는 예수의 행동을 성전체제의 종교적 특권에 기반을 둔 억압 정치와 착취 경제에 대한 공격으로 본다.[135] 보른캄은 성전 정화는 성전 예배의 본래적인 순수성을 회복하려는 개혁 행위를 능가한다고 보았다.[136] 보그 역시 더 적극적으로 예수의 상징적인 행위는 체제전복적인 행위로 규정한다.[137] 이 행동은 상징적인 행동

이상으로 백성들을 착취하는 자들에 대한 폭력을 수반했다는 점을 강조한다. 그러나 이 시위가 범위에 있어 매우 제한적이었기 때문에 성전 치안대나 안토니아 요새에 주둔한 로마 군대의 관심을 끌지는 못했다. 그러나 예수의 행동에 대한 반감이 일치된 행동을 도출할 만큼 충분히 두드러졌다는 점은 부인할 수 없다.

(6) 제한적이지만 이 사건을 성전 파괴를 예고하는 상징적 경고로 해석하기도 한다. 모울(Moule)은 성전에서 좌판 한두 개를 둘러엎는 행위는 예언자적 상징 행위라고 한다. 특히 예레미야는 오지항아리를 깨고 나서 "이 옹기그릇이 부서져 다시는 주워 맞추지 못하게 된 것처럼 나는 이 백성과 이 도읍을 부수리라."(렘 19:11)고 선언한 바 있다. 예레미아가 오지항아리를 깬 것이 "백성과 도읍 파멸의 상징"(렘 19:11)인 것처럼 예수도 좌판을 둘러엎는 것으로서 '성전 파멸을 상징'했다는 것이다.[138] 따라서 샌더스(Sanders)도 예수는 성전 정화의 상징적 행위를 통해 성전 회복을 기대한 것이 아니라, 성전 파괴를 예고한 것이라고 주장한다.[139]

예수의 예루살렘 입성을 환호하던 순례자 무리들과 예루살렘 성전 체제하에서 성전과 관련된 생업을 통해 생존하여야 하는 예루살렘의 거주민들의 처지는 달랐다. 예수가 자신의 생존 근거가 되는 성전체제를 부정하고 성전 파괴를 예언한 것은 성전을 통해 경제적인 혜택을 누리고 있는 예루살렘 주민들의 생존을 위협하는 일이었다. 그러므로 성전 귀족들이 순진한 예루살렘 주민 일부를 선동하여 예수를 반대하게 만드는 것은 그리 어려운 일이 아니었을 것이다. 성전에 거주하면서 성전을 생활 터전으로 삼고 있던 이들이 나사서 바라바 대신에 예수를 죽이도록 목소리를 높인 것으로 볼 수 있다.

무화과나무 저주와 포도원의 비유

성전 정화 다음 날 아침 예수가 길가에서 한 무화과나무에 잎사귀밖에 없는 것을 보시고 "영원히 열매 맺지 못하리라."고 저주한 무화과나무가 뿌리로부터 마른 것을 목격하게 된다(막 11:20 병행). 이 이야기 역시 열매 맺지 못하는 무화과로 상징되는 무익한 성전은 열매 맺는 철과 무관하게 영원히 뿌리로부터 말라 사라지게 될 것이라는 상징적인 예언 행위로 이해된다.

그리고 다시 성전으로 가서 성전 지도자들과 논쟁을 벌인다.[140] 그리고 포도원의 비유(막 12:1-9 병행)로 성전의 역사를 상징적으로 요약한 것인데 역사적 진정성이 있는 비유라고 한다.[141] 여기서 포도원은 곧 성전으로, 주인은 하나님으로, 포도원 지기 농부는 성전의 지배계층으로 종들은 선지자로, 아들은 예수로 상징되는데 그 내용은 이러하다.

포도원을 크게 지은 주인이 포도원 지기 농부에게 세를 주고 타국으로 가게 된다. 주인이 자신의 종을 보내어 세를 받아 오라고 했더니 농부들은 그를 심히 때리고 그냥 보낸다. 다른 종을 여러 차례 다시 보냈더니 모두 때리거나 죽이고 말았다. 최후로 사랑하는 아들을 보낸다. 그러자 농부들은 주인의 아들을 잡아 죽여 포도원 밖에 내어 던진다. 이에 포도원 주인이 진노하여 "농부들을 진멸한다." 이 비유의 핵심 역시 성전 관리자들이 하나님의 사자와 하나님의 아들마저 죽인 살인사임을 암시한다.

더 나아가서 예수는 예루살렘을 "선지자들을 죽이고 네게 파송된 자들을 돌로 치는 자"라 규탄하고 "아벨의 피로부터 성전과 제단 사이에서 너희가 죽인 바라갸의 아들 사가랴의 피까지 땅 위에서 흘린 의로운 피가 다 너희에게 돌아가리라."(마 23:35, 눅 11:51)고 경고하였다. 아울러 "암탉이 제 새끼를 날개 아래 모음 같이" 예루살렘을 보호하려고 했으나 너희가 원치 아니하였으므로 "너희 집이 황폐하여 버린바 되리라."(눅 13:34-35, 마 13:34-35) 하였다. 예루살렘 성전 지도자들의 횡포로 말미암아 성전이 멸망할 것을 예고한 것이다.

성전 멸망의 예고

요한복음에 따르면 예수가 성전에서 공개적으로 "너희가 이 성전을 헐라 내가 사흘 동안에 일으키리라."(요 2:19)고 공언하였다. 그러자 이에 대해 백성들이 "이 성전은 사십육 년 동안에 지었거늘 네가 삼 일 동안에 일으키겠느냐?"(요 2:20)고 비난한 것을 기록하고 있다. 요한은 이 전승을 부활 이후의 관점에서 "예수께서 당신의 몸이 성전임을 가리켜 말씀하신 것"으로 해석한 것이 사실이다. 그러나 마가(14:58)와 마태(26:61)에 따르면 예수가 "내가 헐겠다."고 하였다. 요한복음처럼 "너희가 헐라."고 하지 않았다. 따라서 요한은 성전 파괴와 회복을 예수의 죽음과 부활에 대한 상징으로만 해석하다 보니, 예수를 죽게 한 자들이 유대인이므로 '너희가 헐라'라고 표현한 것이다.[142] 그러므로 예수가 '내가 성전을 헐고(파괴하고)'라는 충격적인 예고를 하였다는 것은 분명한 역사적 전승으로 볼 수 있다.

공관복음서의 세 기자는 모두 예수가 성전 정화를 한 이튿날 성전을 다시 방문하여 성전 파괴를 예고한 것을 적고 있다. 이날 성전 지도자들과 논쟁 후 성전을 떠날 때 제자들이 성전의 위용에 대해 "얼마나 (멋진) 돌이며 얼마나 (장엄한) 건물입니까."라고 감탄한다. 이에 예수는 "네가 이 큰 건물을 보느냐 돌 하나도 돌 위에 남지 않고 다 무너뜨려지리라."(막 13:2 병행)고 하였다. 『도마복음서』71장에서도 역시 예수가 "나는 이 집을 파괴할 것이고 아무도 그것을 (다시) 짓지 못할 것이다."고 말한 것으로 전하고 있다.[143]

(1) 예수가 "성전을 헐라."고 주장하고 "성전이 무너질 것이다."고 한 발언의 원어는 같은 단어로서 '파괴하다'(kataluvw)는 뜻이다. 이 발언은 성전체제를 정면으로 부정하는 충격적이고 혁명적인 도전이었기 때문에 예수가 체포되어 산헤드린의 재판을 받을 때 가장 중요한 범죄 사실로 고발된 내용이다. 증인들은 한목소리로 예수가 "내가 성전을 헐고 사흘 만에 다시 짓겠다."(막 14:58, 마 25:61)고 발언한 것을 증언하였다. 누가복음에는 성전 파괴 예언을 생략했지만, 사도행전에는 스데반이 "이 나사렛 사람 예수가 이곳(성전)을 헐고(행 6:14)"라고 발언한 것으로 고소되었다고 기록하였다. 이러한 성전 파괴 예언은 성전 모독인 동시에 성전에 거하시는 하나님을 모독하는 것과 같은 범죄에 해당하였다. 그래서 십자가 처형 시에도 예수는 "성전을 헐고 사흘 만에 짓는 자"(막 15:29, 마 27:40)로 조롱을 받는 빌미가 되었다.

(2) 마가는 손으로 지은 성전과 손으로 짓지 아니한 다른 성전을 대조시켰다. 전자는 예수가 허물어 버리고 후자는 예수가 사흘 만에 다시 세울 것이라고 하였다. 마가에 의하면 예수는 분명히 손으로 지은 성전의 제사 제도가 폐지되고, 새로운 성전 예배로 대체될 것임을 명시한 것이다.

밀러는 마가복음에 의하면 예수 당시 이미 '정신적으로 성전은 무너진 것'이라고 하였다. 예수와 한 서기관이 동의한 것처럼 하나님과 이웃을 사랑하는 것을 번제물과 다른 제물보다 더 귀히 여긴다면(막 12:33) 성전은 더 이상 필요치 않은 것이다. 만일 과부의 제물이 부자들의 제물들보다 더 귀한 것이라면(막 12:43) 성전의 기능은 더 이상 지탱할 수 없는 것이다. 이와 같이 예수의 가르침 속에는 눈에 보이는 성전의 파괴에 대한 예언 이전에 이미 정신적인 성전이 무너진 것임을 함축하고 있다는 것이다.[144] 예수는 이처럼 성전으로서의 기능을 상실한 예루살렘 성전은 더 이상 성전이라 말할 수 없음을 강조한 것이다.

(3) 예수는 성전 파괴를 예언했고(혹은 위협했고), 성전 제사 실행에 반대하는 시위로 성전 파괴에 대한 상징적 행동을 감행했다. 그가 의도했던 것은 종말이 임박했고, 성전이 파괴될 것이며, 새롭고 완전한 성전이 일어서리라는 것이었다. 하나님 나라가 가까이 왔다. 그러므로 옛 성전이 새 성전으로 교체된다는 것이었다.[145]

마가는 예수가 십자가에 달려 죽은 후 즉각적인 결과로 성전의 휘장이 찢어졌다고 한다. 이 휘장은 지성소를 덮고 있는 것이 아니라, 오히려 전체 성전 건물 앞에 걸려 있는 휘장이라는 것을 지적한다. 휘장이 "위로부터 아래로 두 폭으로" 찢어짐은(막 15:38) 성전 전체의 파괴를 상징한다.[146]

(4) 성전을 겨냥한 비판적인 상징 행위는 마지막 만찬 행위에 나타난 상징 행위 즉, 새로운 제의를 창시하는 행위를 통해 보완되었다. 타이쎈과 메르츠는 예수가 성전 제의의 종말론적 변혁을 추구하였으며 옛 성전 제의를 종식시키고 새로운 제의를 창시하였는데, 그것이 바로 세례와 성찬이라고 하였다.[147] 세례는 최후 심판을, 성만찬은 종말론적 만찬을 미리 맛보는 것이다. "죄사함의 세례는 사실상 성전 제의에 도전하는 경쟁적 의미의 예식이다. 성만찬은 사실상 희생제의를 대체하는 예식이다."[148] 예수는 최후의 만찬에서 자신의 죽음을 새 계약의 표식(눅 22:20)으로 선언하였다. 시내 산에서의 옛 계약을 새 계약으로 전환시킨 것이다.

(5) 예수의 성전 파괴 예언은 40년이 못 되어 역사적 현실이 되었다. 열심당이 유대-로마 전쟁 중 성전에서 행한 일들은 성전체제의 갈등을 명확히 제시한다.

먼저 부유하고 권력이 있는 저명한 유대인들과 제사장 계급 및 왕족을 공격했다. 대제사장 아나니아스의 관저, 그리고 아그립바와 베르니체의 왕궁으로 몰려가 불을 질렀다. 열심당들이 부유층에 대해 가졌던 적개심과 당시의 심화된 갈등을 보여 준다.[149]

다음으로 공공문서 보관소로 달려가 채무증서를 불태워 채무를 회수하지 못하도록 하였다. 기원후 66년 8월의 일이다.

문서가 보관된 궁에 불을 놓아 채권자들의 계약서를 급히 태워 버렸다. 그러므로 그들은 이렇게 하여 자신들의 채무를 해결하고 채무자였던 많은 사람들의 호응을 얻을 수 있었다. 가난한 자들이 부자들보다 더 안전하게 그들의 반란에 합세하게 하는 데에 더 효과가 있었던 것이다.[150]

이것은 수많은 채무자들의 지지를 얻어 부자들에 대한 폭동을 일으키고도 무사할 수 있으리라 생각했던 때문이다. 결국 가난한 자들에게는 열심당의 행위가 의적(義賊) 행위에 해당하는 것으로 비쳤을 가능성이 있다.

이어서 제비뽑기 방식으로 평민 출신인 사무엘의 아들 판니(Phanni ben Samuel)라는 자를 대제사장으로 선출했다.[151] 호슬리는 열심당이 대제사장을 제비뽑기로 선출한 점에 대해서 민주적이고 평등주의적이라고 평했고, 또한 이들의 행위를 당시 유대교의 제사장 제도의 세습적 위계체계와 특권에 대한 명백한 혁명이라고 하였다.[152]

그리고 그들만의 주화를 새로 발행하였다.[153] 로마 정권이 발행하여 납세용으로 사용한 데나리온에는 티베리우스 황제의 상이 새겨져 있었고, 이는 종교적 신성모독과 정치적 압제와 경제적 착취의 상징이었기 때문이다.

결국 성전체제는 무너졌고 그들이 희망한 새롭고 혁명적인 대안체

제가 생겨나는 것 같았지만, 로마의 장군 티투스의 공격으로 열심당의
의도는 좌절되었다. 유대전쟁 막바지에 로마의 티투스 장군은 반역한
유대인을 대신하여 아무 잘못도 없는 성전 건물에 분풀이로 복수하지
않겠다고 주장하였다.

왜냐하면 성전을 손대지 않고 그대로 두면 로마 제국의 장식물이 될 것인
데, 성전을 파괴하는 것은 로마인들에게도 손해가 된다고 생각했기 때문
이다.[154]

그래서 로마 군대로 하여금 성전 방화를 금하도록 지시하였는데
로마 군인 한 명이 우연히 충동적으로 불타는 나무 하나를 금으로 된
남쪽 창으로 던져 버리는 바람에 성전으로 옮겨 붙게 되었다. 티투스
도 성전을 구하려고 진화를 명령하였고, 성전을 지키던 유대인들조차
대치 중인 로마 군인에 의해 죽을 수도 있는 상황에서 "자신의 목숨을
돌볼 생각도 잊은 채 온 힘을 다해 성전의 불을 끄려고"[155] 하였으나
성전은 불타 무너지고 만 것이다. 그래서 요세푸스는 이를 하나님의
불의 심판이라고 하였다. 이 운명의 날이 바로 70년 8월 30일이다.[156]
성전의 전소로 완강히 저항하던 열심당들은 패전을 자인하고 오후
5시에 퇴각하였다. 성전 바깥뜰에는 6000명가량의 부녀자들과 어린
이들이 불길을 피해 있었는데 열심당이 퇴각하자 로마 군인들이 쳐들
어가서 모두 살해하였다.[157] 제사장들도 5일 동안 굶주리다 항복했으
나 모두 처형당하였다.[158] 티투스는 유대인들에게 항복하면 살려주겠
다고 긴 연설을 하였으나 유대인들은 이를 거절하였고 티투스는 로마
군인들에게 성전의 부속 건물들을 약탈하고 불태우라고 하였다. 그래
서 기록보관소와 아크라(Acra)와 산헤드린 의사당 등이 불타 버렸다.

9월 25일경 로마 군대는 예루살렘 상부 도시를 공격하여 예루살렘을 완전히 정복하였다.

로마군이 예루살렘을 포위하면서 시작되어 예루살렘이 파멸할 때까지의 모든 전투를 통해 포로로 잡힌 전체 인원은 97,000명에 이르렀으며, 사망자의 숫자는 1,100,000명에 이르렀다.[159]

티투스의 수많은 포로들과 성전의 진설병대(제단의 떡 상)와 금 촛대와 유대 율법책 사본 등의 전리품을 행렬을 뒤따르게 하며 화려한 개선식을 치렀다.[160] 로마 식민지 폭력을 종식하기 위한 열심당의 대응 폭력은 로마 군대의 진압 폭력의 악순환을 불러 왔고 결국 예루살렘은 불타 파괴되고 만 것이다. 그 주민은 학살되고 포로로 잡혀가고 그리고 전 세계로 추방되고 만 것이다.

하나님 나라와
새로운 성전 시대의 도래

새로운 성전의 등장

예수가 부활하신 후 제자들에게 나타나셔서 예루살렘을 떠나지 말고 약속한 성령을 기다리라고 하였다(행 1:7). 그리고 오순절 날 성령 체험을 함께 한 이들이 중심이 되어 교회 공동체가 형성된다. 그들은 여전히 성전에 모이기를 힘쓰고 회당과 성전에서 복음을 선포하였다. 베드로는 성전에서 앉은뱅이를 치유하기도 하였다(행 3:1-10).

다른 한편으로 스데반은 예루살렘 성전에 올라가서 유대인들에 성전 건축 자체가 하나님의 뜻에 위배된다며 성전 시대의 종언을 선포하였다(행 7:46-48). 호슬리는 스데반의 이러한 '연설'은 성전과 고위 사제직에 대항한 예수의 성전 파괴 예언에 대한 전승을 그의 추종자들이 계속 견지했다는 증거를 제공한다고 하였다.[161]

이방선교의 부름은 받은 바울은 이방인이 기독교로 개종할 경우 먼저 할례를 받아야 하는가 하는 문제를 제기하였다. 46년 예루살렘의 사도회의 결과 이방인은 할례를 받을 필요가 없다는 사도서신이 발표되었다(행 15:19-20). 그러자 바울은 이방인 에베소 사람 드로비모를 데리고 7일간의 정결례를 거친 후 성전에 데리고 들어간다. 유대교의 할례의식이 세례의식으로 바뀌고 이방인이 복음을 받아들이는 것이 합법화되었으므로 이제는 이방인을 배제하는 성전의 위계는 더 이상 의미가 없게 된 것이다.

바울은 분명히 성전의 공간적 위계질서를 거부하는 상징적인 행동을 취한 것이다. 그러나 "헬라인을 데리고 성전에 들어가서 이 거룩한 곳을 더럽게 하였다."(행 21:28)는 죄목으로 체포되었다. 당시의 대제사장 아나니아도 벨릭스 총독에게 "성전을 더럽게 하려 하므로 우리가 잡았다."(행 24:6)고 고소하였다.

바울은 예수 공동체와 예루살렘 성전을 대립 관계에 있는 것으로 파악한다. 그는 예수 공동체의 구성원을 '새 성전'[162]으로 지칭한다. 새 성전인 그리스도 안에서 인간과 하나님 사이를 가로막는 모든 장벽들은 해체되고, 율법은 폐기된다. 그리스도 안에서는 이방인과 유대인이 이제는 하나가 된다(엡 2:11-22).

바울은 그리스도가 성전이므로 그리스도를 따르는 백성들의 공동체인 교회도 새로운 성전에 편입된다. 그리스도의 교회는 "예수께서 친히 모퉁이 돌이 되어 그 안에서 건물마다 서로 연결하여 주 안에서 성전이 되어 간다."(엡 2:21)고 하였다.

그리스도의 교회에 속한 지체들은 모두가 성전을 구성하는 요소들이 된다. 바울은 "너희가 하나님의 성전인 것과 하나님의 성령이 너희 안에 거하시는 것을 알지 못하느뇨."[163]라고 하였다. 그러므로 누구든지 하나님의 성전을 더럽히면 하나님이 그 사람을 멸하실 것이며, "하나님의 성전이 거룩하듯 너희도 거룩하다."(고전 3:17)고 하였다.[164]

희생제사의 폐지

히브리서에 의하면 십자가에 달리신 예수는 레위 지파의 제사장 전통을 폐기한 멜기세덱의 반차를 따른 이상적인 제사장이다(히 7:24, 28). 제사장은 자신과 유대인만을 위해 반복하여 성전에서 제사를 드렸으나(히 10:11) 예수는 이방인을 포함한 많은 사람의 죄를 담당하여(히 9:28) 자기 자신을 희생제물로 드린 제물이 되신 제사장이다. 이 유일회적인 희생제사(히 7:27, 9:12, 26, 28, 10:10)는 영원한 속죄의 효력을 지니는(히 9:12) 영원한 제사(히 10:12)로서 이제까지의 성전에서의 모든 희생제사를 폐기시킨다(히 9:9). 그리고 당시의 제사장들은 성전에서 희생제사를 드렸으나 예수는 백성을 거룩케 하려고 성문 밖에서의 희생의 죽음을 맞이하신다(히 13:12). 다른 제사장은 손으로 만든 성소에 들어가지만 예수는 사람이 세운 것이 아니라 주님께서 세운 참다운 성막인 하늘 성전에 들어가시고 영원한 보좌 우편에 서신다(히 8:2, 9:24, 10:12).

외경「베드로행전」은 바울이 유대인들과 논쟁하면서 "그리스도는 안식일과 금식일과 축제일과 할례를 없애고 인간의 교의나 그 밖에 갖가지 전승을 없앴다."[165]는 사실을 주장했다고 한다. 어쨌든 예수의 십자가의 죽음과 부활 이후 예수를 따르는 유대인들은 유대교 성전체제의 핵심적인 의식과 가치들을 폐지한 것이다.

새 예루살렘의 도래

요한계시록에는 마지막 날에 "하늘에서 내 하나님께로부터 내려오는 새 예루살렘"(계 3:12, 계 21:2)을 고대하였다. 그리고 "하늘에 있는 하나님의 성전이 열리니 성전 안에 하나님의 언약궤가 보이며"(계 11:19)라고 하였다. 솔로몬이 언약궤를 안치하기 위해 예루살렘 성전

을 세웠으나 성전이 제사체제로 변질되자 예레미야는 "사람이 여호와
의 언약궤(언약궤)를 다시는 말하지 아니할 것이요 생각하지 아니할
것이요 기억하지 아니할 것이요 찾지 아니할 것이요."(렘 3:16)라고 경
고하였다. 그런데 이제 다시 하나님의 말씀이 선포되고 경청되도록
새 성전에서 언약궤가 다시 나타날 것을 고대한 것이다. 그리고 성전
에는 이제까지 보지 못하였던 "주 하나님 곧 전능하신 이와 어린 양"(계
21:22)이 그 안에 있는 것을 보게 될 것이라고 하였다.

제8장

하나님의 통치와 로마의 식민지 정치제도

_01

예수 시대의
정치 상황

1) 로마의 식민지 정치

로마의 예루살렘 점령

예수의 시대는 이 책 제2장 '예수 시대의 역사적 배경'에서 살펴본 것처럼 정치적으로 피폐한 시대였다. 기원전 63년 로마의 폼페이 장군이 안식일에 예루살렘을 공격하여 제사장을 포함하여 성전 하급직 12,000명가량을 죽였다. 성전의 거룩한 돈 2,000달란트와 황금으로 된 등잔, 촛대, 진설병대 등을 약탈하지 않는 대신 이스라엘을 속국으로 만들고 10,000달란트 이상의 세금을 거두어 갔다.[1] 10년 후(BC. 54-53) 크라수스 장군은 파르티아 제국 원정에 필요한 군자금을 동원하기 위해 예루살렘 성전에서 폼페이가 손대지 않은 2,000달란트어치의 금품을 약탈하였다. 몇 년 뒤(BC. 53-51) 카시우스 장군은 갈릴리를 점령하고 유대인 3만 명을 노예로 데려갔다.

헤롯의 통치

기원전 37년부터 기원후 4년까지 로마의 지원을 받아 유대의 왕으로 통치한 헤롯은 여러 면에서 이스라엘 백성이 고대한 이상적인 왕이 아니었다. 헤롯은 많은 건축물을 세우고 상업을 발달시키고 유대 왕국의 위상을 대외적으로 높인 공이 있다. 그러나 그는 유대인이 아니었고, 왕권을 찬탈했으며, 무거운 세금과 많은 부역을 부과하였다. 무엇보다도 친로마 정책을 펴고 희랍 문화를 후원함으로써 유대교의 율법과 전통을 무시했으며 대제사장을 자기 마음대로 임면(任免)하였다. 그는 열 명의 아내를 두었으며 세 아들을 포함한 정적(政敵)들을 잔인하게 처형하였다. 그래서 많은 유대인들은 새로운 정치 질서를 고대하였다.

헤롯은 성전을 헬라식으로 개축하고 성전 회랑 정문에는 로마의 태양신을 상징하는 거대한 독수리 상을 막대한 비용을 들여 금으로 만들어 세웠다. 이는 종교적으로는 우상숭배를 금지한 제2계명을 어긴 신성모독인 동시에 로마의 식민지 지배를 상징하는 국가적 모욕이었다. 말년에 그의 건강이 약화되자 이 "멸망의 가증한 것이 서지 못할 곳에 선 것"(막 13:14)을 보고 기회를 노려 온 당시의 유명한 율법 교사였던 사리페우스의 아들 유다와 마르갈로투스의 아들 맛디아는 많은 젊은이들을 이끌고 독수리 상을 끌어내려 산산이 부수어 버렸다. 그러나 그들은 모두 체포되어 헤롯의 명에 따라 화형에 처해졌다.[2]

헤롯의 장례식이 끝나자 백성들은 세금 인하와 죄수 석방을 요구하였다. 그리고 헤롯 말년에 예루살렘 성전의 황금 독수리 상을 훼손하여 처형된 유다와 맛디아의 순교를 애도하며 모반을 일으키기 위해 모금을 시도하였다. 이에 아켈라오의 병사들이 "유대 백성들이 각종 제사에 열중하고 있는 틈을 타 습격하여 3000명을 살해"하였다.[3] 예수가 태어난 해인 기원전 4년 4월의 일이다. 헤롯의 사후 이스라엘은 셋으로 분할되어 헤롯의 세 아들이 각각 분봉왕으로 통치하였다.

총독 정치의 시작

기원후 6년 이후 로마의 총독 정치가 시작되었다. 총독(hegemonon) 은 황제의 대리인으로 제국의 관할지역의 재정 수입을 관장하는 재정관이었다. 총독은 관할지역에서 세금을 효율적으로 징수하기 위해 세리제도를 활용하였다. 총독은 또한 관할지역의 치안을 관장하는 지역사령관이기도 하였다. 총독은 예비역 징교도시 5개 보병대대로 구성된 1개 연대 약 3,000명을 지휘하였다. 총독은 가이사랴에 주둔하면서 유월절과 같은 축제 때에만 예루살렘에 입성하여 치안을 통제하였다. 예루살렘에는 항상 1개 대대가 주둔하고 있었다.[4]

예수가 공생애를 시작할 때의 유대 총독은 빌라도(26-36년 재위)였다. 빌라도는 취임 직후 로마 황제의 동상을 밤사이에 예루살렘에 들여오자 백성들은 그의 "집 주위에 엎드린 채 5일간 밤낮을 가리지 않고 그 자리에 꼼짝 하지 않고"[5] 연좌농성을 하면서 그 철거를 탄원하였다. 백성들이 죽기로 각오하자 빌라도는 할 수 없이 양보하였다.

빌라도 총독은 수로를 건설한다는 명분으로 성전 기금을 약탈한 일로 소요 사태가 벌어지자 새로운 전략을 구사하였다. 로마 군인에게 유대인의 복장을 입혀 군중 속에 들여보내 시위하는 유대인들을 무차별 구타하게 한 것이다.[6] 그러하여 군중들은 흩어졌고 빌라도에 대한 백성들의 원성은 높아 갔다.

이러한 총독 정치의 잔혹함이 계속되는 상황에서 예수의 공생애가 시작된 것이다. 예수 탄생 이후에 기록된 것으로 알려진 제2에스드라서에는 당시 경건한 유대인들의 정치적 열망을 이렇게 묘사하고 있다.

오 주님 이제 보소서

아무것도 아니라던 나라들이 우리의 주인이 되었고

우리를 삼켰습니다.

그러나 주께서 당신의 장자로, 독생자로,

사랑하는 자로 불러주신 주의 백성이

그들의 손에 넘어갔습니다.

세상이 우리를 위해 창조되었다면

왜 우리가 이 세상의 유산을 소유하지 못하고 있습니까?

언제까지 이것을 견디어야 합니까?(제2에스드라 6:59)

2) 열심당의 체제 전복적 무력 항쟁

열심당의 등장

로마의 식민지 통치가 잔혹할수록 이에 대한 항거도 거칠어졌다. 그리하여 무력항쟁을 통해 식민지 통치를 철폐하고 유대 왕국을 재건하려는 투사들이 등장하기 시작하였는데, 민중들은 이들을 열심당(Zealots)이라 불렀다.

열심당은 마카비의 독립 무력항쟁의 정신을 이어받은 구국열사들(눅 6:15, 행 1:13)이다. 이들은 오직 야웨 하나님만이 이스라엘의 참된 주권자이시며, 그분만이 성지 예루살렘의 참된 주인이시며, 그들이 사는 유대 지역은 하나님께서 영구적으로 그들에게 주신 약속의 땅이기 때문에, 이교도들이 그 땅을 차지하여 권력을 행사하고 성전을 간섭하는 것에 대하여 방관하거나 협조하거나 타협하는 것 자체가 불신앙이며 유대인이기를 포기하는 것으로 보았다. 열심당은 유대인이라면 누구든지 하나님을 위하여 필요하다면, 무력을 행사해서라도 그들의 땅에서 이교도의 세력을 몰아내고 하나님의 주권과 유대인의 왕권과 그들에게 약속된 땅을 회복하여야 한다고 확신하였다. 이들의 정치적 구호 역시 로마의 식민지 통치의 종식과 유대 왕국의 독립을 쟁취를 의미하는 '하나님 나라의 건설'이었다.

예수가 태어난 해에 헤롯이 죽자 헤롯의 폭정에 시달려온 백성들은 헤롯의 측근들을 처형할 것을 주장했다. 헤롯의 아들 아켈라우스는 군중을 무마할 수 없어 군대를 동원하여 유대인 3,000명을 학살하였다.[7] 그러나 사태는 진정되지 않았고 시리아 주재 로마 총독 바루스 (Varus)는 3군단을 이끌고 와서 예루살렘의 봉기를 진압하였다.

열심당의 무력 항쟁

열심당을 중심으로 한 반로마 무력 항쟁의 불길을 수그러들지 않았다. 헤롯의 왕실 노예였던 자신을 '본토 출신의 왕'으로 주장한 시몬[8]이 베뢰아에서, 자신을 제2의 다윗이라고 주장한 양치기 출신의 아토롱게스(Athronges)[9]가 유대에서, 히스기야의 아들 유다[10]가 갈릴리에서 무장 항쟁을 주도였다. 이들은 로마 점령군과 그 협력자들을 살해하고 스스로 왕권을 주장하였다.[11] 시리아 총독 바루스는 다시 한 번 군대를 동원하여 이 지역 곳곳에서 약 2,000명가량의 유대인을 십자가에 처형하였다.[12] 그 지역 전체가 불바다, 피바다가 되었다. 세포리스 주민은 모두 다 도망갔고, 마을은 완전히 타 없어졌다고 요세푸스는 기록하였다.[13]

그중에서 갈릴리 출신 유다(행 5:37)는 예수 당대에 열심당 운동을 일으킨 핵심적인 인물이었다. 기원후 6년 이스라엘의 분봉왕 아켈라오 때에 로마 황제 구레뇨(Qurinius)가 수리아 지역에 합병된 유대를 방문하여 세금조사를 위한 인구조사령을 선포하자 갈릴리 유다는 "세금을 내는 것은 노예나 마찬가지이며 독립을 얻기 위해서는 과감히 맞서 싸워야 한다."[14]고 유대인들을 촉구하였기 때문이다.

갈릴리 유다는 인간은 하나님 외에 다른 통치자를 인정해서는 안 된다는 '하나님의 유일주권론'과 인간은 하나님 한 분의 통치를 관철시키기 위하여 신실한 유대인들은 함께 일할 책임이 있는 '혁명적 협력설' 사상에 철저하였다. 그가 체계적인 저항 조직을 결성한 것은 아니지만 이후 일어난 많은 저항 집단의 이데올로기적 토대를 제공하였다. 그의 부친 에즈키아스는 헤롯의 통치에 반대하였고, 그의 형제 시몬과 야곱은 티베리우스 황제 때에 반로마제국 활동을 하다가 십자가 처형을 당했다.

열심당은 이방 통치자들에게 황제의 상이 새겨진 동전으로 세금을 바치는 것은 제2계명을 범하는 우상숭배의 죄로 규정하였다. 1세기 중엽에는 열심당의 과격파 행동대원인 시카리(sicarii, 행 21:38)라 불리는 자객들이 4,000명에 이르렀고, 이들은 작은 칼을 차고 다니면서 로마인들과 그 추종자들을 살해하는 테러를 일삼았으며, 로마인들은 이들을 강도(막 15:27)라 칭하였다.

> 시카리파 사람들은 로마에 복종하는 것을 인정하는 자들에게 대항하여 그런 자들을 적으로 여기고 자기들끼리 함께 모여 다니면서 그들의 재산을 약탈하였으며 가축을 가져가거나 집에 불을 질렀다.[15] … 특히 축제 기간은 그들의 활동 시기로 단도를 옷 속에 가지고 다니며 군중 속에 들어가 적을 찌르곤 했다.[16]

이들 시카리파가 66-70년 열심당이 일으킨 유대전쟁에 합세하여 나중에 주역이 되었는데 마사다로 퇴각하여 3년 동안 최후 항쟁을 계속하였다. 로마의 최후 공격을 앞두고 패배를 예상하고 항복을 하는 대신 자결을 선택하여 960명이 자결하고 만다. 73년 5월 2일경에 일어난 일이다.[17]

3) 정치적 메시아로 기대된 예수

정치적 메시아 예수

예수는 이처럼 로마의 식민지 통치가 한창이었으며 이에 항거하는 무장 독립운동이 곳곳에서 일어나던 정치적 혼란기에 3년 동안 공적 활동을 전개하였으며, 그의 주요한 메시지 역시 민중들에게는 정치적 의미를 함축하는 '하나님의 나라' 선포였다. 예수도 열심당의 구호로 오해 받을 '하나님의 나라' 도래를 선포하였기 때문에 예수는 정치적 메시아로 기대되었다. 그리고 무엇보다도 유대 민중의 정치적 열망은 새로운 시대의 도래를 고대하였기 때문에 예수의 출현을 이러한 정치적 변혁의 계기로 여겼던 여러 징조가 도처에서 발견된다.

마리아는 태어날 메시아인 예수를 "권세자들을 왕좌에서 내치시고 낮은 자를 높이신 분"(눅 1:52)으로 고백하였다. 마태는 예수가 태어날 때에 동방에서 온 박사들이 "유대인의 왕이 어디 계시뇨?"라고 헤롯왕에게 자문을 구한 것을 기록하고 있다. 나다니엘은 "당신은 하나님의 아들이시오 당신은 이스라엘의 임금이로소이다."(요 1:49)라고 고백하였다.

예수가 공적인 첫 활동으로 가버나움 회당에서 낭독한 이사야서 61장 1절 역시 "가난한 자에게 복음을 전하고 하시려고, 포로 된 자를 해방하고, 눌린 자를 자유하게 하는 것"(눅 4:18)으로서 구약성서가 기대해 온 이상적인 새로운 통치자로 등장한 것을 암시한다. 그리고 예수가 세례 요한의 투옥 직후 '하나님 나라의 복음'을 선포하기 시작한 것은 예수가 평화와 구원의 희소식을 전하는 자로서 즉 "너희 하느님께서 왕권을 잡으셨다."고 시온에서 외치는 자(사 52:7-12)로 묘사된다.

공생애 동안 제자들은 예수를 왕으로 추대하려고 시도했다(요 6:15). 예수의 나귀를 타고 성전에 입성한 것도 정치적 시위의 한 형태로 볼 수 있다. 민중들은 예수를 환대하면서 "우리 아버지 다윗의 나라"(막 11:9f)를 회복할 자로 기대하였다. "누가 높으냐"(막 9:33-35 병행, 막 10:34-45 병행)는 제자들의 논쟁은 정치적인 권력 지향성을 함축하고 있다. 이 제자들이 "(열두) 왕좌에 앉아 이스라엘 열두 지파를 다스리게 될 것이다."(마 19:8, 눅 22:30)고 하였다. 이런 배경에서 세베대의 어머니는 그의 두 아들이 "주의 나라에서 하나는 주의 좌편에 하나는 주의 우편에 앉기"(마 20:21 병행) 원하였다.

예수 자신도 예루살렘과 유대인의 정치적 운명에 대한 비관적 전망(막 13:1-27 병행)을 명확히 하였고 결국은 '유대인의 왕'(oJ basileu;" tw'n jIoudaivwn)이란 죄명으로 심문을 받고,[18] 이 죄명으로 조롱당하고[19] 또 이 죄명으로 십자가에 달린 것이다.[20]

하나님의 통치에 대한 왜곡

예수 당시의 유대인들도 모두 하나님의 나라를 고대하였다. 그러나 하나님의 통치에 대한 극단적인 견해들이 팽배하여 있었다. 열심당원들은 하나님의 나라를 일종의 신정체제로 이해하고 그 나라를 무력으로 지상에 세우려고 사투를 벌였다. 그런가 하면 묵시문학적 사상을 따르던 에센파 사람들은 새로운 기원, 즉 종말론적 새 하늘과 새 땅의 도래를 희망하고 기대하였다.[21] 이처럼 유대인들 사이에서 하나님의 나라를 두 가지 극단적인 의미로 왜곡하였다.

　(1) 열심당들의 정치적 왜곡이다. 열심당은 하나님의 나라가 하늘에서 이루어지는 것과 무관하게 이 땅에서 이루어길 것으로 보았다.[22]

　이상적인 메시아 왕을 대망하는 대신에 마카비의 전례에 따라 로마와 그들과 결탁한 상류층 유대인들에 대한 무장 봉기를 일으켜 스스로 왕위를 얻을 기회를 노리거나 추종자들에 의해 왕으로 추대된 자들도 없지 않았다.[23] 요세푸스는 헤롯 사후(BC. 4년)에 헤롯의 종이었던 시몬이 베뢰아에서,[24] 목자 출신 아스롱게스(Athronges)가 유대에서 추종자를 모아 무장 봉기를 일으키고 스스로 왕권(Kingship)을 주장한 사실을 기록하고 있다.[25] 그중에 에스기아의 아들 유다가 길릴리 세포리스에서 "상당히 많은 추종자를 모아 왕실 병기고를 습격하여 무장시켜 대권을 잡으려는 사람들을 공격하였다."[26]고 한다. 서로가 왕이 되려고 투쟁한 것으로 보인다. 그래서 시리아 총독 바루스가 세포리스를 불태우고 주민들을 노예로 끌고 가고 다시 예루살렘을 공격하여 약 2000명을 십자가에 처형하였다.[27] 기원후 53년에도 애굽인 듀다스(Theudas)가 30,000명의 무리를 이끌고 감람산까지 진격하여 거기서 "그는 예루살렘에 입성하여 로마 주둔군을 몰아내고 자신은 황제에 즉위한다."[28]고 주장하였으나 벨릭스 총독 휘하의 모든 로마 군인을 총동원하여 섬멸하였다.

　열심당의 구호도 하나님 나라의 건설에 있었다. 그러나 그들이 지향한 하나님 나라의 통치는 이방인(로마)의 통치를 종식하고 유대인의 왕권(통치)을 재건하는 것이었다. 그들은 철저하게 현세적이고 정치적인 다윗 왕조의 재건을 하나님 나라의 건설로 주장하였다. 예수가 부활하신 후에도 그의 추종자 중에는 "이스라엘의 회복하심이 이 때니이까?"(행 1:6)라고 질문하는 이들도 없지 않았다.

　그리고 열심당은 로마 식민지 지배의 종식과 이스라엘의 회복이라는 정치적 목적을 수행하기 위하여 수단과 방법을 가리지 않았고 폭력적인 테러마저 정당화하였다.

(2) 에센파의 묵시적인 왜곡이다. 에센파는 하나님 나라가 하늘에서만 이루어지는 것이 하나님 뜻이라고 보았다.[29] 로마의 통치와 예루살렘의 제의에 실망한 에센파는 세속적인 정치의 폭력과 세속적 종교생활의 부패에 절망하여 소수의 무리가 모여 철저하게 금욕적인 은둔생활을 하면서 묵시적인 새 하늘과 새 땅이 이루어지기를 고대하였다. 그들은 현세적인 삶을 철저히 부정하였다. 하나님 나라가 이 죄 많은 속세의 거리에서 이루어질 수 없다고 믿었다.

이러한 배경에서 볼 때 예수께서 하나님의 통치는 "하늘에서뿐만 아니라 땅에서도 이루어지는 것"(마 6:9)이라고 선포한 것은 심오한 의미를 함축하고 있음을 알 수 있다. 예수가 선포한 하나님 나라는 열심당이나 에센파의 극단적인 견해와 달리 시간적으로 하늘로부터 초월적으로 임할 임박한 미래의 도래이면서 동시에 지금 여기에서 실현되는 것을 의미한다. 또한 하나님 나라는 공간적으로 내적이고 영적이며 동시에 이미 현세적이고 정치적인 것이라고 선포한 것이다.

하나님 나라에 관한 질문

이 책 6장 2절에서 살펴본 것처럼 '하나님의 나라'가 하나님 아버지가 다스린다는 의미에서 '하나님의 통치'라고 할 때, 하나님의 통치는 개념적으로 언제, 어디서, 어떻게 이루어지며, 그리고 누가 그 나라에 합당한가 하는 질문이 제기된다.[30]

① 하나님의 나라는 언제 이루어지는가?: 현재인가 미래인가, 아니면 둘 다 인가.

② 하나님의 나라는 어디서 이루어지는가?: 하늘에서 이루어지는가, 이 땅에 이루어지는가, 종교적 실체인가, 정치적 실체인가.

③ 하나님의 통치는 어떤 방식으로 이루어지는가?: 로마인의 억압의 통치인가, 열심당의 폭력적 반항의 통치인가.

④ 하나님의 나라에는 누가 합당한가?

예수는 제자들에게 하나님은 하늘과 땅의 주재(마 11:25, 눅 10:21, 행 7:24)이시며, 아버지의 나라는 아버지의 뜻이 하늘에서뿐만 아니라 이 세상에서도 이루어지는 것(마 6:10 공통번역)이라고 가르쳤다. 하늘에시와 같이 땅에서도 하나님의 나라가 이루어진다는 예수의 가르침을 당시의 배경에서 보면 깊은 통찰을 담고 있음을 알 수 있다.

하나님 나라와
통치의 시기 - 현재인가 미래인가

하나님 나라의 시간성 문제

현대 신약성서 학계의 가장 논쟁적인 주제 중 하나가 하나님 나라의 시간성과 공간성에 관한 것이었다. 현대의 신학자들도 예수 당시의 에센파나 열심당처럼 하나님의 통치 시기와 하나님의 통치 영역에 관한 극단적인 주장으로 갈라졌다는 점은 시사하는 바가 크다. 묵시문학적 종말론의 재발견으로 인하여 하나님의 나라가 예수의 선포와 더불어 이미 임한 현재적인 것이냐 아니면 미래에 이루어질 묵시적인 것이냐는 하나님의 통치 시기에 관한 논쟁이 활발하게 전개되어 왔다.

(1) 묵시문학의 재발견을 통해 하나님의 통치의 시간성이 논쟁의 초점이 되었다.[31] 예수가 제자들에게 "내가 진실로 너희에게 이르노니 여기 서 있는 사람 중에 죽기 전에 하나님의 나라가 권능으로 임하는 것을 볼 자들도 있느니라."(막 9:1, 눅 9:27)고 하였다. 따라서 일찍이 바이스(A. Weiss)와 슈바이처(A. Schweitzer)는 하나님의 나라를 임박한 미래에 초월적으로 이루어질 묵시적 종말론적 하나님의 통치의 도래로 해석하였다.[32] 이러한 견해를 철저한 종말론(consistent eschatology)이

라고 한다.

(2) 반면에 다드(C. H. Dodd)는 "하나님의 나라가 이미 너희에게 임하였느니라."(마 12:28, 눅 11:20)는 말씀에서 '이미 임하였다'는 구절의 희랍어 '에프타젠(e[fqasen)'을 문자적으로 해석하여 하나님의 나라가 예수의 인격 안에서 이미 실현되었음을 보여 주는 것이라고 주장하였다.[33] 그리고 "하나님의 나라가 가까이 왔다."(막 1:15, 눅 10:9, 11)는 말씀에서 사용된 희랍어 '엥기켄'(h[ggiken)이라는 동사도 역시 임박한 장래에 실현될 것이므로 거의 실현된 것이나 마찬가지라는 실현된 종말론(realized eschatology)을 주장하였다.

(3) 불트만은 1세기의 예수는 묵시적 세계관에 사로잡혀 있는 철저한 종말론자로 보았다. 그는 1세기의 묵시적 세계관에 사로잡혀 있던 예수는 임박한 미래에 이뤄질 철저한 묵시적 종말론을 가르쳤는데 바울과 요한이 이를 실존론적으로 해석하여 현재의 실존적·신앙적 결단을 통해 실현된 종말론을 가르친 것이라고 주장하였다.[34]

그러나 모든 로기아와 비유에 나타난 하나님 나라에 대한 언급을 통치의 시기를 기준으로 분류하여 주석한 뮤레이(C. R. Beasley-Murrey)는 불트만을 비판하기를 "종말론이 미래로부터 현재 안에 있는 미래(the future in the present)로 결정적으로 전환한 것은 바울과 요한이 아니라 예수의 사역에 의해서였다."[35]고 결론지었다. 하나님 나라의 묵시적 종말론적 통치가 바울과 요한뿐 아니라 예수의 가르침 안에서 이미 현재적인 것으로 실현되고 있다는 것이다.

(4) 헨첸(E. Hänchen)과 예레미아스(J. Jeremias)와 같은 학자들은 이러한 철저한 종말론과 실현된 종말론의 양극단을 배제하고 하나님 나라의 미래적 통치와 현재적 통치를 절충하여 실현 과정에 있는 종말론을 주장하기도 하였다.[36] 큄멜(W. G. Kümmel)과 콘첼만(H. Conzelmann)

역시 하나님의 나라에 관한 예수의 여러 언급을 살펴볼 때 현재적 의미와 미래적인 의미를 모두 함축하고 있으므로 양자 사이의 긴장이 강조되어 있다고 보았다.[37]

(5) 예수의 하나님 나라 선포에도 유대인들의 묵시문학적인 임박한 기대가 함축되어 있는 것은 사실이다. 하나님의 나라가 '가까이'(막 1:15, 눅 10:9), '문 앞에 이르렀으며 이 세대가 가기 전에 임할 것'(막 13:30)이라고 하였다. 다른 한편으로 "사람들이 동서남북으로부터 와서 하나님의 나라 잔치에 참석하게 될 것"(눅 13:29)이라고 한다.

그러므로 하나님의 나라는 모든 사람들과 잔치를 벌이는 최후의 나라 혹은 영원한 나라를 가리키는 것일 수 있다.[38] 이보다 더 중요하고 결정적이고 새로운 사실은 예수께서는 하나님이 왕으로 다스리는 것이 가까운 장래의 일이 아니라, 벌써 지금 여기에서, 예수가 자신의 존재 자체와 말과 행위 가운데서 시작되고 있다고 선언한 사실이다(마 11:1-6, 13:44-46). 예수는 "만일 내가 하느님이 보내신 성령의 힘으로 마귀를 쫓아내고 있다면, 하느님의 나라는 이미 너희에게 와 있는 것이다."(마 12:28, 눅 11:20 공동번역)고 하였으니 하나님의 나라는 이미 현재하는 것이다.

예수의 이 모든 말씀을 종합해 보면, 예수의 인격 안에서 하나님의 통치의 현재적 의미와 미래적 의미가 통합된 것으로 보아야 할 것이다. 예수의 말씀처럼 하나님의 나라는 하늘에서처럼 땅에서도 이루어지는 것(마 6:10)이기 때문에, 임박한 장래에 하늘로부터 임하는 것이기는 하지만 동시에 이미 하나님의 통치를 선포한 예수 그리스도의 존재와 언행을 통해 이 땅에서 이루어져 가고 있는 것이다. 무엇보다도 하나님은 영원하신 분이므로 그의 나라와 통치 또한 영원무궁한 것이다.

- 여호와의 다스리심이 영원무궁하시도다.(출 15:8)

- 여호와께서는 영원무궁토록 왕이시니.(시 10:16)

- 주의 나라는 영원한 나라이니 주의 통치는 대대에 이르리이다.(시 145:13)

따라서 하나님의 통치가 현재적인 것이냐 미래적인 것이냐 하는 현대 신학의 첨예한 논쟁은 하나님의 통치의 영원성이라는 보다 큰 범주로 사고할 때 자연스럽게 해소된다. 영원한 통치 안에 현재와 미래뿐 아니라 과거도 포함되기 때문이다. 예수 그리스도는 "어제나 오늘이나 영원토록 동일"(히 13:8)하듯이 하나님 역시 어제나 오늘이나 내일이나 영원토록 다스리신다. 물론 그 시대의 경륜에 따라 통치의 방식이 다르기는 하겠지만 그의 절대 주권을 믿고 복종하는 자들에게는 하나님의 궁극적 통치는 언제나 동일한 것이다.

하나님 나라와
통치의 영역 – 영적인가 정치적인가

하나님 나라의 공간성

정치신학의 등장으로 하나님 나라의 공간성에 대한 논의가 촉발되었다. 하나님 나라가 내면적이고 영적인 것이냐 아니면, 외적이고 정치적인 것도 포함하는 것이냐 하는 논의이다. 하나님 나라를 영적이고 영원한 통치로 해석하여 온 성서적 근거는 특히 다음 두 구절에 관한 해석에 초점이 모아진다. "나의 왕국은 이 세상에 속하지 않는다."(요 18:36)는 구절과 "하나님의 나라는 바로 너희 안에 있다."(눅 17:21)는 구절에 근거하여 전통적으로 하나님의 나라를 본질적으로 내적이고 영적인 통치로 해석하여 왔다.[39] 그러나 최근의 주석적인 연구는 예수가 선포한 하나님 나라의 통치 영역에 관한 새로운 사실을 밝혀 주었다.

(1) "나의 왕국은 이 세상에 속하지 않는다."(요 18:36)는 말씀에서 사용된 '속하다'의 희랍어 전치사 '에크(ejk)'는 'of'의 의미보다 'from'의 의미로 해석되어야 한다. 본문의 의미는 "이 세상에 속하지 않는다."(not of the world)가 아니라 "이 세상에서 유래하지 않는다."(not

from the world)는 뜻이다.[40] 예수와 그의 제자들에게 그 자신과 마찬가지로 "그들이 이 세상 있으나"(요 17:11, 14-16) "세상에 속하지 아니하며"(요 17:14-16), 그럼에도 불구하고 "세상에 보냄을 받은"(요 17:18) 역설적인 실존임을 강조한다. 세상에 속한 사람과 세상에 속하지 않은 사람으로 구분하였지만, 세상에 속하지 않은 사람이라 해서 그들이 하늘에 사는 것이 아니다. 이 세상에 보냄을 받아 이 세상에 있지만(거하지만) 현세에 영합하여 따르지(속하지) 않고 세속적 가치와 기준에 동의하지 않는다는 의미이다.[41]

그러므로 "나의 왕국은 이 세상에 속하지 않는다."는 말씀은 요한의 문맥에서 보면 "그의 나라의 가치는 이 세상의 가치와 대립된다는 뜻이지, 그의 나라가 지상과 동떨어진 전적으로 추상적이고 영적인 나라라는 의미는 아니다."[42] 예수가 이해한 바로는 이 세상을 지배하는 것은 사탄이다. 악의 권세들이 최고의 통치권을 행사한다. 따라서 이 세상(kosmos)이라는 개념은 변증법적인 성격을 띤다. 하나님이 독생자를 주기까지 사랑하는 세상이요(요 3:16), 동시에 그리스도에 의해 심판을 받는 세상이기도 하다(요 9:39). 하나님의 나라는 이 세상 권세에서 기원한 것은 아니지만, 이 세상의 권세를 이기고(요 16:33) 이 세상에서 이루어지는 것임에 분명하다.

(2) "하나님의 나라는 너희 안에 있다."(눅 17:21)는 본문이 '너희 마음속에(intra vos) 있다.'라는 의미로 번역되기도 했기 때문에, 수 세기에 걸쳐 많은 그리스도인이 하나님의 나라의 본성을 오해하여 온 것이다.[43] 여기서 사용된 '안에'라는 단어의 희랍어 전치사 '엔토스'(ejn-tov") 역시 '속에'(with in)가 아니라, 이 문맥에서는 '가운데'(among 또는 around)로 번역되어야 한다.[44]

전후 문맥으로 보아 이 구절은 바리새파 사람들이 '하나님의 나라가 언제 오느냐'는 질문에 대한 예수의 대답으로 주어진 말씀이므로 "너희 마음속에 있다."로 번역할 경우 하나님의 나라가 바리새파 사람들의 완악한 마음속에 있다는 뜻이 되고 만다.[45] 이 구절은 어느 날 갑자기 뜻밖에도 하나님의 나라가 자기들 삶의 한가운데에 와 있음을 발견하게 되리라는 뜻으로 해석되어야 한다.[46] 따라서 예수가 선포한 하나님의 나라는 개인적이고 내적이고 영적인 영역에 국한될 수 없다. 하나님의 통치는 '하나님께서 왕으로 다스린다.'는 사회적인 개념이며 정치적인 표상으로 전승되어 온 것이기 때문이다.

(3) 몰트만은 하나님의 나라는 통치의 영역에서 세계 안과 세계 밖을 중재하며, 체제의 초월과 체제 내의 변혁을 중재한다고 하였다.[47] 세계 속에서 전개되는 현실적인 하나님의 통치와 하나님의 통치의 우주적 목표를 모두 의미한다. 하나님의 나라는 명백히 우주적인 것이며 논쟁의 여지없이 역사 속에서 하나님의 약속의 말씀과 자유의 영을 통치하신다. 그러므로 하나님의 나라는 순전히 영적인 것도 순전히 세상적인 것도 아니다. 양자를 포함하는 것이기 때문이다.

(4) 하나님의 나라는 하나님의 뜻이 '하늘에서 이룬 것 같이 땅에서도 이루어'(마 6:10)지는 것이므로 그 통치의 영역은 하늘이라는 영적 · 초월적 · 내세적 영역과 땅이라는 현세적 · 세속적 · 정치적 영역을 모두 포함하는 것이다.[48] 하늘과 땅을 그리고 그 가운데 인간을 창조하신 하나님은 보이는 세계와 보이지 않는 세계를 모두 창조하시고 보전하시고 섭리하시고 통치하신다. 하나님은 '천지의 주재(主宰)'(마 11:25, 눅 10:21, 행 7:24)이며, '하늘과 땅의 주'(Q 10:21, *Jubillees* 32:18)이신 것이다.

(5) 그러므로 하나님의 통치를 하늘의 것과 땅의 것, 즉 내적인 것과 외적인 것으로, 영적인 것과 육적인 것으로, 내세적 영역과 현세적인 영역으로 양분하는 것은 하나님의 통치에 대한 예수의 가르침과 거리

가 아주 먼 것이다. 그래서 도마복음서는 "그의 나라는 너희 안에 있으며, 또한 너희 바깥에 있다."[49]고 함으로써 하나님의 나라가 존재하는 모든 영역에 속하는 것임을 명확히 설명하였다.

_04

하나님 나라와
로마의 폭압 통치

로마인의 통치 방식

예수의 공생애 동안 로마의 식민지 통치는 식민지 백성을 종으로 부려먹는 폭력과 착취 그 자체였다. 타키투스가 지적한 것처럼 "사람들을 노예로 부려먹기 위한 도구로 왕들을 고용하는 것은 오랫동안 이어져 내려온 로마의 정책"(*Agricola*, 14.1)이었다.[50]

그대, 로마인이여, 힘으로 나라들을 다스려야 한다는 것을 잊지 말라! 평화의 길을 부과하고 정복된 자들을 살려주고 거만한 자들은 짓밟는 것이 그대에게 맡겨진 일이다.(Virgil, *Aeneid* 6. 850-53)[51]

물론 로마의 평화(Pax Romana)는 군사력에 의해 부과된 평화였다. 1세기의 로마의 통치자들은 "약탈, 살육, 강탈을 제국(imperium)이라고 부르고, 폐허를 만드는 것을 평화"라 부른다는 비난을 받았다. 로마와 아구스도(Augustus)의 평화는 모든 사람들의 평화와는 거리가 멀었다. "끝없는 전쟁에 시달리는 주변부에 대한 중심부의 평화였다."[52]

이런 상황에서 예수는 공생애를 시작하면서 하나님의 나라가 가까이 왔음을 선포하였다. 하나님의 나라는 하나님의 통치를 뜻하므로 정치적인 의미를 함축하는 것임을 이미 살펴보았다. 보그에 의하면 하나님의 나라는 정치적 은유로서, 다른 나라들, 즉 헤롯의 나라, 가이사의 나라 등과 대조되는 것이라고 한다. "그것은 만일 하느님이 왕이고 헤롯이나 가이사가 왕이 아닐 경우 이 세상의 생활이 어떤 것과 같을 것인가"[53]라는 정치적 대안을 담고 있기 때문이다.

로마의 폭압 정치에 대한 예수의 비판

이러한 상황에서 예수는 하나님 나라의 새로운 통치를 선포하였다. 그러나 하나님 나라의 통치는 세상 통치자의 그것과는 근본적으로 다른 것이다. 하나님 나라의 새로운 통치를 통해 권력 구조가 근본적으로 변화할 것이라는 사실을 선포한 것이다.

(1) 예수는 세상 나라와 하나님 나라의 통치의 본질적인 차이를 이렇게 표현했다.

이 세상의 왕들은 강제로 백성을 다스린다. 그리고 백성들에게 권력을 휘두르는 사람들은 백성의 은인으로 행세한다. 그러나 너희는 그래서는 안 된다. 오히려 너희 중에서 제일 높은 사람은 제일 낮은 사람처럼 처신해야 하고 지배하는 사람은 섬기는 사람처럼 처신해야 한다.(눅 22:25-26 공동번역)

예수가 이 세상 통치자의 전형을 명시한 것은 주목할 만하다. 마태(20:25)와 마가(10:42)에는 세상(이방인들)의 집권자(통치자)라고 했으나 누가(22:25)는 '세상의 왕들'(o Jbasilei'" tw'n ejqnw'n)이라고 하였다. 하나님의 나라(hJ basileiva tou' qeou)와 세상의 나라(hJ basileiva tw'n ejqnw'n)의 차이를 명확히 한 것이다.

(2) 예수는 로마의 식민지 통치의 본질을 꿰뚫어보고 그 본질을 규명한 것이다. 세상 통치자의 다스리는 본질은 강자가 약자를 그 힘과 권위로 지배하려는 것이므로 불가피하게 온갖 억압과 강제의 불의한 통치가 자행될 수밖에 없다.[54] 예수는 지배 방식의 일대 방향전환을 시사하였다. 하나님 나라의 통치에서는 주인이 종을 섬기듯 지도자 위치에 있는 사람들이 지도를 받아야 할 사람들을 섬겨야 한다. 높은 자와 으뜸이 되는 자가 오히려 종이 되어 그렇지 못한 자들을 섬겨야 한다.

저 유명한 아리스토텔레스조차 그의 책『정치학』에서 "열등한 시민을 노예로 삼아 부유한 자들의 소유로 삼는 것을 당연히 최선"이라고 하였다.[55] 그리고 이성적인 영혼을 지닌 한 집단이 지배하고 그렇지 않은 다른 집단이 그들을 섬기는 것은 당연한 일이며 이성적이 원칙에 부합하는 것이며, "열등한 인간은 우월한 인간의 최선의 삶을 위해 존재한다."고 하였다.[56]

그러나 예수는 달랐다. 예수는 종이 주인을 섬기는 것이 아니라 주인이 종을 섬기는 역전이 이루어지는 새로운 질서를 고대하였다. 이러한 하나님 나라의 새로운 질서 안에서는 노예제도가 들어설 틈이 없는 것이다. 만약 노예로 있으면서도 하나님을 섬길 수 있는 것이 최상의 길이었다면 이스라엘 백성이 구태여 출애굽할 필요가 없었을 것이다. 따라서 노예제도를 합법화하는 나라는 기독교 정신으로 통치되는 나라라고 할 수 없다.

(3) 이는 권력구조에 있어서 주종관계의 역전이요 혁명이다.[57] 섬김의 대상은 자기 자신도 아니요 유토피아적 이상도 아니며 또한 국가

권력이나 종교적 이데올로기도 아니다. 바로 이것들에 의해 희생당하고 소외된 사람들 즉, 사람 대접을 받지 못하고 있는 주변부 민중을 섬겨야 한다는 것이다.[58]

(4) 하나님의 통치가 이루어지는 새로운 사회의 권력은 지배력과 강제력으로 통치되는 압제의 권력이 아니라, 서로 자발적으로 섬기고 사랑하고 돌보며 죽음을 마다하지 않고 봉사할 만큼 몰아적인 힘이라는 점을 예수는 자신의 삶을 통해 증명해 보인 것이다. 여기서 봉사와 섬김은 종으로서 주인을 섬기는 강제적이고 대가를 바라는 섬김이 아니다. "주와 스승이 되어 제자들의 발을 씻기신"(요 13:14) 모범을 통해 예수가 기대한 것은 바로 주인으로서 종을 섬기듯 자발적으로 대가 없이 섬기는 것이었다.[59]

_05

하나님 나라와
열심당의 체제 전복적 대응 폭력

열심당의 대응 폭력

앞서 살펴본 것처럼 세례 요한이 체포되어 수치스러운 죽음을 당한 후 열심당 운동이 더욱 촉발되었다. 세례 요한의 죽음은 열심당 운동의 도화선이 되었을 뿐 아니라, 예수가 하나님의 나라를 선포하는 계기가 되었다. 예수가 "하나님의 나라가 가까이 왔다."고 처음으로 선포한 시기가 "세례 요한이 잡힌 후"(막 1:14)라고 마가가 명시한 것은 의미심장하다.[60]

분봉왕 헤롯 안티파스(BC. 4- AD. 39)가 그의 배다른 동생 필립의 아내 헤로디아와 결혼한 것을 비난하였기 때문에 세례 요한은 옥에 갇히게 된다(마 14:1-2 병행). 요세푸스에 의하면 헤롯 안티파스는 "요한의 설교가 자칫하면 구름떼같이 모여든 그처럼 많은 사람들을 자극하여 소요를 일으킬 가능성이 있다고 생각했기 때문"[61]이라고 한다. 세례 요한이 투옥 사건이 당시의 열심당들을 자극하였고 이로 인해 폭력적인 저항 운동이 일어난 것이 분명하다.

마가에 의하면 "요한이 잡힌 후 예수께서 갈릴리에 오셔서"(막 1:14)

공생애를 시작하면서 "하나님의 나라가 가까이 왔다."(막 1:15)고 선포하기 시작하였다. 세례 요한의 죽음을 계기로 새로운 정치를 희망하는 '하나님 나라 운동'을 전개했다는 점에서 예수 운동과 열심당 운동은 공통점을 지닌다는 평가를 받고 있다. 그러나 열심당의 하나님 나라 운동과 예수의 하나님 나라 운동은 구호는 같았지만 내용은 판이하였다.

놀란(A. Nolan)이 잘 분석한 것처럼 열심당이 원한 것은 단순한 정권의 교체였다.[62] 로마의 식민지 정권에서 국권 회복을 통해 유대 정권을 다시 세우는 것이었다. 따라서 어떤 면에서 그 내용을 살펴보면 열심당의 투쟁은 민중들의 진정한 해방과 아무런 상관도 없었다. 그들이 쟁취하려고 한 것은 유대 민족주의요 유대인의 인종주의였다. 유대인의 우월감과 유대인의 특권을 회복하는 것이었다.

예수는 다른 사람들이 보지 못한 본질을 꿰뚫어본 것이다. 유대교의 외부보다 내부에서 더 큰 압제와 착취의 요인이 있는 것을 본 것이다. 로마의 압제에 반기를 들고 투쟁하고 있는 중류계급 유대인들 자신이 가난하고 무지한 '땅의 사람들'의 압제자들이었던 것이다. 많은 유대인들은 실제로 로마인들보다는 오히려 동족인 율법사, 바리새파, 사두개파, 열심당들 때문에 더 큰 고통을 받았다.

유대인들은 바벨론 포로기에는 남의 땅에서 남에게 압제를 당하였으나, 이제는 자기 땅에서 자기 지도자들에게 압제를 당하는 꼴이 되었다. 따라서 이들의 로마에 대한 반항은 모순이요 위선 그 자체로 드러난 것이다. 예수가 가르친 하나님 나라의 권력 구조는 압제자와 피압제자가 자리를 바꾸었으나 압제는 계속되는 그런 것이 아니었다. 사실상 헤롯 왕이 통치할 때나 로마 총독이 통치할 때나 권력으로 내리누르는 통치에는 큰 차이가 없었다. 근본적인 문제는 압제와 피압제의 근본 구조 그 자체가 사라지는 것이다.

열심당의 대응 폭력에 대한 예수의 비판

그렇다면 그 차이점은 무엇인가? 예수가 이방 통치자의 폭압적인 통치를 명시적으로 비판한 것처럼 열심당의 폭력적인 유대 왕권 재건 운동을 명시적으로 비판한 것인가? 세례 요한이 잡힌 후 예수가 '하나님의 나라'를 선포하였지만 그와 동시에 일어난 열심당의 폭력 투쟁에 대해서는 명백한 반대 입장을 취했다는 것이다. 보른캄(G. Bornkamm)을 비롯한 최근의 학자들이 이 점을 새롭게 착안하고 그 구체적인 말씀을 찾아내었다.[63]

"세례 요한 때부터 지금까지 하늘나라는 공격을 받고 있다. 공격하는 자들이 하늘나라를 점령하려고 한다."(마 11:12)는 모호한 말씀은 아마도 열심당의 메시아 정치운동에 대한 분명하고도 예리한 거부일 것이다.[64]

우리말 개역성경 등에는 "세례 요한의 때부터 지금까지 천국은 침노를 당하나니 침노하는 자는 빼앗느니라."고 번역하였고 "침노하는 자"(biastai)를 마치 기드온 300 용사(삿 7:7)처럼 진취적이고 적극적인 자로 해석하여 이러한 자들이 "힘으로 천국을 취한다."(harparzo)고 해석하여 왔다. 신국제성서(NIV)조차도 "세례 요한의 날부터 지금까지 천국은 힘 있게 전진해 왔고, 강한 자가 그것을 붙잡을 것이다."라고 번역하였다.[65] 그러나 최근 타이쎈은 저스틴의 『변증론』(51,3)과 Q자료의 본래적 형태는 다음과 같다고 한다.[66]

모든 율법과 예언자는 요한에까지 (이르렀다). 그때 이래로 하나님의 나라

는 폭력을 당하고 있으며 폭력을 행하는 사람들이 그 나라를 차지하려고 한다.(마 11:12)[67]

From the day of John the Baptist until now, the Kingdom of heaven has been subjected to violence(=is and urgent pressured) and man of violence(=thouse pushing their way in) are taking it by storm.[68]

공동번역은 이러한 의미를 살려 나음과 같이 번역하였다.

세례자 요한 때부터 지금까지 하늘나라는 폭행을 당해 왔다. 그리고 폭행을 쓰는 사람들이 하늘나라를 빼앗으려고 한다.(마 11:12 공동번역)

예수는 세례 요한이 잡힌 후 폭등한 열심당의 투쟁 노선을 한마디로 폭력으로 하나님의 나라를 건설하려는 사람들로 비판한다. 폭력으로 하나님의 나라를 이루려는 것은 하나님 나라의 통치 방식에 위배된다. 그러므로 열심당에 의해 하나님의 나라가 폭력을 당해 온 것으로 비판한 것이다. 결국 열심당의 무력 항쟁은 그들이 이루려고 했던 '유대 왕국 재건'의 기대와는 달리 '유대 왕국의 패망'을 가져왔다. 요세푸스는 『유대전쟁사』 서문에서 자신의 조국이 패망한 것은 유대인들 가운데 폭도들이 로마의 무력을 유대로 끌어온 때문이라고 하였다.

나는 우리 동족의 행동을 과장하여 로마의 힘을 격찬하는 사람들과 경쟁하고 싶은 생각은 없다. 다만 나는 양쪽의 행위를 충실하게 기록할 작정이다. 그러나 역사적 사실을 기록함에 있어 나는 우리 동족이 겪은 비참함에 대해 개인적인 슬픔을 감출 수 없으며, 나의 조국이 당한 수난에 대해 동정을 금할 길이 없다. 왜냐하면 유대를 파괴한 것은 우리 동족의 선동적 기질 때문이었으며, 또한 우리 유대인 가운데 폭도들(tyrants)이 로마의 무력을 유대로 끌어들였고, 그렇게 들어온 로마군이 할 수 없이 우리의 거룩한 성전을 불태웠던 것이다.[69]

예수의 비판은 하나님 나라의 중요한 본질을 드러낸 것이며 폭압적인 통치에 항거하는 폭력적인 저항의 한계를 지적한 놀라운 가르침이다. 역사는 어느 시대든지 폭압적인 통치에 대한 대응 폭력으로 폭력의 악순환이 계속되어 왔기 때문이다.

대응 폭력에 대한 신학적 이해

예수가 대응 폭력을 무조건 수용했느냐 아니면 선택적으로 수행했느냐 하는 것은 현대 신학의 중요한 논쟁거리 중 하나이다.[70]

바르트도 한계상황(Grenzfall)에서 폭력을 사용하는 것은 긍정적으로 보았다. 한계상황에서 하나님이 금지한 폭력을 사용하는 것은 예외적인 사태이지만 이는 하나님 계명의 예외성을 인정하는 것이 아니라, 하나님의 절대적인 자유 안에서 인간이 하나님의 예외적인 자유를 거절할 수 없다는 뜻으로 받아들였다. 따라서 한계상황에서 폭력을 사용하는 것은 하나님의 뜻에 복종하는 성실한 대안이라는 것이다.

바르트는 히틀러의 국가사회주의를 "폭군에 의하여 조절되는 무정부 또는 무정부에 의해 조절되는 폭군"으로 규정하였다. 히틀러가 통치하는 곳에는 법과 질서, 인간성 그리고 무엇보다도 복음 선포의 자유가 파괴되었다. 그러므로 히틀러의 통치는 "악령이 하는 악한 일"이므로 이러한 한계상황에서는 크리스천들은 폭력적인 수단을 동원하여서라도 '아니오'라고 단호히 저항하여야 한다. 그러나 최후 수단으로 폭력을 선택하기 전에 문제 해결을 위한 모든 수단을 예외 없이 타진해 보아야 한다는 점을 잊지 않았다.[71]

한계상황에서의 폭력 문제를 보다 진지하게 사유한 신학자는 본훼퍼이다. 본훼퍼는 1941년 겨울부터 그의 매형 도나니와 함께 반나치 투쟁에 깊숙이 개입하였다. 히틀러 암살을 모의하다가 사전에 발각되어 1943년 4월 5일에 체포되어 1945년 4월 9일에 처형되었다. 그의 옥중 서신을 편집한 책 이름『저항과 복종』에서 드러나듯이 본훼퍼는 그리스도에게 복종하는 것과 히틀러에게 저항하는 것은 동전의 양면과 같은 것으로 확신하였다. 그의 저항 논리는 잘 알려진 '미친 운전사의 이야기'에서 극명하게 드러난다.

몰트만은 본훼퍼의 사랑의 책임적 행동과 죄책을 인수할 결심의 문제를 "사랑의 의미로서의 폭력 행위"라는 주제로 다음과 같이 정리하였다.[72]

(1) 예수는 폭력을 상대화시켰다는 것이다. 폭력을 절대 선이나 절대 악으로 보지 않았다는 주장이다. 따라서 "칼을 쓰는 자는 칼로 망한다."고 말하면서도 "칼이 없는 자는 겉옷을 팔아 칼을 사라."고 하였다. "오른뺨을 치면 왼뺨을 내놓아라."고 가르치면서도 성전의 좌판을 채찍으로 치고 뒤엎기도 하였다.

(2) 무저항이란 의미에서 비폭력은 폭군적인 상황에서는 무책임적이다. 폭력적인 상황을 허용하는 것은 사랑의 책임적인 행동일 수 없으므로 죄책을 면할 수 없다.

(3) 그러나 선제 폭력의 악을 조절하려는 사랑에 입각하여 수행되는 대응 폭력도 그 자체로는 정당화될 수는 없으나 충분히 책임적인 행동인 것은 분명하다. 대응 폭력의 저항도 폭력은 폭력이므로 여전히

죄책을 면할 수 없다. 그러므로 대응 폭력을 통해 자기 의를 주장하거나 대적자를 물리쳤다고 승리의 개가를 불러서는 안 된다.

(4) 폭압적인 상황에서 행동하는 사람과 행동하지 않는 사람은 모두 죄인이지만, 무저항의 죄책과 대응 폭력의 죄책은 동일하지 않다. 전자가 구원받지 못할 죄책이라면, 후자는 구원받을 수 있는 죄책이기 때문이다.

결론적으로 비폭력이라는 이상주의적인 원칙보다는 사랑의 책임적인 행동이 복음에 부합하는 것이다. 그리고 사랑의 책임적인 행동을 위해 대응 폭력을 선택할 경우 자신의 무죄성을 포기하고 죄책을 받아들이는 만큼 자기희생적인 태도를 가져야 한다. 죄책을 인수할 결심을 지닌 경우에 한하여 대응 폭력이 사랑의 책임적인 행동이 될 수 있다고 본 점에서 본훼퍼나 몰트만의 입장은 선택적 대응 폭력주의라고 할 수 있다.

_06

하나님 나라와
대안적 섬김의 통치

로마의 식민 통치와 열심당의 민족운동도 정치적 폭력으로부터 자유롭지 못하였다. 로마는 군대를 앞세워 예루살렘을 점령하고 폭압적인 식민지 통치를 지속하였다. 명백한 선제 폭력에 해당한다. 이러한 선제 폭력이 유발되어 열심당은 대응 폭력을 사용해서라도 로마의 식민지 통치를 종식하고 유대인의 의한 유대 왕국을 재건하려고 한 것이다. 그들은 자신들의 폭력 투쟁을 정당방위로 여겼을 뿐만 아니라 의로운 행위로 여겼다. 그러나 그들의 의도는 유대인의 민족적 우월감과 특권을 회복하려는 것이었다.

이러한 정치적 상황에서 예수가 제시한 하나님 나라의 섬김의 통치는 통치 방식에서 이방인의 선제 폭력의 억압적인 정치뿐만 아니라 열심당의 대응 폭력적인 유혈 투쟁까지도 부정하는 일대 혁명적인 대안이요, 전복적(顚覆的)인 지혜이며, 시대에 앞선 전향적인 생각(Advanced Consciousness)이었다.

(1) 로마의 통치자들이 강제로 백성을 다스리고 권력을 휘두르며 폭행을 가하는 것은 왕은 백성을 종으로 지배하는 자가 아니라 그 반대

로 왕이 '백성의 종'(왕상 12:7)이 되어 백성을 섬기는 자라는 이스라엘의 정치적 이상에 어긋나는 것이 분명하다.

그렇다고 해서 로마의 폭압적인 압제자를 폭력으로 제거하고 로마식민체제를 전복한다고 해서 문제가 근원적으로 해결되는 것이 아니다. 압제자와 피압제자가 자리를 바꾼다고 압제의 근본적인 문제가 해결되는 것은 아니기 때문이다. 지배계층의 교체에도 불구하고 여전히 압제와 강압이 계속된다면 진정한 하나님 나라의 섬김의 통치가 이루어진 것이 아니다.

열심당은 이 점에서 철저하지 못했던 것이다. 그들 역시 '하나님의 나라를 건설한다'는 구호 아래 하나님 나라의 섬김의 통치를 왜곡하고 침해한 것이다. 열심당에 의해 하나님 나라의 통치가 폭력으로 얼룩지게 된 것이다. 예수가 "칼을 쓰는 사람을 칼로 망하는 법이다."(마 26:52)는 말씀을 통해 실천적인 비폭력주의를 주장한 것도 이런 맥락에서 이해되어야 한다.[73]

타이쎈은 예수의 하나님 나라 운동도 대안적인 통치체제로서 급진적인 신정통치 운동이라고 하였다. 예수가 선포한 임박한 "하나님 나라의 통치는 모든 다른 통치의 종식, 심지어는 로마인들과 제사장들의 통치의 종식까지를 의미했다."는 점을 지적하였다.[74]

(2) 지배(Herrschaft)는 주요한 사회학적 개념인데 마르크스 베버는 이를 '제도화한 권력 행사'라고 정의하였다.[75] 인류 역사상 제도화한 권력 행사란 항상 강제와 억압의 형태로 자행되었다. 그러나 예수가 선포한 하나님의 통치는 섬김과 봉사의 통치 그 자체였다.

메시아의 통치 안에서는 지배세력이나 세력의 지배가 들어올 수 없다.
허용될 수 있는 유일한 세력이란 하나님을 섬기는 따라서 민중을 섬기는

세력이다. 이것을 섬기는 통치(doularchy=doulos+archy)라 부를 수 있다.[76]

예수는 카리스마적인 권위와 권능을 지닌 메시아로 등장했으나 그의 권위와 권능을 지배와 강제와 억압의 도구로 사용한 적이 전무하였다. "목자 없는 양같이 시달리며 허덕이는"(마 9:36 공동번역) 지극히 이름 없는 작은 자들을 철저히 돌보고 끝까지 섬기신 것이다.

예수와의 놀라운 만남을 통해 많은 사람들은 예수가 하나님 나라의 섬김의 통치를 선포하였을 뿐만 아니라, 그의 전 삶이 철저한 섬김으로 일관된 것을 체험하게 되었다. 예수는 권력을 쟁취하여 지배력을 행사하거나 폭력으로 지배세력을 전복하기 위해 온 것이 아니라, 그가 만난 모든 사람을 끝까지 돌보고 철저히 섬기러 오신 분이다.

(3) 예수는 하나님 나라의 통치는 섬김의 통치라는 사실을 분명히 하였다. 지배자는 백성의 종으로 백성을 섬겨야 한다고 선언했을 뿐만 아니라 자신이 '주와 선생'(요 13:14)의 신분으로 제자들과 그가 만난 모든 사람을 섬기는 삶으로 일관하였다. "큰 자가 작은 자를 섬긴다."는 원칙을 제시한 것이다.[77]

오히려 너희 중에서 제일 높은 사람은 제일 낮은 사람처럼 처신해야 하고 지배하는 사람은 섬기는 사람처럼 처신해야 한다.(눅 22:25-26 공동번역 병행)

섬김으로서의 통치는 하나님 나라의 권력구조의 본질에 대한 전적으로 새로운 이해이다. 통치의 시기나 영역은 이차적인 문제이다. 예수 시대에도 하나님의 섬김의 통치가 현실적으로 정치적으로 이루어지지 않았으므로, 내면적 영적 통치나 내세적 종말론적인 통치를 기대한 것이다. 그리고 그리스도의 통치는 그 성격에서 생사여탈의 강제력 행사가 아니며 콘스탄틴 이후의 교회사에서 이해한 것처럼 군주와 사제들의 기득권에 의해 특권과 반칙을 일삼는 위계적인 권력 행사에 근거한 교권정치의 모델이 아니었다.[78]

(4) 섬김의 통치는 정치적 변혁 과정에서 일어나는 폭력의 악순환을 종식하는 새로운 대안이었다. 그래서 몰트만은 하나님의 나라에서는 "악이 극복될 뿐 아니라 악으로 악을 보복하는 법칙이 극복될 것이며, 폭력의 행위가 극복될 뿐 아니라 폭력적 저항을 통한 그의 제한도 극복될 것이다."[79]고 하였다. 선제 폭력뿐 아니라 선제 폭력에 대한 대응 폭력의 악순환도 악한 것이다. 예수는 양자의 메시아적 극복을 우리가 잘 아는 다음과 같은 클라이맥스와 함께 묘사한다.

> 그러나 나는 이렇게 말한다. 앙갚음하지 말아라. 누가 오른뺨을 치거든 왼뺨마저 돌려대고 또 재판에 걸어 속옷을 가지려고 하거든 겉옷까지도 내주어라. 누가 억지로 오리를 가자고 하거든 십리를 같이 가주어라. 달라는 사람에게 주고 꾸려는 사람의 청을 물리치지 말아라.(마 5:39-42 공동번역)

그러므로 그리스도가 선포하고 성취한 '섬김의 통치'는 온갖 압제와 피압제의 정치적 갈등을 해소하고 폭력과 대응 폭력의 악순환을 단절시키고 정치적 우상숭배나 정치적인 무관심을 둘 다 극복할 수 있는 유일한 정치적 대안이다. 이러한 섬김의 통치는 정치신학적으로 매우 중요한 개념으로 해석되어야 할 것이다.

(5) 예수는 단지 하나님 나라를 선포한 예언자가 아니었다. 자신의

현존과 사역을 통해 하나님 나라가 이스라엘의 역사 속에 밀치고 들어오고 있다고 믿었다. 하나님의 나라가 하나님의 뜻과 하나님의 의와 하나님의 섬김의 통치가 실현되는 것이라면, 세례와 시험을 통해 하나님의 아들로 소명 받은 예수는 자기를 부인하고 자신의 뜻을 버리고 하나님의 뜻대로 살았으며, 자기 백성을 죄에서 구하기 위해 십자가에 달려 죽으심으로 죄인을 의롭게 하는 하나님의 의를 이루었으며, '주와 스승'임에도 불구하고 그가 만난 모든 사람을 철저히 끝까지 온전히 섬김으로써 하나님 나라의 섬김의 통치를 실현하였다. 그러므로 예수가 하나님 나라 그 자체(auto-basileia)였다.

예수는 1세기의 유대인 예언자로서 하나님의 나라를 선포했으며, 이 나라가 자신의 사역을 통해 시작되었다고 하였다. 다른 사람들로 하여금 자신의 하느님 나라 운동에 가담할 것을 촉구했을 뿐 아니라, 만일에 사람들이 자신의 촉구를 무시한다면 그 민족과 예루살렘 성전이 비참한 결과를 맞이할 것이라고 경고했던 것이다.

_07

하나님 나라에
합당한 자들

하나님 나라가 하나님이 왕이 되시어 다스리는 나라라면 그 나라에 속하는 대상이 누구냐 하는 것이 중요한 관심사가 아닐 수 없다. 하나님 나라가 언제 어디서 어떤 방식으로 이루어지느냐는 것 못지않게 중요한 것은 그 나라에 합당한 자들이 누군가 하는 것이다. 세상 나라는 그 나라의 통치자와 지배계층들만이 현상 유지에 만족하는 나라이다. 그러나 하나님 나라는 전적으로 다르다.

1) 예수 시대의 사회계급

렌스키(Gerhard E. Lenski)의 이해에 따르면, 농경사회는 아홉 개의 사회계급으로 나뉘어져 있는데, 상층의 다섯 계급과 하층의 네 계급 사이에는 엄청난 격차가 있다고 하였다.[80] 예수 시대의 이스라엘도 예외는 아니었다.[81]

상층계급

통치자, 지배계급, 신하계급, 상인계급, 사제계급이 상층계급에 속한다.

(1) 통치자는 별도의 계급이었는데, 그 이유는 "모든 농경사회의 통치자들은 사실상 자기의 세력 범위 안의 모든 영토에 대한 상당한 소유권을 누리고 있었기 때문이다."[82]

예수 시대 이스라엘에는 헤롯과 같은 왕이 있었고, 헤롯 사후에는 분봉왕들이 분할 통치를 하였고 그리고 기원후 6년부터는 로마 식민지의 총독 통치가 시작되었다. 유대왕, 분봉왕, 총독은 모두 통치계급이라 할 수 있다.

(2) 예수 시대의 여러 나라에서 지배계급은 보통 인구의 1% 정도였다. 예수 시대의 이스라엘에도 산헤드린이라는 지배기구가 있었다. 예루살렘 성전의 대제사장을 중심으로 한 산헤드린에 의해 통치되었다. 산헤드린은 유대 지방의 형법, 정치, 종교 문제에 관한 최고 재판소이자 정부의 지위를 누리는 국가 권력기관이었다. 산헤드린은 세 집단으로 구성되어 있었다. 대제사장들, 장로들 그리고 서기관(마 15:1)이다. 대제사장은 신앙적 귀족이었고, 장로는 부의 귀족이었고, 서기관은 지식층의 귀족이었다.[83] 대제사장은 세습이었고 종신직이었다.

산헤드린의 권위는 바로 예루살렘 성전에 뿌리를 두고 있었다. 벨로(F. Belo)의 表現처럼 "산헤드린의 종교적 성격은 그 정치적 기능을 수행하기 위한 이데올로기적 가면을 제공하였다."[84]고 한다. 촌락에서는 권위 있는 가문의 원로회의가 있었고, 도시에서도 부유한 가문의 '평신도 귀족'(lay aristocracy)들의 원로회의가 있었다. 이 회의는 이미 권력관계와 계급관계를 반영했다.[85]

당시의 여러 통계를 살펴보면 대부분의 농경국가의 국가 전체 수입의 적어도 4분의 1 정도를 세금으로 받았으며, 지배계급과 통치자는 모든 수입의 절반 이상을 차지했던 것으로 보인다.[86]

(3) 신하계급은 대개 인구의 5% 정도였다. 서기관들과 관료들로부터 문인들과 장군들까지 포함하여 모두 정치적 엘리트를 위해 봉사하는 계급이다. 이들 정치적 엘리트에게 신하계급은 절대적으로 필요한 계층이며 개인적으로는 소모품과 같은 존재들이다.

(4) 상인계급은 아마도 하층계급으로부터 올라왔을 테지만, 거의 모든 발달된 농경사회에서는 상인계급이 상당한 부를 쌓았다. 몇몇 경우에는 정치권력도 갖고 있었다. 이 지배계급과 맞부딪치는 것은 권위의 차원에서라기보다는 시장의 차원에서였다.

(5) 사제계급은 농경사회에서 마지막 특권층이다. 그러나 그 세력이 남들에게 뒤처지지 않는 계급이다. 기원전 12세기의 이집트에서는 사제계급이 전국 토지의 15%를 차지했다.

예수 시대의 사제계급도 예외는 아니었다. 예루살렘 성전에도 거대한 제사장 계급제도가 생겨났다. 제사장 1명과 사제장 34명(제사 담당 24명, 관리 담당 7명, 경리 담당 3명), 일반 사제 약 7,200명(300명씩 24개 조) 정도의 거대한 사제계급이 형성되었다.[87] 그러므로 성전에 기거하는 상류층 제사장과 전국에 흩어져 있는 평범한 일반 사제들 사이에는 엄청난 사회적 신분 격차가 있었다.[88]

하층계급

농민계급, 장인계급, 천민계급, 소모계급이 하층계급에 속한다.

(1) 농민계급은 인구의 대다수를 차지했다. 일반적으로 말해서 국가와 특권층을 뒷받침하는 것은 평민들의 책임이었다. 특히 인구의 대다수를 차지하는 농민들의 몫이었다. 한마디로 말해서 정치적 엘리

트들의 대다수는 농민계층의 노동력을 거의 완벽하게 이용하였으며, 그들의 생활필수품조차 빼앗아 갔다.

(2) 장인계급은 대략 인구의 5%를 차지했다. 대부분의 농경사회에서 장인계급은 원래 토지를 잃은 농민들과 그 자손들로부터 생겨났으며, 이런 사람들이 계속해서 장인계급으로 충당되었다. 그러나 "농민계급과 장인계급의 재물과 수입 사이에는 상당히 중복되는 부분이 있음에도 불구하고, 장인들의 수입은 농민들만큼 많지 않았다."[89]

(3) 불결한 천민계급은 힌두 사회의 불가촉천민처럼 농민들과 장인들에서 하층으로 탈락한 사람들이다. 예를 들이, 짐꾼, 광부, 창녀, 혹은 인력거꾼 등이다.

(4) 소모 계급은 평상시 인구의 5% 내지 10% 정도였다. "이들은 잡범(雜犯), 불량배, 거지, 떠돌이 노동자 등 다양한 사람들로서, 남들의 자선이나 자신의 재치로 살아갈 수밖에 없었던 사람들"이라고 한다.[90]

(5) 마지막으로 성전 노예 및 이방인 노예들도 존재하였다. 노예는 주인의 완전한 소유물이었다. "노예들은 어떠한 재산도 소유할 수 없었다. 그의 노동 소득은 주인에게 귀속하였으므로, 노예가 습득하거나, 선물 받은 것이나 그에게 속한 것은 모두 주인의 것이었다."[91]고 한다. 여호와가 이집트에서 노예살이 하던 히브리 백성들을 해방시켜 나시는 노예를 부리지도 말고 노예가 되지도 말라는 뜻에서 "타국인이 너희 땅에 우거하여 함께 있거든 너희는 그를 학대하지 말라."(레 19:34)고 명령하였다. 그러나 예수 시대의 이스라엘에는 노예제도가 버젓이 시행되었고 예루살렘 성전에서조차 '성전 노예'를 부리고 있었다.[92]

2) 하나님 나라와 거대한 계급 역전

하나님 나라가 하나님의 통치라면 통치의 대상이 누군가 하는 것이
중요한 질문이 아닐 수 없다. 누가복음에 의하면 예수가 공생애를 시
작하면서 가버나움의 한 회당에서 다음과 같은 이사야의 말씀을 봉독
함으로써 자신의 메시아적 사역의 과제를 제시하였다고 한다.

주의 성령이 내게 임하셨으니 이는 가난한 자에게 복음을 전하게 하시려
고 내게 기름을 부으시고 나를 보내사 포로된 자에게 자유를, 눈먼 자에게
다시 보게 함을 전파하며 눌린 자를 자유케하고….(눅 4:18)

가난한 자, 포로된 자, 눈먼 자를 비롯한 각종 병자, 소외되고 멸시
받아 억눌린 자가 예수의 우선적인 관심의 대상임을 명시한 것이다.
이 외에도 큰 잔치의 비유(눅 14:15-24, 마 22:1-13)에서 예수는 제자들에
게 "친구나 형제나 친척이나 잘 사는 이웃사람"을 초대하지 말고 사회
적으로 소외된 "가난한 사람, 불구자, 절름발이, 소경 같은 사람을 불
러라."고 하였다.

이상적인 메시아가 오셔서 종말론적인 잔치의 주재자가 될 것이라
고 대망해 온 사람들에게는 예수가 베푼 개방적인 식탁친교를 메시아
가 베푸는 종말론적 잔치에 참여하는 것으로 경험했음이 분명하다.[93]
이 종말론적 잔치 자리는 하나님 나라의 상징으로 이해되었으며, 이
잔치에 초대받는 이들은 '신분상의 종말론적 역전'(逆轉)이 일어나는
것으로 기대되었다. 일찍이 르낭은 예수의 하나님 나라에서는 '거대
한 계급 대체'가 일어날 것이라고 하였다.

거대한 계급 대체가 일어날 것이다. 하느님의 나라는 첫째로 어린이들과 또한 어린이들과 닮은 사람들을 위해, 둘째로 세상의 버림받은 자들, 착하지만 겸손한 사람을 소외시키는 사회적 교만의 희생자들을 위해, 셋째로, 이단자들과 분리주의자들, 세리들, 사마리아인들, 그리고 두로와 시돈의 이방인들을 위해서 만들어졌다.[94]

하나님 나라에 합당한 자들

크로산은 앞서 언급한 렌스키의 농경사회 계층 분류를 받아들여 예수가 선포한 하나님의 나라는 통치자, 지배계급, 신하계급, 상인세급, 사제계급이 속하는 상층계급의 하나님 나라를 말한 것이 아니라, 불결한 자들, 천민들, 소외계층의 하나님 나라를 말한 것이라고 주장한다.[95]

타이쎈은 하나님의 나라는 어린이와 같이 하찮은 존재들, 가난한 자들, 슬퍼하는 사람들, 그리고 성가신 자들의 나라라고 하였다.

① 어린이와 같이 하찮은 존재들(the Nobodies)[96]

• 하느님의 나라는 이런(어린이와 같은) 사람들의 것이다. 나는 분명히 말한다. 누구든지 어린이와 같이 순진한 마음으로 하느님 나라를 받아들이지 않으면 결코 거기 들어가지 못할 것이다.(마 19:13-15 공동번역)

• 나는 분명히 말한다. 너희가 생각을 바꾸어 어린이와 같이 되지 않으면 결코 하늘나라에 들어가지 못할 것이다. 그리고 하늘나라에서 가장 위대한 사람은 자신을 낮추어 이 어린이와 같이 되는 사람이다.(마 18:2-4 공동번역)

② 가난한 자들[97]

- 가난한(ptochoi) 사람들아, 너희는 행복하다. 하느님 나라가 너희의 것이다.(눅 6:20 공동번역)

- 하느님께서는 이 세상의 가난한(ptochous) 사람을 택하셔서 믿음을 풍요하게 하시고 당신을 사랑하는 사람들에게 약속해 주신 그 나라를 차지하게 하지 않으셨습니까?(얍 2:5 공동번역)

- 마음이 가난한(ptochoi) 사람은 행복하다. 하늘나라가 그들의 것이다. (마 5:3 공동번역)

③ 슬퍼하는 사람들

- 의를 위하여 핍박을 받은 자는 복이 있나니 천국이 저희 것임이라.(마 5:10)

- 이는 하나님의 공의로운 심판의 표요 너희로 하여금 하나님 나라에 합당한 자로 여기심을 얻게 하려 함이니 그 나라를 위하여 너희가 또한 고난을 받느니라.(살후 1:5)

- 제자들의 마음을 굳게 하여 이 믿음에 거하라 권하고 또 우리가 하나님 나라에 들어가려면 많은 환난을 겪어야 할 것이라.(행 14:22)

④ 성가신 사람들(the Undesirables)[98]

천국 비유 중, 겨자씨의 비유, 가라지의 비유, 진주의 비유, 밭에 감추인 보화의 비유에는 '성가신 자들이 천국에 합당한 자'라고 한다. 특히 겨자씨의 비유에서 겨자는 원치 않는 장소에 퍼져나가는 경향이 있다는 사실, 통제하기가 매우 어려운 경향이 있다는 사실, 그리고 특별히 원치 않는 경작지에 새들이 꼬이도록 만드는 경향이 있다는 사실이다. 바로 이것이 하나님 나라와 같다고 예수는 말했던 것이다. 즉 하나님 나라는 레바논의 거대한 백향목이 아니라 성가신 겨자씨와 같은 자들의 나라라는 것이다.

타이쎈과 메르츠는 하나님 나라는 이스라엘 내부에서 멸시받는 사람들의 명예회복을 가져온다. 특별히 사회적, 육체적, 도덕적 결함을 가진 사람들이 그 나라 가까이에 다가서게 된다.[99]

① 사회적 결함을 가진 사람들의 하나님 나라

가난한 사람, 굶주린 사람, 슬피 우는 사람, 핍박받는 사람, 어린이들에게 축복이 선언된다, 왜냐하면 하나님의 왕적인 통치가 그들의 것이기 때문이다.(마 5:3이하, 눅 6:20이하, 막 10:14-15)

② 신체적인 결함을 가진 사람들의 하나님 나라

이스라엘 전통에서는 제의에 참여할 자격조차 거절당한 고자들(마 19:13), 죄짓기보다는 차라리 스스로 불구가 되는 쪽을 택한 사람들(막 9:43-47)도 하나님 나라에 가까워진다. 여기서도 문자적 의미와 비유적 의미를 구별할 수 있다.

③ 도덕적 결함을 가진 사람들의 하나님 나라

두 아들의 비유(마 21:28-32)는 하나님의 뜻에 긍정하긴 하지만 실천하지 않는 경선한 사람늘보다는 세리와 창녀들이 먼저 하나님 나라에 들어간다고 말한다. 중요한 것은 회개다. 회개하는 죄인은 회개하기 싫어하는 경건한 사람들보다 낫다.

크로산은 특이하게도 병으로 고통당하는 자뿐만 아니라, 의를 위해 고통당하는 자를 하나님의 나라에 합당한 자로 강조하였다. "하나님의 나라를 위하여 집이나 아내나 형제나 부모나 자녀를 버린 자"(눅 18:29), "미움을 사고 내어 쫓기고 욕을 먹고 누명을 쓰는 자"(눅 6:22 공동번역) "모욕을 당하고 박해를 받으며 터무니없는 말로 갖은 비난을 다 받는 자"(마 5:11 공동번역)도 하나님의 나라에 합당한 자로 여겨진다. 예수가 자신의 경험에 근거하여, "모욕을 당하고 거절을 당하는 사람은 복이 있다."는 말씀을 틀림없이 했을 것이며, 원시 교회 공동체들은 점차 더욱 위험해지는 그들 자신의 경험에 근거하여, 하나님의 나라에 합당한 자는 많은 고난을 받고 많은 환란을 받는 것을 감수하여야 한다고 하였다.

하나님 나라에 합당하지 못한 자

하나님 나라는 하나님의 뜻대로 사는 자, 하나님의 의를 구하는 자가 유업으로 받을 수 있기 때문에 요한은 "물과 성령으로 나지 아니하면 하나님 나라에 들어갈 수 없다."(요 3:5)고 하였다. 하나님 나라에 합당한 자들에 관한 말씀도 적지 않다. 외식하는 서기관들과 바리새인들과 같은 자는 천국 문을 사람들 앞에서 닫고 너희도 들어가지 않고 들어가려 하는 자도 들어가지 못하게 하는 자(마 23:13)로 비난받는다.

그래서 원시교회에서는 불의한 자, 음란한 자나 우상숭배하는 자나 간음하는 자나 탐색하는 자나 남색하는 자(고전 6:9, 참조 엡 5:5), 도적이나 탐람하는 자나 술 취하는 자나 후욕하는 자나 토색하는 자(고전 6:10)들이나, 투기와 술 취함과 방탕함과 또 그와 같은 것들을 행하는 자(갈 5:21)는 하나님의 나라를 유업으로 받지 못한다는 사실을 분명히 하였다.

참 고 문 헌

Anderson, H.(1988), "Jesus: Aspects of the Question of Authority," *The Social World of Formative Christianity and Judaism, in Tribute to H. C. Kee*, ed. J. Neusner, H. Clark and R. Horsley, Philadelphia: Fortress.

Arndt, W.(1968), 지원상 역, 『신약의 역사』, 서울: 컨콜디아사.

Augustine(1993), 김종흡 역, 『삼위일체론』, 서울: 크리스챤다이제스트.

Aulen, G.(1976), 전경연 역, 『속죄론 연구』, 서울: 종로서적.

Baigent, M & Leight, R. & Lincoln, H.(1981), 강혜령 역, 『성혈과 성배』, 서울: 행림출판.

Barcley, W.(1987), 문동학·이규민 역, 『팔복 주기도문 강해』, 서울: 크리스챤다이제스트.

Barcley, W.(1988), 이희숙 옮김, 『산상수훈 강해: 팔복과 주기도문』, 서울: 종로서적.

Barth, K.(1789), 전경연 역, 『죽은 자의 부활 – 고린도 전서 15장 연구』, 서울: 한국신학대학 출판부.

______(1961), *Church Dogmatics*, Edinburgh: T. & T. Clark.

Barton, Stephen C.(1994), *Discipleship and Family Ties in Mark and Matthew*, Cambridge: Cambridge University Press.

Beasley-Murray, G. R(1986), *Jesus and the Kingdom of God*, Grand Rapids, Mich.: W. B. Eerdmans.

Beinert, W.(1980), 심상태 역, 『마리아 – 오늘을 위한 마리아론 입문』, 서울: 성바오로출판사.

Bela, F.(1990), "1세기의 팔레스틴", 『예수 시대의 민중운동』, 천안: 한국신학연구소.

Belo, F & Horsley, R. A.(1990), 『예수 시대의 민중운동』, 서울: 한국신학연구소.

Boers, H. W.(1996), 박익수 역, 『예수는 누구였는가?』, 서울: 대한기독교서회.

Boff, L.(1978), *Jesus Christ Liberator*, tr. Patrick Hughes, Maryknoll, New York: Orbis.

______(1987), *The Maternal Face of God*, tr. R. R. Bar & J. W. Direcksmeier, New York:

Happer & Row Publisher.

______(1988), *Way of the Cross: Way of Justice*, tr. John Druny, New York: Orbis.

______(1996), 김항섭 역,『생태신학』, 서울: 가톨릭출판사.

Bonhöffer, D.(1966), 이종성 역,『그리스도론』, 서울: 대한기독교서회.

______(1970), 고범서 역,『옥중서간』, 서울: 대한기독교서회.

______(1990),『나를 따르라』, 서울: 대한기독교서회.

Bonino J.,『해방의 정치윤리』, 서울: 한국신학연구소.

Borg, Marcus J. & Wright, N. T.(2001), 김준우 역,『예수의 의미』, 서울: 한국기독교연
　　구소.

Borg, Marcus J.(1998), 김기석 역,『예수 새로 보기』, 천안: 한국신학연구소.

______(2003), 남정우 역,『예수 2000년』, 서울: 대한기독교서회.

Bornkamm, G.(1973), 강한표 역,『나사렛 예수』, 서울: 대한기독교서회.

Borsch, E. H.(1975), "Jesus, The Wandering Preacher?," *What about the New Testament*,
　　Essays in Honour of Christopher Evans, ed. M. Hooker and C. Hickling,
　　London: SCM.

Bösen, W.(1998), 황현숙 역,『예수 시대의 갈릴레아』, 서울: 한국신학연구소.

Braun, H.(1981), 김광식 역,『예수와 그의 시대』, 서울: 대한기독교서회.

Brown, R. E.(1977), *The Birth of Messiah*, New York: Dubleday.

______(1984), "동정녀 탄생",『기독교대백과사전』4권, 서울: 기독교문사.

Bruce, F. F.(1961), *Second Thoughts on the Dead Sea Scroll*, Wm. B. Edermans.

______(1980), 진연섭 역,『성서 밖에서 본 예수와 기독교의 기원』, 서울: 컨콜디아사.

Brunner, E.(1952), *The Christian Doctrine of Creation and Redemption*, tr. O. Wyen,
　　Philadelphia: Westminster.

______(1956), *The Mediator*, tr. O. Wyon, Philadelphia: Westminster.

______(1964), *Truth as Encounter*, Philadelphia: Westminster, 1964.

Buchanan, G. W.(1984), *Jesus: the King and his Kingdom*, Mercer Univ. Pr.

Bultmann, R.(1951), *Jesus*, Tübingen: J. C. B. Mohr.

Bultmann, R.(1964), *Die Geschichte der Synoptischen Tradition*, Göttingen: Vandenhoek &
　　Ruprecht; 허혁 역(1973),『공관복음전승사』, 서울: 대한기독교서회.

______(1965), *Theologie des Neuen Testaments*, Tübingen: J. C. B. Mohr; 허혁 역(1976),
　　『신약성서신학』, 서울: 성광문화사.

Buri, F.(1974), "생태학적 신학의 시도",「기독교사상」, 4월호.

Calvin, J.(1967), *Institutes of Christian Religion*, Vols. 2, tr. F. L. Balles, Philadelphia:
　　Westminster Pr.

Calvin, J.(1995), 김종흡 외 공역,『기독교강요 상』, 서울: 생명의 말씀사.

Chardin, P. Teilhard de(1965), *The Divine Milieu*, New York: Harper & Row.

______(2002), 최영인 역,『떼이야르 신부가 장따 여사에게』, 왜관: 분도출판사.

______(2003/1), 이병호 역,『그리스도』, 왜관: 분도출판사.

______(2003/2), 이병호 역,『물질의 심장』, 왜관: 분도출판사.

Charlesworth, James H.(1988), *Jesus within Judaism - New light from exiting Archaeological Discoveries*, New York: Doubleday.

______(1990), *John and the Dead Sea Scrolls*, Crossroad.

Cheung, A. T. M.(1986), "The Priest as the Redeemed Man: A Biblical Theological Study of Priesthood," *JEvanTH* 29.

Chilton, B.(1984), *The Kingdom of God in the Theaching of Jesus*, Philadelphia: Fortress.

______(1987), *Jesus and the Ethics of Kingdom*, London: SPCK.

Clark, J. B.(1989), *The Distribution of Wealth: A Theory of Wages, Interest and Profits*, New York: The Macmillan Company.

Clévenot, Michel(1985), *Materialist Approaches to the Bible*, tr. by William J. Nottingham, Maryknoll: Orbis Books.

Cobb, J.(1992),『종교다원주의와 오직 예수: 이야기 기독론』, 서울: 조명문화사.

Conzelmann, H.(1973), *Jesus: the Classic Article from RGG*, expanded and updated, tr. J. L. Load, Philadelphia: Fortress.

Cooper, J.(1984), "예수의 어머니 마리아",『기독교대백과사전 5권』, 서울: 기독교문사.

Costad, O. E.(1987), 김승환 역,『성문 밖의 그리스도』, 서울: 한국신학연구소.

Cox, H.(1967),『세속도시』, 서울: 대한기독교서회.

Crossan, J. D.(1998), 한인철 역,『예수는 누구인가?』, 서울: 한국기독교연구소.

______(2000), 김준우 역,『역사적 예수』, 서울: 한국기독교연구소.

______(2001), 김기철 역,『예수: 사회적 혁명가의 전기』, 서울: 한국기독교연구소.

Culllmann, O.(1959), *The Christology of New Testament*, tr. S. C. Guthrie and C. Hall, Philadelphia: Westminster.

______(1989),『신약의 기독론』, 서울: 나단.

Dale Moody(1962), "Virgin Birth," *The Interpreter's Dictionary of the Bible*, vol.4.

Danell, G. A.(1951), "Did St. Paul Know the Tradition About the Virgin Birth?" *Studia Theologica* 4/1.

Davies, P. E(1979), "Jesus and the Role of the Prophet," *JBL* 64: 241-254.

Deshner, J.(1985), *Wesley's Christology: An Interpretation*, Dallas: SMU Pr.

Dibelius, M.(1939), *Jesus*, Berlin: Walter de Grutyter; 김용옥 역(1958),『예수』, 서울: 대한기독교서회.

Dodd, C. H.(1961), *The Parable of Kingdom*, New York: Scribner.

Donald, J.(1988), *Messiah Exegesis: Chrsitological Interpretation of the Old Testament in Early Christianity*, Philadelphia: Fortress.

Dostoevski(1999), 김학서 역, 『까라마조프가의 형제들 I』, 서울: 하서.

Duchesne-Guillemin, Jacques(1984), "조로아스터교", 『기독교대백과사전』 13권, 서울: 기독교문사.

Dunn, J. D. G.(1975), *Jesus and the Spirit: A Study of the Religious Charismatic Experience of Jesus and the First Christians as Related in the New Testament*, London: SCM.

______(1980), *Christology in the Making: a New Testament Inquiring into the Origin of the Doctrine of the Incarnation*, Philadelphia: Westminster.

______(1988), 김득중 · 이광훈 역, 『신약성서의 통일성과 다양성』, 서울: 나단출판사.

Dupont-Sommer, Andre(1954), *The Jewish sect of Qumran and the Qumran: new studies on the Dead Sea scrolls*, Vallentine, Mitchell.

______(1962), *Essenes writings from: Qumran*, World Pub. co.

Ebeling, G.(1960), "Jesus und Glauben," *Wort und Glauben I*, Tübingen: Mohr.

______(1975), *Wort und Glauben III*, Tübingen: Mohr.

Eliade(1996), 『성과 속』, 서울: 학민사.

Ellul, J.(1992), 양명수 역, 『하나님이냐 돈이냐』, 서울: 대장간.

Ericksion, M. J.(1991), 『기독론』, 서울: 기독교문서선교회.

Eusebius, 임성옥 역(2001), 『교회사』, 서울: 은성.

Fabella, V.(1985), *Doing Theology in a divided World*, New York: Orbis.

Farmer, William Reuben(1956), *Maccabees. Zealots and Josephus: an inquiry into Jewish Nationalism in the Greco-Roman period*, Columbia University Press.

Ferguson, A.(1993), 박경범 역, 『초대교회 배경사』, 서울: 은성.

Filgrim, W. E.(1981), *Good News for the Poor: Wealth and Poverty in Luke-Acts*, Mineapolis: Augsburg Pub.

Finegan, J.(1999), 남대극 역, 『신약성서고고학』, 서울: 민음사.

Finegan, Jack(1992), *The Archeology of New Testament*, Princeton: Princeton Univ, Press.

Fitzmeyer, J. A. & Brown, R. E. ed.(1968), "The New Testament and Topical Articles," *The Jerom Biblica Bible*, vol. II.

Förster, W.(1979), 문희석 역, 『신구약 중간사』, 서울: 컨콜디아사.

Fox, M.(2001), 황종렬 역, 『원복』, 서울: 분도출판사.

______(2002), 송형만 역, 『우주 그리스도의 도래』, 왜관: 분도.

Freke, T. & Gandy, P.(2002), 승영조 역, 『예수는 신화다』, 서울: 동아출판사.

Friedrich, G.(1985), *Die Verkuendigung des Todes Jesu in Neuen Testament*, Neukrichener Verlag, 박영옥 역(1988), 『예수의 죽음』, 서울: 한국신학연구회.

Freire, Paulo(1997),『페다고지 - 억눌린 자를 위한교육』, 서울: 한마당.

______(2000), 교육문화연구회 역,『프레이리의 교사론』, 서울: 아침이슬.

Fuchs, E.(1964), *Studies of the Historical Jesus*, London: CM Press.

______(1964), "New Testament and Hermeneutic Problem," *The New Hermeneutic*, ed. J. M. Bobinson & J. B. Cobb, New York: Harper & Row.

Fuller, R. H.(1966), *A Critical Introduction to the New Testament*, London: Gerald Duckworth.

Funk, R. W.(1999), 김준우 역,『예수에게 솔직히』, 서울: 한국기독교연구소.

______(1966), *Language, Hermeneutic and Word of God: Problem of Language in the New Testament*, Contemporary Theology, New York: Harper & Row.

Funk, R. W. & Hoover, Roy W. & The Jesus Seminar(1993), *The Five Gospels: the Search for the Authentic Words of Jesus*, San Francisco: Harper San Francisco.

Furguson, E.(1993), 박경범 역,『초대교회 배경사』, 서울: 은성.

Geisler, N. L.(1988),『성경무오: 도전과 응전』, 서울: 엠마오.

Gibbon, E., 강석승 역(2007),『로마제국쇠망사』, 서울: 동서문화사,.

Gnilka, J.(1992),『마르코복음 1』, 서울: 한국신학연구소.

______(2002), 정한교 역,『나자렛 예수』, 왜관: 분도.

Gowler, D. B.(2007), 김병모 역,『최근 역사적 예수 연구 동향』, 서울: CLE.

Goodman, M.(1999), "A Note on Josephus: the Pharisees and ancestral tradition," *Journal of Jewish Studies*, 50, 17-20.

Gottwald, N. K.(1979), *The Tribes of Yahweh*, New York: Obris.

Gray, J.(1979), *The Biblical Doctrine of Kingdom of God*, Edinburgh: T. & T. Clark.

Green, J. B. & McKnight, S. & Mashall, I. H.(2003),『예수 복음서 사전』, 서울: 요단.

Gromacki, R. G.(1994), 임태우 역,『동정녀 탄생』, 서울: 요나출판사.

Groningen, G. von(1997), 유재원·류호준 역,『구약의 메시아 사상』, 서울: 기독교문서 선교회.

Gruber E. R. & Kersten, H.(2001), 홍은진 역,『예수는 십자가에 죽지 않았다 - 토리노 성의가 밝히는 부활론의 음모』, 서울: 아침이슬.

Gutierrez, G.(1989), *A Theology of Liberation*, tr. S. C. Inda & J. Eagleson, New York: Orbis.

Hagner, D. A.(1999), 채천석 역,『마태복음 1-13』, 서울: 솔로몬.

Hahn, F.(1969), *The Titles of Jesus in Christology: Their History in Early Christianity*, London: Lutterworth Pr.

Hamilton, N. Q.(1969), *Jesus for No-God World*, Philadelphia: Westminster Pr.

Hand, A. R.(1968), *Charities and Social Aid in Greece and Rome*, London: Thames &

Hudson.

Harri, M. H.(1995), 서인선 역, 『신약에 나타난 부활』, 서울: 기독교문서선교회.

Hasel, G. H.(1982), 장상 역, 『현대신약신학의 동향』, 서울: 대한기독교출판사.

Hayford, J.(1994), 임성옥 역, 『마리아의 기적』, 서울: 은성.

Hengel, M.(1981), 이정희 역, 『초대교회의 사회경제사상』, 서울: 대한기독교서회.

______(1970), *War Jesus Revolutinär?*, Stütgart.

______(1981), *Atonement: A Study of the Origin of the Doctrine in the New Testament*, tr. Bowden, London: SCM.

______(1982), 김명수 역, 『십자가 처형』, 서울: 대한기독교서회.

Henstenberg, E. W.(1997), 『구약의 기독론』, 서울: 크리스챤다이제스트.

Heppe, H.(1984), *Reformed Dogmatics*, tr.C. T. Thomson, Grand Rapids. Mich.: Baker.

Hill, T.(1979), *New Testament Prophecy*, London: Marshall, Morgan & Scott.

Hollenbach, P. W.(1983), "Recent Historical Jesus Studies and the Social Science," *JBL* 1983 Seminar Paper.

Horsley, R. A.(1984), "Popular Messianic Movement around the Time of Jesus," *CBQ* 466, 471-495.

______(1985), "'Like One of the Prophets of Old': Two Type of Popular Prophets at the Time of Jesus," *CBQ* 47, 435-463.

______(1986/1), "Popular Prophetic Movements at the Time of Jesus: Their Principal Features and Social Origin," *JSNT* 26, 3-27.

______(1986/2), "Prophetic Movements at the Time of Jesus: Their Principal Features and Social Origin", *JSN* 26,

______(1993), 이준모 역, 『예수운동 - 사회학적 접근』, 서울: 한국신학연구소.

______(1998), 손성현 역, 『크리스마스의 해방』, 서울: 다산글방.

______(2004). 『예수와 제국: 하느님 나라와 신세계 무질서』, 서울: 한국기독교연구소, 2004.

Horsley, R. A. & Hanson, J. S.(1988), *Bandits, Prophets, and Messiahs: Popular Movements at the Time of Jesus*, San Francisco: Harper & Row Pub.

Icenogle, Gareth W.(1994), 안영권·김성일 역, 『왜 소그룹으로 모여야 하는가』, 서울: 옥토.

Jagersma, H.(1993), 배용덕 역, 『신약배경사』, 서울: 솔로몬출판사.

Jeremias, J.(1954), *The Parable of Jesus*, London: SCM Press.

______(1967), *The Prayer of Jesus*, London: SCM.

______(1987), 김경신 역, 『신약성서의 중심 메세지』, 서울: 은성.

______(1988), 『예수 시대의 예루살렘』, 서울: 한국신학연구소.

_______(1990), 정충하 역,『신약신학』, 서울: 새순출판사.

_______(2001), 김경희 역,『예수의 선포』, 서울: 분도출판사.

Jong, M. De(1960), "The Use of the Word 'Anointed' in the Time of Jesus," *NTS* 8.

Josephus,「유대고대사」, 성서자료연구원역,『요세푸스』III-V, 서울: 달만, 2001.

_______,「유대전쟁사」, 성서자료연구원역,『요세푸스』I-II, 서울: 달만, 2001.

Kähler, M.(1964), *The so-Called Historical Jesus and Historic Biblical Christ*, tr. C. E. Braaten, Philadelphia: Fortress.

Käsemann, E.(1954), "Das Problem des historischen Jesus," *ZTK* 51,

_______(1964), 강한표 역,『역사적 예수 연구』, 서울: 대한기독교서회.

Kasper, W.(1983) 박상래 역,『예수 그리스도』, 왜관: 분도출판사.

Kee, H.(1984), 서중석 · 김명수 역,『기독교의 기원에 관한 사회학적 연구』, 서울: 대한기독교출판사.

_______(1990), 서중석 역,『신약성서의 이해』, 천안: 한국신학연구소.

Kelber, W. H.(1987), 서중석 역,『마가의 예수 이야기』, 서울: 한국신학연구소.

Kennard, S.(1950), *Render to Caesar*, New York: Charles Scribner & Sons.

Kersten, Holger(1987), 장성규 역,『인도에서의 예수의 생애』, 서울: 고려원.

Kingsberry, J. D.(1994),『마가의 기독론』, 서울: 나단.

Knitter, P. F.(1986), 변선환 역,『오직 예수 이름으로만?』, 서울: 한국신학연구소.

Kuligin, V.(2009), 이명화 역,『누가 예수를 믿으면 잘 산다고 했는가』, 서울: 넥서스.

Kümmel, W. G.(1957), "Promise and Fulfilment: the Eschatological Message of Jesus," tr. D. M. Barton, *SBT* 23.

Küng, H.(1982), 정한교 역,『왜 그리스도인가』, 왜관: 분도.

_______(2002), 정한교 역,『그리스도교』, 왜관: 분도.

Ladd, G. E.(1978), "The Kingdom of God: Reign or Realm", *SBL* 81.

Lampe, G. H.(1977), *God as Spirit*, London: SCM.

Latourette, K. S.(1986), 허호익 역,『기독교의 역사』, 서울: 대한기독교서회.

Lawlor, George L.(1973), *Almah: Virgin or Young Woman?*, Des Plains, Ill: Regular Baptist Press.

Leicke, Bo.(1986),『신약성서시대사』, 서울: 한국신학연구소.

Lochmann, J. M.(1986), 주재용 역,『화해와 해방』, 서울: 대한기독교서회.

Macquarrie, J.(1977), *Principles of Christian Theology*, London: SCM.

Malina, Bruce(1992), *Social Science Commentary on the Synoptic Gospels*, Minneapolis: Philadelphia: Fortress Press.

Manson, T. W.(1935), *The Teaching of Jesus*, London: Cambridge.

Marshall, I. H.(1980), 신성수 역,『신약성서의 기독론의 기원』, 서울: 한국기독교교육연구
　　원.

Marxsen, W.(1964), *Die Auferstehung Jesu als historisches und als theologisches Problem*,
　　Guetersloher Verlag: Gerd Mohn.

＿＿＿＿＿(1979), *The Beginning of Christology*, tr. P. R. Achtemeier and L. Nieting,
　　Philadelphia: Fortress.

＿＿＿＿＿(1970), *The resurrection of Jesus of Nazareth*, London: SCM.

Mason, S.(2002), 유태엽 역,『요세푸스와 신약성서』, 서울: 대한기독교서회.

Martinez, F. G. & TigchelaarE. J. C.(ed)/강성렬 역(2008),『사해문서』전4권, 서울:
　　나남.

Matera, F. J.(1982), *The Kingship of Jesus*, Scholars Pr.

McDowel, J. & Wilson, B.(1991),『예수님은 실존인물인가』, 서울: 생명의 말씀사.

McRay, J.(1991), *Achaeology and New Testament*, Grand Rapids, Mi.: Baker.

Melanchton, P.(1998), 한인수 역,『신학의 주요개념들』, 서울: 경건, 210.

Miranda, J. P.(1987), 김쾌상 역,『마르크스와 성서』, 서울: 일월서각.

Moltmann, J.(1973), 전경연 · 김균진 역,『신학의 미래 I』, 서울: 대한기독교서회.

＿＿＿＿＿(1975/1), 전경연 편,『신학의 미래 II』, 서울: 향린사.

＿＿＿＿＿(1975/2), 전경연 · 박봉랑 역,『희망의 신학』, 서울: 현대사상사.

＿＿＿＿＿(1974/1), *The Crucified God*, tr. R. A. Wilson and J. Bowden, London: SCM.

＿＿＿＿＿(1974/2), 전경연 역,『인간』, 서울: 향린사.

＿＿＿＿＿(1976), 전경연 역,『정치신학』, 서울: 종로서적.

＿＿＿＿＿(1977/1), 전경연 역,『희망의 실험과 정치』, 서울: 종로서적.

＿＿＿＿＿(1977/2), *The Church in Power of Spirit*, tr. M. Kohl, New York: Harper & Row.

＿＿＿＿＿(1978), 김균진 역,『십자가에 달리신 하나님』, 서울: 한국신학연구소.

＿＿＿＿＿(1981), *The Trinity and the Kingdom*, tr. M. Kohl, New York: Harper & Row.

＿＿＿＿＿(1982), 전경연 편역,『하나님 체험』, 서울: 한국신학연구소.

＿＿＿＿＿(1986), 김균진 역,『삼위일체와 하나님의 나라』, 서울: 대한기독교출판사.

＿＿＿＿＿(1989), 차옥숭 역,『오늘의 신학은 무엇인가』, 서울: 한국신학연구소.

＿＿＿＿＿(1991), 김균진 · 김명용 역,『예수 그리스도의 길』, 서울: 대한기독교서회.

Moody, D.(1973), *The Virginal Conception and Bodily Resurrection of Jesus*, New York: Paulist.

Newman, P. W.(1987), *A Spirit Christology*, New York: University Press of America.

Nissen, R.(1980), "The Virginity of the Almah in Isaiah 7:14," *Bibliotheca Sacra* 137,
　　133-150.

Nitter, P. F.(1986), 변선환 역,『오직 예수 이름으로』, 서울: 한국신학연구소.

Nolan, A.(1987), *Jesus before Christianity*, New York: Orbis.

______(1980),『그리스도교 이전의 예수』, 왜관: 분도.

Nolland, J.(2005), 김경진 역,『누가복음 중』, 서울: 솔로몬.

Norris, R. A.(1998),『기독론 논쟁』, 서울: 은성.

Noss, J. B.(1997), 윤이흠 역,『세계종교사 상』, 서울: 현암사.

O'Collins, G.(1987), *Jesus Reisen*, New York: Paulist.

Ogden, S. M.(1973), *The Point of Christology*, New York: Harper & Row.

______(1979), *Christ without Myth: A Study Based on the Theology of Rudolf Bultmann*, SMU Pr.

Origen, "Against Celsus I," *The Ante-Nicene Fathers*, vol. IV tr. A. Roberts & J. Donaldson, Grand Rapids, Mich.: Wm. B. Eerdmans.

Osborne, G. R.(1984), *The Resurrection Narratives-A Redactional Study*, Grand Rapids, Mich.: Baker Book House.

Ott, H.(1976), 김광식 역,『신학해제』, 서울: 한국신학연구소.

Pagels, E.(1984), 방건웅 · 박희순 역,『성서 밖의 예수』, 서울: 정신세계사.

Pannenberg, W.(1952), *Theology and the Kingdon of God*, Philadelphia: Westminster.

______(1968), *Jesus: God and Man*, tr. L. L. Wikius and P. A. Priebe, London: SCM.

Perrin, N.(1962), *Jesus and Language of Kingdom: Symbol and Metarphor in New Testament Interpretation*, Philadelphia: Fortress.

______(1963), *The Kingdom of God in the Teaching of Jesus*, Zodervan.

______(1974), *Rediscovering the Teaching of Jesus*, New York: Harper & Row.

Pfeiffer, Charles F.(1978), *The Dead Sea Scrolls and the Bible*, Grand Rapids, Mi.: Baker Book House.

Ploutarkos(1997), 김병철 역,『플루타코스의 영웅전 1권』, 서울: 범우사.

Pöhlmann, H. G. (1992), 모명숙 역,『나사렛 예수, 그는 누구인가』, 서울: 삼민사.

Prophet, E. C.(1987), 황보석 역,『예수의 잃어버린 세월: 예수는 13세부터 29세까지 어디에 있었나』, 서울: 동국출판사.

Rank, Otto(1959), *Myth of the Birth of the Hero*, New York: Vintage.

Rastow, A.(1960), "ejnto;" uJmw'n ejstin zur Deutung von Lukas 17: 20-21," *ZNW* 51, 197-224.

Reicke, B. I.(1986),『신약성서시대사』, 서울: 한국신학연구소.

Rewis, J. F.(1995), 임성옥 · 박경환 역,『세계의 종교와 관습』, 서울: 은성.

Richardson, A.(1973), *The Politic Christ*, Philadelphia, Pa.: Westminster Press.

Richmond, L. J.(1982), *A Kenotic Christology*, New York: Univ. Press of America.

Riesner, R.(1984), *Jesus also Leher*, Tübingen, J. C. B. Mohr.

Robbins, V. K.(1984), *Jesus the Teacher: Socio-rhetorical Interpretation of mark*, Philadelphia: Fortress.

Robertson, A. T.(1978), 도한호 역,『복음서 대조표』, 서울: 요단출판사.

Robinson, J. M.(1983), *A New Question of the Historical Jesus*, Philadelphia: Fortress.

Rose, E.(1984), 박창건 역,『신약성경배경사』, 서울: 대한기독교서회.

Runia, K.(1986), 김호남 역,『현대기독론 연구』, 서울: 기독교문서선교회.

Sanders, E. F.(1985), *Jesus and Judaism*, Philadelphia: Fortress.

______(1994), 이정희 역,『예수 운동과 하나님의 나라』, 서울: 한국신학연구소.

Sayre, Farrand(1948), *The Greek Cynics*, Baltimore: Furst.

Schiffman, Lawrence H.(1989), *The Eschatological community of the Dead Sea scrolls: a study of he Rule of the congregation*, Scholars Press.

______(2000), *Enyclopedia of the Dead Sea scrolls*, Oxford University Press.

Schillebeeckx, E.(1987), *Jesus: An Experiment in Christ*, New York: Cossroad, 14.

______(1988), *Christ: The Experience of Jesus as the Load*, New York: Cossroad.

Schimidt, H.(1983), *Die Dogmatik der evangelisch-lutherischen Kirche*, Gerd Mohn: Gütersloher Verlagshaus.

Schleiermacher, F.(1948), *Christian Faith*, tr. H. R. Machintosh, Edinburgh: T. & T. Clark.

Schmaus, M.(1968), *Dogma 2*, London: Seed and Ward.

Schmidt, T. E.(1987), "Hostility to Wealth in the Synoptic Gospel," *Journals for the Study of the New Testament Supplement* 15.

Schnackenberg, R.(2009), 이병학 역,『복음서의 예수 그리스도』, 서울: 분도출판사.

Schoonenberg, P. J. A. M.(1977), "Spirit Christology and Logos Christology," *Bijdragon*, 38(4).

Schottroff, L.(1987), "마리아 찬가와 나자렛 예수에 관한 가장 옛 전승,"「신학사상」58, 610-631.

Schottroff, L. & Stegemann, W.(1986), *Jesus and the Hope of the Poor*, New York: Orbis.

Schrage, W.(1986), "Heil und Heilung im Neuen Testament," *EvTh* 46.

Schweitzer, A.(1951), *Geschichte der Leben Jesu Forschung*, Tübingen, J. C. B. Mohr.

______(1982), 허혁 역,『예수의 생애 연구사』, 서울: 대한기독교서회.

Schweitzer, E.(1978), *The Good News according Mathew*, tr. D. E. Green, London: SPCK.

Scoot, W. A.(1988), 김쾌상 역,『개신교 신학 사상사』, 서울: 대한기독교출판사.

Segundo, J. L.(1985), *The Historical Jesus of Synoptics*. tr. Drury, New York: Orbis.

Shemesh, A.(2001), "King Manasseh and the Halakhah of the Sadducees," *Journal of Jewish Studies*, 52, 27-39.

Simkhovich, V. G.(1980), 허호익 역,『예수의 사상과 역사적 배경』, 서울: 대한기독교서회.

Sittler, J.(1970), "생태학의 신학", 「기독교사상」 10월호.

Smith, D. E.(1987), "Table Fellowship as Literary Motif," *JBL* 106-4: 633-638.

______(1989), "The historical Jesus at Table," *SBL 1989 Seminar Paper*, 466-486.

Smith, M.(1959), "What is implied by the variety of messianic Figures?," *JBL* 78: 66-72.

______(1973), *The Secret Gospel*, New York: Harper & Row.

Spon, J. S.(2007), 이계준 역,『만들어진 예수, 참 사람 예수』, 서울: 한국기독교연구소.

Stafford, Tim(2009), 이장렬 역,『유대인의 옷을 입은 예수』, 서울: 스탭스톤.

Stegemann, E. W. & Stegemann, W., 손성현 · 김판임 역(2008),『초기 그리스도교의 사회사』, 서울: 동연.

Stegemann, Hartmut(1999), *The Library of Qumran On the Essenes, Qumran, John the Baptist, and Jesus*, Wm. B. Eerdmans Publishing Co.

Stein, R. H.(1978), *The Method of Message of Jesus's Teachings*, Philadelphia: Westminster.

______(1988), 이희숙 역,『예수의 비유 연구』, 서울: 컨콜디아사.

______(2001), 황영철 역,『메시야 예수: 예수의 생애 연구』, 서울: 한국기독교학출판사.

Stott, J. R. W.(1994), 황을호 역,『기독교의 기본진리』, 서울: 생명의 말씀사.

Strobel, L.(1998), 윤관희 · 박중렬 역,『예수 사건』, 서울: 두란노.

Tabor, J. D. (2007),『예수 왕조』, 서울: 현대문학.

Theissen, G.(1984), 조성호 역,『예수 운동의 사회학』, 서울: 종로사적.

______(1994), 김명수 역,『원시그리스도교에 대한 사회학적 연구』, 서울: 대한기독교출판사.

Theissen, G. & Merz, A.(2001), 손성현 역,『역사적 예수』, 서울: 다산글방.

Tillich, P.(1971), 송기득 역,『그리스도교 사상사』, 서울: 한국신학연구소.

Twelftree. G. H.(2003), "귀신, 마귀, 사탄",『예수복음서사전』, 서울: 요단.

Vaux, Roland de(1973), *Archaeology and the Dead Sea scrolls*, the Oxford University Press.

Vermes, G.(1973), *Jesus the Jew: Historian's Reading of the Gospel*, London: Colins.

______(1983), *Jesus and the World of Judaism*, Philadelphia: Fortress.

______(1981), *The Dead Sea Scroll: Qumran in Perspective*, Philadelphia: Fortress Press.

Viviano, B. T.(1988), *The Kingdom of God in History*, Wilmington, Delaware: Mickael Glarzer.

Voorst, R. E. Van(2000), *Jesus outside the New Testament*, Grand Rapids, Mich.: W. B. Eerdmans.

Vorg, M. J.(1997), 김기석 역,『예수 새로 보기』, 서울: 한국신학연구소.

Waetjen, Herman C.(1983), 강요섭 역,『사람됨의 기원과 운명』, 서울: 대한기독교출판사.

Warfield, B.(1950), *The Person and Work of Christ*, S. G. Craig(ed), Philadelphia: Presbyterian and Reformed Pub. Co.

Wcela, E. A.(1964), "The Messiah(s) of Qumran," *CBQ*, 26.

Weber, H. R.(1978), 강한표 역,『십자가』, 서울: 한신대학교출판부.

Weiss, J.(1971), *Jesus' Proclamation of the Kingdom of God*, tr. R. H. Hiers & D. L. Holland, Philadelphia: Fortress.

Wilber, Ken(1981), *Up From Eden: A Transpersonal View Of Human Evolution*, New York: Anchor Press.

Wietenhart, H.(1983), "사탄",「기독교사상」302, 243-256.

Wilckens, U.(1985), 박창건 역,『부활』, 서울: 성광문화사.

Wilkens, M. J.(1988), *The Concept of Disciple in Mattew's Gospel*, Leiden: E. J. Brill.

Williams, S. K.(1982), *Jesus' Death as Saving Event: the Background Origin of A Concept*, Missoular, Motana: Scholar Pr.

Willis, Garry(2000), 권혁 역,『예수의 네 가지 얼굴』, 서울: 돈을새김.

Wills, W.(ed)(1987), *The Kingdom of God in 20 Century Interpretation*, Peabady, Mass.: Hendrickson Pubs.

Wrede, W.(1971), *The Messianic Secret*, tr. J. C. G. Grieg, London: Jamnei Clarke.

Wright, N. T.(2004),『예수와 하나님의 승리』, 서울: 크리스챤다이제스트.

______(2009),『마침내 드러난 하나님의 나라』, 서울: IVP.

Yoder, J. H.(1972), *The Politics of Jesus*, Grand Rapid, Mich.: W. B. Eerdmanns.

Young, B. H.(2009), 전용란 · 조영모 역,『유대인 신학자 예수』, 서울: 성광문화사.

Young, F. W.(1949), "Jesus the Prophet: A Re-Examination," *JBL* 68, 285-299.

Young, N. H.(1983), "Jesus and the Sinners: Some Inquries," *JSNT* 19, 73-75.

Ziegler, Jean(2007), 유영미 역,『왜 세계의 절반은 굶주리는가』, 서울: 갈라파고스.

"'선부론' 폐기 '균부론' 채택…중국 경제정책 대수술",「중앙일보」2005. 10. 12.

"아까운 음식물 마구 버려서야,"「세계일보」2008. 12. 10.

"FAO 기아인구 4천만명 추가 9억6천300만명",「내일경제」2008. 12. 9.

『외경위경전서』, 서울: 성인사, 1980.

구준환(2001),『성경엔 없다』, 서울: 불지사.

길선주(1969),『길선주 목사 설교 및 약전집』한국신앙저작집 1, 서울: 혜문사.

길진경(1980),『영계 길선주』, 서울: 종로서적.

김 진(2002),『정신분열증에 대해 나누고 싶은 이야기』, 서울: 뜨인돌.

______(2006),『정신병인가 귀신들림인가』, 서울: 생명의 말씀사.

김경희(1983), "그리스도의 칭호의 유래와 그 원래의 의미",「신학사상」41, 288-323.

______(1985) "예수의 죽음에 대한 구원론적 해석의 기원",「신학사상」49, 280-308.

김광식(1975),『선교와 토착화 - 언행일치의 신학』, 서울: 한국신학연구소.

______(1988), "그리스도의 삼직분설에 관한 연구",「현대와 신학」12, 58-60.

김광식(1998),『조직신학 II』, 서울: 대한기독교출판사.

김균진(1984-1987),『기독교조직신학 II』, 서울: 연세대학교출판부.

______(1991),『생태학의 위기와 신학』, 서울: 대한기독교서회.

______(1994),『역사의 예수와 하나님의 나라』, 서울: 연세대학교출판부.

______(1999), "영혼불멸설과 죽은 자들의 부활 신앙 (1)",「신학논단」27, 131-156.

김남두(1997), "플라톤과 유토피아",「외국문학」13.

김득중(1981),『마가복음의 부활 신학』, 서울: 컨콜디아사.

______(1987), "선한 사마리아인의 비유 연구",「신학과 세계」15.

______(1998), "신약성서의 경제윤리",『신약성서의 경제윤리』, 서울: 한들.

김명수(1991), "섬기는 지도자 - 마태복음 23장 10절을 중심으로",「기독교사상」6월호.

______(2001),『원시 그리스도교의 예수』, 서울: 한국신학연구소.

______(2009),『큐복음서의 민중신학』, 서울: 통나무.

김명용(1995), "가톨릭교회의 마리아론과 성서제도, 무엇이 문제인가?"「목회와 신학」70.

김상일(2003), "켄 윌버의 초인격심리학과 한국무속",「한국무속학」6, 233-252.

김용옥(2007),『요한복음강해』, 서울: 통나무.

김윤동(1998), "플라톤의 국가편에 나타난 정의 개념",「철학연구」68(1998. 11),
    111-112.

김이태(1985),『판넨베르크의 기독론의 방법론적 구조비판』, 서울: 장로회신학대학출판부.

김인서(1931), "영계선생소전 상",「신학지남」11월호, 40-41.

김진호(1996),『예수 르네상스 - 역사의 예수 연구의 새로운 지평』, 서울: 한국신학연구소.

______(2000),『예수 역사학』, 서울: 다산글방.

김창선(2002),『쿰란 문서의 유대교』, 서울: 한국성서학연구소.

김판임(2007), "선한 사마리아인의 비유(눅 10:30-35) 연구",「신약논단」14/4, 1015-
    1052.

김회권(2004), "구약성서의 희년사상과 사회윤리적 함의(含意)",「신학사상」127, 131-
    166.

무라야마 지쥰(1993), 김희경 역,『조선의 귀신』, 서울: 동문선.

문상희(1974), "예수의 재판사 연구 - 산헤드린 재판을 중심으로", 연세대학교 대학원 박사
    학위 논문.

민희식(1999),『법화경과 신약성서』, 서울: 가이아.

박수암(1981), "선한 사마리아 삶 비유 해석에 대한 재고",「기독교사상」279.

박순경(1984), "제3세계 신학과 방법론에 대한 고찰",「신학사상」46, 567-591.

______(1993), "교회의 어머니 성모 마리아의 민족사적 의의", 「기독교사상」 5월호.

박영호 풀이(1995), 『다석 유영모의 기독교사상』, 서울: 문화일보사.

박창범(2003), 『하늘에 새긴 우리 역사』, 서울: 김영사.

박형룡(1973), 『교의신학: 기독론』, 서울: 은성문화사.

박홍규(2005), "플라톤「국가」를 읽고", 「인물과 사상」 86, 204-217.

서남동(1970), "생태학적 신학서설", 「기독교사상」 10월호.

______(1972), "생태학적 윤리를 지향하여", 「기독교사상」 5월호.

______(1983), 『민중신학의 탐구』, 서울: 한국신학연구소.

서인석(1979), 『성서의 가난한 사람들』, 왜관: 분도.

서중석(1989) "메시야 비밀이냐 비밀공동체의 자기 이해냐 - W. 브레데의 메시야 비밀 가
　　　설 비판", 「신학사상」 56.

______(1991), 『복음서 해석』, 서울: 대한기독교서회.

______(1995), "마리아의 찬양과 성탄의 의미", 「기독교사상」 12월호, 251-256.

______(2001), "로버트 펑크의 역사적 예수 가설 비판", 「신학논단」 26집.

성서교재간행사 편(1992), 『그랜드종합주석』 12권, 서울: 성서교재간행사.

성서와 함께 편집부(1993), 『어서 가라: 출애굽기 해설서』, 왜관: 분도.

세계개혁교회연맹편(1989), 『정의·평화·창조의 보전 - WARC 서울대회 보고서』, 서울:
　　　대한기독교서회.

소기천(2003), "생명의 선교를 향한 예수의 시험이야기 새로 읽기: 통전신학을 제안하며",
　　　「한국기독교신학논총」 30, 183-207.

손규태(1991), "루터에 있어서 율법의 제3용법", 「성공회대학논총」 5, 7-52.

신현우, "토지 반 이상 1%가 소유, 예수님은 뭐라 하실까", 「기독교연합신문」 2008. 12. 10.

______(2005), 『역사적 예수 연구의 규칙』, 서울: 웨스트민스터출판부.

심상태(2004), "에큐메니칼 마리아론의 기본 입장", 「신학연구」 45, 137-171.

오강남(2001), 『예수는 없다』, 서울: 현암사.

원용국(1984), 『성서고고학 신약편』, 서울: 지혜문화사.

유지미(2002), 『성전체제에 대한 마가공동체의 사회경제적 대응 전략』, 서울: 연세대대학
　　　원 박사학위 논문

윤철호(1998), 『예수 그리스도』, 서울: 한국장로교출판사.

이상성(1999), "생태신학: 동양사상을 통한 새로운 가능성의 모색", 「신학사상」 105(여름).

이상훈(1993), 『성서주적 요한복음』, 서울: 대한기독교서회.

이장식(1958), "서평 - 동정녀 마리아", 「기독교사상」 7월호.

이종성(1984), 『그리스도론』, 서울: 대한기독교출판사.

장도곤(2002), 『예수 중심의 생태신학』, 서울: 대한기독교서회.

장영란(2005), "오르페우스교와 피타고라스학파의 영혼윤회설", 「철학과 현상학 연구」 26,

131-158.

전경연(1994), 『예수의 부활 - 그 역사성과 진실성』, 서울: 대한기독교서회.

전재옥(1996), "이슬람교의 기독론 - 꾸란의 예수 이해를 중심으로", 『무슬림은 예수를 누구라 하는가』, 서울: 예영커뮤니케이션.

정운용(1999), "「三國史記」를 통해 본 三國時代의 天文觀", 『史學研究』 58-59, 127-156.

조   순(2004), "예수의 죽음의 본질", 「신학연구」 46, 187-210.

조용기(1979/1), 『삼박자 구원』, 서울: 영산출판사.

______(1979/2), 『순복음의 진리』, 서울: 영산출판사.

조용훈(2002), 『동서양의 자연관과 기독교 환경윤리』, 서울: 대한기독교서회.

조철수(2002), 『유대교와 예수』, 서울: 길.

______(2010), 『예수 평전』, 서울: 김영사.

조태연(1998), "갈릴리 경제학 - 예수운동의 해석학을 위한 사회계층론 이해", 「신약성서의 경제윤리; 신약논단」 4.

______(2002/1), 『예수이야기 마가 1: 복음의 시작』, 서울: 대한기독교서회.

______(2002/2), 『예수이야기 마가 2: 하나님 나라의 여행』, 서울: 대한기독교서회.

차정식(2007), 『예수의 신학과 그 파문』, 서울: 대한기독교서회.

최갑종(2002), "예수의 소명의식(召命意識)에 관한 소고(小考)", 「기독신학저널」 2, 9-28.

최근영 편(2001), 『한국고대사의 재조명』, 서울: 신서원.

최영실(1996), "막달라 마리아와 예수", 「기독교사상」 451, 98-112.

한국기독교사회문제연구원 편(1990), 『정의·평화·창조질서의 보전 세계대회 자료집』, 서울: 민중사.

한태동(1985), "기독교의 역사", 종교교재편찬위원회 편, 『성서와 기독교』, 서울: 연세대학교출판부.

______(2003), 『성서로 본 신학』, 서울: 연세대학교출판부.

허호익(1992), "현대 그리스도론의 과제", 「신학논단」 제20집.

______(1993/1) "구원론의 통전적 이해", 「신학논단」 제21집.

______(1993/2), "예수는 누구며 어떻게 사셨는가? 1-2", 「기독교사상」 3-4월.

______(1994/1), "루터신학의 성서적 구원론적 동기", 『성산이재완목사회갑기념논문집』.

______(1994/2), "영계 길선주 목사의 영성신학", 『솔내 민경배 교수 화갑기념 한국교회사논총』, 서울: 솔내 민경배 교수 화갑기념 한국교회사논총 간행위원회, 125-151.

______(1998), 『성서의 앞선 생각 1』, 서울: 한국장로교출판사.

______(1999), 『그리스도의 삼직무론』, 서울: 한국장로교출판사.

______(2002), "선한 사마리아인의 비유해석", 「Sitz im Leben」 창간호.

______(2003/1), 『단국신화와 기독교』, 서울: 대한기독교서회.

______(2003/2), 『현대조직신학의 이해』, 서울: 대한기독교서회.

______(2005), "떼이야르 드 샤르뎅의 그리스도의 우주성과 삼성론", 「한국기독교신학논총」 38, 65-90.

荒井獻(1979), 서남동 역, 『예수의 행태』, 서울: 대한기독교서회.

미 주

머리말

1) Ken Wilber(1981), *Up From Eden: A Transpersonal View Of Human Evolution*, New York: Anchor Press, 319-328; 김상일(2003), "켄 윌버의 초인격심리학과 한국무속",「한국무속학」6, 237.

1장

1) G. H. Hasel(1982), 장상 역,『현대신약신학의 동향』(서울: 대한기독교출판사), 16.
2) 사 7:14, 미 5:2, 스 9:9, 호 11:1, 렘 31:15.
3) A. Schweitzer(1986), 허혁 역,『예수의 생애 연구사』(서울: 대한기독교출판사).
4) 오강남(2000),『예수는 없다』(서울: 현암사).
5) Lee Strobel(1998), 윤관희 · 박중렬 역,『예수 사건』(서울: 두란노), 171.
6) Lee Strobel(1998), 172.
7) R. Bultmann(1954), 허혁 역(1981), *Glauben und Verstehen* Vol. 2 (Tübingen: J. C. B. Mohr),『학문과 실존』2권(서울: 성광문화사), 137.
8) R. Bultmann(1954), 133.
9) E. Käsemann(1954), "Das Problem des historischen Jesus," *ZTK* 51, 187.
10) E. Käsemann(1982), 강한표 역,『역사적 예수 문제』(서울: 대한기독교서회).
11) G. Bornkamm(1967), 강한표 역,『나사렛 예수』(서울: 대한기독교서회).
12) J. A. Robinson(1959), *A New Quest of Historical Jesus* (London: SCM).
13) N. Perrin(1974), *Rediscovering the Teaching of Jesus* (New York: Harper & Row), 39-47; R. H. Fuller(1966), *A Critical Introduction to the New Testament* (London: Gerald Duckworth), 94-98.

14) 신현우(2005), 『역사적 예수 연구의 규칙』(서울: 웨스트민스터출판부).

15) E. P. Sanders(1994), 황종구 역, 『예수와 유대교』(서울: 크리스챤다이제스트), 74.

16) 김명수(2009), 『큐복음서의 민중신학』(서울: 통나무), 56.

17) 김명수(2009), 122.

18) 김명수(2009), 135-136.

19) Robert W. Funk, Roy W. Hoover, and The Jesus Seminar(1993), *The Five Gospels: the Search for the Authentic Words of Jesus* (San Francisco: Harper San Francisco).

20) D. B. Gowler(2007), 김병모 역, 『최근 역사적 예수 연구 동향』(서울: CLE), 57-58.

21) 서중석(2001), "로버트 펑크의 역사적 예수 가설 비판", 「신학논단」 26집, 30-31.

22) Robert W. Funk(1996), 김준우 역(1999), 『예수에게 솔직히』(서울: 한국기독교연구소.).

23) D. B. Gowler(2007), 59. 예수의 가르침으로 인정한 비유 6개는 누룩, 선한 사마리아인, 불의한 청지기, 포두원 일꾼, 겨자씨의 비유이다.

24) W. Marxsen(1970), *The resurrection of Jesus of Nazareth* (London: SCM), 71-74.

25) Lee Strobel(1998), 59.

26) Polybius, III. 50-56; Livy, XXI. 31-37.

27) M. H. Harris(1995), 서인석 역, 『신약에 나타난 부활』(서울: 기독교문서선교회), 174.

28) 이 책 4장과 2권의 12장을 참고할 것.

29) Lee Strobel(1998), 62.

30) Lee Strobel(1998), 127.

31) Lee Strobel(1998), 139.

32) Lee Strobel(1998), 139.

33) 사도행전 1장 1절에서 '데오빌로 각하'에게 '먼저 쓴 글' 즉 누가복음을 언급하고 있다.

34) Lee Strobel(1998), 43.

35) Lee Strobel(1998), 42.

36) Lee Strobel(1998), 66.

37) J. McDowel & B. Wilson(1991), 『예수님은 실존 인물인가』(서울: 생명의 말씀사), 138-139. 393년에 이어 아프리카의 카르타고에서는 수후 397년에 각각 대회로 모여 27권의 책을 신약성서 정경으로 정식 채택하였다.

38) 「도마에 의한 예수의 어린 시절 이야기」 2:3-4; 『위경외경전서』 8권(서울: 성인사, 1980), 105.

39) 「베드로행전」 13장; 『위경외경전서』 9권, 48.

40) 「도마행전」 1:2; 『위경외경전서』 10권, 62.

41) R. Funk(1999), 김준우 역, 『예수에게 솔직히』(서울: 한국기독교연구소), 120-130.

42) F. F. Bruce(1980), 163.

43) Lee Strobel(1998), 80-81.

44) G. Theissen & A. Merz(2001), 손성현 역,『역사적 예수』(서울: 다산글방),
110-148; J. McDowel & B. Wilson(1991), 48-105; F. F. Bruce(1980), 17-67.

45) G. Theissen & A. Merz(2001), 111.

46) G. Theissen & A. Merz(2001), 113-126.

47) G. Theissen & A. Merz(2001), 118-122.

48) J. McDowel & B. Wilson(1991), 62에서 재인용.

49) Josephus,「유대고대사」IV,『요세푸스』6, 성서자료연구원 편(서울: 달만, 2001),
223-224.

50) Josephus,「유대고대사」IV,『요세푸스』6, 성서자료연구원 편(서울: 달만, 2001),
482-483.

51) R. E. Van Voorst(2000), *Jesus outside the New Testament*(Grand Rapids, Mich.: W.
B. Eerdmans), 54.

52) J. McDowel & B. Wilson(1991), 77; G. Theissen & A. Merz(2001), 130.

53) R. E. Van Voorst(2000), 23.

54) J. McDowel & B. Wilson(1991), 64-65.

55) J. McDowel & B. Wilson(1991), 68-69.

56) Suetonius, *Life of Cladius* 25.4.

57) J. McDowel & B. Wilson(1991), 73.

58) J. McDowel & B. Wilson(1991), 76.

59) R. Stein(2001), 28; G. Theissen & A. Merz(2001), 141.

60) G. Theissen & A. Merz(2001), 142.

61) G. Theissen & A. Merz(2001), 144-148.

2장

1) H. Jagersma(1993),『신약배경사』(서울: 솔로몬출판사); J. Jeremias(1988),『예수
시대의 예루살렘』(서울: 한국신학연구소); B. I. Reicke(1986),『신약성서시대사』(서
울: 한국신학연구소); E. Rose(1984), 박창건 역,『신약성경배경사』(서울: 대한기독교
서회); V. G. Simkhovich(1980), 허호익 역,『예수의 사상과 역사적 배경』(서울: 대한
기독교서회); S. Mason(2002), 유태엽 역,『요세푸스와 신약성서』(서울: 대한기독교
서회); W. Förster(1979), 문희석 역,『신구약 중간사』(서울: 컨콜디아사).
　　요세푸스의『유대고대사』와『유대전쟁사』는 하버드 대학 판을 성서자료연구원에서
번역한『요세푸스』1-6권(서울: 달만, 2001)이다.

2) Josephus,『유대전쟁사』1.1:2. 요세푸스도 할례를 금지시키고 돼지로 제사를 드리고

3년 6개월 동안 속죄제를 금지시켰다고 기록하였다.

3) Josephus, 『유대전쟁사』 1.1:4; H. Yagersma(1993), 139. 이 시대의 상황은 구약성
   서 다니엘서와 외경 마카베오서 그리고 요세푸스의 『유대고대사』에 기록되어 있다.

4) Josephus, 『유대고대사』 20, 235-239.

5) Josephus, 『유대고대사』 13.2:3

6) 김창선(2002), 『쿰란 문서와 유대교』(서울: 한국성서학연구소), 96-97.

7) Josephus, 『유대고대사』 13.6:1.

8) H. Yagersma(1993), 181-182.

9) Josephus, 『유대고대사』 13.10:7.

10) H. Yagersma(1993), 190-191.

11) Josephus, 『유대고대사』 13.8:4.

12) Josephus, 『유대고대사』 13.10:5.

13) Josephus, 『유대고대사』 13.13:5.

14) Josephus, 『유대고대사』 13.14:2.

15) Josephus, 『유대고대사』 14.3:1.

16) S. Mason(2002), 193.

17) H. Jagersma(1993), 208-209.

18) Josephus, 『유대전쟁사』 1.7:5-6; 『유대고대사』 14.4:4.

19) Josephus, 『유대전쟁사』 1.10:3-4.

20) H. Jagersma(1993), 235.

21) Josephus, 『유대고대사』, 14,9:4; J. B. Green & S. McKnight & I. H. Marshall
   (2003), 『예수 복음서 사전』(서울: 요단), 543.

22) Josephus, 『유대고대사』 15.11:2; J. Jeremias(1988), 『예수 시대의 예루살렘』(서
   울: 한국신학연구소), 24-25. 헤롯 시대에 건축한 건물 목록을 참고할 것.

23) Josephus, 『유대고대사』 15.11:3.

24) Josephus, 『유대고대사』 17.6:2-4.

25) Josephus, 『유대전쟁사』 1.21:12. "헤롯은 투사로서의 명성은 후대에도 결코 잊을
   수 없을 만큼 대단하였다."고 한다.

26) Josephus, 『유대전쟁사』 1.21:11; Josephus, 『유대전쟁사』 1.21:12; "또 무슨 일이
   든 남에게 뒤지지 않으려는 강박관념으로 타의 추종을 불허할 정도로 성공에 대한 집착
   으로 시달려야 했다."고 한다.

27) Josephus, 『유대전쟁사』 1.21:8.

28) Josephus, 『유대고대사』 15.8:1, 16.5:1.

29) Josephus, 『유대전쟁사』 1.21:7.

30) Josephus, 『유대고대사』 17.7:1; 『유대전쟁사』 1.33:8; B. I. Reicke(1986), 『신약성
   서시대사』(서울: 한국신학연구소), 118.

31) Josephus,『유대고대사』17.6:2-6. 요세푸스는 "모든 사람은 죽을 때가 되면 원수에 대한 증오심마저 버리고 깨끗이 하는 것이 정상인데 헤롯은 이와 정반대의 양상을 보였다."고 하였다.

32) Josephus,『유대전쟁사』2.1:2.

33) Josephus,『유대전쟁사』2.1:2.

34) Josephus,『유대전쟁사』2.1:3; V. G. Simkhovich(1980), 32.

35) Josephus,『유대전쟁사』2.4:1.

36) Josephus,『유대전쟁사』2.4:1-3.

37) B. I. Reicke(1986), 125-126.

38) Josephus,『유대전쟁사』2.5:1-2;『유대고대사』17.10:10.

39) Josephus,『유대전쟁사』2.6:2; 성서교재자료연구원 편,『요세푸스』1(서울: 달만, 2001), 285-286.

40) Josephus,『유대전쟁사』, 17.11:2.

41) Josephus,『유대전쟁사』2.6:1.

42) V. G. Simkhovich(1980), 25.

43) B. I. Reiche(1981), 153-154.

44) Josephus,『유대고대사』18.1:1. 가말라(Gamala)의 유다와 동일인물이다.

45) Josephus,『유대전쟁사』2.8:1.

46) Josephus,『유대고대사』18.1:1; Richard A. Horsley,『예수와 제국: 하느님 나라와 신세계 무질서』(서울: 한국기독교연구소, 2004), 77.

47) G. Theissen & A. Merz(2001), 손성현 역,『역사적 예수』(서울: 다산글방), 220. 갈릴리 유다는 인간은 하나님 외에 다른 통치자를 인정해서는 안 되며(하나님의 유일 주권론), 인간은 하나님 한 분의 통치를 관철시키기 위하여 함께 일할 책임이 있다(혁명적 협력설)는 사상에 철저하였다고 한다.

48) Josephus,『유대고대사』20.5:2. 갈릴리 유다의 사상은 44년 아그립바 1세 사후에도 심각하게 대두되었다. 이때 그의 두 아들이 아버지의 뒤를 이어 세금징수 반대 운동에 앞장섰다가 십자가 처형을 당하였다.

49) B. I. Reiche(1981), 154.

50) D. Crossan(2000), 김준우 역,『역사적 예수』(서울: 한국기독교연구소), 111-112.

51) S. Mason(2002), 144.

52) Philo, *Legatio ad Gaium*, 302.

53) B. I. Reiche(1983), 189.

54) 독일성서공회 해설『성경전서』개역한글판 성경역사 연대표 71-72를 참조함.

55) Josephus,『유대전쟁사』20.5:2.

56) Josephus,『유대전쟁사』2.13:3.

57) Josephus,『유대전쟁사』2.17:6. "그들은 이렇게 하여 자신들의 채무를 해결하고 채무

자였던 많은 사람들의 호응을 얻을 수 있었다."

58) Josephus,『유대전쟁사』4.3:8. "그는 시골뜨기로 대제사장에 어울리지 않sms 인물일 뿐 아니라 대제사장의 위치가 어떤 것인지도 모르는 사람이었다."

59) A. Richardson(1973), *The Politic Christ, London*, 47. 이 주화에는 '시온의 해방을 위하여'와 '시온의 자유'라는 말을 새겨 놓았다.

60) F. Belo & R. A. Horsley(1990),『예수 시대의 민중운동』(서울: 한국신학연구소), 175. 요세푸스에 의하면 그들의 행동에 놀란 사제 귀족들은 이러한 사건들에 대해 무관심하거나 애증의 감정을 동시에 갖고 있었던 예루살렘 주민들에게 젤롯당이 도시를 완전히 장악하기 전에 그들을 공격하라고 선동하기 시작했다고 한다.

61) Josephus,『유대전쟁사』4.8:1.

62) Josephus,『유대전쟁사』5.1:4.

63) Josephus,『유대전쟁사』4.3:10.

64) E. Rose(1984), 42.

65) V. G. Simkhovich(1980), 14.

66) Josephus,『유대전쟁사』4.9:4.

67) 정상 부분의 크기는 길이가 약 600m, 가운데 폭은 약 250m정도이다.

68) Josephus,『유대전쟁사』7.9:1.

69) G. Theissen & A. Merz(2001), 232-244. 예수의 생애의 연대기적 틀을 참고할 것.

70) G. Theissen & A. Merz(2001), 233; A. T. Robertson(1978), 도한호 역,『복음서 대조표』(서울: 요단출판사), 304. 타이쎈과 메르츠는 요한복음 5:1까지 포함하면 4번이라고 한다. 그러나 로버트슨은 5:1의 '명절'은 유월절 전 부림절이거나 유월절 후 오순절이나 초막절이라고 한다. 열매 맺지 못한 무화과나무의 비유(눅 13:6)에서 "3년째 와서 실과를 구했다."는 표현은 예수의 선교 기간이 3년임을 암시하는 것으로 보기도 한다.

71) M. J. Borg(1998), 김기석 역,『예수 새로 보기』(천안: 한국신학연구소), 60.

72) Marcus J. Borg & N. T. Wright(2001), 103.

73) Josephus,『유대고대사』17.8:1-4;『유대전쟁사』1.35:8.

74) A. T. Robertson(1978), 297.

75) Josephus,『유대고대사』17.9:3; R. Stein(2001), 황영철 역,『메시야 예수: 예수의 생애 연구』(서울: 한국기독교학출판사), 58.

76) 에이디(AD)는 라틴어 안노 도미니(Anno Domini: After the Lord)의 약자로 예수가 태어난 해를 기산으로 정한 서력의 주후(主後)라는 뜻이다.

77) G. Theissen & A. Merz(2001), 236.

78) G. Theissen & A. Merz(2001), 235.

79) Josephus,『유대고대사』18.1:1. 누가는 갈릴리의 유다(행 5:37)라고 하였지만 요세푸스는 가말라의 유다라고 한다.

80) F. F. Bruce(1980), 진연섭 역, 『성서 밖에서 본 예수와 기독교의 기원』(서울: 컨콜디아사), 205

81) Lee Strobel(1998), 윤관희 · 박중렬 역, 『예수 사건』(서울: 두란노), 131.

82) Lee Strobel(1998), 132.

83) R. Stein(2001), 61.

84) F. F. Bruce(1980), 206.

85) A. T. Robertson(1978), 298.

86) Turtullian, *Adv. Marc.* 4.19.

87) A. T. Robertson(1978), 293.

88) G. Theissen & A. Merz(2001), 238.

89) Josephus, 『유대고대사』 15.11:1.

90) 이에 대한 보다 자세한 내용은 이 책 3장 2절에서 다룬다.

91) R. Stein(2001), 황영철 역, 『메시야 예수: 예수의 생애 연구』(서울: 한국기독교출판사), 62.

92) G. Theissen & A. Merz(2001), 237; R. Stein(2001), 63.

93) P. Schnabel, "Der jüngeste Keilschrifttext," in *Zeitschrift f. Assyrologie*, NF 2(36), 66; Holger Kersten(1987), 장성규 역, 『인도에서의 예수의 생애』(서울: 고려원), 117에서 재인용.

94) G. Theissen & A. Merz(2001), 237.

95) 박창범(2003), 『하늘에 새긴 우리 역사』(서울: 김영사), 214; 정운용(1999), "「삼국사기」를 통해 본 삼국시대의 천문관", 『사학연구』, 58-59, 127-156; 최근영 편(2001), 『한국고대사의 재조명』(서울: 신서원), 134; 원용국(1984), 『성서고고학 신약편』(서울: 지혜문화사), 79.

96) W. Arndt(1968), 지원상 역, 『신약의 역사』(서울: 컨콜디아사), 32-35.

97) G. Theissen & A. Merz(2001), 239.

98) G. Theissen & A. Merz(2001), 241.

99) J. D. Crossan(2000), 610.

100) G. Theissen & A. Merz(2001), 241.

101) 마 28:1-10(병행), 막 16:9, 눅 20:13-33, 34, 요 20:19, 20:26,

102) 대한예수교장로회 총회 사이비이단대책위원회 편(2001), 『사이비이단 연구보고집』, 175.

103) Eusebius, 임성옥 역(2001), 『교회사』(서울: 은성), 5권 24장.

104) 마 2:23, 눅 1:28, 2:4.

105) 눅 4:28-31, 마 4:23, 13:54-58, 막 6:1-6.

106) W. Bösen(1998), 황현숙 역, 『예수 시대의 갈릴레아』(서울: 한국신학연구소), 182-183. '나사렛 예수'라는 칭호가 네 복음서에 11번, 사도행전에도 7번 기록되어

있다.

107) R. Stein(2001), 84.

108) Lee Strobel(1998), 133.

109) W. Bösen(1998), 170-171.

110) G. Theissen & A. Merz(2001), 249.

111) 수 20:7, 21:32, 왕상 9:11.

112) Josephus, 『유대전쟁사』 3.3:1-3. 요세푸스의 갈릴리에 대한 설명을 참조할 것.

113) Lee Strobel(1998), 127. 구약성서나 바울 서신이나 탈무드에는 갈릴리 지역의 63개의 다른 마을이 언급되어 있다. 그리고 요세푸스도 현재의 나사렛에서 1마일 정도 떨어진 야파(Japha)를 포함한 45개의 갈릴리 마을과 도시를 열거하였다.

114) Josephus, 『유대고대사』 18.2:1.

115) Josephus, 『유대전쟁사』 2.118; 『유대고대사』 18.1:1.

116) Josephus, 『유대전쟁사』 2.5:1.

117) *CIJ* I Nr. 362; G. Theissen & A. Merz(2001), 264.

118) W. Bösen(1998), 110-113.

119) Josephus, 『유대고대사』 18.2:3. 무덤을 파내고 7일간의 정결의식(민 19:11)을 치르지 않았다는 것이 이유였다.

120) G. Theissen & A. Merz(2001), 256

121) G. Theissen & A. Merz(2001), 265.

122) J. D. Crossan(2000), 81에서 재인용

123) 예루살렘(Jerusalem)이라는 이름은 기원전 19세기경 애굽의 『저주의 서』(*Execration Texts*)에 우루샬렘(Urushalim)이란 형식으로 처음 나온다. 기원전 14세기의 아마르나 서간에는 우루살림(Urusalim)이라고 되어 있다.

124) J. Jeremias(1988), 24.

125) J. Jeremias(1988), 104.

126) J. Jeremias(1988), 119.

127) 보다 자세한 내용은 이 7장 4절을 참고할 것 .

3장

1) 사 7:14, 미 5:2, 호 11:1, 스 9:9, 렘 31:15.

2) G. Theissen & A. Merz(2001), 손성현 역, 『역사적 예수』(서울: 다산글방), 171.

3) G. Theissen & A. Merz(2001), 172.

4) Lee Strobel(1998), 윤관희 · 박중렬 역, 『예수 사건』(서울: 두란노), 59.

5) R. A. Horsley(1998), 손성현 역, 『크리스마스의 해방』(서울: 다산글방), 50-51.

6) R. A. Horsley(1998), 71.

7) R. A. Horsley(1998), 208-215. 시므온의 노래도 이런 맥락에서 이해된다.

8) R. A. Horsley(1998), 58-59.

9) Suetonius, *Nero* 13.

10) Suetonius, *Vesp.* 4: Tacitus, *Ann.* 5:13.

11) Josephus,『유대전쟁사』6.5:3.

12) Holger Kersten(1987), 장성규 역,『인도에서의 예수의 생애』(서울: 고려원), 117.
케르스텐은 케플러가 발견한 이 별의 주기를 794년이라고 한다.

13) 행 13:6에는 "바예수라 하는 유대인 거짓 선지자 박수(magos)"라 하였다.

14) R. A. Horsley(2000), 109.

15) R. A. Horsley(1998), 108-121.

16) 유대인의 왕은 예수의 죄명이기도 하였다.(마 27:11, 29, 37)

17) R. A. Horsley(2000), 121.

18) Lee Strobel(1998), 133.

19) Lee Strobel(1998), 132. 예를 들면, "죽이고자 하여"(출 2:15)와 "죽이려 하니"(마
2:13-14), "애굽 왕이 죽었고"(출 2:23)와 "헤롯이 죽은 후에"(마 2:19) 그리고 "아기
의 목숨을 찾던 자가 다 죽었느니라."(마 2:20)와 "네 생명을 찾는 자가 다 죽었느니
라."(출 4:19)는 구절들은 놀랍도록 일치한다.

20) D. A. Hagner(1999), 채천석 역,『마태복음 1-13』(서울: 솔로몬), 82.

21) D. A. Hagner(1999), 137. "이 미치광이 헤롯은 자기가 죽으면 온 성이 울음바다가
되어야 한다고 해서, 자신의 임종에 즈음하여 한 가족에 한 사람씩 살해하는 참극을
벌이기까지 하였다."

22) D. A. Hagner(1999), 82.

23) Eusebius, 엄성옥 역(2001),『교회사』(서울: 은성), 제1권 8장.

24) Lee Strobel(1998), 135.

25) D. A. Hagner(1999), 133, 137.

26) W. Bösen(1998), 황현숙 역,『예수 시대의 갈릴레아』(서울: 한국신학연구소), 182-
183. 네 복음서에는 '나사렛 예수'란 말이 모두 11번 등장한다. 그리고 사도행전에도
7번 기록되어 있다. 나사렛에 관한 자세한 내용은 이 책 2장 2절을 참고할 것.

27) Lee Strobel(1998), 127.

28) W. Bösen(1998), 164.

29) J. D. Crossan(2000), 김준우 역,『역사적 예수』(서울: 한국기독교연구소), 75-81.
나사렛 지역에 관한 고고학적 발견 결과 참고.

30) Jack Finegan(1992), *The Archeology of New Testament* (Princeton: Princeton Univ.
Press).

31) Lee Strobel(1998), 133.

32) W. Bösen(1998), 186-187.

33) 오강남(1998),『예수는 없다』(서울: 현암사), 203.

34) 구약성서의 나실인에 대한 언급은 민 6:1-21, 삿 13:5, 7, 16:17, 암 2:11, 12에 보인
다. 신약성서에서는 행 18:18 이하와 21:23 이하가 있다.

35) Robert Stein(2001), 143.

36) W. Bösen(1998), 186-190.

37) 이 책 2장 2절 참고할 것.

38) J. McDowel & B. Wilson(1991),『예수님은 실존 인물인가』(서울: 생명의 말씀사),
310-319. 맥다웰과 윌슨은 구레뇨의 문제에 관한 6가지 사실을 자세히 제시하였다.

39) J. Cooper(1984), "예수의 어머니 마리아",『기독교대백과사전』5권, 732.

40) J. S. Spon(2007), 이계준 역,『만들어진 예수, 참 사람 예수』(서울: 한국기독교연구
소), 60.

41) Robert Stein(2001), 84.

42) W. Bösen(1998), 418.

43) J. S. Spon(2007), 이계준 역,『만들어진 예수, 참 사람 예수』, 60.

44) J. McRay(1991), *Achaeology and New Testament* (Grand Rapids: Baker); Lee Strobel
(1998), 130에서 재인용.

45) D. A. Hagner(1999), 106. 마 1:16, 19, 20-24.

46) J. S. Spon(2007), 이계준 역,『만들어진 예수, 참 사람 예수』, 61.

47) Lee Strobel(1998), 131.

48)「야고보의 원복음서」18:1;『외경위경전서』8권(서울: 성인사, 1980), 43. "그러자
근처에 있는 동굴을 발견하고 그녀를 그 안에 데리고 들어가 옆에 아들을 세워두고
베들레헴 지방에 사는 히브리인 산파를 찾으러 나갔다." 이 외경에는 동굴에서 태어났
으며 요셉에게 이미 다른 아들이 있었다고 한다.

49) Robert Stein(2001), 85.

50) *Baba Qamma* 7:7

51) *Shekalim* 7:4.

52) 이 책 6장 4절 참조.

53) Virgil, *Aeneid*, 6.78; R. A. Horsley(2000), 61.

54) Horace, *Odes* 4.15; R. A. Horsley(2000), 61.

55) R. A. Horsley(2000), 55-73.

56) Josephus『유대전쟁사』1.7:5;『유대고대사』14.4:4.

57) Tacitus, *Aricola*, 30; R. A. Horsley(2000), 66.

58) R. A. Horsley(2000), 72-73.

59) *Shabbat* 19:5.

60) *Shabbat* 137b. 그러나 탈무드의 유대 법은 만일 아이가 아프면 할례를 받을 수 있을

만큼 건강해진 다음에 할례를 베풀도록 하였다.

61) 조철수(2010), 『예수 평전』(서울: 김영사), 797. 야손이라고도 표기한다.

62) 『요세푸스』 8권(서울: 달산, 1991), 285-285. 요세푸스 전집의 색인을 참조할 것.

63) 마 1:23, 눅 1:31, 2:21, 행 4:12.

64) 허호익(1999), 『그리스도의 삼직무론』(서울: 한국장로교출판사), 55-63.

65) 미쉬나 *Avot* 5:21, 미쉬나 *Hagigah* 1:1.

66) 마 27:55-56, 막 15:40-41, 눅 23:49, 요 19:25.

67) J. Jeremias(1988), 41-42.

68) 조철수(2010), 『예수 평전』(서울: 김영사), 184.

69) E. C. Prophet(1987), 황보석 역, 『예수의 잃어버린 세월: 예수는 13세부터 29세까지 어디에 있었나』(서울: 동국출판사), 172-213.

70) E. C. Prophet(1987), 31

71) J. McDowell & B. Willson(1991), 513.

72) 민희식(1999), 『법화경과 신약성서』(서울: 가이아).

73) Justin, *Dialogue with Trypo*, 88.

74) W. Bösen(1998), 206.

75) 「야고보의 원복음서」 13:1, 『외경위경전서』 8권(서울: 성인사, 1980), 38.

76) 마가(15:40)는 먼데서 예수가 십자가 상에서 운명하심을 지켜본 여자는 막달라 마리아와 야고보와 요셉의 어머니 마리아와 살로메라고 한다.

77) 막 3:31-35 병행, 6:3, 요 2:12, 7:3-5, 10, 행 1:4, 고전 9:5, 갈 1:9.

78) R. Stein(2001), 96.

79) J. Cooper(1984), 773.

80) 「야고보원복음서」 17:1, 『외경위경전서』 8권(서울: 성인사, 1980), 42. "그래서 요셉은 말하기를 '나는 아들들을 등록하겠다. 그런데 이 처녀는 어떻게 할까. 어떤 방법으로 그녀를 등록하면 좋을까. 내 아내로 할까. 그것은 부끄러운 일이다. 딸이라고 할까. 그러나 이스라엘 사랑들은 모두 그녀가 내 딸이 아니라는 것을 알고 있다."

81) 제2차 바티칸 공의회(1962-1965)의 교의 헌장 제52항 "먼저 우리 주 천주 예수 그리스도의 모친이시며 영화로운 평생 동정이신 마리아를 생각하며 공경하는 것이 마땅한 일이다."

82) Josephus, 『유대교대사』 20.9:1.

83) Eusebius, 『교회사』 제2권 23장.

84) Eusebius, 『교회사』 제2권 20장.

85) 「국민일보」 2002. 10. 22. 이 유골함 측면에 새겨진 명문의 진위 여부를 분석한 프랑스 소르본 대학의 앙드레 르메르 교수는 "명문 외에는 아무런 유기물질이 발견되지 않아 방사성 탄소 연대 측정이 불가능하지만 이 석회석 유골함이 기원전 1세기와 기원후 1세기경 유대인들이 매장에 사용하던 것과 아주 유사한 데다 글의 형태와 서체로 봐서

기원후 70년 로마군에 의해 예루살렘 성전이 파괴되기 이전에 만들어진 것이 분명하다."고 말했다.

86) *Dial. cum Typo.* c.

87) *ad. Haer.* III. xxii. 4

88) *Ep.* xlviii. 'ad Pam.' 21

89) *ad Haer.* lxxix. 9.

90) *Ep.* lix. 'ad. Epict. 2.' *de. Incar, Verbi.* xviii.

91) W. Beinert(1980), 심상태 역,『마리아 - 오늘을 위한 마리아론 입문』(서울: 성바오로 출판사), 79 참조.

92) L. Boff(1987), *The Maternal Face of God*, tr. R. R. Bar & J. W. Direcksmeier(Happer & Row Publisher).

93) *de Virg.* ii.

94) 김명용(1995), "가톨릭교회의 마리아론과 섯서제도, 무엇이 문제인가?"「목회와 신학」70, 197.

95) J. Cooper(1984), "예수의 어머니 마리아",『기독교대백과사전 5권』, 741

96) 심상태(2004), "에큐메니칼 마리아론의 기본 입장",「신학연구」45, 162-163.

97) 이장식(1958), "서평 - 동정녀 마리아",「기독교사상」2/7, 95.

98) 김명용(1995), 198.

99) J, Cooper(1984), 739.

100) 이장식(1958), 95-96.

101) 이장식(1958), 97.

102)「교회헌장」, 56; 심상태(2004), 154.

103) 심상태(2004), 153.

104)「교회헌장」, 58; 심상태(2004), 156.

105) 심상태(2004), 171.

106) 심상태(2004), 170.

107) 김명용(1995), 199.

108) 이장식(1958), 97

109) 조철수,『예수 평전』(서울: 긴영사), 445.

110) 행 13:5, 14:1, 17:10.

111) 막 5:22, 눅 13:14, 행 13:15.

112) A. Ferguson(1993), 박경범 역,『초대교회 배경사』(서울: 은성), 489.

113) J. S. Spon(2007), 이계준 역,『만들어진 예수, 참 사람 예수』(서울: 한국기독교연구소), 214.

114) 눅 4:16, 마 4:23, 행 13:43, 17:4, 18:19 등.

115) 누가복음 4장 16-17절이 이러한 상황을 확인해 준다. 이때에도 히브리어 본문이

통역자에 의해 아람어로 통역되어야 했는데, 토라를 읽을 때처럼 각각의 개별 절마다 번역되지 않고 세 개의 절을 읽은 다음에 번역되었다.

116) W. Bösen(1998), 356.

117) 그러나 한낮(제6시)의 기도를 포함하여 하루 세 번 기도하라는 보다 오래된 전승도 있다(시 55:17, 단 6:10, 행 10:9). 그리고 식사 전에 하나님께 감사기도하는 전통이 있었다(신 8:10). 예수(막 6:41 병행 등)뿐만 아니라 최초의 그리스도인도 이 전통을 따랐다(롬 16:6 등).

118) 미쉬나, *Berakhot* 1:1-4, 4:1-7. 쉐마는 '들으라'는 뜻으로 신명기 6장 4-9절의 말씀을 뜻한다.

119) *Sanhedrin*, 99b.

120) 참조. 마 5:18, 눅 16:17.

121) W. Bösen(1998), 412.

122) Josephus,『유대전쟁사』 2.19:11.

123) W. Bösen(1998), 418. 갈릴리에서 예루살렘까지의 거리 추산은 학자들마다 약간씩 다르다. 본 장 주 41-42 참조.

124) W. Bösen(1998), 413. 역사적인 문제에 있어서는 이 단락을 비판적으로 보더라도 여기에서 그럼에도 불구하고 많은 것에서 사실로 보아야 한다. 만일 갈릴리에서 예루살렘으로의 순례 관습이 그 당시에 없었더라면 거의 편집되지 않았을 것이기 때문이다.

125) 요 2:13, 6:4, 11:55.

126) J. D. Crossan(2001), 김기철 역,『예수: 사회적 혁명가의 전기』(서울: 한국기독교연구소), 59.

127) 막 6:2, 마 13:52, 눅 4:16.

128) G. Theissen & A. Merz(2001), 154.

129) 막 2:23-28, 3:1-6, 7:1-23, 10:2-12, 12:13-17, 18-27, 28-34, 눅 11:14-23.

130) W. Bösen(1998), 375.

131) 막 4:38, 9:17, 38, 10:17, 20, 35, 12:14; Robert Stein(2001), 100-101.

132) N. T. Wright(2004), 박문재 역,『예수와 하나님의 승리』(서울: 크리스챤다이제스트), 239-240.

133) J. Jeremias(2001), 김경희 역,『예수의 선포』(서울: 분도출판사), 19-20.

134) J. Jeremias(2001), 22-23.

135) 막 15:2-15, 또한 요 12:20-36.

136) Robert Stein(2001), 100.

137) J. B. Green & S. McKnight & I. H. Mashall(2003),『예수 복음서 사전』(서울: 요단), 223.

138) J. McDowell & B. Willson(1991), 513.

139) M. Baigent & R. Leight & H. Lincoln(1981), 강혜령 역,『성혈과 성배』(서울: 행림출판), 344.

140) J. McDowell & B. Willson(1991), 401-402.

141) 디베랴의 북쪽 5km 지점의 비옥한 게네사렛 평야의 남단에 있는 엘 메지델(el-Mejdel)과 동일시된다. 당시는 갈릴리의 4대 성읍 중 하나였다. 토기 제조와 염색 공업으로 알려져 있었으며, 특히 생선의 가공이 성하였다.

142) 마 27:56, 61, 28:1, 막 15:40, 47, 16:1, 눅 8:2, 24:10, 요 19:25, 20:1, 18.

143) 마 26:7, 막 14:3, 눅 7:37.

144) M. Baigent & R. Leight & H. Lincoln(1981), 353; J. McDowell & B. Willson(1991), 513.

145) 최영실(1996), "막달라 마리아와 예수",「기독교사상」451, 98-99.

146) 구준환(2001),『성경엔 없다』(서울: 불지사), 131.

147) M. Baigent & R. Leight & H. Lincoln(1981), 367.

148) 마 12:46-50, 막 3:31-35, 눅 8:19-21.

149) Robert Stein(2001), 99.

4장

1) 조철수(2010),『예수 평전』(서울: 김영사), 165-166.

2) 천사의 통보를 전통적으로 '수태고지'로 표현하지만 더 정확하게 표현하여 '성령 잉태 고지'라고 해야 할 것이다.

3) 조철수(2010), 166. 우르 남부 법전 7조에는 "만일 젊은이의 아내가 그녀의 뜻으로 다른 사람을 쫓아가 그가 그녀와 함께 잤다면 그 여자를 죽이며 그 사람은 풀어준다."고 하였다.

4) Garry Willis(2000), 권혁 역,『예수의 네 가지 얼굴』(서울: 돋을새김), 172.

5) L. Schottroff(1987), "마리아 찬가와 나사렛 예수에 관한 가장 옛 전승",「신학사상」58, 627.

6) L. Schottrott(1987), 629.

7) 서중석, "마리아의 찬양과 성탄의 의미",「기독교사상」1995. 12, 252.

8) 자비의 종교, 섬김의 정치, 평등의 경제에 관한 주제는 이 책 7-9장에서 하나님의 나라와 종교제도, 정치제도, 경제제도를 관련시켜 자세히 다룬다.

9) 박순경, "교회의 어머니 성모 마리아의 민족사적 의의",「기독교사상」1993. 5, 176.

10) Ignatius, *Smyrna*, L. 1. 하르낙도 "본질적 요소에서 상당히 역사적 성격을 띤 것으로 생각되고 동정녀 탄생과 본디오 빌라도의 고관과 죽음에 포함된 그리스도에 관한 케리그마를 이그나티우스가 자유롭게 재생산하였다."고 하였다.

11) *ad Trall.* ix. f.

12) 이 책 2장 4절 4항 "가톨릭교회의 마리아론의 쟁점" 참조; 김명용(1995), "가톨릭교회의 마리아론과 성사제도, 무엇이 문제인가?"「목회와 신학」제70호, 197.

13) K. Barth(1955), *Church Dogmatics*, II-1, tr. C. G. Thomson & H. Knight (Edinburgh: T. & T. Clark), 141-146.

14) 오강남(2001),『예수는 없다』(서울: 현암사), 204-205.

15) K. Barth(1955), *Church Dogmatics*, II-1, 183. 바르트가 제시한 다음 자료들을 참고할 것. Schleiermacher(1918), *Der chr. Glaube*, § 97, 2; Fritz Barth(1911), *Die Hauptprobleme des Lebens Jesu*, 257f; R. Seeberg(1925), *Chr. Dogmatik* vol. 2/3. 178f; E. Brunner(1927), *Der Mittler*, 288f; M. Dibelius(1932), *Jungfrauensohn und Krippenkind*; K. L. Schmidt(1935), "Die jungfrauliche Geburt Jesu Christi", *theol. Bl.* 289f.

16) K. Barth(1955), *Church Dogmatics*, II-1, 196.

17) Origen, *Against Celsus I.* xxviii, xxxii, Lxix, in *The Ante-Nicene Fathers*, vol. IV tr. A. Roberts & J. Donaldson(Grand Rapids, Mich.: Wm. B. Eerdmans, 1983), 408, 410, 428.

18) 안티그리스도(www.antichrist.or.kr) 사이트를 참고하기 바란다.

19) Origen, *Against Celsus I*, xxxii, 410.

20) Origen, *Against Celsus I*, xxxiv, 411

21) Origen, *Against Celsus I*, xxxv. 411

22) J. D. Tabor(2007),『예수 왕조』(서울: 현대문학). 예수의 기본 목적은 예수 왕조를 창건하려는 것이며 그래서 그의 형제 4명을 12명의 내각(12제자를 이렇게 부른다)에 포함시켰고 예수 사후에 그의 동생 야고보가 이 왕조를 계승했다는 반기독교적인 주장이다.

23) J. D. Tabor(2007), 96.

24) Origen, *Against Celsus I*, xxxii, 410; R. Stein(2001),『메시야 예수: 예수의 생애 연구』(서울: 한국기독교학출판사), 35

25) F. F. Bruce(1980),『성서 밖에서 본 예수와 기독교의 기원』(서울: 컨콜디아사), 59; J. McDowel & B. Wilson(1991),『예수님은 실존 인물인가?』(서울: 생명의 말씀사), 97-98.

26) J. D. Tabor(2007), 97.

27)『요세푸스』8권(서울: 달산, 1991), 285-285. 요세푸스 전집의 색인을 참조할 것.

28) J. D. Tabor(2007), 98.

29) F. F. Bruce(1980), 59.

30) J. D. Tabor(2007), 108.

31) J. McDowel & B. Wilson(1991), 98. "페니키아의 시돈 출신 궁수, 티베리우스 율리

우스 압데스 판테라(Tiberius Julius Abdes Pantera)는 기원후 9년 독일에서 근무하
도록 전보되었다."

32) M. J. Erickson(1998), 『복음주의 조직신학 중』(서울: 크리스챤다이제스트), 339.

33) J. D. Tabor(2007), 96.

34) J. Jeremias(1988), 『예수 시대의 예루살렘』(서울: 한국신학연구소), 423-427. 사생
아의 정의(定義)에 관한 랍비들의 여러 견해 참고할 것.

35) Lee Strobel(1998), 『예수사건』(서울: 두란노), 66.

36) A. Harnack(1976), *History of Dogma*, tr. N. Buchnann(Glouchest, Mass.: Peter
Smith), 100.

37) Tertullian, *Apology* 15, 21; Origen, *Against Celsus*, 1. 37.

38) J. B. Noss(1997), 윤이흠 역, 『세계종교사 상』(서울: 현암사), 186; Jacques
Duchesne-Guillemin(1984), "조로아스터교", 『기독교대백과사전』 13권, 1200.

39) M. J. Erickson(1998), 346 재인용.

40) Ploutarkos(1997), 김병철 역, 『플루타코스의 영웅전 1권』(서울: 범우사), 183-184.

41) Dale Moody(1962), "Virgin Birth", *The Interpreter's Dictionary of the Bible*, vol. 4, 791.

42) 허호익(1998), 『성서의 앞선 생각 1』(서울: 한국장로교출판사), 75.

43) R. G. Gromacki(1994), 임태우 역, 『동정녀 탄생』(서울: 요나출판사), 309.

44) A. Harnack(1976), 100.

45) J. D. Crossan(1998), 한인철 역, 『예수는 누구인가?』(서울: 한국기독교연구소), 53.

46) R. G. Gromacki(1994), 306-307.

47) 오강남(2001), 198.

48) Otto Rank(1959), *Myth of the Birth of the Hero* (New York: Vintage).

49) Richard A. Horsley(1989), 손성현 역, 『크리스마스의 해방』(서울: 다산글방), 40,
305.

50) M. J. Erickson(1998), 336.

51) Richard A. Horsley(1989), 41.

52) J. McDowel & B. Wilson(1991), 436. 요하킴 예레미아스는 부활 사건 이후 채
15년이 되기 전부터 이미 부활은 역사적 사실로 공식적으로 전승되고 20년인 채 못
되어 55/56년경에 기록된 고린도전서를 통해 공식적인 문서로 전해졌다고 한다. 제임
스 던(J. D. G. Dunn)은 바울의 회심이 예수가 부활한 후 18개월이 채 못 된 시기일
것이며, 바울이 회심한 직후 자신의 입교 교육의 일부로서 이러한 복음을 전수 받았을
것이므로 고린도전서에 기록된 전승은 그 사건들이 일어난 지 2-3년 이내까지 소급될
수 있다고 하였다.

53) Lee Strobel(1998), 127.

54) 데오빌로에게 부친 칭호 각하(kratiste)는 벨릭스(행 8:23-26), 베스도(행 25:1) 총
독에게 부친 칭호로서 로마 고위 공직자를 지칭한다.

55) Marcus J. Borg & N. T. Wright(2001), 김준우 역,『예수의 의미』(서울: 한국기독교
연구소), 271.

56) A. Schweitzer(1982), 허혁 역,『예수의 생애 연구사』(서울: 대한기독교서회), 72.

57) F. Schleiermacher(1948), *Christian Faith*, tr. H. R. Mackintosh(Edinburgh: T.
& T. Clark), 404.

58) J. Hayford(1994), 임성옥 역,『마리아의 기적』(서울: 은성), 128.

59) K. Barth(1955), *Church Dogmatics*, II-1, 183.

60) E. Brunner(1956), *The Mediator*, tr. O. Wyon(Philadelphia: Westminster), 324.

61) K. Barth(1955), *Church Dogmatics*, II-1, 185.

62) Lee Strobel(1998), 326-341. 부활에 관한 다섯 가지 역사적 정황 증거에 관한 최근
의 연구는 참고 바람.

63) 김용옥(2007),『기독교성서의 이해』(서울: 통나무), 247-248.

64) 이 책 4장 2절 1항을 참조할 것.

65) Origen, *Against Celsus* I, xxxiv, 411.

66) Origen, *Against Celsus* I, xxxv. 411.

67) 창 24:43, 출 2:8, 대상 15:2, 시 68:25, 46:1, 사 4:17, 잠 30:19, 아 1:3, 6:8.

68) R. Gromachi(1994), 250.

69) G. van Groningen(1997), 유재원·류호준 역,『구약의 메시아 사상』(서울: 기독교문
서선교회), 614; George L. Lawlor(1973), *Almah: Virgin or Young Woman?* (Des
Plains, Ill: Regular Baptist Press), 20-22; R. Nissen(1980), "The Virginity of
the Almah in Isaiah 7:14", *Bibliotheca Sacra* 137, 133-150.

70) 아가페출판사 편(1982),『성경성구대전』VI(서울: 아가페사), 511-514.

71) 성서교재간행사 편(1992),『그랜드종합주석』12권(서울: 성서교재간행사), 146.

72) G. van Groningen(1997), 614.

73) K. Barth(1955), *Church Dogmatics*, II-1, 178.

74) 렘 23:5, 미 5:2, 호 11:1, 렘 31:15, 삿 13:5.

75) J. D. Crossan(1998), 49-50. 크로산은 처녀 출생 이야기는 예언의 성취가 아니라
예언에 기초한 창작으로 본다. "저는 예수의 처녀 출생 이야기를 예수의 어머니 마리아
의 육체에 관한 생물학적인 상태로 이해하지 않고, 예수의 의미에 관한 하나의 신앙고
백으로 이해합니다."

76) G. Theissen & L. Merz(1999), 손성현 역,『역사적 예수』(서울: 다산글방), 171.

77) G. Theissen & L. Merz(1999), 172.

78) R. E. Brown(1984), "동정녀 탄생",『기독교대백과사전』4권(서울: 기독교문사),
681.

79) Lee Strobel(1998), 62.

80) 김광식(1998),『조직신학 II』(서울: 대한기독교출판사), 152.

81) 롬 1:3, 딤후 2:8, 요 7:42, 마 1:1, 막 10:47 이하 및 평행문 그리고 12:35 이하 및 평행문, 마 2:23, 21:9 등.

82) K. Barth(1955), *Church Dogmatics*, II-1, 175.

83) 이러한 비판은 공관복음서에 병행 기록된 다른 사건에도 해당한다.

84) R. E. Brown(1977), *The Birth of Messiah* (New York: Dubleday), 48-51, 239-245.

85) R. Gromachi(1994), 292.

86) Lee Strobel(1998), 58.

87) Lee Strobel(1998), 59.

88) Lee Strobel(1998), 59.

89) E. Brunner(1956), 323.

90) M. J. Erickson(1998), 338.

91) M. J. Erickson(1998), 342.

92) R. E. Brown(1978), *Mary in the New Testament: a collaborative assessment by Protestant and Roman Catholic scholars* (New York: Fortress), 41.

93) Augustine(1993), 김종흡 역, 『삼위일체론』(서울: 크리스챤다이제스트), II. v. 8.

94) G. A. Danell(1951), "Did St. Paul Know the Tradition About the Virgin Birth?" *Studia Theologica* 4/1, 94.

95) M. J. Erickson(1998), 345.

96) R. E. Brown(1978), 182; J. Cooper(1984), "예수의 어머니 마리아", 『기독교대백과사전』 5권, 730.

97) M. J. Erickson(1998), 345.

98) R. Gromachi(1994), 316.

99) Lee Strobel(1998), 131.

100) J. McDowel & B. Wilson(1991), 310-319. 맥다웰과 윌슨은 구레뇨의 문제에 관한 6가지 사실을 자세히 제시하였다

101) J. D. Crossan(2000), 75-81. 나사렛 지역에 관한 고고학적 발견 결과 참고.

102) Jack Finegan(1992), *The Archeology of New Testament* (Princeton: Princeton Univ. Press).

103) D. A. Hagner(1999), 채천식 역, 『마태복음 1-13』(서울: 솔로몬), 133, 137. 비잔틴 전승은 14,000명, 시리아 전승은 64,000명, 심지어 어떤 전승은 요한계시록 14장 144,000명이라는 숫자를 제시한다.

104) G. Theissen & A. Merz(2001), 237.

105) R. A. Horsley(1998), 108-121.

106) R. A. Horsley(1998), 58-59.

107) E. Brunner(1956), *The Mediator*, tr. O. Wyon(Philadelphia: Westminster), 326.

108) E. Brunner(1956), 325.

109) J. Moltmann(1991), 김균진 · 김명용 역,『예수 그리스도의 길』(서울: 대한기독교서
회), 130.

110) K. Barth(1955), *Church Dogmatics* II-1, 176.

111) D. Moody(1973) *The Virginal Conception and Bodily Resurrection of Jesus* (New York:
Paulist), 27-28.

112) K. Barth(1955), *Church Dogmatics* II-1, 185.

113) K. Barth(1955), *Church Dogmatics* II-1, 196.

114) J. Moltmann(1974), *The Crucified God*, tr. R. A. Wilson and J. Bowden(London:
SCM).

115) 마태는 부활하신 예수가 "보아라, 내가 세상 끝 날까지 항상 너희와 함께 있을 것이
다."(28:20)라고 말했다 전한다.

116) 눅 1:26-35, 24:50-53, 행 1:1-11.

117) J. A. Fitzmeyer & R. E. Brown ed.(1968), "The New Testament and Topical
Articles," in *The Jerom Biblical Bible*, vol. II, 69.

118) K. Barth(1955), *Church Dogmatics* II-1, 177.

119) K. Barth(1955), *Church Dogmatics* II-1, 199ff.

120) K. Barth(1955), *Church Dogmatics* II-1, 178.

121) K. Barth(1955), *Church Dogmatics*, II-1, 180.

122) 허호익(19990,『그리스도의 삼직무론』, 278-280.

123) P. Tillich(1971), 송기득 역,『그리스도교 사상사』(서울: 한국신학연구소), 97-
100.

124) Irenaeus, *Epideixis* 37; G. Aulen(1976), 전경연 역,『속죄론 연구』(서울: 종로서
적), 23 재인용.

125) Athanasius, *De incarnatione Cap.* 54; J. Moltmann(1991), *Der Weg Christi*, 66 재인용.

126) P. Tillich(1963), *Systematic Theology* II, 103-104.

127) K. Barth(1955), *Church Dogmatics* I-1, 119.

128) K. Barth(1955), *Church Dogmatics* I-1, 1.

129) K. Barth(1955), *Church Dogmatics* II-1, 177.

130) K. Barth(1955), *Church Dogmatics* II-1, 183.

131) R. W. Funk(1966), *Language, Hermeneutic and Word of God: Problem of Language in the New
Testament, Contemporary Theology* (New York: Harper & Row), 20.

132) R. W. Funk(1966), 68.

133) F. Fuchs(1964), "New Testament and Hermeneutic Problem," *The New
Hermeneutic*, ed. J. M .Bobinson & J. B. Cobb(Harper & Row), 78-110.

134) 김광식(1975),『선교와 토착화 - 언행일치의 신학』(서울: 한국신학연구소), 59.

135) G. Gutierrez(1989), *A Theology of Liberation*, tr. S. C. Inda & J. Eagleson(New

York: Orbis), 172.

136) J. Moltmann(1982), 전경연 편역, 『하나님 체험』(서울: 한국신학연구소), 127-
129. "억압이란 항상 두 측면을 지닌다. 즉 한 측면에는 주인이 있고, 다른 면에서는
노예가 있다. 한 측면에 착취자가 있는가 하는 다른 면에는 희생자가 있다. 억압하는
자는 비인간적(unmenschilch)이지만 억압당하는 자는 반인간적(entmenschlich)
이 된다. 억압은 양 측면 모두의 인간성을 파괴시킨다. 그러나 그 양식에는 차이가
난다. 즉 한 측면에는 악으로 인하여 한 측면에서는 고통으로 인하여 파괴된다."

137) M. Fox(2002), 송형만 역, 『우주 그리스도의 도래』(왜관: 분도), 158.

138) K. Barth(1955), *Church Dogmatics* II-1, 178.

139) K. Barth(1955), *Church Dogmatics* II-1, 200.

140) M. J. Borg(1998), 김기석 역, 『예수 새로 보기』(천안: 한국신학연구소).

141) J. D. G. Dunn(1975), *Jesus and the Spirit: A Study of the Religious Charismatic Experience
of Jesus and the First Christians as Related in the New Testament* (London: SCM).

142) K. Barth(1955), *Church Dogmatics* II-1, 185.

143) K. Barth(1955), *Church Dogmatics* II-1, 185.

144) R. A. Horsley(1998), 58-59.

145) K. Barth(1955), *Church Dogmatics* II-1, 201.

146) Marcus J. Borg & N. T. Wright(2001), 286.

147) K. Barth(1955), *Church Dogmatics* II-1, 182-183.

5장

1) 이 책 2장 1절 "디베료 즉위 15년 언제인가?"를 참고할 것.

2) 암 4:6-11, 겔 3:18-21, 33:11-20.

3) 마 4:17, 행 2:37-38, 8:22, 17:30, 롬 2:4.

4) *1QS* 제3열 4-9, "그리고 그의 영혼이 하나님의 모든 규례들에 순종할 때 그의 육체는
정결케 하는 물을 뿌림으로 인하여 깨끗케 되며, 회개의 물에 의하여 거룩하게 된다.";
F. G. Martinez & E. J. C. Tigchelaar 편/강성렬 역(2008), 『사해문서』 1권(서울:
나남), 123.

5) R. Funk(1999), 『예수에게 솔직히』(서울: 한국기독교연구소), 120.

6) 김용옥(2007), 『요한복음강해』(서울: 통나무), 126-127. 이상의 내용의 분석은
Hartmut Stegemann(1999), *The Library of Qumran On the Essenes, Qumran, John the Baptist,
and Jesus* (Wm. B. Eerdmans Publishing Co.), 221-222를 요약한 것이다.

7) R. Funk(1999), 107; J. B. Green & S. McKnight & I. H. Mashall(2003), 『예수
복음서 사전』(서울: 요단), 616. 유대교의 개종의식이 언제 시작되었는지 확실치 않지

만 어떤 학자들은 그리스도교 의식과 같은 시기에 시작되었다고 주장하며, 어떤 학자들은 그보다 먼저 시작되었을 것이라고 주장한다. 기원후 3세기 무렵 유대교로 개종하는 남자들은 할례 받고 7일 후에 증인들 앞에서 세례를 받아야 하는 것으로 여겨졌다.

8) 시 51:7, 사 1:15-16, 4:4, 렘 2:22, 4:14, 겔 36:25, 스 13:1; J. B. Green & S. McKnight & I. H. Mashall(2003), 617.

9) M. Smith(1973), *The Secret Gospel* (New York: Harper & Row), 208.

10) Tim Stafford(2009), 이장렬 역,『유대인의 옷을 입은 예수』(서울: 스탭스톤), 37.

11) Tim Stafford(2009), 39.

12) 김윤동(1998), "플라톤의 국가편에 나타난 정의 개념",「철학연구」68(1998. 11), 111-112.

13) Josephus,『유대고대사』18.2:3. 이 이외도 헤롯 안티파스는 새로운 도시 디베리아를 묘지 위에 지음으로써 정결법을 어겼으며, 헤롯 안티파스는 궁중에서 형상 금지 조항을 위반했다고 한다.

14) Josephus,『유대고대사』18.5:2. "요한의 설교가 자칫하면 구름떼같이 모여든 그처럼 많은 사람들을 자극하여 소요를 일으킬 가능성이 있다고 생각했기 때문이다.";J. D. Crossan(2000), 378; A. T. Robertson(1978), 66

15) 이 책 2권 13장 5절 "열심당의 대응폭력에 대한 예수의 비판"을 참고할 것.

16) 마 14:3-12, 막 6:17-29, 눅 3:1, 19f.

17) J. Jeremias(2001), 김경희 역,『예수의 선포』(서울: 분도출판사), 75. '나사렛인의 복음서'에 의하면 그의 어머니와 형제들도 함께 세례를 받았다고 한다.

18) J. Jeremias(2001), 78.

19) J. D. Crossan(2000), 382-383. 한걸음 더 나아가 영지주의 문서인『에비온복음서』는 세례 요한이 오히려 엎드려 예수에게 세례받기를 간청하였다고 적고 있다.『나사렛복음서』에서는 주님의 어머니와 형제들이 세례를 받자고 하니 예수가 "내가 무슨 죄를 지었기에 그에게 가서 세례를 받아야 합니까? 내가 말한 것들이 무지(무지의 죄)가 아니라면 말입니다."라고 반문하였으며, 세례를 받은 적이 없다고 한다.

20) W. Kasper(1977), 박상래 역,『예수 그리스도』(왜관: 분도), 106.

21) J. Jeremias(2001), 75.

22) 마 14:12, 막 9:11-13, 11:30, 눅 7:24-28, 요 3:21-30.

23) G. Theissen(1984), 조성호 역,『예수 운동의 사회학』(서울: 종로서적), 119-120.

24) J. D. Crossan(2001), 김기철 역,『예수: 사회적 혁명가의 전기』(서울: 한국기독교연구소), 89

25) R. Funk(1999), 김준우 역,『예수에게 솔직히』(서울: 한국기독교연구소), 295.

26) G. Theissen(1984), 120.

27) J. Jeremias(2001), 221. "회개는 은혜에서 일어난다. 하느님의 인자하심이야말로 한 인간을 진정으로 회개로 이끌 수 있는 유일한 힘인 것이다. 회개는 하느님이 그렇게

도 자비로우시다는 사실에 대한 기쁨이다."

28) J. Jeremias(2001), 223.

29) P. Melanchton(1998), 한인수 역, 『신학의 주요개념들』(서울: 경건), 210.

30) 조철수(2010), 『예수 평전』(서울: 김영사), 194-195.

31) J. Jeremias(1990), 정충하 역, 『신약신학』(서울: 새순출판사), 89.

32) J. Jeremias(2001), 81.

33) M. J. Borg(1998), 김기석 역, 『예수 새로 보기』(천안: 한국신학연구소).

34) 마가는 갈라짐으로 마태와 누가는 열림으로 표현하였다.

35) 삿 3:10, 11:29, 11:29, 13:25, 14:19.

36) 대하 20:14, 사 61:1, 겔 11:5.

37) J. B. Green & S. McKnight & I. H. Mashall(2003), 『예수 복음서 사전』(서울: 요단), 563.

38) Josephus, *Ag. Ap.* 1.8; 요세푸스도 "아닥사스다 왕의 시대부터 우리 시대까지의 역사도 묘사된다. 그러나 이것은 그보다 이른 작업만큼의 신뢰는 받지 못한다. 왜냐하면 선지자들에게 참 후계자가 없기 때문이다."(참조. 시 74:9; 슥 13:2-6; 1 Macc 4:46, 9:27, 2 Apoc. Bar. 85:3)고 하였다.

39) 참조. *Num Rab.* 15:25; *Midr. Haggadol Gen.* 140; J. B. Green & S. McKnight & I. H. Mashall(2003), 583.

40) J. Jeremias(1990), 89.

41) D. A. Hagner(1999), 채천석 역, 『마태복음 1-13』(서울: 솔로몬), 167.

42) *b. Git.* 45:a, *b.Sanh.* 95a.

43) J. B. Green & S. McKnight & I. H. Mashall(2003), 587.

44) J. Jeremias(2001), 87.

45) 구약성서의 "너는 내 사랑하는 아들이라."(시 2:7, 창 22:2)와 "내가 너를 기뻐하노라."(사 42:1)는 두 구절이 결합되었다.

46) 예수가 열두 살 때 유월절을 당하여 성전을 방문하였을 때 그의 부모에게 "내가 내 아버지 집에 있어야 될 줄을 알지 못하셨나이까."(2:4)라고 반문한 것을 포함하여 '나의 아버지'라는 표현이 36회 정도 등장한다.

47) J. Jeremias(1988), 김경신 역, "아바(Abba)", 『신약성서의 중심 메세지』(서울: 은성), 11-54. 예레미아스는 예수가 기도할 때마다 하나님을 아버지 즉 아바(Abba)로 호칭하였는데, 이는 전무후무한 예외적인 경우라고 하였다. 구약성서에서 여호와 하나님을 '우리의 아버지'로 표현한 것은 단 한 번 등장한다(사 63:16). 이 경우에도 '이스라엘의 구속자'를 상징한 것이지 하나님을 아버지로 호칭한 것은 아니다.

48) J. Jeremias(2001), 105.

49) J. Jeremias(2001), 89.

50) J. Jeremias(2001), 118-119. "예수 자신은 자기가 예언자라는 견해에 반대하지 않았

다. 비록 그가 사명으로 받은 과업이 예언자라는 말로 완전하게 표현되지는 못했지만 그는 자신을 예언자의 반열에 귀속시켰다(눅 13:33, 마 23:31-32, 34-36 병행, 37-39 병행; 참조 막 6:4 병행, 눅 4:24, 요 4:44). 예수는 자기의 예언자 됨을 '예언자'라는 용어를 사용하는 구절에서뿐만 아니라, 영을 소유했다고 주장하는 곳에서도 말한다. 왜냐하면 회당에서는 성령, 즉 하나님의 영의 소유야말로 예언의 절대적인 특징이 된다고 여겼기 때문이다. 하나님의 영을 소유한다는 것은 예언자라는 것을 의미한다.

51) J. Jeremias(2001), 124.

52) J. Jeremias(2001), 157.

53) 막 1:12-13, 마 4:1-11, 눅 4:1-13.

54) J. Moltmann(1991), 141.

55) J. B. Green & S. McKnight & I. H. Mashall(2003), 791.

56) 참고. 마 27:40-43, 막 12:13-17, 눅 11:16, 16:19-31.

57) Robert Stein(2001), 황영철 역,『메시야 예수: 예수의 생애 연구』(서울: 한국기독교학출판사), 120.

58) 출 34:28, 창 7:12, 신 9:18, 삿 13:1, 왕상 19:80, 시 95:10.

59) 신양성서에는 사탄이 37회, 마귀가 36회 등장한다. 그 외에 또 다른 명칭에는 '시험하는 자'(마 13:16, 요일 5:18), '참소하던 자'(계 12:10), '원수'(마 13:39, 눅 10:19), '대적'(벧전 5:8), '귀신'(daimon, 마 9:34, 12:24, 막 3:22, 눅 11:15), '공중의 권세 잡은 자'(엡 2:2), '벨리알'(고후 6:15), '바알세불'(마 10:25, 12:24, 27, 막 3:22, 눅 11:15, 18-19) 등이 있다.

60) H. Wietenhart(1983), "사탄",「기독교사상」302, 243-256. 조로아스터교나 마니교에서는 사탄이 하나님의 적대자로서의 위치에 있었지만, 욥기에 등장하는 사탄은 그러한 위력을 지니지 못하는 존재였다. 사탄의 이름조차 보통명사이지 고유명사는 아니다. 단순한 고소자로 이해된 사탄이 하나님께 대적하는 제령(諸靈)의 우두머리로 여기게 된 것은 후기 유대교에서이다.

61) 소기천(2003), "생명의 선교를 향한 예수의 시험이야기 새로 읽기: 통전신학을 제안하며",「한국기독교신학논총」30, 183-207.

62) 마 4:3, 4:6, 참조 눅 4:3, 4:9.

63) 한태동(1985), "기독교의 역사", 종교교재편찬위원회 편,『성서와 기독교』(서울: 연세대학교출판부), 297.

64) Tim Stafford(2009), 81.

65) "FAO 기아인구 4천만명 추가, 9억6천300만명",「매일경제」2008. 12. 9.

66) Tim Stafford(2009), 88.

67) Tim Stafford(2009), 89.

68) 허호익(2009),『길선주 목사의 목회와 신학사상』(서울: 대한기독교서회), 136-146. 구성기도, 묵상기도, 관상기도에 관한 자세한 내용을 참고할 것.

69) J. B. Green & S. McKnight & I. H. Mashall(2003), 793.

70) Dostoevski(1999), 김학서 역,『까라마조프가의 형제들 I』(서울: 하서), 396.

71) Dostoevski(1999), 398.

72) Dostoevski(1999), 402.

73) 사 6:1-2, 사 58:6.

74) J. D. G. Dunn(1975), *Jesus and the Spirit* (London: SCM), 78f.

75) J. D. G. Dunn(1988), 김득중·김광훈 역,『신약성서의 통일성과 다양성』(서울: 나단 출판사), 301.

76) 눅 24:19, 참조 막 1:27, 뎃 1:5 등.

77) J. Jeremias(2001), 127.

78) J. D. G. Dunn(1975), 67.

79) J. D. Crossan(2000), 46.

80) M. J. Borg(1998), 김기석 역,『예수 새로 보기』(천안: 한국신학연구소).

81)「동아일보」1998. 1. 20.

6장

1) R. Bultmann(1981), 허혁 역,『공관복음전승사』(서울: 대한기독교서), 425f. "가르치는 활동은 대화나 비유 외에도 아주 도식적으로 언급된 곳이 많다. 가르치는 예수란 확고부동한 예수관이다."

2) 예수를 예언자, 선생, 랍비로 언급한 구절에 관해서는 다음을 참고할 것. R. H. Stein(1978), *The Method and Message of Jesus's Teachings* (Philadelphia: Westminster), 1-6; F. W. Young(1949), "Jesus the Prophet: A Re-Examination," *JBL* 68, 285-299; V. K. Robbins(1973), *Jesus the Teacher* (Philadelphia: Westminster); D. Hill(1979), *New Testament Prophecy* (London, Marshall: Morgan & Scott), 48ff; P. E. Davies(1945), "Jesus and the Role of Prophet," *JBL* 64(1945), 241-254.

3) R. Schnackenberg(2009), 이병학 역,『복음서의 예수 그리스도』(서울: 분도출판사), 54-55.

4) 천국(하늘나라)은 마태의 독특한 예외적인 표현이라는 것은 신약성서에서 마태 이외에는 단 1번(딤후 4:18) 사용되었다는 것으로 알 수 있다. 물론 마태도 하나님의 나라를 4번 사용하였다(마 12:28, 19:24, 21:31, 21:43).

5) 구약성서에는 하나님을 아버지로 지칭한 14번의 사례가 등장한다. 하나님의 창조주로서의 품성(신 32:6, 말 2:10)과 자비로움(시 103:13)이 아버지의 성품으로 표현되었다.

6) W. Pannenberg(2003),『판넨베르크의 조직신학』(서울: 은성), 331.

7) J. Jeremias(1987), 27, 105-106.

8) J. Jeremias(1987), 김경신 역,『신약성서의 중심 메시지』(서울: 은성), 108.

9) N. T. Wright(2004), 박문재 옮김,『예수와 하나님의 승리』(서울: 크리스챤다이제스트), 242. 주 9 참조. '아바'의 그 밖의 다른 유대적 용법들에 대해서는 *mBer.* 5:1, *bTaan.* 23b를 인용하고 있는 G. Vermes(1973), 210f를 참조하라.

10) J. Jeremias(1987), 21.

11) G. Vermes(1995),『유대인 예수의 종교』(서울: 은성), 191-192.

12) J. Jeremias(1987), 103. 복음서에는 이 칭호가 21회(병행 사례를 제외하면 16회) 등장한다. 막 14:36: 마 6:9(눅 11:2), 11:25 이하(병행 눅 10:21, 2회 나타남). 눅 23:34, 46, 마 26:42, 요 11:41, 12:27 이하, 17:1, 5, 11, 21, 24이하.

13) J. Jeremias(1987), 103.

14) G. Vermes(1995), 노진준 역,『예수와 유대교』(서울: 은성), 192.

15) J. Jeremias(1987), 106.

16) J. Jeremias(1987), 111.

17) J. Jeremias(1990), 정충하 역,『신약성서』(서울: 새순출판사), 99.

18) N. T. Wright(2004), 411.

19) J. Jeremias(1987), 107.

20) 이 두 구절은 "주 너희 하나님이 거룩하니 너희도 거룩하라."는 레 19:2의 모형을 따르고 있다.

21) http://sgti.kehc.org 이신건 번역의 "칼 바르트의 주기도문" 참고.

22) 허호익(2009),『길선주 목사의 목회와 신학사상』, 53-55.

23) 길진경(1980),『영계 길선주』(서울: 종로서적), 71.

24) 김인서(1931), "영계선생소전 상",「신학지남」11월호, 40-41; 길진경(1980), 69-73.

25) 길선주(1969),『길선주 목사 설교 및 약전집』한국신앙저작집 1(서울: 혜문사), 232. "삼령은 천지인을 말하기도 하고 천지인의 신을 뜻하기도 한다."

26) 김인서(1931), 47-48; 길진경(1980), 70-71.

27) 김인서(1931), 48. 김인서는 길목사의 개종을 고넬료의 개종에 비교되는 것으로서 미국에서 만국주일공과를 편찬할 때 선생의 입신록을 실례로 제시하여 세계의 신자들을 크게 감동시켰다고 하였다. 독일 모 주일학교에서는 이를 읽고 연보하여 선생에게 송금까지 한 일이 있다고 하였다.

28) 박영호 풀이(1995),『다석 유영모의 기독교사상』(서울: 문화일보사), 5.

29) 박영호 풀이(1995), 98.

30) R. Schnackenberg(2009), 이병학 역,『복음서의 예수 그리스도』(서울: 분도출판사), 275.

31) J. D. Crossan(2000), 474.

32) 한태동(1985), 297.

33) 허호익(2003/1),『단군신화와 기독교』(서울: 대한기독교서회), 264-291. 창조, 타락과 원죄, 십계명, 계약공동체의 세 상징인 지성소의 법궤와 만나항아리와 아론의 지팡이 그리고 예언자들의 계약신앙에 대한 천지인 신학적 해석을 참고할 것.

34) 허호익(1993/1) "구원론의 통전적 이해",「신학논단」제21집.

35) D. A. Hagner(1999), 채천석 역,『마태복음 1-13』(서울: 솔로몬), 57.

36) 물론 마태도 '하나님의 나라'를 4번 사용하였다(마 12:28, 19:24, 21:31, 21:43).

37) 김명수(2009),『큐복음서의 민중신학』(서울: 통나무), 158.

38) R. Bultmann(1976), 허혁 역, 『신약성서신학』(서울: 한국신학연구소), 2; E. Schillebeeckx(1987), *Jesus: An Experiment in Christ* (New York: Cossroad), 14; G. E. Ladd(1985), "The Kingdom of God-Reign or Realm," *SBL* 81, 231-236. 하나님의 나라(hJ basileiva tou' qeou)는 하나님의 주권(Herrschaft) 또는 하나님의 나라(Reich)로 번역되기도 한다.

39) G. E. Ladd(1985), "The Kingdom of God-Reign or Realm," *SBL* 81, 231-236.

40) Tim Stafford(2009), 이장렬 역,『유대인의 옷을 입은 예수』(서울: 스탭스톤), 29.

41) 허호익(1998),『성서의 앞선 생각 I』(서울: 한국장로교출판사), 249-250.

42) 사 9:2-7, 11:1-10, 렘 23:1-6, 겔 34:23-30, 37:15-28, 암 9:11-12, 미 5:1-2, 스 9:9-10.

43) 평화의 왕은 가난한 자들을 의롭게 다스리기 위해 먼저 온갖 군사적인 폭정을 제거할 것이다. 병거와 군마를 없애고 군인의 활을 꺾으며(사 2:4-5, 슥 9:10, 미 3:4-5), 마구 짓밟던 군화와 피투성이가 된 군복을 불태울 것이며, 백성의 멍에와 장대를 부러뜨릴 것이다(사 9:4 공동번역).

44) R. A. Horsley & J. S. Hanson(1988), *Bandits, Prophets, and Messiahs: Popular Movements at the Time of Jesus* (SanFrancisco: Harper & Row Pub.), 100f.

45) *Ps. Sol.* 17:21-32, 18:6-9, *Esd II* 12:31-34, *Bar* 40:1-2, *4Q Flor.* 1:10-13; G. Vermes(1973), *Jesus the Jew: Historian's Reading of the Gospel* (Philadelphia: Fortress Press), 131-135. 외경에 나타나는 왕 메시아에 관하여 참고할 것.

46) 개역성경에는 '그의 나라와 그의 뜻'으로 번역되었지만, 마태는 하나님의 이름을 함부로 부르지 않는 유대교의 전통에 따라 하나님의 나라와 하나님의 뜻을 '그의 나라와 그의 뜻'으로 표현한 것이다.

47) 열심당에 관한 자세한 내용은 이 책(2권) 13장 5절을 참고할 것.

48) M. Simon(1990), 박주익 역,『예수 시대의 유대교종파들』(서울: 대한기독교서회). 열심당들의 정치적인 정의 실현을 지향하는 실천적 변혁주의자이며, 이방인들이 식민지 정책에 대항한 무장 독립군이라고 할 수 있다. 이들은 바리새파의 정교분리나, 사두개파의 정치적 타협이나 에센파의 정치적 무관심 모두를 비판하였다.

49) 바리새파와 에센파에 관한 자세한 내용은 이 책 13장(2권) 3-4절을 참고할 것.

50) *1QS* 5.23-25.

51) W. A. Scoot(1988), 김쾌상 역,『개신교 신학 사상사』(서울: 대한기독교출판사), 18.
스코트는 "이 두 구절의 의미에 대한 바울의 이해 속에 루터신학의 정수가 들어 있다."고
하였다.

52) 허호익(1994/1), "루터신학의 성서적 구원론적 동기",『성산 이재완 목사 회갑기념논
문집』, 126-135.

53) 삼상 31:9=대상 10:9, 삼하 1:20, 18:19, 20, 31.

54) 희년(Year of Jubilee)은 안식의 해를 7회 거듭한 후에 오는 제50년째의 해이다.
요벨의 해(레 25:10-13, 민 36:4)로 번역할 수 있다.

55) Josephus,『유대고대사』3.12:3; 성서자료연구원 편,『요세푸스』3(서울: 달만,
2001), 316.

56) J. Moltmann(1991), 김균진 · 김명용 역,『예수 그리스도의 길』(서울: 대한기독교서
회), 144; 조현철(2008), "희년 정신에서 본 예수 공생활의 생태적 의의",「신학사상」
142, 127-157.

57) G. Bornkamm(1973), 강한표 역,『나사렛 예수』(서울: 기독교서회), 112. "산을 넘는
구원의 사자의 발이 얼마나 아름다우냐! 그는 평화를 통고하며 좋은 소식을 가져오고
구원을 전파한다. 그는 시온을 향하여 말하기를 그대의 하나님이 왕이 되셨다고 한
다."(사 52:7)

58) G. Theissen & A. Merz(2001), 544.

59) 시 7:12, 암 4:6-11, 겔 3:18-21, 33:11-20.

60) 마 4:17, 행 2:37-38, 8:22, 17:30 롬 2:4.

61) 13절을 포함하면 9복이 되지만 팔복으로 알려져 있다.

62) Garry Willis(2000), 권혁 역,『예수의 네 가지 얼굴』(서울: 돋을새김), 121.

63) 한태동(2003),『성서로 본 신학』(서울: 연세대학교출판부), 101-106. 한태동은 팔복
에 나타나는 애통과 의와 평화를 천지인 삼중 관계의 애통과 의와 평화로 해석한다.

64) 오복이란 말은『상서』(尙書) 홍범(弘範)에 처음 나온다.「통속편」(通俗編)에 나오는
오복은 상서의 그것과는 차이를 보인다. 수 · 부 · 귀 · 강녕 · 자손중다(子孫衆多)로
되어 있어 두 가지가 다른데, 서민층이 바라는 오복은 오히려 이「통속편」의 오복이라
할 수 있다. 남에게 덕을 베푼다는 유호덕보다는 귀(貴)가 낫고 자기의 천수(天壽)대로
사는 고종명보다는 자손 많은 것을 원한 때문이다. 오복이란 말은 한국 사람들도 예부
터 즐겨 써온 말로 가장 행복한 삶을 말할 때 '오복을 갖추었다'고 말하였다.

65) V. Kuligin(2009), 이명화 역,『누가 예수를 믿으면 잘 산다고 했는가』(서울: 넥서스).
목차를 참고할 것.

66) 조용기(1979),『삼박자 구원』(서울: 영산출판사); 조용기(1979),『순복음의 진리』
(서울: 영산출판사).

67) D. Bonhöffer(1990),『나를 따르라』(서울: 대한기독교서회).

68) J. D. Crossan(2000), 김준우 역,『역사적 예수』(서울: 한국기독교연구소), 472-

473. 복음서에는 주기도문에 관한 2개의 독립 전승 있는 것으로 볼 수 있다. 그 하나는 루가 11:2-4에 나오는 것으로서, '아버지'를 부른 후, 다섯 개의 간구가 이어진다. 둘째는 마태오 6:9-13에 나오는 것으로서 '하늘[복수형]에 계신 우리 아버지'를 부른 후 일곱 개의 간구가 이어진다. 덧붙여진 두 개의 간구는 "아버지의 뜻이 하늘에서와 같이 땅에서도 이루어지게 하소서"와 "악에서 구하소서"이다.

69) G. Theissen & A. Merz(2001), 541.

70) G. Vermes(1995), 37-39. 버미스는 이를 마가의 편집으로 보고 1세기의 예수 추종자들은 정한 음식과 부정한 음식을 구별하였다고 주장하였다(행 10:13-14, 갈 2:11-14). 그러나 예수의 추종자들이 예수의 가르침을 완전히 실천한 것은 아니다. 예수의 전향적인 가르침을 제자들로서는 수용하지 못한 경우도 허다하기 때문이다.

71) H. Braun(1981), 김광식 역,『예수와 그의 시대』(서울: 대한기독교서회), 137.

72) G. Bornkamm(1973), 117.

73) G. Theissen & A. Merz(2001), 560

74) 허호익(2002), "선한 사마리아인의 비유해석",「Sitz im Leben」창간호, 13-25.

75) Augustine, *Quaestions Evangeliorum* 2.19.

76) R. Stein(1988), 이희숙 역,『예수의 비유 연구』(서울: 컨콜디아사), 59.

77) 김득중(1987), "선한 사마리아인의 비유 연구",「신학과 세계」15, 246.

78) 김판임(2007), "선한 사마리아인의 비유(눅 10:30-35) 연구",「신약논단」14/4, 1038-1039.

79) J. Nolland(2005), 김경진 역,『누가복음 중』(서울: 솔로몬), 308.

80) 김판임(2007), 1043-1044.

81) A. Nolan(1987), *Christ before Christianity* (New York: Orbis), 181.

82) 김득중(1987), 103.

83) 박수암(1981), "선한 사마리아 삶 비유 해석에 대한 재고",「기독교사상」279(1981. 9), 147.

84) 막 5:19, 10:48, 마 9:27, 17:15, 20:31-32, 눅 18:38.

85) 마 20:34, 막 1:41, 참조 마 9:36.

86) A. Nolan(1987), 28.

87) J. Nolland(2005), 309.

88) R. H. Stein(1978), *The Method of Message of Jesus's Teachings* (Philadelphia: Westminster).

89) E. Brunner(1952), *The Christian Doctrine of Creation and Redemption*, tr. O. Wyen(Philadelphia: Westminster), 275; J. D. G. Dunn(1975), *Jesus and Spirit: A Study of the Religious and Charismatic Experience of Jesus and the Christians as Reflected in the New Testament* (London: SCM), 79. 이 양식은 복음서에만 모두 85회(마가 30회, 마태 30회, 누가 6회, 요한 25회) 등장하는데 예외 없이 예수 자신의 말을 소개하거나 보증하는

데 사용되었다.

90) J. Jeremias(1976), *The Prayer of Jesus* (Philadelphia: Fortress), 10; D. Hill(1979), *New Testament Prophecy* (London: Marshall, Morgan & Scott), 66.

91) T. W. Manson(1935), *The Teaching of Jesus* (London: Cambridge), 227.

92) W. Bösen(1998), 황현숙 역,『예수 시대의 갈릴레아』(서울: 한국신학연구소), 402.

93) W. Bösen(1998), 403.

94) J. D. G. Dunn(1975), 76-79.

95) H. Anderson(1988), "Jesus: Aspects of the Question of Authority," *The Social World of Formative Christianity and Judaism,* in Tribute to H. C. Kee, ed. J. Neusner, H. Clark and R. Horsley(Philadelphia: Fortress).

96) A. Nolan(1987), 123.

97) *Inst.* XV.i.1: *LCC* XX. 495.

98) J. Moltmann(1977), *The Church in the Power of Spirit*, tr. M. Koh(New York: Harper & Row), 212. 토마스 아퀴나스 이래로 지성과 사물의 일치(*adaequatio rei et intelectus*)를 진리로 여겨 왔으나, 불트만은 실존과 본질의 일치(*adaequatio existentiae et essentiae*)를 진리의 표준이라 하였다. 이에 비해 바르트는 하나님이 자기 자신을 우리에게 알려주신 계시 자체를 진리라고 하였다(K. Barth, *Church Dogmatics* II.1, 204-256 특히 209, 211). 하이데거는 진리는 지성과 사물의 일치가 아니라 비은폐성(aletheia)으로 경험된다고 하였는데, 오트는 하이데거의 진리 개념은 바르트의 계시 개념에 상응한다는 사실을 논증하였다(H. Ott,『사유와 존재 - 마르틴 하이데거의 길과 신학의 길』, 김광식 역, 서울: 연세대학교출판부, 1985).

브룬너는 언물일치의 주객도식을 극복한 '만남으로서의 진리'를 주장하였다(E. Brunner, *Truth as Encounter*, Philadelphia: Westminster, 1964). 그리고 성(誠)의 신학을 이어 받아 언행일치(言行一致)의 신학을 주장한 김광식 박사는 서양에서는 언물일치(言物一致)를 진리로 보았으나 동양에서는 언행일치를 진리로 보았다고 분석하였다(김광식, "그리스도의 삼직분설에 관한 연구",「현대와 신학」12(1988), 58-60).

99) 허호익(19990,『그리스도의 삼직무론』, 280-281.

100) J. Moltmann(1989), 차옥수 역,『오늘의 신학 무엇인가』(서울: 한국신학연구소, 1989), 112-113.

101) Paulo Freire(1997),『페다고지 - 억눌린 자를 위한교육』(서울: 한마당); Paulo Freire(2000), 교육문화연구회 역,『프레이리의 교사론』(서울: 아침이슬).

102) 한국기독교사회문제연구소편(1990),『정의·평화·창조질서의 보전 세계대회 자료집』(서울: 민중사), 777.

103) G. Gutierrez(1988), *Theology of Liberation,* tr. S. C. Inda and J. Eagleson(New York: Orbis), 150.

104) G. Gutierrez(1988), 135.

105) J. M. Lochmann(1986), 주재용 역,『화해와 해방』(서울: 대한기독교서회), 73.

106) 김광식(1975),『宣敎와 土着化: 言行一致의 神學』(서울: 한국신학연구소), 126.

107) J. Jeremias(1990), 정충하 역,『신약신학』(서울: 새순출판사), 218.

108) J. D. G. Dunn(1975), 80.

109) 허호익(19990,『그리스도의 삼직무론』, 262-263.

110) M. J. Borg(1998), 김기석 역,『예수 새로 보기』(천안: 한국신학연구소).

111) Ken Wilber(1981), *Up From Eden: A Transpersonal View Of Human Evolution* (New York: Anchor Press), 319-328; 김상일(2003), "켄 윌버의 초인격심리학과 한국무속",「한국무속학」6, 237.

7장

1) R. A. Horsley(1996), "정치적 예수에 대한 역사적 물음", 김진호 편,『예수 르네상스』(서울: 한신대학출판부), 96.

2) R. A. Horsley(1996), 198.

3) 유대교 4대 종파와 예수의 가르침에 관해서는 이 책 2권 13장을 참고할 것.

4) G. Theissen & A. Merz(2001), 손성현 역,『역사적 예수』(서울: 다산글방), 519. 토라와 성전은 제2성전기의 유대교의 두 기둥이라고 했으나, 여기에 안식일을 포함하여 세 기둥으로 보아야 할 것이다. 왜냐하면 이 시기에 유대인들은 "우리가 안식일을 지키면 안식일이 우리를 지켜준다."는 신념을 강화하고 안식일에 관한 자세한 규정을 만들기 시작했기 때문이다.

5) 유대교 4대종파와의 비교는 13장에서 자세히 다룬다.

6) Ken Wilber(1983), *Up From Eden: A Transpersonal View Of Human Evolution*, Shambhala Publications Inc.; 김상일(1988),『한밝문명론』(서울: 지식산업사).

7) 허호익(1998),『성서의 앞선 생각 1』(서울: 한국장로교출판사), 204-206.

8) 성서와 함께 편집부(1993),『어서 가라: 출애굽기 해설서』(왜관: 분도), 303-306 참조.

9) 서인서(1979),『성시의 가난한 사람들』(왜관: 분도), 76-77.

10) 허호익(1998), 202-203.

11) A. Nolan(1987), *Jesus before Christianity* (New York: Orbis), 118.

12) H. Küng(1990), 정한교 역,『왜 그리스도인가』(왜관: 분도), 158.

13) E. Käsemann(1982), 강한표 역,『역사적 예수 연구』(서울: 대한기독교서회), 67-68. 케제만은 명제 중 1, 2, 4반제만 역사적 진정성이 있는 것으로 인정하였다.

14) 마 11:27, 17:5, 28:18 참조.

15) W. Bösen(1998), 황현숙 역,『예수 시대의 갈릴레아』(서울: 한국신학연구소), 404.

16) Robert Stein(2001), 황영철 역,『메시야 예수: 예수의 생애 연구』(서울: 한국기독교
학출판사), 168.

17) 터툴리안은 예수의 가르침 중 '두 벌 옷을 취하지 말라'(마 10:10)는 무소유의 계명과
'음욕을 품지 말라'(마 5:28)는 금욕의 계명은 특별한 은총과 소명을 받은 계급인 성직
자인 사제만이 지켜야 하는 계명이라고 하였다.

18) R. H. Stein(1978), *The Method of Message of Jesus' Teachings* (Philadelphia:
Westminster), 90-96; 김균진(1987),『기독교조직신학 II』(서울: 연세대출판부),
303.

19) A. Schweitzer(1986), 허혁 역,『예수의 생애 연구사』(서울: 대한기독교출판사),
591.

20) G. Theissen & A. Merz(2001), 524.

21) J. B. Green & S. McKnight & I. H. Mashall(2003),『예수 복음서 사전』(서울:
요단), 531.

22) 허호익(2009),『신앙, 성서, 교회를 위한 기독교 신학』(서울: 동연), 164-166.

23) 손규태(1991), "루터에 있어서 율법의 제3용법", 「성공회대학논총」 5집, 7-52; 강정
우(1996), "칼빈의 율법 제3용법 이해", 고신대학교 대학원 석사학위 논문.

24) 지원용 편역(1998),『신앙고백서』(서울: 컨콜디아서), 479-480.

25) 허호익(1998), 82-84.

26) 안성림 · 조철수(1995),『사람이 없었다 신도 없었다』(서울: 서운관), 133. "에누마
엘리쉬" 여섯째 토판 30행.

27) 안성림 · 조철수(1995), 160-163. 첫째 토판 222-224행.

28) 마카베오상 8:25-28 공동번역.

29) 마카베오상 2:32-38 공동번역.

30) N. Perrin. & Dennis C. Dulling(1991), 박익수 옮김,『새로운 신약성서신학』(천안:
한국신학연구소). 62.

31) *CD X*, 14f, 16f, 20-23; XI, 9f, 13f, 16f; XII, 3-5; G. Theissen & A. Merz(2001),
581.

32) Josephus, 「아피온 반박문」 2.39, 성서자료연구원 역,『요세푸스』 7(서울: 달만,
2001), 263. "헬라나 야만인이나 기타 어떤 다른 나라의 경우에 있어서도 7일째 되는
날을 안식일로 정한 우리나라 유대의 안식규정을 따르지 않는 나라는 없습니다."

33) Josephus, 「아피온 반박문」 2.21,『요세푸스』 7, 194. 안식일 7일째 되는 날을 안식일
(sabbaton)이라고 부르게 되었는데 그것은 '사타구니에 생긴 질병'이라는 말을 이집
트어로는 삽보(sabbo)라고 불렀기 때문에 유대인들은 모두 안식일에 쉬어서 사타구
니에 종양이 생겼다는 비난이 있었다고 한다.

34) Josephus,『유대고대사』, 14.10.12; B. Green & S. McKnight & I. H.
Mashall(2003), 689.

35) Josephus,『유대전쟁사』2.8:8.

36) 마카베오상 2:29-41 공동번역.

37) *Mekh Ex* 31,13; *Bill* I,633

38) *Joma* VII, 6.: G. Theissen & A. Merz(2001), 532.

39) 막 3:1-6, 마 12:9-14, 눅 6:6-11.

40) 예수는 유대교에서 안식일의 철회가 인정되는 두 가지 경우를 인용하고 있다. 안식일에 "죽이는 것"과 "목숨을 구하는 것" 중에서 어떤 것이 옳으냐는 물음은 안식일에 자기를 방어할 수 있는 권리(남을 죽일 수도 있는)를 근거로 안식일에 치유를 할 수 있는 권리 (막 3:4)를 유추하고 있다. 가축 구제의 허용으로부터 안식일에 사람을 고치는 일을 허용한 것은 사람이든 짐승이든 생명이 위태로운 경우에는 안식일을 어길 수 있다는 상황에 기반을 둔다.

41) *mShab.* 7:2.

42) G. Vermes(1995), 노진준 역,『유대인 예수의 종교』(서울: 은성), 36 37. 비미스는 2세기의 유대교 학자 시므온 벤 므나샤(Simeon Ben Menasiah) 등도 이와 유사한 교훈을 남긴 사례를 들어 이것이 예수의 고유한 가르침이 아니라고 하였지만 예수의 생애 동안에는 분명히 전향적인 가르침이었음에 분명하다.

43) G. Theissen & A. Merz(2001), 540-541.

44) G. Theissen & A. Merz(2001), 533.

45) "정통유대교, 안식일에 승강기이용 금지 논란",「연합뉴스」2009. 10. 26.

46) 출 23:10, 11, 레 25:1-17, 신 15:1-12, 31:10-13.

47) 레 25:10-13, 27:18a, 21, 민 36:4.

48) D. Sölle(1987), 박재순 역,『사랑과 노동』(서울: 한국신학연구소), 101.

49) D. Sölle(1987), 116.

50) 허호익(1998),『성서의 앞선 생각 1』(서울: 장로교출판사), 213-215.

51) 출 25:8, 출 29:45 공동번역.

52) 수 8:30, 삿 21:19, 삼상 3:3.

53) 허호익(1998), 152-155.

54) G. von Rad(1989),『국제성서주석 신명기』(서울: 한국신학연구소), 248.

55) G. von Rad(1989), 123.

56) 허호익(1998),『성서의 앞선 생각 1』(서울: 한국장로교출판사), 274.

57) 허호익(1998), 276.

58) 허호익(1998), 273.

59) 김명수(2001),『원시 그리스도교의 예수』(서울: 한국신학연구소), 104-105.

60) Walter Brueggemann(1978), *The Prophetic Imagination* (Philadelphia: Fortress Press, 1978), 1장.

61) 성전세, 십일조세, 희생제사, 헌납제도 등과 같이 성전을 매개로한 잉여생산물의 착취

구조를 벨로는 이스라엘 특유의 소위 준 아시아적 생산양식이라고 부른다.

62) 허호익(2009),『신앙, 성서, 교회를 위한 기독교 신학』, 336-337.

63) Josephus,『유대고대사』15.11:2; J. Jeremias(1988),『예수 시대의 예루살렘』(서울: 한국신학연구소), 24-25. 헤롯 시대에 건축한 건물 목록을 참고할 것.

64) J. Jeremias(1988), 39-40.

65) Josephus,『유대고대사』15.11:3.

66) Josephus,『유대고대사』17.6:2-4.

67) G. von Rad(1989),『국제성서주석 신명기』(서울: 한국신학연구소), 248.

68) G. von Rad(1989), 123.

69) Josephus,『유대전쟁사』5.5:7.

70) Josephus,『유대전쟁사』5.5:7.

71) J. Jeremias(1988), 210-211.

72) J. Jeremias(1988), 104.

73) J. Jeremias(1988), 264. 대제사장은 중요 절기에만 제사를 드렸으며, 나머지 안식일이나 매일 아침과 저녁에 드리는 제사 등은 제사장이 담당하였다. 일반 사제들은 성전에 상주하는 것이 아니라 일정한 생업에 종사하면서 순번을 맡아 제단 청소나, 소제를 위한 준비와 태울 향과 등불을 조정하는 일로 봉사하였다.

74) J. Jeremias(1988), 265. 예레미아스에 의하면 역대기상(12:24)에는 세제와 레위인이 각각 3,700명과 4,600명이었지만, 예수 시대에는 그 수가 늘어나 최소한 각각 7,200과 9,600명이었다고 추산한다.

75) E. Furguson(1993), 박경범 역,『초대교회 배경사』(서울: 은성), 544.

76) J. Jeremias(1988), 277.

77) J. D. Crossan(2000), 546.

78) Josephus,『유대전쟁사』2.17:2.

79) Josephus,『유대전쟁사』5.5:6; 성서자료연구원 역,『요세푸스』2(서울: 달산), 161.

80) Josephus,『유대고대사』15.11:5; 2.5:2; 성서자료연구원 역,『요세푸스』2, 161. 주 70에 의하면 석판들 중 하나는 IS 71년 M. Clermont-Canneau에 의해 발견되었고, 지금은 콘스탄티노플에 있다고 한다; E. Furguson(1993), 542. "이방 나라 백성들은 성전 경내나 경계벽 내에 들어오지 못한다. 누구든지 붙잡히게 되면 자신의 죽음을 자신의 탓으로 돌려야 할 것이다."라는 글이라고도 한다.

81) J. Jeremias(1988), 113; *Mi. Kel.* I 6-9 ; 김명수(2001), 102.

82) 조태연, "성결이념과 하나님의 나라",
http://sgti.kehc.org/data/field/sunggyul-theology/others/13-2.htm

83) A. Nolan(1987), 41-42.

84) Marcus J. Borg & N. T. Wright(2001), 80.

85) 에 2:63, 느 7:65.

86) B. I. Reche(1981), 156-166.

87) Josephus, 『유대전쟁사』 5.5:3.

88) Josephus, 『유대전쟁사』 5.5:3-6.

89) Josephus, 『유대전쟁사』 5.5:6.

90) J. Jeremias(1988), 41-42.

91) Josephus, 『유대전쟁사』 5.5:7. "에봇은 형태상으로는 보통 갑옷과 같았고, 2개의 금 단추로 단단히 동여매었고 아주 크고 아름다운 붉은 줄무늬 마노(碼瑙, sardonyx)를 박았으며 그 위에 12지파의 이름을 새겨 넣었다. 다른 면에는 12지파의 보석들이 박혀 있었다."

92) 조철수(2010), 『예수 평전』(서울: 김영사), 649-650.

93) E. Furguson(1993), 535,

94) Josephus, 『유대고대사』 3.9:3.

95) 조철수(2010), 『예수 평전』(서울: 김영사), 649 일반 노동자이 하루 임금이 1데나리온이었고, 서기관은 2데니리온을 받았다고 한다.

96) J. Jeremias(1988), 52. 예를 들면 1아스(Ass)로 3-4개의 무화과를 살 수 있지만 다른 곳에서는 10-20개를 살 수 있었다고 한다.

97) E. P. Sanders(1997), 126.

98) Josephus, 『유대전쟁사』 6.9:3, "유월절이라고 불리는 유대인의 명절에 유대인들 은 제9시에서 제11시까지 제사를 드렸는데, … 그때 혼자서 제물을 바치는 것은 허용이 안 되었고, 가족 단위로 최소한 10명 이상이 한 조가 되어 각각 제물을 드렸으며, 20명이나 되는 사람들이 한조가 되어 제물을 받치는 경우도 종종 있었다. 따라서 대제사장들이 희생된 번제물의 숫자를 셀 수 있었고, 그 수는 255,600마리에 달했다."

99) J. Jeremias(1988), 85.

100) J. Jeremias(1988), 119.

101) J. Jeremias(1988), 117-199.

102) 이 성전세를 내게 된 근거는 20세 이상의 남자들이 내야하는 반 세겔의 속전이었다(출 30:11-16). 느헤미야 시대에는 유대인들은 세겔의 3분의 1을 성전에 바쳤다(느 10:32-33).

103) 막 11:15, 마 21:12, 요 2:14.

104) E. P. Sanders(1997), 126.

105) E. P. Sanders(1997), 이정희 역, 『예수운동과 하나님의 나라』(서울: 한국신학연구소), 125.

106) J. Jeremias(1988), 39-40.

107) J. Jeremias(1988), 52-53.

108) *Tos. Chang* II 2; J. Jeremias(1988), 73.

109) J. Jeremias(1988), 37, 74.

110) N. Q. Hamilton, "Temple Cleansing and Temple Bank," *IBL* 83 (1964): 366.

111) Josephus,『유대전쟁사』1.8:8-9;『유대고대사』14.7:1. 기원전 10년 후에 로마의 크라수스 장군은 파르티아 제국에 대한 원정에 필요한 자금을 동원하기 위해 예루살렘 성전에서 폼페이가 손대지 않은 2천 달란트어치의 금품을 약탈하였다.

112) 마카베오하 3:6 공동번역.

113) 마카베오하 3:15 공동번역.

114) Josephus,『유대전쟁사』2.17:6; Marcus J. Borg & N. T. Wright(2001), 81.

115) G. Theissen & A. Merz(2001), 619. 유월절 축제에 참여하기 위해서는 일주일간의 정결 예식(민 19장, 요 11:55)이 필요하였지만 예수와 그의 제자들이 이 예식에 참여하였다는 암시는 없다.

116) 마 21:1-11, 막 11:1-11, 눅 19:28-40, 요 12:12-19.

117) J. B. Green & S. McKnight & I. H. Mashall(2003), 761.

118) 삿 5:10, 10:4, 12:14.

119) 막 11:7-10, 마 21:1-11, 눅 19:28-40, 요 12:12-19.

120) 유지미(2002),『성전체제에 대한 마가공동체의 사회경제적 대응 전략』, 연세대대학원 박사학위 논문, 160.

121) 유지미(2002), 161.

122) 김명수(2001), 106. "내어 쫓다"를 지칭하는 희랍어 동사 에크발레인(ekballein)은 마가가 귀신을 축출할 때 주로 사용한 용어이다.

123) 김명수(2001), 106-107. "의자를 둘러엎는 것"은 열심당의 기습 시위 행위와 유사한 것으로 보기도 한다.

124) '기도의 집'(oikas proseuches)이라는 성전에 대한 지칭은 구약성서에서의 전통적 표현이다(왕상 8:28-30, 사 60:7).

125) '강도의 소굴'이라는 표현은 예레미야 7장 11절의 인용인데 예레미야 탈 꿈은 '악인의 회당'이라 바꾸어 서술하고 있다.

126) 막 11:15-19, 마 21:12-17, 눅 19:45-48, 요 2:13-22. 성전 정화 시기에 대하여 공관복음서는 예수의 마지막 성전 방문 시로 요한복음은 최초의 성전 방문 시에 일어난 사건으로 보도한다.

127) W. H. Kelber(1987), 서중석 역,『마가의 예수 이야기』(서울: 한국신학연구소), 81-82.

128) J. B. Green & S. McKnight & I. H. Mashall(2003), 609.

129) 말라기는 레위 후손들이 불결하여 바른 제물을 바치지 못하며, 이스라엘이 십일조를 거부하므로 하나님의 것을 약탈하였다(3:6-10)고 비난한다. 솔로몬의 시편도 당대의 사제들이 부도적하고 부정한 상태로 성전을 봉사하고 있으며, 사악한 사제가 혐오스러운 행위로 제단을 더럽히고, "가난한 자의 소유를 약탈한다."(*IQpHab* 12:8-10)고 하였다. 스가랴(14:21)도 "그날이 오면, 다시는 만군의 여호와의 전에 장사꾼이

있지 못하리라."고 예언하였다.

130) E. P. Sanders(1997), 122.

131) E. P. Sanders(1997), 135.

132) 이사야 56장 7절과 예레미야 7장 11절을 결합시킨 인용구에서 '너희'가 그곳을 '강도들의 소굴'로 만들었다는 것이다.

133) S. G. R. Brandon(1967), *Jesus and the Zealots,* Manchester.

134) Martin Hengel(1971), *Was Jesus a Revolutionist?*, Philadelphia.

135) R. A. Horsley(1996), 198.

136) E. P. Sanders(1997), 147.

137) Marcus J. Borg & N. T. Wright(2001), 82.

138) E. P. Sanders(1997), 137.

139) E. P. Sanders(1997), 138-139.

140) 대제사장과 서기관과 장로들은 예수가 무슨 권위로 이런 일들을 하느냐고 하였고 예수는 직답을 회피하였다(막 11:27). 바리새파 헤롯 당원들은 가이사에게 세금을 바치는 여부를 물어 예수를 책잡으려 하였으나 예수는 직답을 회피하였다(12:13). 사두개파는 한 여자에게 일곱 남편이 있었다면 부활 후 그 여자는 누구의 아내냐는 논쟁을 제기했고 예수는 부활 후에는 장가가고 시집가는 일이 없다고 하였다(12:18).

141) G. Theissen & A. Merz(2001), 615-616. 타이쎈과 메르츠도 "이 비유는 부활 이후의 알레고리 임에도 불구하고 부활 이전의 특징을 지고 있다."는 데 동의한다.

142) E. P. Sanders(1997), 142.

143) G. Theissen & A. Merz(2001), 621.

144) Dale Miller and Patricia Miller(1990), *The Gospel of Mark As Midrash on Earlier Jewish and New Testament Literature* (The Edwin Mellen Press, 1990), 296-297.

145) E. P. Sanders(1997), 147.

146) W. H. Kelber(1987), 114.

147) G. Theissen & A. Merz(2001), 622. 물론 예수는 앞으로 계속 지속될 제의의 창시를 의도한 것이 아니라, 다만 부패한 기존 성전 제의를 잠시 대신하는 대체적 제의를 제시한 것이라고 보았다.

148) G. Theissen & A. Merz(2001), 625.

149) Josephus, 『유대전쟁사』 2.17.5-7, 2.17.9-10.

150) Josephus, 『유대전쟁사』 2.17:6.

151) Josephus, 『유대전쟁사』 4.3:8. "판니는 시골뜨기로 대제사장에 어울리지 않은 인물일 뿐 아니라 대제사장의 위치가 어떤 것인지도 모르는 사람이었다. … 이런 소름끼치는 사악한 행동은 그들에게는 운동이요 오락이었다. 그러나 멀리 떨어져 율법이 희롱당하는 것을 볼 수밖에 없었던 다른 제사장들은 눈물을 흘리고 성직의 가치가 완전히 파멸된 것에 대해 매우 애통해 했다."

152) 유지미(2002), 168.

153) A. Richardson(1973), *The Politic Christ, London*, 47. 이 주화에는 '시온의 해방을 위하여'와 '시온의 자유'라는 말을 새겨 놓았다.

154) Josephus, 『유대전쟁사』 6.4:4.

155) Josephus, 『유대전쟁사』 6.4:5.

156) Josephus, 『유대전쟁사』 6.4:4-5. 유태인들이 퇴각한 날이 8월 29일이라고 한다. 따라서 29일설과 30일설이 있다.

157) Josephus, 『유대전쟁사』 6.5:2.

158) Josephus, 『유대전쟁사』 6.6:1.

159) Josephus, 『유대전쟁사』 6.9:3. 이들 대부분은 예루살렘 주민이 아니라 유대전쟁에 참여하기 위해 온 디아스포라 유대인들이라고 한다.

160) Josephus, 『유대전쟁사』 6.9:5; 『요세푸스』 2(서울: 달산, 1991), 303쪽 주 100 참조. 요세푸스가 기록한 진설병대와 촛대 외에 향그릇과 두 개의 은나팔이 로마의 티투스 개선문에 부조(浮彫)되어 있다.

161) R. A. Horsley(1993), 이준모 역, 『예수운동 – 사회학적 접근』(서울: 한국신학연구소), 195.

162) 고전 3:16, 참조 6:19, 고후 6:16.

163) 고전 3:16, 고후 6:16, 참고 고전 6:19, 엡 2:22.

164) "내가 거룩하니 너희도 거룩할지어다."(레 11:45, 19:2)라는 명령법 대신, "하나님의 성전이 거룩하듯 너희도 그러하다."(고전 3:17)는 직설법을 사용한 것도 주목해야 할 것이다.

165) 「베드로행전」 1:6, 『외경위경전서』 9권, 25.

8장

1) Josephus, 『유대전쟁사』 1.7:5; 『유대고대사』 14.4:3-5; 이 책에 인용한 것은 성서자료연구원에서 번역한 『요세푸스』 1-6권(서울: 달산, 2001)이다.

2) Josephus, 『유대고대사』 17.6:2; 『유대전쟁사』 1.33:2.

3) Josephus, 『유대전쟁사』 2.1:2. 유대인들을 자신을 진압하기 위해 나선 군대에 대항하여 투석전을 전개하였고 결국 엄청난 희생을 당한 것이다.

4) B. I. Reiche(1981), 『신약성서시대사』(서울: 한국신학연구소), 154.

5) Josephus, 『유대전쟁사』 2.9:2

6) Josephus, 『유대전쟁사』 2.9:4.

7) V. G. Simkhovich(1980), 허호익 역, 『예수의 사상과 역사적 배경』(서울: 대한기독교서회), 32.

8) Josephus, 『유대전쟁사』 2.4:2.

9) Josephus, 『유대전쟁사』 2.4:3.

10) Josephus, 『유대전쟁사』 2.4:1

11) R. A. Horsley & J. S. Hanson, *Bandits, Prophets, and Messiahs: Popular Movements at the Time of Jesus* (San Francisco: Harper & Row Pub.), 114.

12) Josephus, 『유대고대사』 17.10:10.

13) Josephus, 『유대전쟁사』 2.5:1.

14) Josephus, 『유대고대사』 18.1:1.

15) Josephus, 『유대전쟁사』 7.8:1.

16) Josephus, 『유대전쟁사』 2.13:3. "그들에게 암살당한 첫 희생자는 대제사장 요나단이 었는데 그의 죽음 이후 수많은 살인이 거의 하루도 빠짐없이 꼬리를 물고 일어났다."

17) Josephus, 『유대전쟁사』 7.10:1.

18) 막 15:2, 마 27:1, 눅 23:3, 요 18:33, 35

19) 막 15:18, 마 27:29, 요 19:3. "이스라엘의 왕"(막 15:32, 마 27:42)으로도 조롱받았다.

20) 막 15:26, 마 27:37, 눅 23:38, 요 19:19, 21.

21) W. Kasper(1977), 박상래 역, 『예수 그리스도』(왜관: 분도), 117.

22) 열심당에 관한 자세한 내용은 이 책 2권의 13장 5절을 참고할 것.

23) R. A. Horsley(1984), "Popular Messisnic Movement around the Time of Jesus," *CBQ* 466, 471-495, 특히 478-480.

24) Josephus, 『유대전쟁사』 2.4:2. "시몬이 왕관을 소유하려고 하였다."

25) Josephus, 『유대전쟁사』 2.4:3. "이 미천한 목동도 왕권에 도전해 보겠다는 무모한 열망을 갖게 되었다. … 그는 자신이 직접 왕처럼 중요한 무제를 처리했다."

26) Josephus, 『유대전쟁사』 2.4:1.

27) Josephus, 『유대전쟁사』 2.5:1-2.

28) Josephus, 『유대전쟁사』 2.13:5. "그를 따라온 자들은 친위대로 삼겠다고 말했다."

29) 에센파에 관한 자세한 내용은 이 책 2권의 13장 2절을 참고할 것.

30) J. D. Crossan(2000), 353.

31) Hans Conzelmann(1973), *Jesus,* tr. J. R. Lord(Philadelphia: Fortress), 68-81; B. T. Viviano(1988), *The Kingdom of God in History* (Wilmington, Delaware: Mickael Glarzer), 15-17.

32) J. Weiss(1971), *Jesus' Proclamation of the Kingdom of God* (Philadelphia: Fortress); A. Schweitzer(1968), *Quest of Historical Jesus* (New York: Macmillan), 348ff.

33) C. H. Dodd(1961), *The Parable of Kingdom* (New York: Scribner's), 44-46. 여기에 대한 논쟁을 정리한 것은 C. R. Beasly-Murrey(1986), *Jesus and Kingdom of God* (Grand Rapids, Mich.: W. B. Eerdmans), 72-75를 참조할 것. 때로는 '바실레이아가 온다'(elseto, 눅 11:16/마 12:28)고 표현하기도 하였다.

34) 허호익(2003),『현대조직신학의 이해』(서울: 대한기독교서회). 이 책 11장의 "현대신학의 종말 이해"를 참고할 것.

35) C. R. Beasly-Murrey(1986), 338.

36) J. Jeremias(1967), *The Prayer of Jesus* (London: SCM), 107; J. Jeremias(1963), *The Parables of Jesus* (New York: Scribner's).

37) W. G. Kümmel(1957), "Promise and Fulfillment: the Eschatological Message of Jesus," tr. D. M. Barton, *SBT* 23; H. Conzelmann(1973), 70-81.

38) Marcus J. Borg & N. T. Wright(2001), 김준우 역,『예수의 의미』(서울: 한국기독교연구소), 128-129.

39) 지원용(1982),『루터선집 5』(서울: 컨콜디아사), 311-312; *Inst.*, XV.ii. 4(LCC XX, 496).

40) A. Nolan(1987), *Jesus before Christianity* (New York: Orbis), 48; B. T. Viviano (1988), 19; W. Buchnan(1984), *Jesus: the King and his Kingdom* (Mercer Univ. Pr), 39ff.

41) G. W. Buchnan(1984), 39.

42) A. Nolan(1987), 48.

43) A. Nolan(1987). 46. 오리겐이 처음으로 'intra vos'를 삽입하여 번역하였다고 한다.

44) A. Rastow(1960), "ejnto;" uJmw'n ejstin zur Deutung von Lukas 17: 20-21", *ZNW* 51, 197-224; 엔토스(entos)에 관한 해석사는 C. R. Beasly-Murrey(1986), 97-103을 참조할 것.

45) A. Nolan(1987), 46.

46) R. Bultmann(1973), 허혁 역,『공관복음전승사』(서울: 대한기독교서회), 150.

47) J. Moltmann(1977), *The Church in Power of Spirit*, tr. M. Kohl(New Yark: Harper Row), 194.

48) J. Moltmann(1976), 전경연 역,『정치신학』(서울: 대한기독교서회), 162; B. T. Viviano(1988), 17; A. Nolan(1987), 68. 놀란은 "여기서 나라란 완전히 정치적 개념이다. 그것은 군주정치체제의 사회, 즉 왕이 통치하는 왕국이다. 예수가 말씀하신 것으로 보아 예수가 이 용어를 비정치적인 의미로 사용한 것으로 생각되는 곳이 전혀 없다."고 하였다.

49)「도마복음서」31.

50) R. A. Horsley(2000), 66.

51) R. A. Horsley(2000), 64.

52) J. D. Crossan(2000), 111-112

53) Marcus J. Borg & N. T. Wright(2001), 128.

54) 김명수(1991), "섬기는 지도자 - 마태복음 23장 10절을 중심으로",「기독교사상」6월호, 11. 마가공동체가 로마에 존재하였다는 설을 받아들인다면 이 로기온은 네로의

포악한 공포 정치(주후 54-68)를 반영했을 수 있다.

55) Aristotle, *Politics*, 7.10.

56) Aristotle, *Politics*, 7.14. the inferior always exists for the sake of the better or superior.

57) A. Nolan(1987), 70. 놀란은 "사탄의 권력은 지배와 억압의 권력이요 하나님의 권력은 봉사와 자유의 권력이다."고 하였다. J. Moltmann(1977), *The Church in the Power of the Spirit,* trans. by R. A. Wilson & J. Bowden(London: SCM Press), 103. 몰트만은 "참된 지배는 다른 사람을 종으로 삼는 데 있지 않고 다른 사람을 위하여 종이 되는 데 있다. 권력의 행사에서가 아니고 사랑의 실천에 섬김을 받는 데 있지 않고 자발적으로 섬기는 데 있다. 희생으로 굴복당하는 자들의 희생에 있지 않고 스스로 헌신하는 데 있다."고 하였다.

　　J. Bonino,『해방의 정치윤리』(서울: 한국신학연구소), 159. 보니노는 본문과 관련해서 "예수는 ㄱ 당시 사람들이 경험했던 권력자들의 통지 방식과 자기 자신의 방식을 대조시키고 있다. 예수의 방식에 반대되는 인물들은 바로 계속해서 독재와 억압에 대한 예언자들의 저주를 받아야 했던 인물들이다. 반면에 예수의 사명은 예언자가 기대한 하나님의 뜻에 따라 그의 권위를 사용하는 '참된 왕'을 선포하고 또 그러한 왕이 되는 것이다."라고 하였다.

58) 김명수(1991), 11, 18.

59) 허호익(1999),『그리스도의 삼직무론』, 308-309.

60) 세례 요한 사후 제자 파송(막 6:7-13 병행)으로 분봉왕 헤롯이 이 모든 일을 듣고 심히 당황하고 어떤 사람들은 헤롯이 목 베어 죽인 요한이 예수로 다시 살아난 것으로 여겼다(막 6:14-29 병행).

61) Josephus,『유대고대사』18.5:2.

62) A. Nolan(1987), 160.

63) 허호익(1999),『그리스도의 삼직무론』, 311.

64) G. Bornkamm(1973), 강한표 역,『나사렛 예수』(서울: 대한기독교서회), 65.

65) B. H. Young(2009), 전용란·조영모 역,『유대인 신학자 예수』(서울: 성광문화사), 115.

66) G. Theissen & A. Merz(2001), 손성현 역,『역사적 예수』(서울: 다산글방), 193.

67) C. R. Beasley-Murrey(1986), 91-96.

68) A. Nolan(1987), 99.

69) Josephus,『유대전쟁사』서문 4; 성경자료연구원 역,『요세푸스』1(서울: 달산, 2001), 49.

70) 허호익(2003/2), "대응폭력에 대한 신학적 이해",『현대조직신학의 이해』(서울: 대한기독교서회).

71) K. Barth(1961), *Church Dogmatics*, vol III/4, 460.

72) J. Moltmann(1976), "인종차별과 저항의 권리", 『정치신학』(서울: 종로서적), 119.

73) A. Nolan(1987), 111.

74) G. Theissen(1984), 조성호 역, 『예수 운동의 사회학』(서울: 종로서적), 70.

75) J. M. Lochmann(1967), 25.

76) 세계개혁교회연맹 편(1989), 『정의·평화·창조질서의 보존』(서울: 대한기독교서회), 316.

77) 막 10:42-44, 마 2:25-27, 눅 22:25-27, 요 13:12-17.

78) J. M. Lochmann(1967), *Herrschaft Christi in der sakularisierten Welt* (Zürich: EVZ), 17-18.

79) J. Moltmann(1991), 『예수 그리스도의 길』, 190-191. 따라서 사도 바울이 "아무에게 도 악을 악으로 갚지 말고 모든 사람이 다 좋게 여기는 일을 하도록 하십시오. … 악에게 굴복하지 말고 선으로써 악을 이겨 내십시오."(롬 12:17, 21)라는 말씀을 근거하여 악에게 "저항하지 않는 것"은 선으로 악을 갚아 주는 적극적 답변의 소극적 배면에 불과하다. "폭력의 포기"는 비폭력적으로 평화를 세움으로써 폭력을 극복하는 것의 소극적 배면에 불과하다고 하였다.

80) Gerhard E. Lenski(1966), *Power and Privilege: A Theory of Social Stratification* (New York: McGraw Hill), 215-282; J. D. Crossan(2000), 116-117.

81) 윤철원(2000), 『신약성서의 그레꼬-로마적 읽기』(서울: 한들), 131-134. 윤철원은 로마의 계층 구조를 황제, 귀족계급으로서의 원로원과 기사, 지방 원로원, 자유민, 그리고 노예로 나누었다.

82) Gerhard E. Lenski(1966), 215-216

83) G. Theissen(1984), 조성호, 『예수 운동의 사회학 』(서울: 종로서적), 83.

84) Bo. Leicke(1986), 『신약성서시대사』(서울: 한국신학연구소), 144. 산헤드린의 의 장인 대제사장은 예로부터 종교적으로 중요한 역할을 하고 있었던 데다가 당시 정치적 지위까지 획득함으로써 다음의 세 가지 업무를 담당하였다. 이스라엘의 하나님 앞에서 유대 민족 전체를 대표하였으며, 총독 앞에서 유대지방의 백성을 대표하고 로마 황제에 대해서는 적어도 상징적으로 로마 제국 내의 유대인들을 대표하였으며, 유대지방의 내정과 사법과 행정을 관장하였다.

85) F. Belo & R. A. Horsley(1990), 『예수 시대의 민중운동』(서울: 한국신학연구소), 18. 의원들이 정치권력과 경제활동 기구의 주임인 대농경지를 관리했기 때문이다. 어 떤 도시 재판관의 자리는 율법학자가 차지했다. 이들은 수년 동안 정규적인 연구과정을 수행하여 종교적 율법과 형법의 문제에서 그들 자신의 결정을 내릴 수 있는 사람들이었 다. 그들은 40세에 임명되었으며, 형사 및 민사재판에서 상당한 권위를 부여받았다. 사제들은 빈번히 율법학자로서 훈련을 받았다.

86) Gerhard E. Lenski(1966), 228.

87) J. Jeremias(1988), 264. 대제사장은 중요 절기에만 제사를 드렸으며, 나머지 안식일

이나 매일 아침과 저녁에 드리는 제사 등이 제사장을 담당하였다. 일반 사제들은 성전에 상주하는 것이 아니라 일정한 생업에 종사하면서 순번을 맡아 제단 청소나, 소제를 위한 준비와 태울 향과 등불을 조정하는 일로 봉사하였다.

88) E. Furguson(1993), 박경범 역, 『초대교회 배경사』(서울: 은성), 544.

89) Gerhard E. Lenski(1966), 278.

90) Gerhard E. Lenski(1966), 281.

91) J. Jeremias(1988), 431.

92) J. Jeremias(1988), 383. 비합법적인 유대인의 목록에는 해방된 이방인 노예와 성전 노예가 포함되어 있다.

93) *Tos. Megh* II 7(223, 23); J. Jeremias(1988), 178.

94) Ernest Renan(19 3 2), *The Life of Jesus* (London: J. M. Dent & Sons), 194-196.

95) J. D. Crossan(2000), 443.

96) J. D. Crossan(2000), 437-439. 산업사회 이전 시기에는 출생하는 아이들의 거의 3분의 1이 여섯 살이 되기 전에 죽었다. 열여섯 살이 되었을 때는 거의 60%가 죽었다. 따라서 어린아이의 죽음이 일상화되어 있었던 것이다. 어린이는 하찮은 존재(nobody)로서, 대단한 인물(somebody)이 될 수 있는 가능성은 전적으로 그 부모의 지위와 재량에 달려 있었다. 하느님 나라가 이처럼 어린이들 같이 하찮은 존재들의 나라라는 것이다. W. Barcley(1987), 문동학·이규민 역, 『팔복 주기도문 강해』(서울: 크리스챤 다이제스트), 78-79. 그리고 고대 세계에서는 어린이들을 학대했다. 원하지 않는 아이들은 별로 어렵지 않게 버림을 당했다. 힐라리온(Hilarion)은 그의 아내 알리스(Alis)에게 주전 1년경에 편지를 했는데, "당신에게 행운이 있어, 만약 아이를 낳는다면, 그가 남자이거든 키우고 여자이거든 버리시오."라는 구절이 있다. 스토바에우스(Stobaeus)의 격언에는 "가난한 사람은 아들은 키우며, 딸들은, 만약 그가 가난할 때는 오히려 우리가 버려 준다."고 하였다. 원하지 않은 아이들을 버리는 일은 당시 아주 일상적인 일이었다.

97) 이 책 2권 9장 "하나님 나라와 가난한 자들"을 참고할 것.

98) J. D. Crossan(2000), 450-456, 450-451. 더글라스 오크만(Douglas Oakman)이 강조한 것처럼, 재배용 겨자(brassica nigra 혹은 sinapis alba) 이외에도, 야생 겨자(sinaps arvensis)가 있는데, 이 야생 겨자는 "태고 적부터 경작지의 잡초"로서 씨를 한 번 뿌리기만 하면, 곧바로 싹이 트기 때문에, 그 밭에서 겨자를 없앤다는 것은 거의 불가능할 정도로 거추장스러운 존재였다고 해석한다.

99) G. Theissen & A. Merz(2001), 393.